Landespersonalvertretungsgesetz
Nordrhein-Westfalen
Basiskommentar

D1730585

Horst Welkoborsky

Landespersonal-
vertretungsgesetz
Nordrhein-Westfalen

Basiskommentar

3., überarbeitete und aktualisierte Auflage

Bund-Verlag

Bibliografische Information Der Deutschen Bibliothek
Die Deutsche Bibliothek verzeichnet diese Publikation in der Deutschen
Nationalbibliografie;
detaillierte bibliografische Daten sind im Internet über http://dnb.ddb.de
abrufbar.

3., überarbeitete und aktualisierte Auflage 2004

©1996 by Bund-Verlag GmbH, Frankfurt am Main
Herstellung: Inga Tomalla, Frankfurt am Main
Umschlag: Angelika Richter, Heidesheim
Satz: Satzbetrieb Schäper GmbH, Bonn
Druck: Ebner & Spiegel, Ulm
Printed in Germany 2004
ISBN 3-7663-3486-7

Vorwort zur ersten Auflage

Die wegweisende Landespersonalvertretungsgesetz-Novelle 1984 liegt jetzt mehr als zehn Jahre zurück. Mittlerweile ist der Schwung dieser Reform verebbt, spricht der Gesetzgeber nicht mehr davon, Beteiligungsrechte mit Vorbildwirkung für das Bundespersonalvertretungsgesetz und andere Personalvertretungsrechte zu schaffen. Die Novelle 1994 begnügte sich vielmehr mit kleinen Schritten« (so der Vorsitzende des Innenausschusses des Landtages), die zu keinerlei meßbarer Verbesserung der Rechtsstellung der Beschäftigten sowie der Beteiligungsrechte der Personalräte geführt haben. Möglicherweise unter dem Einfluß konservativer Rechtsprechung zu manchen Landespersonalvertretungsgesetzen ist in einigen Fällen sogar ein gewisser Rückschritt festzustellen.

Die Neugestaltung des Landespersonalvertretungsgesetzes und das Bedürfnis nach einem knapp gefaßten Handkommentar für die tägliche Praxis und Schulung und schließlich der Bedarf an Basiswissen im Zusammenhang mit den 1996 bevorstehenden Personalratswahlen haben Verlag und Autor zur Vorlage dieses Basiskommentars veranlaßt. Er beschränkt sich auf eine knappe und präzise Darstellung des wesentlichen Inhaltes der Gesetzesvorschriften anhand der aktuellen Rechtsprechung und weist auf die novellierten Vorschriften hin. Für vertiefende Hinweise wird auf den Kommentar Orth/Welkoborsky, LPVG NW, 5. Auflage, Köln 1993, verwiesen.

Horst Welkoborsky

Vorwort zur zweiten Auflage

Seit der Novelle 1994 und Vorlage der ersten Auflage dieses Buches hat sich das LPVG NW nur unwesentlich geändert.

Die Rahmenbedingungen für die Personalratsarbeit sind jedoch deutlich ungünstiger geworden:

- das Bundesverfassungsgericht hat in dem Beschluß über das Mitbestimmungsgesetz Schleswig-Holstein einen generellen »Regierungsvorbehalt« gegen mehr Mitbestimmung im öffentlichen Dienst dadurch eingeführt, daß Mitbestimmung im öffentlichen Dienst in einen Gegensatz zum Demokratiegebot der Verfassung gebracht wurde. Sowohl in der Praxis als auch in gerichtlichen Entscheidungen wirkt sich dies durch einschränkende Auslegung aber auch durch umfangreichere Anwendung von § 104 BPersVG aus;

- mit neuen Formen von Dienstleistungen im öffentlichen Dienst und Verwaltung – Stichwort: »Konzern Stadt« – hält das LPVG schon seit langem nicht mehr Schritt: es bestehen erhebliche Beteiligungsdefizite sowohl bei der Milderung von Auswirkungen solcher Maßnahmen für die Beschäftigten als auch bei der Regelung derjenigen Veränderungen in den Strukturen des öffentlichen Dienstes, die durch gesetzliche Vorschriften entstehen; zum Teil entsteht der Eindruck, daß der Gesetzgeber Regelungen im Bereich der Staats- und Verwaltungsorganisation vornimmt, die darauf abzielen, eine Beteiligung der Personalräte und eine Sicherung der Rechte der Beschäftigten zu schmälern.

Die zweite Auflage soll wiederum dem Bedürfnis nach knapper und prägnanter Darstellung des Gesetzesinhaltes und von Handlungsmöglichkeiten des Personalrates nachkommen. Umfangreicher ist der Text im wesentlichen durch die notwendige Einarbeitung neuerer Rechtsprechung der Fachgerichte wie aktueller Entwicklungen geworden.

Horst Welkoborsky

Vorwort zur dritten Auflage

Die Bundesverfassungsgerichtsentscheidung über das Mitbestimmungsgesetz Schleswig-Holstein lähmt noch immer die Entwicklung der Personalvertretung. Die Untätigkeit des Gesetzgebers hat die Rechtsprechung
veranlaßt, im vorauseilenden Gehorsam bestehende Mitbestimmungsrechte weiter zu beschneiden – insbesondere das Letztentscheidungsrecht
der Einigungsstelle zu beschränken.

Eine Reform-Debatte über eine Verbesserung und Veränderung des Personalvertretungsrechts kommt angesichts der engen Grenzen nur sehr
schleppend in Gang.

Mehr Einfluß gewinnt das EU-Recht, die dadurch ausgelösten Debatten
um eine Zurückdrängung von Diskriminierung und Ungleichbehandlung
sowie die Verpflichtung zur besseren Unterrichtung und Anhörung der
Beschäftigten und ihrer Interessenvertreter werden auch Eingang in das
Personalvertretungsrecht finden müssen.

Die 3. Auflage dieses Basiskommentars kann deshalb nur marginale
Veränderungen des Gesetzes vermerken und auf die Schwerpunkte in
Literatur und Rechtsprechung der vergangenen Jahre – Arbeits- und
Gesundheitsschutz, Europa-Einfluß, Ausweitung der Rechte der Betriebs-
beauftragten – reagieren. Wiederum wurde Wert darauf gelegt, in die
Kommentierung neben praktischen Hinweisen für die Personalratsarbeit
die aktuelle Rechtsprechung der Fachgerichte aufzunehmen.

Horst Welkoborsky

Inhaltsverzeichnis

Inhaltsverzeichnis

Inhaltsverzeichnis

Inhaltsverzeichnis

Einleitung

I. Geschichte der Personalvertretung

Gesetzliche Erwähnung fanden Personalvertretungen für den öffentlichen Dienst erstmals im Anschluß an die Weimarer Reichsverfassung vom 11. 8. 1919. Zwar sah Artikel 130 Abs. 3 WRV die Errichtung besonderer Beamtenvertretungen vor, solche Vertretungen sind jedoch gesetzlich nicht geschaffen worden. Die beiden Gesetzesentwürfe von 1923 und 1930 sind vom Reichstag nicht beschlossen worden. Vielmehr sah das Betriebsrätegesetz vom 4. 2. 1920 die Bildung von Arbeitnehmervertretungen auch für den öffentlichen Dienst, und zwar einheitlich für Arbeiter und Angestellte, vor sowie in § 61 die Möglichkeit, die Besonderheiten des öffentlichen Dienstes durch Verordnung des Reiches und der Länder zu regeln. Davon ist für den Bereich der Reichsbahn, der Reichspost, der Reichswasserstraßenverwaltung, zahlreicher Ministerien und auch in den Ländern (insbesondere in Preußen) Gebrauch gemacht worden (siehe dazu Flatow/Kahn-Freund, BRG, Anmerkungen zu § 61).

Darüber hinaus sah § 13 BRG vor, daß durch die Verordnung der Reichsregierung für die öffentlichen Behörden, Betriebe und öffentlich-rechtlichen Körperschaften des Reiches bestimmte Gruppen von Beamten den Arbeitnehmern gleichgestellt werden. Schließlich beinhaltete § 65 BRG Regeln für die Zusammenarbeit zwischen Betriebsräten und Beamtenvertretungen (Beamtenrat, Beamtenausschuß) in den Dienststellen, in denen solche Vertretungen aufgrund von Verordnungen geschaffen worden waren.

Durch das nationalsozialistische Gesetz zur Ordnung der Arbeit in öffentlichen Verwaltungen und Betrieben vom 23. 11. 1934 wurde das Betriebsrätegesetz aufgehoben, die Tätigkeit von Beamtenvertretungen unterbunden und statt dessen als Ordnungsprinzip das der »Dienstgemeinschaft« zwischen »Führer der Öffentlichen Verwaltung« einerseits und »Gefolgschaft« andererseits (so § 2 AOGOe) eingeführt. An die Stelle einer Arbeitnehmervertretung trat ein »Vertrauensrat«, der unter Leitung des Führers der Verwaltung die Aufgabe hatte, »das gegenseitige Vertrauen innerhalb der Gemeinschaft aller Angehörigen der Verwaltung oder des Betriebes zu vertiefen und für vorbildliche Pflichterfüllung im Dienste der Volksgemeinschaft zu sorgen« (§ 4).

Einleitung

Nach der Kapitulation im Jahre 1945 wurde das System der getrennten Vertretungen der Arbeitnehmer im öffentlichen Dienst einerseits und der Beamten andererseits nicht wieder aufgenommen. Das Kontrollratsgesetz Nr. 122 vom 10. 4. 1946 sah zwar nicht ausdrücklich vor, daß gemeinsame Vertretungen für Arbeiter, Angestellte **und** Beamte gebildet werden konnten, in der Praxis geschah dies jedoch. Auch die Betriebsrätegesetze der Länder in der Nachkriegszeit (zum Beispiel für Hessen, Baden-Württemberg, Bremen) sahen ebenfalls für den öffentlichen Dienst die Bildung einheitlicher Arbeitnehmervertretungen nach den gleichen Regeln wie für die gewerbliche Wirtschaft vor.

II. Personalvertretung in Nordrhein-Westfalen

In Nordrhein-Westfalen hat es kein eigenes Betriebsverfassungsgesetz in der Nachkriegszeit gegeben, jedoch wurde aufgrund des Kontrollratsgesetzes Nr. 22 die »Betriebsvereinbarung der Landesregierung« vom 17. 3. 1948 (Ministerialblatt 1949, 738) zustande gebracht, die den Betriebsvertretungen im Bereich des öffentlichen Dienstes in allen wesentlichen Personalangelegenheiten der Beamten, Angestellten und Arbeiter recht umfangreiche Mitbestimmungsrechte einräumte.

Der Rechtszustand nach dieser Betriebsvereinbarung war der Grund dafür, warum in dem Personalvertretungsgesetz für das Land Nordrhein-Westfalen vom 28. 5. 1958 anders als im Bundespersonalvertretungsgesetz von 1955 weitergehende und umfangreichere Beteiligungsrechte in personellen Einzelmaßnahmen vorgesehen waren, z. B. in §§ 68 und 69, im Nichteinigungsfalle jedoch nicht die Einigungsstelle, sondern das verfassungsmäßig zuständige oberste Organ bzw. die Landesregierung zur endgültigen Entscheidung berufen war (siehe Korn, LPVG NW, Einleitung Nr. 3 c, § 61 Begründung, § 69 Begründung).

Die ab 1969 im Bund regierende sozial-liberale Koalition hat 1972 und 1975 das Betriebsverfassungsgesetz und das Bundespersonalvertretungsgesetz nachhaltig geändert und eine Erweiterung der Mitbestimmungsrechte sowie eine Verbesserung der Rechtsstellung für die Personalräte geschaffen.

Im Anschluß an diese Änderungen wurde auch das Landespersonalvertretungsgesetz durch das Gesetz vom 3. 12. 1974 nachdrücklich geändert, erweiterte Beteiligungsrechte in §§ 72 ff. geschaffen und die Rechtsstellung der Personalräte verbessert.

Die Erfahrungen mit diesem Gesetz veranlaßten den Gesetzgeber im Jahre 1984 zur Schaffung einer umfangreichen Novelle, mit der neue und erweiterte Mitbestimmungsrechte geschaffen wurden, eine Stärkung der Autorität des Personalrats insgesamt erreicht werden und einer teilweise restriktiven Rechtsprechung der Boden entzogen werden sollte. So entstanden die neuen Mitbestimmungsrechte in § 72 Abs. 3, die sowohl in den Personalvertretungsgesetzen von Bund und Ländern als auch im Betriebsverfassungsgesetz ohne Beispiel sind, die die Folgen neuer Technologien sozial beherrschbar machen, eine höhere Akzeptanz staatlichen Handelns bei den Beschäftigten erreichen und Nordrhein-Westfalen eine Vorreiterrolle bei Überlegungen zur Verbesserung von Betriebsverfassungsgesetz und den übrigen Personalvertretungsgesetzen verschaffen sollte (siehe die Abgeordneten Reinhard, Plenarprotokoll 9/110, 6861 und 6863 und Hein, Protokoll des Innenausschusses 9/1417, Seite 37 sowie Beschlußempfehlung und Bericht, Landtagsdrucksache 9/3845, Seite 66). Gegenstand der Reform war auch die Abschaffung des alten Personalrats-»Vorstands« und die Wahl des Personalratsvorsitzenden sowie seiner Stellvertreter aus der Mitte des Gremiums und – gegen die Rechtsprechung des OVG Münster – die Neuformulierung des Initiativrechtes in § 66 Abs. 4 sowie die Schaffung einer Reihe von Mitbestimmungsrechten, die auf restriktiver Rechtsprechung beruhten wie zum Beispiel bei Befristung von Arbeitsverträgen, Nebenabreden, wesentlicher Änderung des Arbeitsvertrages und weiteren.

Mit Gesetz vom 8. 9. 1994 ist das Landespersonalvertretungsgesetz erneut novelliert worden. Die Gesetzesänderung hat sachlich nicht viel Neues gebracht. Die 116 Änderungsvorschläge des Deutschen Gewerkschaftsbundes – Landesbezirk Nordrhein-Westfalen – vom Juli 1992 haben weitgehend keine Berücksichtigung gefunden. Es sind lediglich geringfügige Änderungen bei der Verbesserung des Wahlrechts und der Rechtsstellung der Personalräte vorgenommen, zaghafte Versuche zur Schaffung von Gleichstellungs-Regelungen in das Gesetz aufgenommen und in zahlreichen Fällen Veränderungen zugunsten der Verwaltung – wie z.B. die Schaffung von erweiterten Vertretungsbefugnissen des Dienststellenleiters und die Abschaffung einiger Mitbestimmungsrechte (§§ 8 Abs. 4, 63, 66 Abs. 2 sowie § 72 Abs. 4) – vorgenommen worden.

Seitdem sind wesentliche Änderungen des Gesetzes nicht mehr erfolgt. Das mag auch daran liegen, daß die politischen Gestaltungsmöglichkeiten infolge des Urteils des BVerfG zum Mitbestimmungsgesetz Schleswig-Holstein (v. 24. 5. 1995 – 2 BvF 1/92, PersR 1995, 483) geringer geworden sind und eine Reform des Bundespersonalvertretungsgesetzes bislang ausgeblieben ist.

III. Literaturhinweise

Zeitschriften:

- *Der Personalrat,* Zeitschrift für das Personalrecht im öffentlichen Dienst, »Arbeitsrecht im Betrieb« Verlagsgesellschaft mbH, Köln.

Einleitung

- *Die Personalvertretung,* Fachzeitschrift des gesamten Personalwesens für Personalvertretungen und Dienststellen, Erich Schmidt-Verlag, Berlin, Bielefeld, München.
- *ZTR,* Zeitschrift für Tarif-, Arbeits- und Sozialrecht des öffentlichen Dienstes, Jehle-Rehm-Verlag, München und Berlin.
- *ZfPR,* Zeitschrift für Personalvertretungsrecht, dbb verlag, Berlin.

Sonstige Publikationen:

- *Havers,* Kommentar zum Landespersonalvertretungsgesetz, 9. Auflage 1995.
- *Cecior/Dietz/Vallendar,* Das Personalvertretungsrecht in Nordrhein-Westfalen, Kommentar, Loseblatt, Stand September 2002, Rehm-Verlag, München und Berlin.
- *Kirschall/Neubert/Richter/Senkowski/Sittig,* Landespersonalvertretungsgesetz NRW, 8. Auflage 2000, Neue Deutsche Schule Verlagsgesellschaft, Essen.
- *Orth/Welkoborsky,* Landespersonalvertretungsgesetz Nordrhein-Westfalen, Kommentar für die Praxis, 5. Auflage 1993, Bund-Verlag, Köln.

Abkürzungs- und Literaturverzeichnis

a.A.	anderer Ansicht
a.a.O.	am angegebenen Ort
AFG	Arbeitsförderungsgesetz
AiB	Arbeitsrecht im Betrieb, Zeitschrift für Betriebsratsmitglieder, AiB-Verlag, Köln
Anm.	Anmerkung
AOGOe	Gesetz zur Ordnung der nationalen Arbeit in öffentlichen Verwaltungen und Betrieben
AP	Hueck/Nipperdey/Dietz, Nachschlagewerk des Bundesarbeitsgerichts – Arbeitsrechtliche Praxis – Loseblattsammlung
ArbGG	Arbeitsgerichtsgesetz
ArbSchG	Arbeitsschutzgesetz
Art.	Artikel
ASiG	Gesetz über Betriebsärzte, Sicherheitsingenieure und andere Fachkräfte für Arbeitssicherheit (Arbeitssicherheitsgesetz)
AÜG	Gesetz zur Regelung der gewerbsmäßigen Arbeitnehmerüberlassung
BAG	Bundesarbeitsgericht
BAT	Bundes-Angestelltentarifvertrag, Bund/Länder/Gemeinden
BayVGH	Bayrischer Verwaltungsgerichtshof
BB	Betriebs-Berater, Zeitschrift für Recht und Wirtschaft, Verlag Recht und Wirtschaft, Heidelberg
BBiG	Berufsbildungsgesetz
BetrVG	Betriebsverfassungsgesetz
BErzGG	Bundeserziehungsgeldgesetz
BGB	Bürgerliches Gesetzbuch
BImSchG	Bundesimmissionsschutzgesetz
BMT-G II	Bundes-Mantel-Tarifvertrag für Arbeiter der Gemeinden
BPersVG	Bundespersonalvertretungsgesetz
BRG	Betriebsrätegesetz

Abkürzungs- und Literaturverzeichnis

BUKG	Bundesumzugskostengesetz
BVerfG	Bundesverfassungsgericht
BVerwG	Bundesverwaltungsgericht
bzw.	beziehungsweise
Cecior u.a.	Cecior/Dietz/Vallendar, Kommentar zum Personalvertretungsrecht in Nordrhein-Westfalen, Stand: September 2002, Franz Rehm Verlag, München
DKK	Däubler/Kittner/Klebe (Herausgeber), Betriebsverfassungsgesetz mit Wahlordnung, Kommentar für die Praxis, 8. Auflage, Bund-Verlag, Frankfurt a. M. 2002; zitiert: DKK-Bearbeiter
DB	Der Betrieb (Zeitschrift)
DO NW	Disziplinarordnung für das Land Nordrhein-Westfalen
DSG NW	Gesetz zum Schutz personenbezogener Daten (Datenschutzgesetz Nordrhein-Westfalen)
ebd.	ebenda
EuGH	Europäischer Gerichtshof
Felser	Das erfolgreiche Rechtsreferendariat, 2. Auflage, Bund-Verlag, Frankfurt a. M. 1999
f./ff.	folgend / fortlaufend folgend
FHG	Fachhochschulgesetz
FGGöD	Gesetz über die Fachhochschulen für den öffentlichen Dienst
FKHES	Fitting/Kaiser/Heither/Engels/Schmidt, Handkommentar zum Betriebsverfassungsgesetz, 21. Auflage, Verlag Franz Vahlen, München 2002
GG	Grundgesetz
gem.	gemäß
ggfs.	gegebenenfalls
GO NW	Gemeindeordnung für das Land Nordrhein-Westfalen
Grabendorff u.a.	Grabendorff/Windscheid/Ilbertz/Widmaier, Kommentar zum Bundespersonalvertretungsgesetz, 9. Auflage, Kohlhammer, Stuttgart/Berlin/Köln 1999
GV NW	Gesetz- und Verordnungsblatt für das Land Nordrhein-Westfalen

Havers	Havers, Kommentar zum Landespersonal-vertretungsgesetz NW, 9. Auflage, Reckinger, Siegburg 1995
HessVGH	Hessischer Verwaltungsgerichtshof
i.d.F.	in der Fassung
i.V.m.	in Verbindung mit
JAG	Juristenausbildungsgesetz Nordrhein-Westfalen
JAO	Juristenausbildungsordnung Nordrhein-Westfalen
KrO	Kreisordnung für das Land Nordrhein-Westfalen
KSchG	Kündigungsschutzgesetz
LABG	Lehrerausbildungsgesetz Nordrhein-Westfalen
LAG	Landesarbeitsgericht
LBG	Landesbeamtengesetz Nordrhein-Westfalen
LOG	Landesorganisationsgesetz, Nordrhein-Westfalen
Lorenzen/Schmidt/ Etzel/Gerhold/ Schlatmann/Rehak	Bundespersonalvertretungsgesetz Kommentar, RV.Decker Verlag, Heidelberg, Stand: Januar 2003
LPVG NW	Landespersonalvertretungsgesetz Nordrhein-Westfalen
LRKG	Landesreisekostengesetz
LS	Leitsatz
LT	Landtag
LT-Drucksache	Landtags-Drucksache
LUKG	Landesumzugskostengesetz Nordrhein-Westfalen
MBl.	Ministerialblatt für das Land Nordrhein-Westfalen
MTL II	Mantel-Tarif-Vertrag für die Arbeiter der Länder
MuSchG	Mutterschutzgesetz
NW, NRW	Nordrhein-Westfalen
NwVBl.	Nordrhein-Westfälische Verwaltungsblätter
n.v.	nicht veröffentlicht
NZA	Neue Zeitschrift für Arbeits- und Sozialrecht (ab 1. 1. 1993: Neue Zeitschrift für Arbeitsrecht)
Orth/Welkoborsky	LPVG Nordrhein-Westfalen, Kommentar für die Praxis, 5. Auflage, Bund-Verlag, Köln 1993
OVG	Oberverwaltungsgericht
PersR	Der Personalrat (Zeitschrift), AiB-Verlag, Köln

Abkürzungs- und Literaturverzeichnis

PersV	Die Personalvertretung (Zeitschrift), Erich Schmidt-Verlag, Berlin
PersVG	Personalvertretungsgesetz
RDV	Recht der Datenverarbeitung (Zeitschrift)
Rn.	Randnummer
RVO	Reichsversicherungsordnung
SGB	Sozialgesetzbuch
SchVG	Schulverwaltungsgesetz
SchwbG	Schwerbehindertengesetz
SMBl.	Sammlung des bereinigten Ministerialblattes für das Land Nordrhein-Westfalen
StGB	Strafgesetzbuch
TÜV	Technischer Überwachungsverein
TVG	Tarifvertragsgesetz
TzBfG	Teilzeit- und Befristungsgesetz
UG	Gesetz über die Universitäten des Landes Nordrhein-Westfalen
VG	Verwaltungsgericht
VGH	Verwaltungsgerichtshof
WO	Wahlordnung zum Landespersonalvertretungsgesetz Nordrhein-Westfalen
ZBR	Zeitschrift für Beamtenrecht (Zeitschrift)
ZfPR	Zeitschrift für Personalvertretungsrecht, Deutscher Beamtenbundverlag, Bonn
ZPO	Zivilprozeßordnung
ZTR	Zeitschrift für Tarifrecht (Zeitschrift)

Bundespersonal-vertretungsgesetz

Vom 15. März 1974, zuletzt geändert durch Gesetz vom 9. 7. 2001 (BGBl. I S. 1510)

– Unmittelbar für die Länder geltende Vorschriften

§ 9
Übernahme eines Auszubildenden

(1) Beabsichtigt der Arbeitgeber, einen in einem Berufsausbildungs-verhältnis nach dem Berufsbildungsgesetz, dem Krankenpflegegesetz oder dem Hebammengesetz stehenden Beschäftigten (Auszubildenden), der Mitglied einer Personalvertretung oder einer Jugend- und Auszubil-dendenvertretung ist, nach erfolgreicher Beendigung des Berufsausbil-dungsverhältnisses nicht in ein Arbeitsverhältnis auf unbestimmte Zeit zu übernehmen, so hat er dies drei Monate vor Beendigung des Berufsaus-bildungsverhältnisses dem Auszubildenden schriftlich mitzuteilen.

(2) Verlangt ein in Absatz 1 genannter Auszubildender innerhalb der letzten drei Monate vor Beendigung des Berufsausbildungsverhältnisses schriftlich vom Arbeitgeber seine Weiterbeschäftigung, so gilt zwischen dem Auszubildenden und dem Arbeitgeber im Anschluß an das erfolg-reiche Berufsausbildungsverhältnis ein Arbeitsverhältnis auf unbe-stimmte Zeit als begründet.

(3) Die Absätze 1 und 2 gelten auch, wenn das Berufsausbildungsver-hältnis vor Ablauf eines Jahres nach Beendigung der Amtszeit der Perso-nalvertretung oder der Jugend- und Auszubildendenvertretung erfolgreich endet.

(4) Der Arbeitgeber kann spätestens bis zum Ablauf von zwei Wochen nach Beendigung des Berufsausbildungsverhältnisses beim Verwaltungs-gericht beantragen,

1. festzustellen, daß ein Arbeitsverhältnis nach den Absätzen 2 oder 3 nicht begründet wird, oder

2. das bereits nach den Absätzen 2 oder 3 begründete Arbeitsverhältnis aufzulösen,

wenn Tatsachen vorliegen, auf Grund derer dem Arbeitgeber unter Be-rücksichtigung aller Umstände die Weiterbeschäftigung nicht zugemutet werden kann. In dem Verfahren vor dem Verwaltungsgericht ist die

Bundespersonalvertretungsgesetz (Auszug)

Personalvertretung, bei einem Mitglied der Jugend- und Auszubildenden-vertretung auch diese beteiligt.

(5) Die Absätze 2 bis 4 sind unabhängig davon anzuwenden, ob der Arbeitgeber seiner Mitteilungspflicht nach Absatz 1 nachgekommen ist.

§ 107
Verbot der Behinderung, Benachteiligung und Begünstigung

Personen, die Aufgaben oder Befugnisse nach dem Personalvertretungs-recht wahrnehmen, dürfen darin nicht behindert und wegen ihrer Tätigkeit nicht benachteiligt oder begünstigt werden; dies gilt auch für ihre beruf-liche Entwicklung. § 9 gilt entsprechend.

§ 108
Beteiligung bei Kündigung

(1) Die außerordentliche Kündigung von Mitgliedern der Personalvertre-tungen, der Jugendvertretungen oder der Jugend- und Auszubildenden-vertretungen, der Wahlvorstände sowie von Wahlbewerbern, die in einem Arbeitsverhältnis stehen, bedarf der Zustimmung der zuständigen Perso-nalvertretung. Verweigert die zuständige Personalvertretung ihre Zustim-mung oder äußert sie sich nicht innerhalb von drei Arbeitstagen nach Eingang des Antrags, so kann das Verwaltungsgericht sie auf Antrag des Dienststellenleiters ersetzen, wenn die außerordentliche Kündigung unter Berücksichtigung aller Umstände gerechtfertigt ist. In dem Verfahren vor dem Verwaltungsgericht ist der betroffene Arbeitnehmer Beteiligter.

(2) Eine durch den Arbeitgeber ausgesprochene Kündigung des Arbeits-verhältnisses eines Beschäftigten ist unwirksam, wenn die Personalver-tretung nicht beteiligt worden ist.

§ 109
Unfallfürsorge für Beamte

Erleidet ein Beamter anläßlich der Wahrnehmung von Rechten oder Er-füllung von Pflichten nach dem Personalvertretungsrecht einen Unfall, der im Sinne der beamtenrechtlichen Unfallfürsorgevorschriften ein Dienstunfall wäre, so finden diese Vorschriften entsprechende Anwen-dung.

Wahlordnung zum Landespersonalvertretungs- gesetz (WO-LPVG)

Vom 20. Mai 1986 (GV NW S. 485)

Auf Grund des § 124 des Landespersonalvertretungsgesetzes vom 3. Dezember 1974 (GV NW S. 1514), zuletzt geändert durch Verordnung vom 30. Mai 1995 (GV NW 1995 S. 498) wird verordnet:

ERSTES KAPITEL
Wahl des Personalrats

Erster Abschnitt
Gemeinsame Vorschriften über Vorbereitung und Durchführung der Wahl

§ 1
Wahlvorstand, Wahlhelfer

(1) Der Wahlvorstand führt die Wahl des Personalrats durch. Er kann wahlberechtigte Beschäftigte als Wahlhelfer zur Durchführung der Wahlhandlung und zur Auszählung der Stimmen bestellen; dabei soll er die in der Dienststelle vertretenen Gruppen angemessen berücksichtigen. Wahlhelfer dürfen nur in Anwesenheit eines Mitglieds des Wahlvorstands tätig werden.

(2) Der Wahlvorstand gibt die Namen seiner Mitglieder durch Aushang in der Dienststelle bekannt.

(3) Der Wahlvorstand faßt seine Beschlüsse mit einfacher Stimmenmehrheit seiner Mitglieder.

(4) Die Dienststelle hat den Wahlvorstand bei der Erfüllung seiner Aufgaben zu unterstützen, insbesondere ihm die notwendigen Unterlagen zur Verfügung zu stellen und die erforderlichen Auskünfte zu erteilen.

§ 2
Feststellung der Beschäftigtenzahl, Wählerverzeichnis

(1) Der Wahlvorstand stellt die Zahl der in der Regel Beschäftigten und ihre Gruppenzugehörigkeit fest; innerhalb der Gruppen sind die Anteile

der Geschlechter festzustellen. Übersteigt die Zahl der in der Regel Beschäftigten 50 nicht, stellt er außerdem die Zahl der wahlberechtigten Beschäftigten fest.

(2) Der Wahlvorstand stellt ein Verzeichnis der wahlberechtigten Beschäftigten (Wählerverzeichnis) getrennt nach Gruppen der Beamten, Angestellten und Arbeiter auf; innerhalb der Gruppen sind die Anteile der Geschlechter festzustellen. Er hat bis zum Abschluß der Stimmabgabe das Wählerverzeichnis auf dem laufenden zu halten und mindestens eine Abschrift an geeigneter Stelle zur Einsicht auszulegen.

§ 3
Einsprüche gegen das Wählerverzeichnis

(1) Jeder Beschäftigte kann beim Wahlvorstand schriftlich innerhalb einer Woche nach Auslegung des Wählerverzeichnisses Einspruch gegen seine Richtigkeit einlegen.

(2) Die Entscheidung über den Einspruch ist dem Beschäftigten unverzüglich, spätestens einen Tag vor Beginn der Stimmabgabe schriftlich mitzuteilen.

§ 4
Vorabstimmungen

(1) Die Ergebnisse der Abstimmungen nach den §§ 15 Abs. 1 und 16 Abs. 2 des Gesetzes werden nur berücksichtigt, wenn sie dem Wahlvorstand innerhalb einer Woche nach der Bekanntgabe seiner Mitglieder vorliegen und ihm glaubhaft gemacht wird, daß sie unter Leitung eines aus mindestens drei wahlberechtigten Beschäftigten bestehenden Abstimmungsvorstands in geheimen und nach Gruppen getrennten Abstimmungen zustande gekommen sind. Dem Abstimmungsvorstand soll ein Mitglied jeder in der Dienststelle vertretenen Gruppe angehören.

(2) Der Wahlvorstand hat in der Bekanntgabe seiner Mitglieder auf die in Absatz 1 bezeichnete Frist hinzuweisen.

§ 5
Ermittlung der Zahl der zu wählenden Personalratsmitglieder; Verteilung der Sitze auf die Gruppen

(1) Der Wahlvorstand ermittelt die Zahl der zu wählenden Mitglieder des Personalrats. Ist eine von § 14 des Gesetzes abweichende Verteilung der Mitglieder des Personalrats auf die Gruppen nicht beschlossen worden, so errechnet der Wahlvorstand die Verteilung der Personalratssitze auf die Gruppen nach dem Höchstzahlenverfahren.

(2) Die Zahlen der der Dienststelle angehörenden Beamten, Angestellten und Arbeiter werden nebeneinander gestellt und der Reihe nach durch 1,

2, 3 usw. geteilt. Auf die jeweils höchste Teilzahl (Höchstzahl) wird so lange ein Sitz zugeteilt, bis alle Personalratssitze verteilt sind. Jede Gruppe erhält soviel Sitze, wie Höchstzahlen auf sie entfallen. Ist bei gleichen Höchstzahlen nur noch ein Sitz oder sind bei drei gleichen Höchstzahlen nur noch zwei Sitze zu verteilen, so entscheidet das Los.

(3) Entfallen bei der Verteilung der Sitze nach Absatz 2 auf eine Gruppe weniger Sitze, als ihr nach § 14 Abs. 3 des Gesetzes mindestens zustehen, so erhält sie die in § 14 Abs. 3 des Gesetzes vorgeschriebene Zahl von Sitzen. Die Zahl der Sitze der übrigen Gruppen vermindert sich entsprechend. Dabei werden die jeweils zuletzt zugeteilten Sitze zuerst gekürzt. Ist bei gleichen Höchstzahlen nur noch ein Sitz zu kürzen, entscheidet das Los, welche Gruppe den Sitz abzugeben hat. Sitze, die einer Gruppe nach den Vorschriften des Gesetzes mindestens zustehen, können ihr nicht entzogen werden.

(4) Haben in einer Dienststelle alle Gruppen die gleiche Zahl von Angehörigen, so erübrigt sich die Errechnung der Sitze nach dem Höchstzahlverfahren; in diesen Fällen entscheidet das Los, wem die höhere Zahl von Sitzen zufällt.

§ 6
Wahlausschreiben

(1) Spätestens sechs Wochen vor dem letzten Tage der Stimmabgabe erläßt der Wahlvorstand ein Wahlausschreiben. Es ist von den Mitgliedern des Wahlvorstandes zu unterzeichnen.

(2) Im Wahlausschreiben ist anzugeben

1. Ort und Tag des Erlasses;

2. die Zahl der zu wählenden Mitglieder des Personalrats, getrennt nach Beamten, Angestellten und Arbeitern;

2a. Angaben über die Anteile der Geschlechter innerhalb der Dienststelle, getrennt nach Beamten, Angestellten und Arbeitern mit dem Hinweis, daß Frauen und Männer ihrem zahlenmäßigen Anteil in der Dienststelle entsprechend im Personalrat vertreten sein sollen (§ 14 Abs. 7 des Gesetzes);

3. ob die Beamten, Angestellten und Arbeiter ihre Vertreter in getrennten Wahlgängen (Gruppenwahl) oder in gemeinsamer Wahl wählen;

4. wo und wann das Wählerverzeichnis und diese Wahlordnung zur Einsicht ausliegen;

5. daß Einsprüche gegen die Richtigkeit des Wählerverzeichnisses schriftlich beim Wahlvorstand eingelegt werden können;

6. die Mindestzahl der wahlberechtigten Beschäftigen, von denen ein Wahlvorschlag unterzeichnet sein muß, und daß Wahlvorschläge der

Organisationen von einem Beauftragten unterzeichnet sein müssen (§§ 16, 125 des Gesetzes);

7. daß jeder Beschäftigte für die Wahl des Personalrats nur auf einem Wahlvorschlag benannt werden darf und die nicht wählbaren Beschäftigten keine Wahlvorschläge machen oder unterzeichnen dürfen;

8. daß jeder Beschäftigte nur einen Wahlvorschlag unterzeichnen darf,

9. daß Wahlvorschläge innerhalb von drei Wochen nach dem Erlaß des Wahlausschreibens beim Wahlvorstand einzureichen sind; der letzte Tag der Einreichungsfrist ist anzugeben;

10. daß nur fristgerecht eingereichte Wahlvorschläge berücksichtigt werden und daß nur gewählt werden kann, wer in einen solchen Wahlvorschlag aufgenommen ist;

11. der Ort, an dem die Wahlvorschläge bekanntgegeben werden;

12. Ort und Zeit der Stimmabgabe;

13. daß schriftliche Stimmabgabe möglich oder angeordnet ist;

14. Ort und Termin der Sitzung, in der das Wahlergebnis festgestellt wird.

(3) Der Wahlvorstand hat mindestens eine Abschrift oder einen Abdruck dieser Wahlordnung und des Wahlausschreibens vom Tage seines Erlasses bis zum Abschluß der Stimmabgabe an geeigneter Stelle auszuhängen.

(4) Offenbare Unrichtigkeiten des Wahlausschreibens können vom Wahlvorstand jederzeit berichtigt werden.

§ 7
Wahlvorschläge, Einreichungsfrist

(1) Zur Wahl des Personalrats können die wahlberechtigten Beschäftigten sowie die in der Dienststelle vertretenen Gewerkschaften und Berufsverbände (§§ 16 Abs. 4 und 125 dieses Gesetzes) Wahlvorschläge machen.

(2) Wahlvorschläge sind innerhalb von drei Wochen nach dem Erlaß des Wahlausschreibens beim Wahlvorstand einzureichen. Bei Gruppenwahl sind für die einzelnen Gruppen getrennte Wahlvorschläge einzureichen.

§ 8
Inhalt der Wahlvorschläge

(1) Jeder Wahlvorschlag soll so viele Bewerber enthalten wie

a) bei Gruppenwahl Gruppenvertreter,

b) bei gemeinsamer Wahl Personalratsmitglieder

zu wählen sind.

(2) Frauen und Männer sollen ihrem zahlenmäßigen Anteil in der Dienststelle entsprechend im Personalrat vertreten sein.

(3) Die Namen der einzelnen Bewerber sind auf dem Wahlvorschlag untereinander aufzuführen und mit fortlaufenden Nummern zu versehen. Es sind Familienname, Vorname, Geburtsdatum, Amts-, Dienst- oder Berufsbezeichnung, Beschäftigungsstelle und Gruppenzugehörigkeit anzugeben. Bei gemeinsamer Wahl sind in dem Wahlvorschlag die Bewerber jeweils nach Gruppen zusammenzufassen.

(4) Aus dem Wahlvorschlag soll zu ersehen sein, welcher der Unterzeichner zur Vertretung des Vorschlags gegenüber dem Wahlvorstand und zur Entgegennahme von Erklärungen und Entscheidungen des Wahlvorstands berechtigt ist. Fehlt bei Wahlvorschlägen der Beschäftigten eine Angabe hierüber, gilt der Unterzeichner als berechtigt, der an erster Stelle steht.

(5) Der Wahlvorschlag kann mit einem Kennwort versehen werden.

(6) Ein Wahlvorschlag darf nur geändert werden, wenn die in § 7 bestimmte Frist noch nicht abgelaufen ist und alle Unterzeichner der Änderung zustimmen. § 9 Abs. 3 bleibt unberührt.

(7) Dem Wahlvorschlag ist die schriftliche Zustimmung der Bewerber zur Aufnahme in den Wahlvorschlag beizufügen.

§ 9
Behandlung der Wahlvorschläge, ungültige Wahlvorschläge

(1) Der Wahlvorstand vermerkt auf den Wahlvorschlägen den Tag des Eingangs. Im Falle des Absatzes 7 ist auch der Zeitpunkt des Eingangs des berichtigten Wahlvorschlags zu vermerken.

(2) Wahlvorschläge, die ungültig sind, weil sie nicht die erforderliche Anzahl von Unterschriften aufweisen oder weil sie nicht fristgerecht eingereicht worden sind, gibt der Wahlvorstand unverzüglich unter Angabe der Gründe zurück.

(3) Der Wahlvorstand hat einen Bewerber, der mit seiner schriftlichen Zustimmung auf mehreren Wahlvorschlägen benannt ist, aufzufordern, innerhalb von drei Kalendertagen zu erklären, auf welchem Wahlvorschlag er benannt bleiben will. Gibt der Bewerber diese Erklärung nicht fristgerecht ab, so wird er von sämtlichen Wahlvorschlägen gestrichen.

(4) Der Wahlvorstand hat auf Wahlvorschlägen die Namen von nicht wählbaren Beschäftigten zu streichen und den zur Vertretung des Vorschlags Berechtigten davon zu unterrichten.

(5) Der Wahlvorstand hat auf Wahlvorschlägen Unterschriften nicht wählbarer Beschäftigter zu streichen.

(6) Der Wahlvorstand hat einen Beschäftigten, der mehrere Wahlvorschläge unterzeichnet hat, aufzufordern, innerhalb von drei Kalenderta-

gen zu erklären, welche Unterschrift er aufrecht erhält. Gibt der Beschäftigte diese Erklärung nicht fristgerecht ab, zählt seine Unterschrift nur auf dem zuerst eingegangenen Wahlvorschlag; auf den übrigen Wahlvorschlägen wird sie gestrichen. Bei gleichzeitigem Eingang entscheidet das Los, auf welchem Wahlvorschlag die Unterschrift zählt.

(7) Wahlvorschläge, die

a) den Erfordernissen des § 8 Abs. 3 nicht entsprechen,

b) ohne die schriftliche Zustimmung der Bewerber eingereicht sind,

c) infolge von Streichungen gemäß Absatz 5 oder 6 nicht mehr die erforderliche Anzahl von Unterschriften aufweisen,

hat der Wahlvorstand mit der Aufforderung zurückzugeben, die Mängel innerhalb der Frist gemäß § 7 zu beseitigen; bei Wahlvorschlägen, die weniger als eine Woche vor Ablauf der Frist gemäß § 7 zurückgegeben werden, gilt eine Frist von einer Woche, gerechnet vom Tage der Rückgabe an. Werden die Mängel nicht fristgerecht beseitigt, sind diese Wahlvorschläge ungültig.

§ 10
Nachfrist für die Einreichung von Wahlvorschlägen

(1) Ist nach Ablauf der in § 7 und § 9 Abs. 7 genannten Frist bei Gruppenwahl nicht für jede Gruppe ein gültiger Wahlvorschlag, bei gemeinsamer Wahl kein gültiger Wahlvorschlag eingegangen, so gibt der Wahlvorstand dies unverzüglich durch Aushang an den Stellen, an denen das Wahlausschreiben ausgehängt ist, bekannt. Gleichzeitig fordert er zur Einreichung von Wahlvorschlägen innerhalb einer Frist von einer Woche auf und weist darauf hin, daß im Falle der Fristversäumnis

a) bei Gruppenwahl eine Gruppe keine Vertreter in den Personalrat wählen kann,

b) bei gemeinsamer Wahl der Personalrat nicht gewählt werden kann.

(2) Gehen gültige Wahlvorschläge nicht ein, so gibt der Wahlvorstand unverzüglich bekannt

a) bei Gruppenwahl, für welche Gruppe oder für welche Gruppen keine Vertreter gewählt werden können,

b) bei gemeinsamer Wahl, daß diese Wahl nicht stattfinden kann.

§ 11
Bezeichnung der Wahlvorschläge

(1) Der Wahlvorstand versieht die Wahlvorschläge in der Reihenfolge ihres Eingangs mit Ordnungsnummern (Vorschlag 1 usw.). Ist ein Wahlvorschlag berichtigt worden, so ist der Zeitpunkt des Eingangs des be-

richtigten Wahlvorschlags maßgebend. Sind mehrere Wahlvorschläge am selben Tage eingegangen, so entscheidet das Los über die Reihenfolge.

(2) Finden Wahlen für Personalvertretungen mehrerer Stufen gleichzeitig statt, ist für Wahlvorschläge mit demselben Kennwort für die Wahlen auf allen Stufen die Entscheidung auf der obersten Stufe maßgebend. Für Wahlvorschläge, die an der Entscheidung auf der obersten Stufe nicht beteiligt sind, werden die gleichen Plätze auf dem Stimmzettel in entsprechender Anwendung des Absatzes 1 festgelegt.

(3) Der Wahlvorstand bezeichnet die Wahlvorschläge mit dem Familien- und Vornamen der in dem Wahlvorschlag benannten ersten drei Bewerber, bei gemeinsamer Wahl mit dem Familien- und Vornamen der für die Gruppen an erster Stelle benannten Bewerber. Bei Wahlvorschlägen, die mit einem Kennwort versehen sind, ist auch das Kennwort anzugeben.

§ 12
Bekanntgabe der Wahlvorschläge

Nach Ablauf der in § 7 und § 10 Abs. 1 genannten Fristen, spätestens jedoch eine Woche vor Beginn der Stimmabgabe, gibt der Wahlvorstand die als gültig anerkannten Wahlvorschläge an den Stellen, an denen das Wahlausschreiben ausgehängt ist, bis zum Abschluß der Stimmabgabe bekannt. Die Namen der Unterzeichner der Wahlvorschläge werden nicht bekanntgemacht.

§ 13
Sitzungsniederschriften

Der Wahlvorstand fertigt über den Inhalt jeder Sitzung eine Niederschrift. Sie ist von den Mitgliedern des Wahlvorstands zu unterzeichnen.

§ 14
Ausübung des Wahlrechts; Stimmzettel, ungültige Stimmen

(1) Das Wahlrecht wird durch Abgabe eines Stimmzettels in einem Wahlumschlag ausgeübt. Bei Gruppenwahl müssen die Stimmzettel für jede Gruppe, bei gemeinsamer Wahl alle Stimmzettel dieselbe Größe, Farbe, Beschaffenheit und Beschriftung haben. Dasselbe gilt für die Wahlumschläge.

(2) Ist nach den Grundsätzen der Verhältniswahl zu wählen, so kann die Stimme nur für den gesamten Wahlvorschlag (Vorschlagsliste) abgegeben werden. Ist nach den Grundsätzen der Personenwahl zu wählen, so wird die Stimme für die einzelnen Bewerber abgegeben.

(3) Ungültig sind Stimmzettel,

a) die nicht den Erfordernissen des Absatzes 1 entsprechen,

b) aus denen sich der Wille des Wählers nicht zweifelsfrei ergibt,

c) die ein besonderes Merkmal, einen Zusatz oder einen Vorbehalt enthalten.

Mehrere in einem Wahlumschlag für eine Wahl enthaltene Stimmzettel werden als eine Stimme gezählt, wenn sie gleich lauten; andernfalls sind sie ungültig.

(4) Hat der Wähler einen Stimmzettel verschrieben, diesen oder seinen Wahlumschlag versehentlich unbrauchbar gemacht, so ist ihm auf Verlangen gegen Rückgabe der unbrauchbaren Wahlunterlagen ein neuer Stimmzettel und gegebenenfalls ein neuer Wahlumschlag auszuhändigen. Der Wahlvorstand hat die zurückgegebenen Unterlagen unverzüglich in Gegenwart des Wählers zu vernichten.

§ 15
Wahlhandlung

(1) Der Wahlvorstand hat zu gewährleisten, daß der Wähler den Stimmzettel im Wahlraum unbeobachtet kennzeichnen und in den Wahlumschlag legen kann. Ein Wähler, der gehindert ist, den Stimmzettel selbst zu kennzeichnen oder in den Wahlumschlag zu legen oder diesen in die Wahlurne zu werfen, kann sich fremder Hilfe bedienen. Für die Aufnahme der Umschläge sind Wahlurnen zu verwenden. Vor Beginn der Stimmabgabe hat der Wahlvorstand festzustellen, daß die Wahlurnen leer sind, und sie zu verschließen. Sie müssen so eingerichtet sein, daß die Umschläge nicht vor Öffnung entnommen werden können. Findet Gruppenwahl statt, so kann die Stimmabgabe nach Gruppen getrennt durchgeführt werden; in jedem Falle sind getrennte Wahlurnen zu verwenden.

(2) Solange der Wahlraum zur Stimmabgabe geöffnet ist, müssen mindestens zwei Mitglieder des Wahlvorstands im Wahlraum anwesend sein; sind Wahlhelfer bestellt, genügt die Anwesenheit eines Mitglieds des Wahlvorstandes und eines Wahlhelfers.

(3) Vor Einwurf des Wahlumschlags in die Urne ist festzustellen, ob der Wähler im Wählerverzeichnis eingetragen ist. Ist dies der Fall und wünscht der Wähler den Umschlag nicht selbst einzuwerfen, übergibt er ihn einem Mitglied des Wahlvorstands, das ihn in Gegenwart des Wählers ungeöffnet in die Wahlurne legt. Die Stimmabgabe ist im Wählerverzeichnis zu vermerken.

(4) Wird die Wahlhandlung unterbrochen oder wird das Wahlergebnis nicht unmittelbar nach Abschluß der Stimmabgabe festgestellt, so hat der Wahlvorstand für die Zwischenzeit die Wahlurne so zu verschließen und aufzubewahren, daß der Einwurf oder die Entnahme von Stimmzetteln ohne Beschädigung des Verschlusses unmöglich ist. Bei Wiedereröffnung der Wahl oder bei Entnahme der Stimmzettel zur Stimmzählung hat sich der Wahlvorstand davon zu überzeugen, daß der Verschluß unversehrt ist.

§ 16
Schriftliche Stimmabgabe

(1) Einem Beschäftigten, der eine schriftliche Stimmabgabe wünscht, hat der Wahlvorstand auf Verlangen den Stimmzettel und den Wahlumschlag sowie einen größeren Briefumschlag, der die Anschrift des Wahlvorstands und als Absender den Namen und die Anschrift des wahlberechtigten Beschäftigten sowie den Vermerk »Schriftliche Stimmabgabe« trägt, auszuhändigen oder zu übersenden. Außerdem kann der Beschäftigte Abdrucke der Wahlvorschläge, des Wahlausschreibens und einen Freiumschlag zur Rücksendung des Wahlumschlages verlangen. Der Wahlvorstand hat die Aushändigung oder Übersendung im Wählerverzeichnis zu vermerken.

(2) Der Wähler gibt seine Stimmen in der Weise ab, daß er den Wahlumschlag, in den der Stimmzettel gelegt ist, unter Verwendung des Briefumschlags so rechtzeitig an den Wahlvorstand absendet oder übergibt, daß er vor Abschluß der Stimmabgabe vorliegt. Der Wahlvorstand hat die Briefumschläge gesichert aufzubewahren.

§ 17
Behandlung der schriftlich abgegebenen Stimmen

(1) Rechtzeitig vor Abschluß der Stimmabgabe entnimmt der Wahlvorstand die Wahlumschläge den Briefumschlägen und legt sie nach Vermerk der Stimmabgabe im Wählerverzeichnis ungeöffnet in die Wahlurne.

(2) Verspätet eingehende Briefumschläge hat der Wahlvorstand mit einem Vermerk über den Zeitpunkt des Eingang ungeöffnet zu den Wahlunterlagen zu nehmen. Die Briefumschläge sind einen Monat nach Bekanntgabe des Wahlergebnisses ungeöffnet zu vernichten, wenn die Wahl nicht angefochten worden ist.

§ 18
Schriftliche Stimmabgabe in sonstigen Fällen

(1) Für die Beschäftigten

a) mit besonderer Diensteinteilung

b) von Nebenstellen oder Teilen einer Dienststelle, die nicht nach § 1 Abs. 3 des Gesetzes zu selbständigen Dienststellen erklärt worden sind,

c) von Dienststellen, in denen auf Grund einer nach § 95 Satz 1 Nr. 2 des Gesetzes erlassenen Rechtsverordnung Beschäftigte mehrerer Beschäftigungsstellen zusammengefaßt sind,

kann der Wahlvorstand die Stimmabgabe in diesen Stellen durchführen oder die schriftliche Stimmabgabe anordnen. Das gleiche gilt für Wahlen zu Stufenvertretungen, wenn diese nicht gleichzeitig mit Personalratswahlen stattfinden.

(2) Die §§ 16 und 17 gelten entsprechend.

§ 19
Feststellung des Wahlergebnisses

(1) Nach Öffnung der Wahlurne vergleicht der Wahlvorstand die Zahl der in der Wahlurne enthaltenen Wahlumschläge mit der Zahl der nach dem Wählerverzeichnis abgegebenen Stimmen und prüft die Gültigkeit der Stimmzettel.

(2) Der Wahlvorstand zählt

a) im Falle der Verhältniswahl die auf jede Vorschlagsliste,

b) im Falle der Personenwahl die auf jeden einzelnen Bewerber entfallenen gültigen Stimmzettel.

(3) Stimmzettel, über deren Gültigkeit oder Ungültigkeit der Wahlvorstand beschließt, weil sie zu Zweifeln Anlaß geben, sind mit fortlaufender Nummer zu versehen und von den übrigen Stimmzetteln gesondert bei den Wahlunterlagen aufzubewahren.

§ 20
Wahlniederschrift

(1) Die Wahlniederschrift ist von den Mitgliedern des Wahlvorstandes zu unterzeichnen. Sie muß enthalten

1. bei Gruppenwahl die Summe der von jeder Gruppe abgegebenen und der gültigen Stimmen,

2. bei gemeinsamer Wahl die Summe aller abgegebenen und der gültigen Stimmen,

3. die Zahl der ungültigen Stimmen,

4. die für die Gültigkeit oder Ungültigkeit zweifelhafter Stimmen maßgebenden Gründe,

5. bei Verhältniswahl die Zahl der auf jede Vorschlagsliste entfallenen gültigen Stimmen sowie die Errechnung der Höchstzahlen und ihre Verteilung auf die Vorschlagslisten,

6. bei Personenwahl die Zahl der auf jeden Bewerber entfallenen gültigen Stimmen,

7. die Namen der gewählten Bewerber.

(2) Besondere Vorkommnisse bei der Wahlhandlung oder der Feststellung des Wahlergebnisses sind in der Niederschrift zu vermerken.

§ 21
Benachrichtigung der gewählten Bewerber und Bekanntmachung

Der Wahlvorstand benachrichtigt die Personalratsmitglieder unverzüglich schriftlich von ihrer Wahl und gibt ihre Namen durch zweiwöchigen Aushang bekannt.

§ 22
Aufbewahrung der Wahlunterlagen

Von den Wahlunterlagen sind die Niederschriften, Bekanntmachungen und Wahlvorschläge vom Personalrat bis zur Durchführung der nächsten Personalratswahl aufzubewahren. Die übrigen Wahlunterlagen sind vom Wahlvorstand für die Dauer eines Monats nach Bekanntmachung des Wahlergebnisses, im Falle der Anfechtung der Wahl für die Dauer eines Monats nach Abschluß des Verfahrens verschlossen aufzubewahren und anschließend zu vernichten.

Zweiter Abschnitt
Besondere Vorschriften

Erster Unterabschnitt
Wahlverfahren bei Vorliegen mehrerer Wahlvorschläge (Verhältniswahl)

§ 23
Voraussetzung für Verhältniswahl; Stimmzettel, Stimmabgabe

(1) nach den Grundsätzen der Verhältniswahl (Listenwahl) ist zu wählen, wenn

a) bei Gruppenwahl für die betreffende Gruppe mehrere gültige Wahl-vorschläge,

b) bei gemeinsamer Wahl mehrere gültige Wahlvorschläge

eingegangen sind.

(2) Auf den Stimmzetteln sind die Vorschlagslisten in der Reihenfolge der Ordnungsnummern unter Angabe von Familienname, Vorname, Amts-, Dienst- oder Berufsbezeichnung, Beschäftigungsstelle und Grup-penzugehörigkeit der ersten drei Bewerber, bei gemeinsamer Wahl der für die Gruppen an erster Stelle benannten Bewerber untereinander aufzu-führen; bei Listen, die mit einem Kennwort versehen sind, ist auch das Kennwort anzugeben.

(3) Der Wähler kreuzt auf dem Stimmzettel die Vorschlagsliste an, für die er seine Stimme abgeben will.

§ 24
Ermittlung der gewählten Gruppenvertreter bei Gruppenwahl

(1) Bei Gruppenwahl werden die Summen der auf die einzelnen Vorschlagslisten jeder Gruppe entfallenen Stimmen nebeneinander gestellt und der Reihe nach durch 1, 2, 3 usw. geteilt. Auf die jeweils höchste Teilzahl (Höchstzahl) wird so lange ein Sitz zugeteilt, bis alle der Gruppe zustehenden Sitze verteilt sind. Ist bei gleichen Höchstzahlen nur noch ein Sitz oder sind bei drei gleichen Höchstzahlen nur noch zwei Sitze zu verteilen, so entscheidet das Los.

(2) Enthält eine Vorschlagsliste weniger Bewerber, als ihr nach den Höchstzahlen Sitze zustehen würden, so fallen die überschüssigen Sitze den übrigen Vorschlagslisten in der Reihenfolge der nächsten Höchstzahlen zu.

(3) Innerhalb der Vorschlagsliste werden die Sitze auf die Bewerber in der Reihenfolge ihrer Benennung verteilt.

§ 25
Ermittlung der gewählten Gruppenvertreter bei gemeinsamer Wahl

(1) Bei gemeinsamer Wahl werden die Summen der auf die einzelnen Vorschlagslisten entfallenen Stimmen nebeneinander gestellt und der Reihe nach durch 1, 2, 3 usw. geteilt. Die jeder Gruppe zustehenden Sitze werden getrennt, jedoch unter Verwendung derselben Teilzahlen ermittelt. § 24 Abs. 1 Satz 2 und 3 gilt entsprechend.

(2) Enthält eine Vorschlagsliste weniger Bewerber einer Gruppe, als dieser nach den Höchstzahlen Sitze zustehen würden, so fallen die restlichen Sitze dieser Gruppe den Angehörigen derselben Gruppe auf den übrigen Vorschlagslisten in der Reihenfolge der nächsten Höchstzahlen zu.

(3) Innerhalb der Vorschlagslisten werden die den einzelnen Gruppen zustehenden Sitze auf die Angehörigen der entsprechenden Gruppe in der Reihenfolge ihrer Benennung verteilt.

**Zweiter Unterabschnitt
Wahlverfahren bei Vorliegen eines Wahlvorschlags und
bei Wahl eines Personalratsmitglieds oder eines Gruppenvertreters (Personenwahl)**

§ 26
Voraussetzungen für Personenwahl; Stimmzettel, Stimmabgabe

(1) Nach den Grundsätzen der Personenwahl ist zu wählen, wenn

a) bei Gruppenwahl für die betreffende Gruppe nur ein gültiger Wahlvorschlag

b) bei gemeinsamer Wahl nur ein gültiger Wahlvorschlag

eingegangen ist. In diesen Fällen kann jeder Wähler nur solche Bewerber wählen, die in dem Wahlvorschlag aufgeführt sind.

(2) In den Stimmzettel werden die Bewerber aus dem Wahlvorschlag in unveränderter Reihenfolge unter Angabe von Familienname, Vorname, Amts-, Dienst- oder Berufsbezeichnung, Beschäftigungsstelle, Gruppenzugehörigkeit und Kennwort übernommen. Der Wähler kreuzt auf dem Stimmzettel die Namen der Bewerber an, für die er seine Stimme abgeben will. Er darf

a) bei Gruppenwahl nicht mehr Namen ankreuzen, als für die betreffende Gruppe Vertreter zu wählen sind,

b) bei gemeinsamer Wahl nicht mehr Namen ankreuzen, als für die betreffende Gruppe zu wählen sind.

(3) Nach den Grundsätzen der Personenwahl kann gewählt werden, wenn

a) bei Gruppenwahl nur ein Vertreter,

b) bei gemeinsamer Wahl nur ein Personalratsmitglied

zu wählen ist. Absatz 2 und § 27 Abs. 1 und 3 gelten entsprechend.

§ 27
Ermittlung der gewählten Bewerber

(1) Bei Gruppenwahl sind die Bewerber in der Reihenfolge der jeweils höchsten auf sie entfallenden Stimmenzahlen gewählt.

(2) Bei gemeinsamer Wahl werden die den einzelnen Gruppen zustehenden Sitze mit den Bewerbern dieser Gruppen in der Reihenfolge der jeweils höchsten auf sie entfallenden Stimmenzahlen besetzt.

(3) Bei gleicher Stimmenzahl entscheidet das Los.

ZWEITES KAPITEL
Wahl der Stufenvertretungen

Erster Abschnitt
Wahl des Bezirkspersonalrats

§ 28
Entsprechende Anwendung der Vorschriften über die Wahl des Personalrats

Für die Wahl des Bezirkspersonalrats gelten die §§ 1 bis 27 entsprechend, soweit sich aus den §§ 29 bis 35 nichts anderes ergibt.

§ 29
Leitung der Wahl

(1) Der Bezirkswahlvorstand leitet die Wahl des Bezirkspersonalrats. Die Durchführung der Wahl in den einzelnen Dienststellen übernehmen die örtlichen Wahlvorstände im Auftrag und nach Anordnung des Bezirkswahlvorstands.

(2) Der örtlichen Wahlvorstand gibt die Namen der Mitglieder des Bezirkswahlvorstands und die dienstliche Anschrift seines Vorsitzenden durch Aushang bis zum Abschluß der Stimmabgabe bekannt.

§ 30
Feststellung der Beschäftigtenzahl; Wählerverzeichnis

(1) Die örtlichen Wahlvorstände teilen die gemäß § 2 Abs. 1 festgestellten Zahlen unverzüglich schriftlich dem Bezirkswahlvorstand mit.

(2) Die Aufstellung der Wählerverzeichnisse und die Behandlung von Einsprüchen ist Aufgabe der örtlichen Wahlvorstände. Sie teilen dem Bezirkswahlvorstand die Zahl der wahlberechtigten Beschäftigten, getrennt nach Gruppen, unverzüglich schriftlich mit. Dabei sind innerhalb der Gruppen die Anteile der Geschlechter festzustellen.

§ 31
Ermittlung der Zahl der zu wählenden Bezirkspersonalratsmitglieder

Der Bezirkswahlvorstand ermittelt die Zahl der zu wählenden Mitglieder des Bezirkspersonalrats und die Verteilung der Sitze auf die Gruppen.

§ 32
Gleichzeitige Wahl

Die Wahl des Bezirkspersonalrats soll möglichst gleichzeitig mit der Wahl der Personalräte in demselben Bezirk stattfinden.

§ 33
Wahlausschreiben

(1) Der Bezirkswahlvorstand erläßt das Wahlausschreiben. § 6 Abs. 2 Nr. 1, 2, 2a, 3, 6, 7, 8, 9, 10 und 13 gilt entsprechend. Der Bezirkswahlvorstand bestimmt im Wahlausschreiben ferner den Tag oder die Tage der Stimmabgabe und weist darauf hin, daß die gemäß § 50 Abs. 3 Satz 3 des Gesetzes nicht wählbaren Beschäftigten keine Wahlvorschläge machen oder unterzeichnen dürfen.

(2) Der örtliche Wahlvorstand ergänzt das Wahlausschreiben um die Angaben gemäß § 6 Abs. 2 Nr. 4, 5 und 12; er weist darauf hin, daß Einsprüche bei ihm einzulegen sind und bestimmt ferner den Ort und die Tageszeit der Stimmabgabe.

(3) Der örtliche Wahlvorstand gibt das Wahlausschreiben unverzüglich in der Dienststelle an geeigneter Stelle durch Aushang bis zum Abschluß der Stimmabgabe bekannt. Er vermerkt auf dem Wahlausschreiben den ersten und letzten Tag des Aushangs.

(4) Offenbare Unrichtigkeiten des Wahlausschreibens können vom Bezirkswahlvorstand jederzeit berichtigt werden.

(5) Die Niederschrift über die Sitzungen, in denen über Einsprüche gegen das Wählerverzeichnis entschieden ist, fertigt der örtliche Wahlvorstand.

§ 34
Stimmabgabe, Stimmzettel

Findet die Wahl des Bezirkspersonalrats zugleich mit der Wahl der Personalräte statt, so soll für die Stimmabgabe zu beiden Wahlen derselbe Umschlag verwendet werden. Für die Wahl des Bezirkspersonalrats sind Stimmzettel von anderer Farbe als für die Wahl des Personalrats zu verwenden.

§ 35
Feststellung und Bekanntmachung des Wahlergebnisses

(1) Die örtlichen Wahlvorstände zählen die auf die einzelnen Vorschlagslisten oder, wenn Personalwahl stattgefunden hat, die auf die einzelnen Bewerber entfallenen Stimmen. Sie fertigen eine Wahlniederschrift gemäß § 20.

(2) Die Niederschrift ist unverzüglich nach Feststellung des Wahlergebnisses dem Bezirkswahlvorstand zu übersenden.

(3) Der Bezirkswahlvorstand zählt unverzüglich die auf jede Vorschlagsliste oder, wenn Personenwahl stattgefunden hat, die auf jeden einzelnen Bewerber entfallenen Stimmen und stellt das Ergebnis der Wahl fest.

(4) Sobald die Mitglieder des Bezirkspersonalrats feststehen, teilt der Bezirkswahlvorstand ihre Namen den örtlichen Wahlvorständen mit. Diese geben sie durch zweiwöchigen Aushang bekannt.

Zweiter Abschnitt
Wahl des Hauptpersonalrats

§ 36
Entsprechende Anwendung der Vorschriften über die Wahl des Bezirkspersonalrats

Für die Wahl des Hauptpersonalrats gelten die §§ 28 bis 35 entsprechend, soweit sich aus den §§ 37 und 38 sind anderes ergibt.

§ 37
Leitung der Wahl

Der Hauptwahlvorstand leitet die Wahl des Hauptpersonalrats.

§ 38
Durchführung der Wahl

(1) Der Hauptwahlvorstand kann die Wahlvorstände bei den im Geschäftsbereich nachgeordneten Dienststellen mit Aufgaben gemäß § 30 und § 35 Abs. 1 und 3 betrauen und diese Wahlvorstände beauftragen, seine Bekanntmachung weiterzuleiten.

(2) Die Bezirkswahlvorstände können von den örtlichen Wahlvorständen die zur Weitergabe an den Hauptwahlvorstand erforderlichen Angaben verlangen.

DRITTES KAPITEL
Wahl des Gesamtpersonalrats

§ 39
Entsprechende Anwendung der Vorschriften über die Wahl des Personalrats

Für die Wahl des Gesamtpersonalrats gelten die §§ 1 bis 27 entsprechend. Der Wahlvorstand kann die Personalräte der an der Wahl des Gesamtpersonalrats beteiligten Dienststellen beauftragen, jeweils für ihren Bereich örtliche Wahlvorstände zu bestellen. In diesem Falle gelten die §§ 28 bis 35 entsprechend.

VIERTES KAPITEL
Wahl der Jugend- und Auszubildenden- vertretungen

Erster Abschnitt
Wahl der Jugend- und Auszubildendenvertretung

§ 40
Vorbereitung und Durchführung der Wahl

(1) Für die Vorbereitung und Durchführung der Wahl der Jugend- und Auszubildendenvertretung gelten die §§ 1 bis 3, 6 bis 23, 26 und 27 entsprechend mit der Maßgabe, daß die Vorschriften über die Gruppenwahl, über den Minderheitenschutz und über die Zusammenfassung der Bewerber in den Wahlvorschlägen nach Gruppen keine Anwendung finden. Dem Wahlvorstand muß mindestens ein nach § 11 des Gesetzes wählbarer Beschäftigter angehören. Der Wahlvorstand ermittelt die Zahl der zu wählenden Mitglieder der Jugend- und Auszubildendenvertretung.

(2) Sind mehrere Mitglieder der Jugend- und Auszubildendenvertretung zu wählen und ist die Wahl auf Grund mehrerer Vorschlagslisten durchgeführt worden, so werden die Summen der auf die einzelnen Vorschlagslisten entfallenen Stimmen nebeneinander gestellt und der Reihe nach durch 1, 2, 3 usw. geteilt. Auf die jeweils höchste Teilzahl (Höchstzahl) wird so lange ein Sitz zugeteilt, bis alle Sitze verteilt sind. § 24 Abs. 1 Satz 3, Abs. 2 und 3 findet Anwendung.

(3) Sind mehrere Mitglieder der Jugend- und Auszubildendenvertretung zu wählen und ist die Wahl auf Grund eines Wahlvorschlags durchgeführt worden, so sind die Bewerber in der Reihenfolge der jeweils höchsten auf sie entfallenen Stimmenzahl gewählt; bei Stimmengleichheit entscheidet das Los.

Zweiter Abschnitt
**Wahl der Jugend- und Auszubildendenstufenvertretung und
der Gesamtjugend- und Auszubildendenvertretung**

§ 41
Vorbereitung und Durchführung der Wahl

Für die Vorbereitung und Durchführung der Wahl der Jugend- und Auszubildendenstufenvertretung und der Gesamtjugend- und Auszubildendenvertretung gilt § 40 entsprechend. Der Wahlvorstand kann die Personalräte der an der Wahl der Jugend- und Auszubildendenstufenvertretung
und der Gesamtjugend- und Auszubildendenvertretung beteiligten
Dienststellen beauftragen, jeweils für ihren Bereich örtliche Wahlvorstände zu bestellen. In diesem Falle gelten die §§ 28 bis 38 entsprechend.

FÜNFTES KAPITEL
Sondervorschriften

Erster Abschnitt
Polizei

§ 42
Wahl der Vertrauensleute im Bereich der Direktion der Bereit-
schaftspolizei

Für die Vorbereitung und Durchführung der Wahl der Vertrauensleute der
Polizeivollzugsbeamten im Bereich der Direktion der Bereitschaftspolizei
gelten die §§ 1 bis 3, 6 bis 22 und 26 entsprechend mit folgenden
Abweichungen:

1. Für jede Lehrgruppe ist nur eine Vertrauensperson zu wählen.

2. An die Stelle der in § 6 Abs. 1 Satz 1 bestimmten Frist von sechs
   Wochen tritt eine Frist von drei Wochen.

3. An die Stelle der in § 6 Abs. 2 Nr. 9 und in § 7 bestimmten Frist tritt
   eine solche von einer Woche.

§ 43
Wahl der Vertrauensleute der zu Lehrgängen abgeordneten
Polizeivollzugsbeamten

Für die Vorbereitung und Durchführung der Wahl der Vertrauensleute der
zu Lehrgängen abgeordneten Polizeivollzugsbeamten gelten die §§ 1 bis
3, § 5 Abs. 1 Satz 1, §§ 6 bis 23 und § 26 mit folgenden Abweichungen:

1. Für je angefangene 50 Lehrgangsteilnehmer ist nur eine Vertrauensperson zu wählen.

2. An die Stelle der in § 6 Abs. 1 Satz 1 bestimmten Frist von sechs Wochen tritt eine Frist von einer Woche.

3. An die Stelle der in § 6 Abs. 2 Nr. 9 und in § 7 bestimmten Frist von drei Wochen tritt eine Frist von drei Arbeitstagen.

4. An die Stelle der in § 3 Abs. 1, § 9 Abs. 7 Satz 1, § 10 Abs. 1 Satz 2 und in § 12 Satz 1 bestimmten Frist von einer Woche tritt eine Frist von drei Arbeitstagen.

Zweiter Abschnitt
Lehrer

§ 44
Wahl der Lehrer-Personalvertretungen in den Fällen des § 90 Abs. 1
und 2 Satz 1 des Gesetzes

(1) Für die Vorbereitung und Durchführung der Wahl der Lehrer-Personalvertretungen gelten die §§ 1 bis 3, § 5 Abs. 1 Satz 1, §§ 6 bis 23 und § 26, außerdem in den Fällen des § 90 Abs. 1 des Gesetzes die §§ 28 bis 38 entsprechend mit Ausnahme der Vorschriften über die Gruppen.

(2) Sind mehrere Mitglieder einer Personalvertretung zu wählen und ist die Wahl auf Grund mehrerer Vorschlagslisten durchgeführt worden, so werden die Summen der auf die einzelnen Vorschlagslisten entfallenen Stimmen nebeneinander gestellt und der Reihe nach durch 1, 2, 3 usw. geteilt. Auf die jeweils höchste Teilzahl (Höchstzahl) wird solange ein Sitz zugeteilt, bis alle Sitze verteilt sind. § 24 Abs. 1 Satz 3, Abs. 2 und 3 findet Anwendung.

(3) Sind mehrere Mitglieder einer Personalvertretung zu wählen und ist die Wahl auf Grund eines Wahlvorschlags durchgeführt worden, so sind die Bewerber in der Reihenfolge der jeweils höchsten auf sie entfallenen Stimmenzahlen gewählt; bei Stimmengleichheit entscheidet das Los.

§ 45
Wahl der Lehrer-Personalvertretungen in den Fällen des § 90 Abs. 2 Satz 2 des Gesetzes

Für die Vorbereitung und Durchführung der Wahl der Lehrer-Personalvertretungen gelten die §§ 1 bis 27 entsprechend mit der Maßgabe, daß die Vorschriften über die Gruppen für die Lehrergruppen (§ 90 Abs. 2 Satz 2 des Gesetzes) sinngemäß angewandt werden.

Dritter Abschnitt
Referendare im juristischen Vorbereitungsdienst

§ 46
Wahl der Personalräte

(1) Für die Vorbereitung und Durchführung der Wahl der Personalräte der Referendare im juristischen Vorbereitungsdienst gelten die §§ 1 bis 3, § 5 Abs. 1 Satz 1, §§ 6 bis 14, 16, 17, 19 bis 23 und 26 entsprechend mit der Maßgabe, daß die Stimmabgabe schriftlich erfolgt.

(2) § 44 Abs. 2 und 3 gilt entsprechend.

§ 47
Wahl des Bezirkspersonalrats

(1) Jeder bei einem Landgericht bestehende Personalrat wählt innerhalb von einem Monat nach Ablauf der in § 30 Abs. 2 des Gesetzes vorgeschriebenen Frist die sich nach § 103 Abs. 2 Satz 1 des Gesetzes ergebende Zahl von Mitgliedern in den Bezirkspersonalrat. Für die Wahl gilt § 33 Abs. 1 Satz 1 und 2 Gesetzes entsprechend; bei Stimmengleichheit entscheidet das Los.

(2) Der Personalrat bei dem Landgericht teilt dem Bezirkswahlvorstand die Zahl der dem Landgericht als Stammdienststelle angehörenden Referendare und die Namen und Anschriften der in den Bezirkspersonalrat gewählten Mitglieder unverzüglich nach der Wahl schriftlich mit.

(3) Der Bezirkswahlvorstand stellt das Ergebnis der Wahl fest und teilt die Namen der Mitglieder des Bezirkspersonalrats den Personalräten bei den Landgerichten zur Bekanntmachung durch zweiwöchigen Aushang wie bei Wahlausschreiben mit. Spätestens zwei Wochen nach Ablauf der in Absatz 1 vorgeschriebenen Frist hat er die Mitglieder des Bezirkspersonalrats zur Vornahme der vorgeschriebenen Wahlen einzuberufen und die Sitzung zu leiten.

SECHSTES KAPITEL
Schlußvorschriften

§ 48
Bestellung von Wahlvorständen

Ist für Beschäftigte mehrerer Beschäftigungsstellen durch eine nach § 95 Satz 1 Nr. 2 des Gesetzes erlassene Rechtsverordnung eine Behörde, die einer obersten Landesbehörde unmittelbar unterstellt ist, als Dienststelle bestimmt und entfällt daher die Bildung eines Bezirkspersonalrats, so gilt für die Bestellung des Wahlvorstands bei einer solchen Dienststelle für die erste Wahl von Personalräten § 50 Abs. 3 Satz 5 und 6 des Gesetzes entsprechend. Das gilt auch in den Fällen der §§ 97 Satz 1 Nr. 1 und 99 Abs. 1 Nr. 1 des Gesetzes.

§ 49
Berechnung von Fristen

Für die Berechnung der in dieser Verordnung festgelegten Fristen finden die §§ 186 bis 193 des Bürgerlichen Gesetzbuchs entsprechende Anwendung.

§ 49 a
Übergangsregelung

Für Wahlen, zu deren Durchführung der Wahlvorstand spätestens vor dem 1. Juli 1995 bestellt worden ist, ist die Wahlordnung zum Landespersonalvertretungsgesetz in der bis zum 30. Juni 1995 geltenden Fassung anzuwenden.

§ 50
Inkrafttreten

Diese Verordnung tritt am Tage nach der Verkündung in Kraft.[1] Gleichzeitig tritt die Wahlordnung zum Landespersonalvertretungsgesetz vom 12. Februar 1975 außer Kraft.

---

1 Die Verordnung zur Änderung der Wahlordnung zum Landespersonalvertretungsgesetz (WO-LPVG) vom 30. Mai 1995 ist gemäß Artikel II am 1. Juli 1995 in Kraft getreten.

Durchführung des Landespersonalvertretungsgesetzes

Runderlaß des Innenministeriums vom 22. März 1996 (MBl. NW S. 741)

Bei der Durchführung des Landespersonalvertretungsgesetzes (LPVG) bitte ich folgendes zu beachten:

1. **Vertretung der Dienststelle gegenüber dem Personalrat (§ 8)**

   Die Dienststellenleitung kann sich vertreten lassen, aber nur von den in § 8 Abs. 1 Satz 2 genannten Personen und außerdem nur dann, wenn sie allgemein oder im konkreten Fall entscheidungsbefugt sind.

   Im kommunalen Bereich sind gem. § 8 Abs. 1 Satz 2 neben der Leiterin oder dem Leiter des für Personalangelegenheiten zuständigen Dezernats oder Amtes auch die Dezernentinnen und Dezernenten oder Amtsleiterinnen und Amtsleiter zur Vertretung der Dienststellenleitung gegenüber dem Personalrat berechtigt, die von dieser zur eigenverantwortlichen Entscheidung in Personalangelegenheiten ihres Dezernats oder Amtes ermächtigt sind.

   Absatz 4 sieht vor, daß bei schriftlichen Äußerungen der Dienststelle gegenüber dem Personalrat auch Mitarbeiterinnen und Mitarbeiter unterhalb der Ebene der Personalabteilungsleitung mit der Personalvertretung korrespondieren können. Dies gilt auch für die Einleitung von Mitbestimmungsverfahren gem. § 66 Abs. 2 Satz 1 und Stufenverfahren gem. § 66 Abs. 5 Satz 1. Außerdem enthält die Vorschrift das Gebot an die Dienststellenleitung, der Personalvertretung die Zeichnungsbefugten namentlich zu benennen. Auf diese Weise ist gewährleistet, daß die Personalvertretung im einzelnen davon Kenntnis erhält, wer zeichnungsbefugt ist.

2. **Schweigepflicht (§ 9)**

   Zu den in § 9 Abs. 1 genannten Personen, die der Schweigepflicht unterliegen, gehört auch das dem Personalrat zur Verfügung gestellte Büropersonal. Dieses ist über die anläßlich der Tätigkeit für den Personalrat bekannt gewordenen Angelegenheiten und Tatsachen auch gegenüber Vorgesetzten zur Verschwiegenheit verpflichtet.

3. **Verlust des aktiven Wahlrechts bei Beurlaubungen (§ 10 Abs. 3 Buchst. c)**

   Das aktive Wahlrecht bleibt in den Fällen erhalten, in denen der

Urlaub am Wahltag seit nicht mehr als 18 Monaten andauert. Ein am Wahltag seit mehr als 18 Monaten andauernder Urlaub – hierzu gehört z.b. Erziehungsurlaub, Urlaub aus familiären Gründen, Urlaub gem. § 9 Arbeitsplatzschutzgesetz zwecks Einberufung zum Grundwehrdienst – führt zum Verlust des aktiven Wahlrechts. In diesen Fällen kann nicht mehr von der für die Ausübung des aktiven Wahlrechts notwendigen tatsächlichen Eingliederung in die Dienststelle ausgegangen werden.

4. **Teilnahmerecht der Schwerbehindertenvertretung und des Vertrauensmannes der Zivildienstleistenden an Sitzungen des Personalrats (§ 36 Abs. 1)**

Das Recht der Schwerbehindertenvertretung, an Sitzungen des Personalrats und Besprechungen gemäß § 63 LPVG teilzunehmen, ergibt sich bereits aus § 25 Schwerbehindertengesetz. Die Schwerbehindertenvertretung ist von der oder dem Vorsitzenden des Personalrats unter Angabe der Tagesordnung einzuladen.

Entsprechendes gilt für den Vertrauensmann der Zivildienstleistenden, dessen Recht, an Sitzungen des Personalrats beratend teilzunehmen, bereits aus § 37 Zivildienstgesetz i.V.m. § 3 des Gesetzes über den Vertrauensmann der Zivildienstleistenden vom 16. Januar 1991 (BGBl. I S. 47, 53) folgt.

5. **Reisen von Mitgliedern der Personalvertretungen (§ 40 Abs. 1 Satz 2, 3 und 4)**

5.1 Voraussetzung für die Erstattung von Reisekosten ist, daß die Reise zur Erfüllung von Aufgaben des Personalrates nach dem LPVG notwendig ist und der Personalrat die Durchführung der Reise beschließt. Der Dienststellenleitung ist die Reise rechtzeitig vorher anzuzeigen. Geht aus der Anzeige des Personalrates an die Dienststellenleitung hervor, daß die beabsichtigte Reise nicht notwendig ist, so soll der Personalrat rechtzeitig vor Antritt der Reise darauf hingewiesen werden, daß Reisekosten nicht erstattet werden, um ihm Gelegenheit zu geben, die Frage der Notwendigkeit der Reise erneut zu prüfen.

Die Bildung von auf Dauer angelegten Arbeitsgemeinschaften oder ähnlichen Organisationsformen zwischen Personalvertretungen ist im LPVG nicht vorgesehen. Zusammenkünfte von Personalvertretungen oder einzelner ihrer Mitglieder aus besonderen Anlässen können jedoch notwendig sein.

5.2 Die Vorsitzenden der Personalvertretungen können für alle Mitglieder, die eine Reise ausführen, eine gemeinsame Anzeige an die Dienststellenleitung richten. Reisen, die wegen turnusmäßig stattfindender Sitzungen notwendig werden, sind rechtzeitig vorher der Dienststellenleitung anzuzeigen.

5.3   Die in § 40 Abs. 1 Satz 4 genannten Reisen sind reisekostenrecht-
        lich wie Dienstreisen abzugelten, unabhängig davon, ob das Per-
        sonalratsmitglied voll, teilweise oder gar nicht freigestellt ist. Die
        Vorschrift betrifft insbesondere Personalratsmitglieder von Stu-
        fenvertretungen, wenn die Stufenvertretung an einem anderen Ort
        als dem bisherigen Dienstort des Personalratsmitglieds gebildet
        ist.

5.4   Zuständig für die Erstattung von Reisekosten ist unbeschadet der
        Regelung im Kommunalbereich die Dienststelle, bei der die Per-
        sonalvertretung gebildet ist. Die Reisekostenabrechnungen kön-
        nen die Vorsitzenden der Personalvertretungen jeweils gesammelt
        dieser Dienststelle zuleiten.

        Bei der Abrechnung der Reisekosten ist das Rundschreiben des
        Finanzministeriums über die Festsetzung von Aufwandsvergütun-
        gen nach § 16 LRKG vom 9. 8. 1978, zuletzt geändert durch
        Rundschreiben vom 3. 10. 1994 – B 2905 – 16.2/04 – IV A 4 –,
        zu beachten. Das Rundschreiben wurde mit meinem RdErl. v. 7. 9.
        1978 (n.v.) – II A 4 – 3.61.12-2/78/3.61.20-2/78 –, seine letzte
        Änderung mit meinem RdErl. v. 9. 11. 1994 (n.v.) – II A 4 –
        3.61.12-2/94 – bekanntgegeben.

6.   **Aufwandsdeckungsmittel (§ 40 Abs. 2)**

        Die dem Personalrat nach § 40 Abs. 2 zustehenden Haushaltsmit-
        tel ergeben sich aus der Aufwandsdeckungsverordnung vom 25.
        Februar 1976 (GV. NW. S. 89/SGV. NW. 2035). Sie dienen der
        Deckung des Repräsentationsaufwandes, den der Personalrat über
        die mit seinen gesetzlichen Aufgaben verbundenen Auslagen (§ 40
        Abs. 1 und 3) hinaus hat. Der Personalrat entscheidet allein dar-
        über, in welcher Weise die ihm zur Verfügung stehenden Auf-
        wandsmittel zu verwenden sind.

        Repräsentationsaufwand kann z.B. entstehen durch:

        1. Kleinere Geschenke oder Aufmerksamkeiten bei Gratulationen
           des Personalrats zu Dienstjubiläen oder herausgehobenen per-
           sönlichen Anlässen von Beschäftigten der Dienststelle,

        2. kleinere Geschenke oder Aufmerksamkeiten bei Besuchen er-
           krankter Beschäftigter der Dienststelle,

        3. Kranz- oder Blumenspenden des Personalrats aus Anlaß des
           Todes von Beschäftigten,

        4. Bewirtung von Besprechungsteilnehmerinnen und -teilnehmern
           bei Besprechungen mit Mitgliedern der Stufenvertretung oder
           Vertreterinnen und Vertretern von Gewerkschaften.

        Über die Einnahmen und Ausgaben hat der Personalrat prüffähige
        Unterlagen (Kassenbücher in einfacher Form, Belege) bereitzu-
        halten.

Nach Feststellung des Haushaltsplanes werden die veranschlagten Ausgabemittel pauschal an die einzelnen Personalvertretungen in voller Höhe ausgezahlt; aufgrund des Haushaltsvermerkes stehen die nicht verausgabten Mittel den Personalvertretungen auch über das laufende Haushaltsjahr hinaus zur Verfügung.

7. **Bereitstellung von Hilfsmitteln (§ 40 Abs. 3 und 4).**

Die Räume, die dem Personalrat zur Verfügung zu stellen sind, müssen für die Aufgaben des Personalrats geeignet, mit dem erforderlichen Mobiliar ausgestattet und mit den erforderlichen Telefonanschlüssen versehen sein.

Zum Schutz der Unterlagen des Personalrats, die personenbezogene Daten enthalten (z.B. Niederschriften, Personallisten), vor unbefugter Einsichtnahme hat die Dienststelle dem Personalrat geeignete Sicherungseinrichtungen zur Verfügung zu stellen.

Zum Geschäftsbedarf gehören insbesondere amtliche Verkündungsblätter, Schreibmaterialien und -geräte sowie kommentierte Ausgaben des LPVG, ferner sonstige Fachliteratur, soweit deren jederzeit mögliche Inanspruchnahme in den Büchereien der eigenen Dienststelle nicht gewährleistet ist.

Zum Büropersonal gehören Beschäftigte, die zur Erledigung von Schreib- und Registraturarbeiten erforderlich sind. Nichtbeamtetes Büropersonal ist zur Verschwiegenheit über die durch die dienstliche Tätigkeit bei der Personalvertretung bekanntgewordenen Tatsachen zu verpflichten (§ 1 Abs. 1 Nr. 1 Verpflichtungsgesetz vom 2. März 1974 [BGBl. I S. 547], geändert durch Gesetz vom 25. August 1974 [BGBl. I S. 1942]).

Die Dienststelle trägt auch die Kosten der schriftlichen Mitteilungen des Personalrats an die Beschäftigten in Angelegenheiten, die sie unmittelbar betreffen. Über die Form der Mitteilung entscheidet der Personalrat.

8. **Sachverständigen- und Rechtsanwaltskosten**

Zu den von der Dienststelle im Rahmen der Personalratstätigkeit zu übernehmenden Kosten gehören auch die Kosten für die Beauftragung von Sachverständigen. Allerdings verpflichten der Grundsatz der vertrauensvollen Zusammenarbeit und das auch den Personalrat als Teil der Dienststelle treffende Gebot der sparsamen Haushaltsführung den Personalrat, die jeweils kostengünstigste Möglichkeit zu suchen. Der Personalrat muß bei »pflichtgemäßer Würdigung« der Umstände dazu kommen, daß der entstehende Aufwand zur Erfüllung seiner gesetzlichen Aufgaben erforderlich ist, wenn er eine sachverständige Person beauftragen will. Es muß deshalb in solchen Fällen vorher feststehen, daß andere, weniger kostenintensive Informationsquellen zu dem

– gesetzlich begrenzten – Thema nicht verfügbar sind. Der Personalrat muß sich somit zu seiner Information zunächst der ihm zur Verfügung stehenden Hilfen zur Informationsbeschaffung und - verarbeitung bedienen. Das schließt je nach Art und Schwierigkeit der Problemlage Erkundigungen bei Gewerkschaften – soweit sie sich im Rahmen des üblichen halten –, ferner die Selbstunterrichtung anhand von Fachliteratur – soweit dies fallbezogen erfolgen kann – sowie die Entgegennahme von Einzelauskünften durch die Dienststelle und die Teilnahme an von ihr angebotenen projektbezogenen Schulungsmaßnahmen ein.

Will der Personalrat weitergehende Informationsansprüche geltend machen, so müssen nach dem Grundsatz der Verhältnismäßigkeit vorher alle Möglichkeiten einer Unterrichtung durch die Dienststelle selbst ausgeschöpft sein. Denn erst wenn die Dienststelle nach ihren Möglichkeiten den Personalrat abschließend unterrichtet hat, läßt sich die Frage beantworten, ob zum Verständnis der gegebenen Informationen Kenntnisse erforderlich sind, die der Personalrat nicht besitzt, die ihm auch die Dienststelle nicht zur Verfügung stellen kann und die ihm deshalb nur eine sachverständige Person vermitteln kann. Hiervon ist jedenfalls dann auszugehen, wenn zwischen einem festgestellten Defizit an Unterrichtung durch die Dienststelle und dem vom Personalrat geltend gemachten Bedürfnis nach einer Klärung durch eine sachverständige Person über den gemeinsamen Bezug zu demselben Beteiligungstatbestand hinausgehend auch ein sachlicher Zusammenhang besteht.

Zu den von der Dienststelle zu tragenden Kosten gehören auch die in einem Beschlußverfahren entstandenen Kosten, insbesondere die Rechtsanwaltskosten. Mit der Autonomie eines Personalrats ist es unvereinbar, die vorherige Zustimmung der Dienststelle für die Beauftragung einer Rechtsanwältin oder eines Rechtsanwalts einzuholen. Die Übernahme derartiger Kosten erfolgt jedoch nicht unbeschränkt und in jedem Fall. Da es sich um die Verwendung öffentlicher Mittel handelt, hat der Personalrat die ihm – ebenso wie der Dienststelle – obliegende Pflicht zur sparsamen Haushaltsführung zu beachten. Die Gebühren einer Anwältin oder eines Anwalts bei der Einleitung eines Beschlußverfahrens sind daher nur dann von der Dienststelle zu ersetzen, wenn der Personalrat bei pflichtgemäßer, verständiger Würdigung aller Umstände die Beauftragung einer rechtsanwaltschaftlichen Vertretung für notwendig erachten konnte. Sie sind dann als nicht notwendig zu beurteilen, wenn die Einleitung des Beschlußverfahrens rein willkürlich erfolgte (z.B. wenn die Rechtsverfolgung nicht der Durchsetzung, Klärung oder Wahrnehmung der dem Personalrat zustehenden personalvertretungsrechtlichen Befugnisse und Rechte dient; wenn bei zwei gleichwertigen prozessualen Wegen der kostspieligere bestritten wird, z.B. wenn bei mehreren gleichgelagerten Fällen anstelle eines »Gruppenverfahrens« oder Musterverfahrens Einzelverfahren durchgeführt werden; vgl. auch Beschluß des Bundesverwaltungsgerichts vom 9. 3. 1992, PersR 1992, 243). Ebenso ist eine Kostenübernahme ausgeschlossen, wenn ein Urteilsverfahren mit dem Ziel der Durchsetzung eines individuellen, mit der personalvertretungsrechtlichen Aufgabenstellung nicht zusammenhängenden Anspruchs eines Personalratsmitglieds betrieben wird.

Die o.g. Grundsätze über die Übernahme von Sachverständigenkosten sind auch in den Fällen anzuwenden, in denen der Personalrat außerhalb von Beschlußverfahren eine Rechtsanwältin oder einen Rechtsanwalt in Anspruch nimmt.

9. **Dienstbezüge und Arbeitsentgelt bei Versäumnis von Arbeitszeit und Freistellung von der dienstlichen Tätigkeit (§ 42 Abs. 2 Satz 1 und Abs. 3 Satz 4)**

9.1 Freigestellte Personalratsmitglieder im Beamten- oder Richterverhältnis erhalten ihre Besoldung gemäß § 1 Absätze 2 (Dienstbezüge) und 3 (Besoldung) Bundesbesoldungsgesetz weiter. Zulagen und Vergütungen nach Bundes- und Landesbesoldungsrecht, die nicht in festen Monatsbeträgen zustehen, werden in Höhe des monatlichen Durchschnitts des der Feststellung vorangegangenen Kalenderjahres bzw. sonst maßgeblichen Zeitraums gezahlt, soweit sie regelmäßig gewährt worden sind.

9.2 Freigestellte Personalratsmitglieder in einem privatrechtlichen Arbeitsverhältnis erhalten als Arbeitsentgelt die Urlaubsvergütung (Urlaubslohn); der Aufschlag wird in der Höhe des im ersten Freistellungsjahr zustehenden Betrages fortgezahlt.

9.3 Leistungen nach den Nrn. 8.1 und 8.2 werden den Veränderungen angepaßt, die auch ohne Freistellung eingetreten wären.

9.4 Es entfallen während eines Urlaubs oder einer Erkrankung eines freigestellten Personalratsmitglieds

9.4.1 im Beamten- oder Richterverhältnis die Zulagen und Vergütungen, deren Gewährung von der Wahrnehmung der zulage- bzw. vergütungsberechtigenden Obliegenheiten abhängig ist und die auch außerhalb der Personalratstätigkeit bei Urlaub oder Erkrankung entfallen (vgl. aber BBesGVwV zu § 42 Abs. 3 BBesG, bekanntgegeben mit RdErl. d. Finanzministeriums v. 24. 9. 1980 – SMBl. NW. 20320 –),

9.4.2 in einem privatrechtlichen Arbeitsverhältnis die Zulagen und der Aufschlag, die ohne die Personalratstätigkeit bei Urlaub oder Erkrankung entfallen wären.

9.5   Mit der Freistellung für die Personalratstätigkeit entfallen sämt-
       liche Aufwandsentschädigungen (§ 17 BBesG und die entspre-
       chenden Regelungen nach Landesrecht), Aufwandsvergütungen
       (§ 16 LRKG) und Pauschvergütungen (§ 17 LRKG), auf deren
       Leistung vorher ein Anspruch bestanden hat.

10.   **Verbot der Beeinträchtigung des beruflichen Werdegangs
       (§ 42 Abs. 3 Satz 4)**

       Die Bestimmung ist herzuleiten aus der unmittelbar geltenden
       Rahmenvorschrift des § 107 des Bundespersonalvertretungsgeset-
       zes vom 15. März 1974 (BGBl. I S. 693), zuletzt geändert durch
       Gesetz vom 24. Juni 1994 (BGBl. I S. 1406), nach der Mitglieder
       des Personalrates in ihrer beruflichen Entwicklung wegen der
       Personalratstätigkeit weder benachteiligt noch begünstigt werden
       dürfen.

       Daraus folgt, daß freigestellte Mitglieder des Personalrates bei
       Erfüllen der beamten-, laufbahn- oder tarifrechtlichen Vorausset-
       zungen in demselben Umfang am beruflichen Fortkommen teil-
       haben wie nicht freigestellte Beschäftigte. Im Falle einer mögli-
       chen Beförderung bzw. Höhergruppierung erfordert dies eine
       Nachzeichnung der Laufbahn oder des beruflichen Werdeganges
       der freigestellten Beschäftigten, um auf diese Weise Vergleichs-
       möglichkeiten zu den Leistungsbedingungen und -erfolgen ande-
       rer Beschäftigter zu erhalten, die für eine Beförderung bzw. Hö-
       hergruppierung in Betracht kommen.

       Dabei darf im Hinblick auf eine spätere Beendigung der Frei-
       stellung nicht übersehen werden, daß mit einem Beförderungsamt
       oder einer höherwertigen Tätigkeit Aufgaben verbunden sein kön-
       nen, zu deren Bewältigung besondere Kenntnisse und Fähigkeiten
       erforderlich sind. Es liegt deshalb nicht zuletzt auch im Interesse
       des freigestellten Personalratsmitglieds, daß es das für das neue
       Arbeitsgebiet notwendige Wissen, neue Methoden und Fertigkei-
       ten erwerben kann.

       Bei langdauernden Freistellungen, die die Beurteilung der beruf-
       lichen Eignung erschweren, kann es zur gesicherten Bewertung
       des Leistungsvermögens erforderlich sein, Freistellungen zum
       Nachweis des Vorhandenseins der beruflichen Kenntnisse und
       Fähigkeiten zu unterbrechen.

       Bei Beamtinnen und Beamten wird eine Unterbrechung regelmä-
       ßig beim Aufstieg mit Laufbahngruppenwechsel und bei Beförde-
       rung in das Spitzenamt einer Laufbahn mit gleichzeitiger Funk-
       tionsänderung gefordert werden müssen. Bei Arbeitnehmerinnen
       und Arbeitnehmern wird ebenfalls eine Unterbrechung bei ver-
       gleichbaren Eingruppierungen zu fordern sein.

       Bei Bemessung der Unterbrechungsdauer sind insbesondere die

Dauer der Freistellung und das fachliche Erfordernis des Beförderungsamtes oder Aufgabengebietes zu berücksichtigen.

11. **Freistellung von Mitgliedern des Personalrates (§ 42 Abs. 3 und Abs. 4)**

11.1 Über die Frage, welches Mitglied des Personalrats freigestellt werden soll, beschließt der Personalrat und unterrichtet davon die Dienststellenleitung, die für die dienstrechtliche Entscheidung zuständig ist. Diese hat vor ihrer Entscheidung zu prüfen, ob die vom Personalrat vorgesehenen Freistellungen unter den Voraussetzungen des § 42 Abs. 3 Satz 1 bis 3 erforderlich sind.

Die Freistellung eines Personalratsmitglieds läßt das dienstrechtliche Verhältnis zu seiner Beschäftigungsbehörde und den dienstlichen Wohnsitz unberührt.

11.2 Zahl der Freistellungen (§ 42 Abs. 4)

Die in Absatz 4 enthaltenen Angaben über Freistellungen bezogen auf bestimmte Beschäftigtenzahlen bedeuten das Volumen, das sich aus vollständigen oder anteiligen Freistellungen zusammensetzen kann. Von diesen Regelwerten kann abgewichen werden, wenn und soweit es nach Art und Umfang der Dienststelle zur ordnungsgemäßen Durchführung der Personalratsaufgaben erforderlich ist.

12. **Teilnahme an Schulungs- und Bildungsveranstaltungen (§ 42 Abs. 5)**

12.1 Die Dienststelle trägt die angemessenen Kosten der Teilnahme von Mitgliedern einer Personalvertretung an Schulungs- und Bildungsveranstaltungen, soweit diese Kenntnisse vermitteln, die für die Tätigkeit im Personalrat erforderlich sind.

Erforderlich ist die Teilnahme an solchen Schulungs- und Bildungsveranstaltungen, die Mitglieder von Personalvertretungen mit aktuellen Vorschriften, der maßgeblichen Rechtsprechung oder Grundsatzfragen der Personalratsarbeit vertraut machen. Die Themen müssen in engem Zusammenhang mit der Tätigkeit im Personalrat stehen, d. h., sie müssen für den Zuständigkeits- und Aufgabenbereich der Personalvertretung praktische Bedeutung haben oder voraussichtlich in absehbarer Zeit erlangen. Außerdem muß das Personalratsmitglied der Schulung bedürfen.

12.2 Bei Vorliegen der in Nr. 1 genannten Voraussetzungen besteht für Mitglieder des Personalrats, die an derartigen Schulungs- und Bildungsveranstaltungen teilzunehmen wünschen, Anspruch auf Freistellung vom Dienst. Die beabsichtigte Teilnahme ist der Dienststellenleitung, die für die dienstrechtliche Entscheidung zuständig ist, rechtzeitig unter Vorlage des Veranstaltungsprogrammes anzuzeigen.

Das gleiche gilt für regelmäßig zu Sitzungen des Personalrats herangezogene Ersatzmitglieder; regelmäßig bedeutet nicht die wiederholte Heranziehung nach einem bestimmten Ordnungsschema, vielmehr genügt eine Häufigkeit, die über eine nur gelegentliche Heranziehung hinausgeht.

12.3 Die im Sinne von Nr. 1 erforderliche Dauer einer Schulungs- und Bildungsveranstaltung richtet sich nach Umfang und Schwierigkeitsgrad des Gegenstandes. Dabei ist davon auszugehen, daß auch bei schwierigen Themen die Dauer einer Veranstaltung fünf Arbeitstage nicht überschreitet. Die wiederholte Teilnahme an Schulungen zu gleicher Thematik bedarf unter dem Gesichtspunkt der Erforderlichkeit besonderer Überprüfung.

12.4 Werden in einer Schulungs- oder Bildungsveranstaltung neben Kenntnissen, die für die Personalratstätigkeit erforderlich im Sinne von Nr. 1 sind, auch Kenntnisse vermittelt, die für diese Tätigkeit allenfalls nützlich sind, so werden Freistellung und Kostenerstattung nur für den Teil der Tagung vorgenommen, in dem für die Personalratstätigkeit erforderliche Kenntnisse vermittelt werden. Die Zeiten der An- und Abreise können grundsätzlich hinzugerechnet werden. Übersteigt der Anteil der im Sinne der Nr. 1 erforderlichen Kenntnisse im Rahmen einer solchen Veranstaltung nicht 20 %, kommt weder eine Freistellung noch eine Kostenerstattung in Betracht.

12.5 Personalratsmitglieder, die an Schulungs- oder Bildungsveranstaltungen teilnehmen, erhalten Reisekostenvergütung nach den für Beamtinnen und Beamte der BesGr. A 15 geltenden Bestimmungen.

12.5.1 Erhält das teilnehmende Personalratsmitglied seines Amtes wegen unentgeltlich Verpflegung und Unterkunft, so sind die Kürzungsbestimmungen des § 12 LRKG zu beachten. Das gilt auch, wenn Verpflegung und Unterkunft kostenlos bereitgestellt werden oder die Kosten hierfür in dem Teilnehmerbeitrag enthalten sind.

12.5.2 Entstehen dem teilnehmenden Personalratsmitglied bei diesen Veranstaltungen geringere Aufwendungen für Verpflegung oder Unterkunft als allgemein bei sonstigen Reisen, ist nach § 16 Abs. 1 LRKG eine Aufwandsvergütung festzusetzen.

12.6 Die Nummern 1 bis 5 gelten sinngemäß für Mitglieder von Jugend- und Auszubildendenvertretungen.

12.7 Reisekostenerstattung nach diesem Erlaß erfolgt im Landeshaushalt aus Titel 5272.

13. **Rechtsstellung der Ersatzmitglieder (§ 43 Satz 2)**

Während der Zeit einer tatsächlichen Zugehörigkeit des Ersatzmitgliedes zum Personalrat unterliegt dieses dem besonderen Schutz des § 43 Satz 1.

14. **Teilnahme von Mitgliedern der Stufenvertretungen an Personalversammlungen (§ 49 Satz 1)**

    An Personalversammlungen kann je ein beauftragtes Mitglied des Bezirkspersonalrats und des Hauptpersonalrats teilnehmen.

15. **Allgemeine Aufgaben (§ 64 Nr. 2)**

    Als Regelungen im Sinne des § 64 Nr. 2 kommen auch die zugunsten der Beschäftigten geltenden Datenschutzvorschriften in Betracht. Der Personalrat kann sich in Fragen des Datenschutzes unmittelbar an den Landesbeauftragten für den Datenschutz wenden und sich von ihm beraten lassen, soweit nicht der Grundsatz der vertrauensvollen Zusammenarbeit (§ 2) zunächst eine Abstimmung innerhalb der Dienststelle erfordert.

16. **Unterrichtung des Personalrats (§ 65 Abs. 1, 2 und 3)**

16.1 Die Dienststellenleitung ist verpflichtet, dem Personalrat die Unterlagen, die zur Erledigung seiner personalvertretungsrechtlichen Aufgaben erforderlich sind, unaufgefordert vorzulegen.

16.2 Bei Einstellungen ist die Dienststellenleitung verpflichtet, die Unterlagen aller Bewerberinnen und Bewerber dann vorzulegen, wenn sie eine Auswahl getroffen hat und dem Personalrat mitteilt, welche Person sie einzustellen beabsichtigt.

16.3 Das Teilnahmerecht des Personalrats an Vorstellungsterminen erstreckt sich auf alle verfahrensmäßig geregelten Auswahlgespräche der Dienststelle, die diese mit mehreren Bewerberinnen und Bewerbern führt. Auf die Dienststellenzugehörigkeit der Bewerberinnen und Bewerber kommt es nicht an. Von § 65 Abs. 2 werden jedoch nicht erfaßt Gespräche im Rahmen von Beurteilungsverfahren, wie sie z.B. in den »Richtlinien für die dienstliche Beurteilung von Lehrerinnen und Lehrern« des Kultusministeriums vom 25. 5. 1992 geregelt sind. Das Teilnahmerecht umfaßt auch nicht die Teilnahme an schriftlichen Prüfungen im Rahmen von Auswahlverfahren und an Auswahlgesprächen, die von Institutionen im Auftrag der Dienststelle geführt werden (z.B. Deutsche Gesellschaft für Personalwesen e.V., Höhere Landespolizeischule »Carl Severing«). Hingegen erfaßt § 65 Abs. 2 auch Auswahlgespräche der Dienststelle mit mehreren Bewerberinnen und Bewerbern um den Aufstieg in eine höhere Laufbahngruppe.

16.4 Zu den listenmäßig aufgeführten Personaldaten im Sinne des § 65 Abs. 3 gehören: Name, Vorname, Geburtsjahr, Hinweis auf Ausbildung (z.B. Dipl.-Volkswirt), Eintritt in den Vorbereitungsdienst, Ernennungsdaten, Abteilungs-, Dezernatszugehörigkeit, Beurlaubung und Ermäßigung der Arbeitszeit (von – bis); zusätzlich bei Arbeitnehmerinnen und Arbeitnehmern: Datum der letzten Eingruppierung, Vergütungs- bzw. Lohngruppe und Fallgruppe, feste Zulagen. Beurteilungsdaten werden hiervon nicht erfaßt.

Durchführungserlaß

16.5 Datenschutz bei der Datenverarbeitung durch den Personalrat (§ 65 Abs. 4 Satz 1)

16.5.1 Soweit es zu seiner Aufgabenerfüllung erforderlich ist, darf der Personalrat personenbezogene Daten in oder aus Dateien oder Akten nach Maßgabe des Gesetzes zum Schutz personenbezogener Daten (Datenschutzgesetz Nordrhein-Westfalen – DSG NW) verarbeiten, wenn nicht besondere Rechtsvorschriften auf die Verarbeitung personenbezogener Daten anzuwenden sind (§ 2 Abs. 3 DSG NW) und sich aus den Regelungen über die Schweigepflicht der Personalratsmitglieder (§ 9) keine höheren Anforderungen ergeben. In diesem Sinne stellt § 65 Abs. 4 Satz 1 klar, daß der Personalrat als Teil der Dienststelle neben der Dienststelle auch Normadressat der Regelungen des Datenschutzgesetzes, insbesondere

– über die technischen und organisatorischen Maßnahmen zur Sicherstellung einer den Vorschriften des Datenschutzgesetzes entsprechenden Datenverarbeitung (§ 10 DSG NW),

– über die Rechte der Betroffenen gegenüber der speichernden Stelle (Erster Teil, Dritter Abschnitt – DSG NW)

ist.

16.5.2 Unter Berücksichtigung der vorstehenden Ausführungen ist von folgenden – nicht abschließenden – Anwendungsgrundsätzen auszugehen:

Zweckbindung:

Vom Personalrat zulässigerweise erhobene sowie an den Personalrat übermittelte oder weitergegebene personenbezogene Daten dürfen vom Personalrat nur für personalvertretungsrechtliche Zwecke weiterverarbeitet werden.

Speicherung, Löschung:

Zur Person der oder des Beschäftigten dürfen personenbezogene Daten nicht zusammengefaßt und auf Dauer gespeichert werden. § 65 Abs. 3 Satz 1 bleibt unberührt.

Unterlagen mit personenbezogenen Daten, die dem Personalrat aus Anlaß seiner Beteiligung an einer bestimmten Maßnahme zur Verfügung gestellt wurden, sind der Dienststelle nach Abschluß des Beteiligungsverfahrens zurückzugeben bzw. vom Personalrat zu vernichten.

Andere Unterlagen des Personalrats, die personenbezogene Daten enthalten, insbesondere Niederschriften und Personallisten, dürfen für die Dauer der regelmäßigen Amtszeit des Personalrats aufbewahrt werden. Sie sind spätestens nach Ablauf einer weiteren Amtsperiode zu vernichten.

Übermittlung:

In den in § 9 genannten Fällen, in denen die Schweigepflicht nicht besteht (§ 9 Abs. 2 Satz 1), nicht gilt (§ 9 Abs. 2 Satz 2 und Satz 3, 1. Halbsatz) oder entfällt (§ 9 Abs. 2 Satz 3, 2. Halbsatz), dürfen personenbezogene Daten nur übermittelt oder weitergegeben werden, soweit diese zur rechtmäßigen Erfüllung der Aufgaben nach dem LPVG erforderlich sind.

17. **Einleitung des Mitbestimmungsverfahrens (§ 66 Abs. 2)**

Die Dienststellenleitung kann die beabsichtigte Maßnahme bereits mit der Einleitung des Mitbestimmungsverfahrens begründen.

18. **Entschädigung für Mitglieder der Einigungsstellen (§ 67 Abs. 2)**

Die Mitglieder der Einigungsstellen nehmen diese Tätigkeit unentgeltlich als Ehrenamt wahr. Lediglich der oder dem Vorsitzenden kann eine Entschädigung für Zeitaufwand gewährt werden; die Entschädigung richtet sich nach § 3 des Gesetzes über die Entschädigung von Zeugen und Sachverständigen. Reisekosten sind gem. § 67 Abs. 7 i.V.m. § 40 Abs. 1 zu erstatten; diese Reisekostenvergütung wird nach den reisekostenrechtlichen Bestimmungen gewährt.

19. **Letztentscheidungsrecht**

19.1 Nach dem Beschluß des Bundesverwaltungsgerichts vom 17. März 1987 – BVerwG 6 P 15.85 – ist bei Personalangelegenheiten der Beamtinnen und Beamten gemäß § 72 Abs. 1 LPVG der Hauptverwaltungsbeamte endgültig entscheidendes Organ nach § 68 Satz 1 Nr. 2 LPVG. Dies gilt für die Gemeinden und Kreise, in denen die Bürgermeisterin oder der Bürgermeister bzw. die Landrätin oder der Landrat Hauptverwaltungsbeamtin oder Hauptverwaltungsbeamter ist und die Hauptsatzung keine andere Regelung für die beamten-, arbeits- und tarifrechtlichen Entscheidungen getroffen hat.

19.2 In Gemeinden und Kreisen, in denen eine hauptamtliche Bürgermeisterin oder ein hauptamtlicher Bürgermeister bzw. eine hauptamtliche Landrätin oder ein hauptamtlicher Landrat noch nicht gewählt worden ist, gilt Nr. 19.1 Satz 1 nicht bei beabsichtigten Ernennungen, Beförderungen oder Entlassungen von Beamtinnen und Beamten. In diesen Fällen ist der Rat bzw. der Kreistag verfassungsmäßig zuständiges oberstes und damit endgültig entscheidendes Organ. Entscheidungsbefugnisse, die dem Rat bzw. dem Kreistag im übrigen zustehen oder die er an sich zieht, werden von dem Beschluß nicht betroffen. Dies gilt insbesondere für die Angelegenheiten des § 72 Abs. 3 und 4 LPVG, in denen die Einigungsstelle nur eine Empfehlung beschließen kann.

Durchführungserlaß

20. **Beteiligung des Personalrats bei Versetzungen und Abordnungen (§ 72 Abs. 1 Nr. 5 und Nr. 6)**

20.1 Nach gefestigter Rechtsprechung des Bundesverwaltungsgerichts hat der Personalrat der aufnehmenden Dienststelle – neben dem Personalrat der abgebenden Dienststelle – bei Versetzungen immer dann mitzubestimmen, wenn es sich um einen Dienstherrnwechsel handelt (vgl. Beschluß des Bundesverwaltungsgerichts vom 6. 11. 1987 – 6 P 2.85 – BVerwGE 78, 257).

20.2 Nach der Rechtsprechung des Bundesverwaltungsgerichts (Beschlüsse vom 19. 7. 1994 – 6 P 33.92 – ZfPR 1994, 191 – und 16. 9. 1994 – 6 P 32.92 – PersR 1995, 16; DVBl. 1995, 199) besteht aber auch bei Versetzungen innerhalb des Bereichs desselben Dienstherrn ein Mitbestimmungsrecht des Personalrats der aufnehmenden Dienststelle. Dieses bezieht sich auf die Erteilung des Einverständnisses zur Versetzung seitens der zuständigen aufnehmenden Behörde als eigenständige Maßnahme, auch wenn hierfür beamtenrechtlich innerhalb desselben Dienstherrn keine besonderen Formvorschriften bestehen.

Geschützt werden sollen durch das Mitbestimmungsrecht nicht nur die Interessen des zu versetzenden oder der übrigen Beschäftigten der abgebenden, sondern auch diejenigen der Beschäftigten der aufnehmenden Dienststelle. Etwas anderes als diese Doppelbeteiligung gilt nur, wenn der Gesetzgeber dies ausdrücklich im Gesetz geregelt hat (vgl. § 94 Abs. 2).

Für die Frage, welcher Personalrat auf der aufnehmenden Seite zu beteiligen ist, ist zu berücksichtigen, daß sich der Aufgabenbereich einer Personalvertretung nur auf diejenigen seiner Beteiligung unterliegenden Angelegenheiten erstreckt, für die die Dienststellenleitung die Entscheidungszuständigkeit hat. Liegt die Entscheidungszuständigkeit für Personalmaßnahmen von Beschäftigten nachgeordneter Dienststellen bei vorgesetzten Dienststellen, sind die dort bestehenden Stufenvertretungen zu beteiligen (§ 78 Abs. 1 Satz 1). Diese müssen den betroffenen örtlichen Personalräten in ihrem Bereich vor einem Beschluß Gelegenheit zur Stellungnahme geben (= personalratsinterne Anhörung gem. § 78 Abs. 2 Satz 1). In diesem Fall verdoppeln sich die Fristen im Mitbestimmungsverfahren (§ 78 Abs. 2 Satz 2).

20.3 Die jeweilige Versetzungsmaßnahme kann erst ausgesprochen werden, wenn die jeweiligen Beteiligungsverfahren abgeschlossen sind.

20.4 Bei gem. § 72 Abs. 1 Nr. 6 mitbestimmungspflichtigen Abordnungen ist gemäß dem Beschluß des Bundesverwaltungsgerichts vom 21. 10. 1993 – 6 P 18.91 – PersR 1994, 165; ZBR 1994, 251 – entsprechend zu verfahren.

21. **Beteiligung des Personalrats bei Aufhebungs- oder Beendigungsverträgen (§ 72 a Abs. 2)**

    Die Aufhebungs- oder Beendigungsverträgen zugrundeliegenden Einzelheiten dürfen dem Personalrat nur mitgeteilt werden, wenn der Personalrat dies verlangt und der oder die Beschäftigte dieser Mitteilung zugestimmt hat.

22. Den Gemeinden und Gemeindeverbänden sowie den sonstigen der Aufsicht des Landes unterstehenden Körperschaften, Anstalten und Stiftungen des öffentlichen Rechts (vgl. § 1) wird empfohlen, entsprechend den Regelungen in diesem Rundschreiben zu verfahren.

Meinen RdErl. v. 6. 7. 1977 (SMBl. NW. 2035) hebe ich auf.

Gesetzestext und Kommentierung zum Personalvertretungsgesetz für das Land Nordrhein-Westfalen

– Landespersonalvertretungsgesetz – LPVG –
vom 3. Dezember 1974 (GV. NW. S. 1514)

in der Fassung des 3. Gesetzes zur Änderung des Personalvertretungsgesetzes für das Land Nordrhein-Westfalen vom 27. September 1994, zuletzt geändert durch Gesetz vom 27. 11. 2001
(GV. NW. S. 811; GV. NW. 2002, S. 22)

ERSTES KAPITEL
Allgemeine Vorschriften

§ 1

(1) Bei den Dienststellen des Landes, der Gemeinden, der Gemeindeverbände und der sonstigen der Aufsicht des Landes unterstehenden Körperschaften, Anstalten und Stiftungen des öffentlichen Rechts werden Personalvertretungen gebildet.

(2) Dienststellen im Sinne dieses Gesetzes sind, soweit nicht im Zehnten Kapitel etwas anderes bestimmt ist, die Behörden, Einrichtungen und Betriebe des Landes sowie die Hochschulen des Landes (wissenschaftliche Hochschulen, Kunsthochschulen, Fachhochschulen), die medizinischen Einrichtungen der Hochschulen, die Schulen und die Gerichte; bei den Gemeinden, den Gemeindeverbänden und den sonstigen der Aufsicht des Landes unterstehenden Körperschaften, Anstalten und Stiftungen des öffentlichen Rechts bilden die Verwaltungen, die Eigenbetriebe und die Schulen gemeinsam eine Dienststelle.

(3) Nebenstellen oder Teile einer Dienststelle können von der obersten Dienstbehörde zu selbständigen Dienststellen im Sinne dieses Gesetzes erklärt werden.

1 **Abs. 1:** Absatz 1 definiert den *sachlichen* Geltungsbereich des Landespersonalvertretungsgesetzes, d. h., es erstreckt sich auf alle der Gesetzgebung des Landes unterliegenden Bereiche des öffentlichen Dienstes lückenlos – auch auf die nicht ausdrücklich erwähnten (z. B. gemeinschaftliche Einrichtungen mehrerer Länder).

Die Formulierung »werden gebildet« bedeutet, daß die in dieser Vorschrift erwähnten Einrichtungen verpflichtet sind, die Bildung von Personalräten zu unterstützen und zuzulassen.

Räumlich ist das Landespersonalvertretungsgesetz anwendbar auf alle Dienststellen mit Sitz im Lande NRW und auf die Beschäftigten dieser Dienststellen (OVG Münster vom 14. 12. 1990 – CL 56/87, PersR 1991, 63).

Werden ein Universitätsinstitut und ein privates Forschungsinstitut zu einem gemeinsamen arbeitstechnischen Zweck gemeinsam geführt und geleitet und bilden deshalb einen gemeinsamen Betrieb, so werden auch die Beschäftigten des Universitätsinstituts von dem für diesen Betrieb gewählten Betriebsrat vertreten; der Personalrat der Universität ist nicht zuständig (BVerwG vom 13. 6. 2001 – 6 P 8.00, PersR 2001, 418).

Der *persönliche* Geltungsbereich ergibt sich aus § 5.

»Personalvertretungen« ist der Sammelbegriff für alle nach diesem Gesetz von den Beschäftigten zu wählenden Vertretungsorgane, wie Personalrat, Bezirks-, Haupt-, Gesamtpersonalrat, Jugend- und Auszubildendenvertretungen, Personalkommission und die besonderen Vertretungen, die im zehnten Kapitel zum Teil gebildet sind.

Abs. 2: Absatz 2 beinhaltet eine Aufzählung derjenigen Dienststellen, auf **2** die das Landespersonalvertretungsgesetz Anwendung findet. Die dort verwendeten Begriffe sind in anderen Gesetzen definiert, die Behörde und Einrichtung in §§ 1 Abs. 1 und 14 LOG NW, Betriebe des Landes in Artikeln 81 und 88 LVerf NW, die Hochschulen und deren medizinische Einrichtungen im Universitätsgesetz, Fachhochschulgesetz und Kunsthochschulgesetz, Schulen in § 3 Abs. 1 SchVG NW. Gerichte sind die in Nordrhein-Westfalen gebildeten Amts-, Land- und Oberlandesgerichte, Arbeits-, Finanz-, Verwaltungs- und Sozialgerichte.

In den Gemeinden und den Gemeindeverbänden sind Personalvertretungen bei den »Verwaltungen« zu bilden, also bei derjenigen Einheit, der die Aufgabe obliegt, die Gemeinde bzw. den Gemeindeverband zu verwalten. Eigenbetriebe sind die wirtschaftlichen Unternehmungen der Gemeinden ohne eigene Rechtspersönlichkeit im Sinne der §§ 8 ff. GO und der Eigenbetriebsverordnung vom 1. 6. 1988 und der Gemeindekrankenhausbetriebsverordnung vom 12. 10. 1977.

Diejenigen Körperschaften, Anstalten und Stiftungen des öffentlichen Rechtes, die der Aufsicht des Landes unterstehen und bei denen das Landespersonalvertretungsgesetz Anwendung findet, sind abschließend in der Anlage 3 zu den Verwaltungsvorschriften zum Landesorganisationsgesetz (Runderlaß vom 12. 2. 1963, abgedruckt SMBl. NW. 2005) aufgezählt.

Im zehnten Kapitel des Gesetzes (§§ 81 bis 119) sind für bestimmte Bereiche und Beschäftigte des öffentlichen Dienstes in Nordrhein-Westfalen Sonderregelungen bezüglich des Dienststellenbegriffs geschaffen, beispielsweise für die Polizei, Lehrer, Staatsanwälte, Rechtsreferendare etc.

3 **Abs. 3:** Nebenstellen im Sinne des Absatzes 3 sind räumlich entfernt liegende Verwaltungsteile (Bezirksverwaltung, Zweigstelle einer Sparkasse).»Teile einer Dienststelle« sind Untergliederungen, die eine abgegrenzte Aufgabenstellung (Städtisches Krankenhaus, Städtische Altenheime) oder eine gewisse organisatorische Eigenständigkeit (Dezernat einer Stadt) besitzen.

Die Verselbständigung liegt im Ermessen der obersten Dienstbehörde – das ist in der Landesverwaltung der Minister, bei Gemeinden und Kreisen der Rat/Kreistag. Sie kommt nur in Betracht, wenn der Leiter der verselbständigten Dienststelle über personalvertretungsrechtlich relevante Befugnisse verfügt, weil ansonsten ein faktisch mitbestimmungsfreier Raum entsteht.

Dem bei der obersten Dienstbehörde gebildeten Personal steht gemäß § 72 Abs. 4 Nr. 13 bei der Verselbständigung ein Mitbestimmungsrecht zu.

Personalvertretungsrechtlich hat eine solche Verselbständigung die Folge, daß ein Gesamtpersonalrat zwischen dem Personalrat der Hauptdienststelle und dem Personalrat des verselbständigten Teils zu bilden ist.

§ 2

(1) Dienststelle und Personalvertretung arbeiten zur Erfüllung der dienstlichen Aufgaben und zum Wohle der Beschäftigten im Rahmen der Gesetze und Tarifverträge vertrauensvoll zusammen; hierbei wirken sie mit den in der Dienststelle vertretenen Gewerkschaften und Arbeitgebervereinigungen zusammen.

(2) Dienststelle und Personalvertretung haben alles zu unterlassen, was geeignet ist, die Arbeit und den Frieden der Dienststelle zu beeinträchtigen. Insbesondere dürfen Dienststelle und Personalvertretung keine Maßnahmen des Arbeitskampfes gegeneinander durchführen. Arbeitskämpfe tariffähiger Parteien werden hierdurch nicht berührt.

(3) Außenstehende Stellen dürfen erst angerufen werden, wenn eine Einigung in der Dienststelle nicht erzielt worden ist. Dies gilt nicht für Gewerkschaften, Berufsverbände und Arbeitgeberverbände.

1 **Abs. 1:** Absatz 1 formuliert mit der Verpflichtung auf die »vertrauensvolle Zusammenarbeit« ein grundlegendes Verhaltensgebot für Dienststelle und Personalvertretung, sich um einvernehmliche Lösungen zu bemühen und Gesprächs- und Verhandlungsbereitschaft in sämtlichen Angelegenheiten zu bewahren. Ziel dieser Zusammenarbeit ist die Erfüllung der dienstlichen Aufgaben und des Wohls der Beschäftigten. Daß die Erfüllung der dienstlichen Aufgaben zuerst genannt ist, bedeutet nicht, daß sie einen Vorrang vor dem Wohle der Beschäftigten hat. Vielmehr muß Ziel der Zusammenarbeit zwischen Dienststelle und Personalrat sein, stets beiden Verpflichtungen gleich zu entsprechen. Unter den dienstlichen Aufgaben sind nur diejenigen zu verstehen, die der jeweiligen Dienststelle unmittelbar zugewiesen sind, eine Verpflichtung auf das »Gemeinwohl« beinhaltet diese Formulierung nicht. Die vertrauensvolle Zusammenarbeit stellt keinen Vorbehalt für die Ausübung von Mitbestimmungs- und Beteiligungsrechten des Personalrates dar. Soweit das Gesetz Beteiligungsrechte einräumt, ist der Personalrat verpflichtet, diese im Interesse und zum Wohle der Beschäftigten auch wahrzunehmen. Auch die Unterrichtungsansprüche des Personalrats gemäß § 65 können nicht unter den Vorbehalt gestellt werden, daß ein »sachlich gerechtfertigter Anlaß« für ihre Geltendmachung vorgebracht werden müsse (so aber: OVG Münster vom 27. 10. 1999 – 1 A 5100/97.PVL, PersR 2000, 169). Die vertrauensvolle Zusammenarbeit stellt auch keine Einschränkung bei der Aufgabe des Personalrats dar, die Interessen der Beschäftigten gegenüber der Dienststelle nachdrücklich zur Geltung zu bringen und an einem für richtig gehaltenen Standpunkt festzuhalten.

Grenzen der vertrauensvollen Zusammenarbeit sind in jedem Fall die **2** geltenden Gesetze und Tarifverträge. Das Gebot der vertrauensvollen Zusammenarbeit beinhaltet nicht, daß zwingendes Gesetzes- oder Tarifrecht eingeschränkt wird oder unbeachtet bleibt, um den Kooperationspflichten oder einer der Zielstellungen der vertrauensvollen Zusammenarbeit zu genügen.

Bei der Zusammenarbeit zwischen Dienststelle und Personalvertretung **3** besteht ein Gebot des Zusammenwirkens mit den in der Dienststelle vertretenen Gewerkschaften – auf Arbeitgeberseite auch mit der jeweiligen Arbeitgebervereinigung.

Das Gebot zur Zusammenwirkung mit den Gewerkschaften ist Ausdruck ihrer durch Artikel 9 GG geschützten Verfassungsrechte und herausgehobenen Stellung innerhalb der Personalvertretung, wie sie durch weitere – auch eigenständige – Rechte im Landespersonalvertretungsgesetz ihren Ausdruck findet (Absätze 2 und 3, §§ 16 Abs. 7, 18, 22, 25, 32, 125). Dieses Recht, mit dem Personalrat umfassend zusammenzuwirken, steht jedoch nur Gewerkschaften im Sinne des Artikels 9 Abs. 3 GG zu. In bezug auf dieses Recht sind die berufsständischen und Splitterverbände von § 125 nicht gleichgestellt. Als Gewerkschaft ist nur eine frei gebildete, gegnerfreie und unabhängige Vereinigung von Arbeitnehmern anzusehen, die tariffähig und sozial mächtig ist und Bereitschaft zum Arbeitskampf hat (siehe im einzelnen DKK-Berg, § 2 BetrVG, Rn. 10 ff.).

Der Grundsatz der vertrauensvollen Zusammenarbeit gebietet es, daß die Dienststelle dem Personalrat regelmäßig Zugang zu den Arbeitsplätzen der Beschäftigten gestattet und dies nur bei Vorliegen triftiger Gründe verweigert (BVerwG vom 9. 3. 1990 – 6 P 15.88, PersR 1990, 177).

4 **Abs. 2:** Die Friedenspflicht und das Arbeitskampfverbot betonen den Unterschied zwischen der gesetzlich eingerichteten Personalvertretung und den autonom errichteten Gewerkschaften. Sowohl Dienststelle wie Personalvertretung haben arbeits- und friedensstörende Handlungen zu unterlassen, dürfen also den Frieden in der Dienststelle als solchen und insgesamt nicht beeinträchtigen.

Das Verbot, Maßnahmen des Arbeitskampfes »gegeneinander« zu führen, richtet sich gegen den Personalrat als Organ und die »Dienststelle« – also alle Leitenden im Sinne des § 8. Weder ist der Personalrat berufen, als »Ersatzgewerkschaft« tätig zu werden, noch ist die Dienststelle und ihre Leitung »Arbeitgeber«. Die Vorschrift verbietet jegliche kampfesweise Durchsetzung von Forderungen oder Maßnahmen.

5 Unberührt davon bleiben die Arbeitskämpfe tariffähiger Parteien. Die Gewerkschaften und ihre Mitglieder werden in der Führung von Arbeitskämpfen durch das Landespersonalvertretungsgesetz Nordrhein-Westfalen in keiner Weise eingeschränkt – auch dann nicht, wenn ihre Mitglieder zugleich Personalratsmitglieder sind.

6 **Abs. 3:** Das Verbot, außenstehende Stellen erst dann in Anspruch zu nehmen, wenn zuvor eine Einigung innerhalb der Dienststelle versucht wurde, ist Ausfluß des Gebots der vertrauensvollen Zusammenarbeit. Probleme und Konflikte in der Dienststelle sind unmittelbar zwischen Personalrat und Dienststellenleitung sowie intern auszutragen bzw. einer Lösung zuzuführen. Dieses Verbot gilt nicht für Gewerkschaften, Berufsverbände und Arbeitgeberverbände. Diese sind zum einen nicht als außenstehende Stellen anzusehen und können zum anderen jederzeit zur Unterstützung und zur Entscheidung oder zu sonstiger Mitwirkung herangezogen werden.

7 Untersagt ist nur die »Anrufung« außenstehender Stellen, also ihre Einschaltung zum Zwecke der Entscheidung und Intervention in einem Streitfall. Die Inanspruchnahme des Gerichtes, der Einigungsstelle und der vorgesetzten Behörde darf daher erst dann erfolgen, wenn Personalrat und Dienststelle untereinander eine Lösung oder Regelung gesucht und nicht gefunden haben.

8 Die bloße Einschaltung von außenstehenden Stellen zur Informationsgewinnung oder Unterstützung ist dagegen – weil keine Anrufung – bereits im Vorfeld möglich. Das bringt der Gesetzgeber etwa in Angelegenheiten des Arbeitsschutzes in § 64 Nr. 4 und § 77 Abs. 1 deutlich zum Ausdruck. Die Unterstützung der für den Arbeitsschutz zuständigen Stellen im Sinne dieser Vorschrift setzt einen laufenden Kontakt voraus, dem eine innerdienstliche Klärung nicht stets vorausgehen muß. Ebenso kann sich der Personalrat im Vorfeld von beteiligungspflichtigen Angelegenheiten oder zur Vorbereitung von Initiativanträgen gem. § 66 Abs. 4 ohne Verstoß gegen das Verbot der Anrufung außenstehender Stellen z. B. anwaltlich über seine Rechte und Aufgaben beraten lassen (siehe dazu Rn. 6 zu § 40) oder anderweitig bei der vorgesetzten Behörde, anderen Fachbehörden u. ä. sachkundigen Rat und Unterstützung einholen.

§ 3

(1) Der Leiter der Dienststelle und die Personalvertretung haben jede parteipolitische Betätigung in der Dienststelle zu unterlassen; die Behandlung von Tarif-, Besoldungs- und Sozialangelgenheiten wird hierdurch nicht berührt.

(2) Beschäftigte, die Aufgaben nach diesem Gesetz wahrnehmen, werden dadurch in der Betätigung für ihre Gewerkschaft in der Dienststelle nicht beschränkt.

(3) Die Aufgaben der Gewerkschaften und Vereinigungen der Arbeitgeber, insbesondere die Wahrnehmung der Interessen ihrer Mitglieder, werden durch dieses Gesetz nicht berührt.

(4) Zur Wahrnehmung der in diesem Gesetz genannten Aufgaben und Befugnisse der in der Dienststelle vertretenen Gewerkschaften ist deren Beauftragten nach Unterrichtung des Leiters der Dienststelle oder seines Vertreters Zugang zu der Dienststelle zu gewähren, soweit dem nicht unumgängliche Notwendigkeiten des Dienstablaufs, zwingende Sicherheitsvorschriften oder der Schutz von Dienstgeheimnissen entgegenstehen.

Abs. 1: Das Verbot der parteipolitischen Betätigung in der Dienststelle **1** betont die Verpflichtung von Dienststelle und Personalvertretung auf eine parteipolitische Neutralität. Selbstverständlich beschränkt sich dieses Verbot auf eine Betätigung »in der Dienststelle«, weshalb weder das Haben einer politischen Meinung noch die parteipolitische Betätigung innerhalb einer Partei von dieser Vorschrift berührt wird. Parteipolitische Betätigung ist jedoch insoweit gestattet, als Tarif-, Besoldungs- und Sozialangelegenheiten berührt werden, weshalb dem Personalrat und seinen Mitgliedern die Darstellung parteipolitischer Standpunkte innerhalb dieses Themenbereichs auch innerhalb der Dienststelle, zum Beispiel auf der Personalversammlung (siehe § 48 Satz 2), gestattet ist. Verpflichtet werden nur Dienststellenleiter und Personalräte, die Beschäftigten werden von Absatz 1 nicht angesprochen, ihre Rechte bleiben unberührt.

Abs. 2: Die Betätigung des einzelnen Beschäftigten für seine Gewerk- **2** schaft innerhalb der Dienststelle wird durch das Gesetz auch dann nicht beschränkt, wenn ein Beschäftigter Personalratsmitglied ist.

Uneingeschränkt gilt das für die Werbung zugunsten der eigenen Gewerkschaft und die Betätigung aus Anlaß von Arbeitskämpfen, zum Beispiel bei Werbung für und Durchführung der Urabstimmung, Streikposten stehen u. ä. Mit dieser Klarstellung betont das Gesetz die Abkehr von der früheren Rechtsprechung, derzufolge sich ein Gewerkschaftsmitglied innerhalb der Dienststelle dann »neutral« verhalten müsse und für seine Gewerkschaft nicht werben dürfe, wenn es Personalratsmitglied ist. Eine solche Betätigung ist nunmehr ausdrücklich erlaubt. Das Personalratsamt muß jedoch nach wie vor objektiv, neutral und nicht zugunsten einer Gewerkschaft oder ihrer Mitglieder ausgeübt werden.

3   Abs. 3: Absatz 3 betont, daß die Aufgaben der Gewerkschaften und Arbeitgebervereinigungen durch das Gesetz nicht berührt, d. h. weder erweitert bzw. beschränkt noch verändert werden. Die Aufgaben der Gewerkschaften innerhalb der Personalvertretung sind verfassungsrechtlich definiert und geschützt; ihnen steht ein verfassungsrechtlich geschütztes Recht auf Beteiligung an dem personalvertretungsrechtlichen Geschehen zu, das durch den Gesetzgeber ohnehin nicht eingeschränkt werden kann.

4   Abs. 4: Das Recht der Gewerkschaften nach Absatz 4 regelt nur dasjenige Zugangsrecht, das zur Wahrnehmung der in diesem Gesetz genannten Aufgaben und Befugnisse eingeräumt ist. Die Gewerkschaften können also durch einen – von ihnen zu benennenden – Beauftragten dieses Zugangsrecht zu allen im Gesetz genannten Aufgaben, dem Zusammenwirken mit dem Personalrat, der Einberufung einer Personalversammlung zur Wahl eines Wahlvorstandes, Teilnahme an Wahlvorstandssitzungen, Einreichung eigener Wahlvorschläge, Ausübung von Antragsrechten nach §§ 22, 25, Teilnahme an Sitzungen des Personalrats, der Jugend- und Auszubildendenvertretung und den Personalversammlungen etc. geltend machen. Dieses Zugangsrecht besteht auch in Dienststellen ohne Personalrat. Die Dienststelle hat weder einen Einfluß auf die Anzahl der Gewerkschaftsbeauftragten noch auf die Dauer der Anwesenheit und kann das Zugangsrecht nur dann einschränken oder verweigern, wenn »unumgängliche« Notwendigkeiten des Dienstablaufes, zwingende Sicherheitsvorschriften oder Schutz von Dienstgeheimnissen entgegenstehen. Diese seltenen Ausnahmefälle berechtigen nicht zur generellen Verweigerung des Zuganges, sondern nur zur Einschränkung insoweit als es zur Sicherung dieser Schutzgüter erforderlich ist. Die Ausübung des Zugangsrechts ist davon abhängig, daß die entsendende Gewerkschaft den Dienststellenleiter zuvor unterrichtet. Dafür ist weder eine Frist noch eine Form vorgeschrieben. Auch die Angabe des Grundes kann nicht verlangt werden.

Neben diesem vom Gesetz vorgesehenen Zugangsrecht haben die Gewerkschaften ein weiteres Zugangsrecht zur Wahrnehmung ihrer koalitionsspezifischen Aufgaben gemäß Artikel 9 Abs. 3 GG. Es kann zur Mitgliederwerbung, Vorbereitung und Durchführung von Arbeitskämpfen und zur Überwachung der Einhaltung von Tarifverträgen genutzt werden. Dieses Zugangsrecht unterliegt nicht den Beschränkungen dieser Vorschrift.

§ 4

**Durch Tarifvertrag oder Dienstvereinbarung kann das Personalver-
tretungsrecht nicht abweichend von diesem Gesetz geregelt werden.**

Die Vorschrift verbietet zwar Tarifverträge und Dienstvereinbarungen,
die einen vom Gesetz abweichenden Inhalt haben, es verbleibt jedoch
noch Regelungsspielraum für solche Vereinbarungen, mit denen die
Rechte des Personalrats näher ausgestaltet und präzisiert werden, wie
z. B. dienststellenspezifische Regelungen über die Freistellung, die Bereitstellung von Mitteln für Personalratsarbeit und -schulungen etc. Zulässige ergänzende Regelungen in Dienstvereinbarungen können auch die
Ausgestaltung von Sozialeinrichtungen (§ 72 Abs. 2 Nr. 4), die Erstellung
von Sozialplänen außerhalb von Rationalisierungsmaßnahmen i.S.d. § 72
Abs. 2 Nr. 5 und die Vereinbarung von Personalüberleitungs- und Mitbe-
stimmungs-Sicherungs-Vereinbarungen sein. Unzulässig sind nur Abweichungen, nicht Ergänzungen, Ausgestaltungen und Präzisierungen. Auch
§ 70 ist zu entnehmen, daß nur solche Regelungen unzulässig sind, die
dem Gesetz »entgegenstehen« (siehe näher: Edenfeld, PersR 2001, 14).
Zulässig ist auch, dem Personalrat zusätzliche Rechte, z. B. Sitze im
Aufsichtsgremium einer Sozialeinrichtung, tarifvertraglich einzuräumen.

§ 5

**(1) Beschäftigte im Sinne dieses Gesetzes sind die Beamten, Ange-
stellten und Arbeiter der in § 1 bezeichneten Körperschaften, Anstalten und Stiftungen des öffentlichen Rechts einschließlich der Personen, die sich in der Berufsausbildung befinden. Richter sind nicht
Beschäftigte im Sinne dieses Gesetzes.**

**(2) Wer Beamter ist, bestimmen die Beamtengesetze. Als Beamte
gelten auch Beschäftigte in einem öffentlich-rechtlichen Ausbildungsverhältnis.**

**(3) Angestellte im Sinne dieses Gesetzes sind Beschäftigte, die nach
dem für die Dienststelle maßgebenden Tarifvertrag oder nach der für
die Dienststelle geltenden Dienstordnung oder nach ihrem Arbeitsvertrag Angestellte sind oder als übertarifliche Angestellte beschäftigt werden. Als Angestellte gelten auch Beschäftigte, die sich in der
Ausbildung zu einem Angestelltenberuf befinden.**

**(4) Arbeiter im Sinne dieses Gesetzes sind Beschäftigte, die nach dem
für die Dienststelle maßgebenden Tarifvertrag oder nach ihrem Arbeitsvertrag Arbeiter sind, einschließlich der zu ihrer Berufsausbildung Beschäftigten.**

(5) Als Beschäftigte im Sinne dieses Gesetzes gelten nicht

**a) Professoren, Hochschuldozenten, Hochschulassistenten, wissen-
schaftliche und künstlerische Assistenten, Oberassistenten, Oberingenieure, wissenschaftliche, künstlerische und studentische**

Hilfskräfte, Lehrbeauftragte sowie nach § 119 Abs. 1 UG oder § 79 Abs. 2 FHG nicht übernommene Hochschullehrer, Fachhochschullehrer und Wissenschaftliche Assistenten und entsprechende Angestellte an den Hochschulen,

b) Professoren an der Sozialakademie,

c) Ehrenbeamte,

d) Rechtspraktikanten und Medizinalpraktikanten,

e) Personen, die überwiegend zu ihrer Heilung, Wiedereingewöhnung, sittlichen Besserung oder Erziehung beschäftigt werden,

f) Personen, die nur vorübergehend ausschließlich zur Behebung eines durch höhere Gewalt bedingten Notstandes beschäftigt werden.

(6) Bei gemeinsamen Dienststellen des Landes und anderer Körperschaften gelten die im Landesdienst Beschäftigten als zur Dienststelle des Landes und die im Dienst der Körperschaft Beschäftigten als zur Dienststelle der Körperschaft gehörig.

1 **Abs. 1–4:** Absatz 1 bestimmt den persönlichen Geltungsbereich des Landespersonalvertretungsgesetzes dahingehend, daß »Beschäftigte« diejenigen sind, die einerseits Arbeiter, Angestellte oder Beamte sind und andererseits in einer der in § 1 genannten Einrichtungen beschäftigt sind. Es genügt, wenn sie dort »eingegliedert« – also wie ein Arbeitnehmer beschäftigt sind.

Hinsichtlich der Begriffe »Arbeiter, Angestellte und Beamte« richtet sich das Landespersonalvertretungsgesetz nach den jeweiligen arbeits- und dienstrechtlichen Regelwerken.

Der Begriff des Beamten ist daher § 2 LBG zu entnehmen. Beschäftigte in einem öffentlich-rechtlichen Ausbildungsverhältnis sind den Beamten gleichgestellt; DO-Angestellte sind keine Beamte. Pensionierte Beamte sind keine Beschäftigten mehr.

Angestellter ist entweder, wer nach Tarifvertrag, Arbeitsvertrag oder Dienstordnung so bezeichnet wird oder wer als übertariflicher Angestellter beschäftigt wird. Hierzu zählen auch die Auszubildenden für eine spätere Angestellten-Tätigkeit.

Entsprechendes gilt für den Begriff des Arbeiters. Arbeiter und Angestellte in Altersteilzeit verlieren ihre Beschäftigten-Eigenschaft und damit Wahlrecht und Wählbarkeit, wenn sie aufgrund des Blockmodells die Freizeitphase erreichen (BVerwG vom 15. 5. 2002 – 6 P 18.01, PersR 2002, 439).

2 **Abs. 5:** Absatz 5 nimmt einige Gruppen von Beschäftigten vom Geltungsbereich des Landespersonalvertretungsgesetzes aus, nämlich wissenschaftliches und künstlerisches Personal an Hochschulen (soweit sie nicht von der Sonderregelung in §§ 110, 111 erfaßt sind) und der Sozialakademie sowie weitere Personen.

Lehrbeauftragte sind nur solche, die den Lehrauftrag entsprechend § 56 Abs. 1 Satz 3 UG, § 39 Abs. 1 Satz 3 FHG durch eine einseitige öffentlich-rechtliche Maßnahme erhalten haben. Lehrbeauftragte aufgrund Arbeitsvertrages gelten als Angestellte i. S. d. Absatz 3 (BAG vom 3. 11. 1999 – 7 AZR 880/98, PersR 2000, 174).

Abs. 6: Absatz 6 regelt den Sonderfall, daß in einer Dienststelle, die vom **3** Land und einer anderen (z. B. Bundes-)Körperschaft betrieben wird, Beschäftigte sowohl des Landes als auch der Körperschaft beschäftigt sind.

§ 6

(gestrichen)

§ 7

(gestrichen)

§ 8

(1) Für die Dienststelle handelt ihr Leiter. Er kann sich durch seinen ständigen Vertreter oder den Leiter der für Personalangelegenheiten zuständigen Abteilung sowie in Gemeinden und Gemeindeverbänden durch den Leiter des für Personalangelegenheiten zuständigen Dezernats oder Amtes vertreten lassen, soweit dieser entscheidungsbefugt ist.

(2) Im Bereich der Sozialversicherung handelt bei den der Aufsicht des Landes unterstehenden Körperschaften und Anstalten des öffentlichen Rechts für die Dienststelle der Vorstand, soweit er die Entscheidungsbefugnis nicht auf die Geschäftsführung übertragen hat. Er kann sich durch eines oder mehrere seiner Mitglieder vertreten lassen.

(3) Für Hochschulen mit Ausnahme der Fachhochschulen für den öffentlichen Dienst handelt vorbehaltlich des § 111 Satz 3 jeweils der Kanzler. Abweichend von Satz 1 handelt für die medizinischen Einrichtungen der Hochschule der Verwaltungsdirektor. Werden medizinische Einrichtungen in der Rechtsform einer Anstalt des öffentlichen Rechts geführt, so gilt Absatz 2 entsprechend.

(4) Bei schriftlichen Äußerungen der Dienststelle gegenüber der Personalvertretung ist unabhängig von dem jeweiligen Stand des Verfahrens Vertretung entsprechend der geschäftsordnungsmäßig allgemein oder im Einzelfall erteilten Zeichnungsbefugnis zulässig. Der Dienststellenleiter hat der Personalvertretung die Zeichnungsbefugten namentlich zu benennen.

§ 8

1 **Abs. 1:** Die Vorschrift regelt, wer personalvertretungsrechtlich für die Dienststelle zu handeln berechtigt und verpflichtet ist und dem Personalrat als Leiter der Dienststelle gegenübertritt. Die Vertretungsregeln sollen sicherstellen, daß Gesprächs- und Verhandlungspartner stets nur der sein kann, der nach den für die Dienststelle geltenden Organisationsnormen umfassend für die Dienststelle entscheidungsbefugt ist. Grundsätzlich ist der Dienststellenleiter verpflichtet, die personalvertretungsrechtlichen Befugnisse und Aufgaben in Person wahrzunehmen – ebenso wie der Personalrat gehalten ist, sich i. d. R. von seinem Vorsitzenden vertreten zu lassen. Eine Vertretung bei Teilnahme an Personalratssitzungen, Vierteljahresgesprächen oder einer Erörterung gem. §§ 66, 69 kommt nur bei unvorhersehbarer Verhinderung oder im Einvernehmen mit dem Personalrat in Betracht. Die Einführung einer »Dauervertretung« ist ausgeschlossen.

Dienststellenleiter ist derjenige, der nach dem jeweiligen Organisations- oder Satzungsrecht der Einrichtung, für die ein Personalrat gebildet wird, zur Leitung befugt und bestellt ist. Über den Umfang der Befugnisse ist damit nichts ausgesagt.

Der Dienststellenleiter kann sich zunächst durch seinen ständigen Vertreter vertreten lassen – wenn ein solcher nach dem jeweiligen Organisations- und Satzungsrecht bestellt werden kann. Weitere Vertreter können in Gemeinden und Gemeindeverbänden der Personaldezernent oder Personalamtsleiter sein, soweit sie entscheidungsbefugt sind. Diese Entscheidungsbefugnis muß ebenfalls im jeweiligen Satzungsrecht vorgesehen und umfassend sein. Es soll damit verhindert werden, daß die Personalkompetenz auf nachgeordnete Ebenen verlagert wird (siehe BAG vom 29. 10. 1998 – 2 AZR 61/98, PersR 1999, 135).

Wer Dienststellenleiter ist, hat also die damit verbundenen Aufgaben auch selbst wahrzunehmen. Vertretung ist nur möglich, wenn der Vertreter gesetzlich vorgesehen und kompetent ist. Die Schaffung eines Dauervertreters für Personalratsangelegenheiten läßt das Gesetz – wie die Ausnahmevorschrift in § 87 Abs. 2 zeigt – nicht zu.

2 **Abs. 2:** Bei den Sozialversicherungsträgern des Landes ist grundsätzlich der Vorstand als Dienststellenleiter anzusehen. Er kann diese Funktion durch eines oder mehrere seiner Mitglieder wahrnehmen. Hat der Vorstand – im Rahmen der geltenden Vorschriften zulässigerweise – die Entscheidungsbefugnis auf die Geschäftsführung übertragen, so handelt diese personalvertretungsrechtlich für die Dienststelle.

3 **Abs. 3:** In den Hochschulen des Landes – außer in der Fachhochschule für öffentliche Verwaltung – gilt der Kanzler als Dienststellenleiter für die nichtwissenschaftlich Beschäftigten. Für die wissenschaftlich und künstlerisch Beschäftigten ist dies gemäß § 111 der Rektor. Satz 3 sieht für die in Form von Anstalten des öffentlichen Rechts verselbständigten medizinischen Einrichtungen in Universitäten vor, daß die Regeln des Absatzes 2 aus dem Bereich der Sozialversicherung anzuwenden sind. Demnach handelt für die Dienststelle der klinische Vorstand, soweit dieser die Entscheidungsbefugnis nicht auf den Verwaltungsdirektor übertragen hat; er kann sich auch durch eines oder mehrere seiner Mitglieder vertreten lassen.

Abs. 4: Absatz 4 ist durch die Novelle 1994 neugefaßt worden und stellt **4** eine Durchbrechung des Grundsatzes dar, daß für die Dienststelle gegenüber dem Personalrat nur handeln kann, wer nach Gesetz und Satzung entscheidungsbefugt ist. Nunmehr kann »bei schriftlichen Äußerungen« der Dienststelle gegenüber dem Personalrat auch derjenige handeln – also z. B. Mitbestimmungsverfahren einleiten –, der zeichnungsbefugt ist. Die Zeichnungsbefugnis ist von der Dienststelle geschäftsordnungsmäßig festzulegen, kann aber auch im Einzelfall bestimmt werden. Die Zeichnungsbefugten sind dem Personalrat namhaft zu machen.

§ 9

(1) Personen, die Aufgaben oder Befugnisse nach diesem Gesetz wahrnehmen oder wahrgenommen haben, sind verpflichtet, über die ihnen dabei bekanntgewordenen Angelegenheiten und Tatsachen zu schweigen.

(2) Die Schweigepflicht besteht nicht für Angelegenheiten oder Tatsachen, die offenkundig sind oder ihrer Bedeutung nach keiner Geheimhaltung bedürfen. Sie gilt ferner nicht gegenüber den von Maßnahmen gemäß § 72 Abs. 1 unmittelbar erfaßten Beschäftigten. Abgesehen von den Fällen des § 65 Abs. 3 gilt die Schweigepflicht nicht im Verhältnis der Mitglieder der Personalvertretungen und der Jugend- und Auszubildendenvertretung zu den Mitgliedern dieser Vertretungen und zu den Vertrauensleuten (§§ 85, 86) sowie für die in § 36 genannten Personen; sie entfällt ferner in den Verfahren nach den §§ 66 bis 69 und 78 Abs. 2 bis 4 zwischen den dort bezeichneten Stellen.

(3) Bei Rechtsstreitigkeiten kann für die Mitglieder der Personalvertretungen und der in den §§ 54, 60, 85 und 86 genannten Vertretungen Aussagegenehmigung durch diese Vertretungen im Einvernehmen mit dem Leiter der Dienststelle erteilt werden.

Die personalvertretungsrechtliche Schweigepflicht erfaßt sämtliche im **1** Zusammenhang mit Personalratstätigkeit stehenden Vorgänge und verpflichtet ebenso umfassend alle Personen, die personalvertretungsrechtliche Aufgaben oder Befugnisse haben oder hatten, zur Verschwiegenheit. Ausnahmen gelten für bestimmte Angelegenheiten und zwischen Amtsträgern untereinander.

Abs. 1: Absatz 1 ordnet die Schweigepflicht für alle an, die »Aufgaben **2** oder Befugnisse« nach dem Landespersonalvertretungsgesetz haben oder hatten. Der Personenkreis umfaßt die Mitglieder der gewählten oder bestellten Gremien, den Dienststellenleiter und seine Vertreter, Beauftragte der Gewerkschaften und Arbeitgeberverbände sowie sachkundige Personen und Sachverständige.

Inhaltlich gilt sie für alle »Angelegenheiten und Tatsachen«, die bei Wahrnehmung personalvertretungsrechtlicher Aufgaben und Befugnisse bekanntwerden. Unter »Angelegenheiten« sind in Abgrenzung von Tatsachen z.B. im Personalrat oder von der Dienststelle in der Erörterung geäußerte Meinungen und Bewertungen zu verstehen.

3 Abs. 2: Absatz 2 sieht eine Reihe von Ausnahmen von der Schweigepflicht vor. Bereits nach ihrem Zweck – Wahrung der Vertraulichkeit, des Friedens in der Dienststelle und der Persönlichkeitsrechte der Beschäftigten – gilt die Schweigepflicht nicht zwischen Personalratsmitgliedern und zwischen den Wahlgremien der gleichen Dienststelle (Jugend- und Auszubildendenvertretung, Einigungsstelle, Personalrat, Schwerbehinderten-Vertrauensperson). Der Personalrat hat auch gegenüber den Teilnehmern der Personalversammlung keine Schweigepflicht, da ihre Teilnehmer als Personen i.S.d. Absatzes 1 ebenfalls der Schweigepflicht unterliegen.

Nicht schweigepflichtig sind weiter offenkundige Tatsachen, also solche, die allgemein in der Dienststelle bekannt sind oder in Erfahrung gebracht werden können. Die Schweigepflicht gilt schließlich nicht gegenüber den von Maßnahmen gemäß § 72 Abs. 1 unmittelbar erfaßten Beschäftigten; das betrifft alle Beschäftigten, denen gegenüber eine solche personelle Einzelmaßnahme ergriffen werden soll, als auch diejenigen Bewerber um eine solche Maßnahme (z.B. Höhergruppierung, Umsetzung), die nicht berücksichtigt werden.

Der Schweigepflicht unterliegen schließlich solche Angelegenheiten und Tatsachen, die ihrer Bedeutung nach keiner Geheimhaltung bedürfen. Das sind sowohl solche, die von geringer (Größe und Beschaffenheit des Papierkorbs des Dienststellenleiters) oder von solch großer Bedeutung für die Beschäftigten sind (bevorstehende Schließung der Dienststelle), daß ein Verschweigen nicht verantwortet werden kann. Auch in solchen Fällen ist die Bekanntgabe allenfalls innerhalb der Dienststelle gegenüber den Betroffenen erforderlich und erlaubt.

4 Abs. 3: Absatz 3 sieht die Erteilung von Aussagegenehmigungen im Falle von Rechtsstreitigkeiten vor. Sie sind vom jeweiligen Gremium zu erteilen. Das Einvernehmen mit dem Dienststellenleiter ist herzustellen.

Zum Persönlichkeits- und Datenschutz siehe Rn. 13 zu § 65.

ZWEITES KAPITEL
Personalrat

Erster Abschnitt
Wahl und Zusammensetzung

§ 10

(1) Wahlberechtigt sind alle Beschäftigten, die am Wahltage das 18. Lebensjahr vollendet haben.

(2) Wer zu einer Dienststelle abgeordnet ist, wird in ihr wahlberechtigt, sobald die Abordnung länger als sechs Monate gedauert hat; im gleichen Zeitpunkt verliert er das Wahlrecht bei seiner bisherigen Dienststelle.

(3) Wahlberechtigt sind nicht Beschäftigte, die

a) infolge Richterspruchs das Recht, in öffentlichen Angelegenheiten zu wählen oder zu stimmen, nicht besitzen,

b) voraussichtlich nur für einen Zeitraum von höchstens sechs Monaten beschäftigt werden,

c) am Wahltag seit mehr als achtzehn Monaten unter Wegfall der Dienstbezüge beurlaubt sind,

d) in § 8 Abs. 1 bis 3 genannt sind.

(4) Beschäftigte in der Berufsausbildung sind nur bei der Dienststelle wahlberechtigt, die von der die Ausbildung leitenden Stelle als Stammdienststelle erklärt wird.

(5) Beamte in der Schulaufsicht bei den Bezirksregierungen sind bei der Dienststelle wahlberechtigt, der sie angehören. Beamte in der Schulaufsicht bei den Schulämtern sind zu dem bei der jeweiligen Bezirksregierung gebildeten Bezirkspersonal der allgemeinen Verwaltung wahlberechtigt.

Abs. 1 und 2: Die Wahlberechtigung – also das aktive Wahlrecht – ist das **1** Recht, bei der Personalratswahl an der Abstimmung teilzunehmen, während die Wählbarkeit (§ 11) – das passive Wahlrecht – die persönlichen Voraussetzungen definiert, unter denen zum Personalrat kandidiert werden kann.

Wahlberechtigt sind alle Arbeitnehmer einschließlich der Auszubildenden, die am (letzten) Tag der Wahl

– das 18. Lebensjahr vollendet haben und

– Beschäftigte im Sinne des § 5 Abs. 2 bis 4 sind sowie

– in der Dienststelle beschäftigt sind.

Gleichgültig ist, seit wann sie der Dienststelle als Beschäftigte angehören, ob haupt- oder nebenberuflich gearbeitet wird und in welchem zeitlichen Umfang der Arbeitnehmer tätig ist. Die Wahlberechtigung besteht vom ersten Tag der Beschäftigung an und kann auch von sog. geringfügig Beschäftigten in Anspruch genommen werden.

2   Auch sog. »freie Mitarbeiter« können wahlberechtigt sein. Sie haben nach Auffassung des OVG Münster (Beschluß vom 25. 11. 1993 – 1 A 322/93 PVB) jedoch erst dann ein Recht auf Teilnahme an der Wahl, wenn durch Entscheidung des Arbeitsgerichts ihre Beschäftigten-Eigenschaft festgestellt wurde.

Gekündigte Arbeitnehmer behalten ihr Wahlrecht bis zum Erreichen des Kündigungstermins. Beamte verlieren ihr Wahlrecht erst mit Eintritt der Rechtskraft einer Entlassungsverfügung, die vorläufige Dienstenthebung oder das Verbot der Führung der Dienstgeschäfte lassen die Wahlberechtigung unberührt.

Keinen Einfluß auf das Wahlrecht hat die vorübergehende Abwesenheit von der Dienststelle wegen Urlaub, Krankheit, Lehrgangsteilnahme etc.

Beschäftigter »der Dienststelle« ist, wer tatsächlich eingegliedert ist – also in der Dienststelle als Arbeitnehmer oder Beamter arbeitet. Die Eingliederung endet bei Arbeitnehmern in Altersteilzeit, wenn sie im Blockmodell in die Teilzeitphase eintreten. Damit verlieren diese Arbeitnehmer die Beschäftigten-Eigenschaft und dementsprechend Wahlberechtigung und Wählbarkeit (BVerwG vom 15. 5. 2002 – 6 P 18.01, PersR 2002, 438).

3   Abgeordnete Beschäftigte (Abs. 2) werden in der aufnehmenden Dienststelle wahlberechtigt, sobald die Abordnung länger als sechs Monate angedauert hat. Zum gleichen Zeitpunkt erlischt die Wahlberechtigung in der abgebenden Dienststelle. Die Vorschrift ist entsprechend auf Arbeitnehmer anzuwenden, die aufgrund Gestellung oder Arbeitnehmerüberlassung tätig werden sowie auf zugewiesene Beamte (§ 123a BRRG; vgl. OVG Münster vom 15. 12. 1999 – 1 A 5174/97.PVL, PersR 2000, 429).

4   **Abs. 3:** Absatz 3 sieht eine Reihe von Ausnahmen von der Wahlberechtigung vor:

Kein Wahlrecht haben Beschäftigte, denen durch ein Strafgericht das Wahlrecht aberkannt ist (§ 45 StGB).

Nach Buchstabe b) nicht wahlberechtigt sind weiterhin Beschäftigte, die »voraussichtlich« nur für einen Zeitraum von höchstens sechs Monaten beschäftigt werden. Darunter fallen Aushilfen sowie Urlaubs- und Krankheitsvertretungen, die einmalig für einen Zeitraum unter sechs Monaten beschäftigt sind. Arbeitnehmern, die regelmäßig zu solchen Aushilfstätigkeiten herangezogen werden – Daueraushilfen, Abrufkräfte etc. – ist das Wahlrecht zuzuerkennen, wenn sie am Wahltage beschäftigt sind.

»Voraussichtlich« nicht länger als sechs Monate ist ein Arbeitnehmer beschäftigt, wenn der Arbeitsvertrag entsprechend (erstmals) befristet ist. Unerheblich ist, wie lange das Arbeitsverhältnis vom Tage der Wahl an noch andauert.

In Buchstabe c) ist seit der Novelle 1994 nunmehr vorgesehen, daß eine Beurlaubung ohne Dienstbezüge oder Vergütung erst dann zum Wegfall des Wahlrechts führt, wenn sie am Wahltage länger als 18 – bisher sechs – Monate besteht. Diese wegen der verstärkten Inanspruchnahme von Elternzeit/Erziehungsurlaub nach BErzGG bzw. ErziehungsurlaubsVO veränderte Regelung ermöglicht es nun, an einer Personalratswahl innerhalb von 18 Monaten nach Beginn der Beurlaubung teilzunehmen. Inkonsequent sieht das Gesetz in § 11 Abs. 2 d) jedoch den Verlust des passiven Wahlrechts nach sechsmonatiger Beurlaubung ohne Dienstbezüge vor. Neben Elternzeit/Erziehungsurlaub kommt eine Beurlaubung ohne Dienstbezüge nach der SondUrlVO sowie § 78 b LBG in Betracht. Sie liegt auch während der Ableistung von Grundwehr- und Ersatzdienst vor.

Nicht wahlberechtigt ist nach Buchstabe d) weiterhin das Leitungspersonal der Dienststelle gemäß § 8 Abs. 1 bis 3. Haben andere Beschäftigte die Befugnis zur selbständigen Entscheidung in personellen Einzelmaßnahmen, so behalten sie zwar das aktive, nicht jedoch das passive Wahlrecht (§ 11 Abs. 2 c).

Abs. 4: Auszubildende sind in der jeweiligen Dienststelle wahlberechtigt, die zur Stammdienststelle bestimmt worden ist. Die Bestimmung wird von der Stelle vorgenommen, die die Ausbildung leitet. Gemäß § 55 Abs. 1 Satz 2 gilt diese Festlegung auch für die Wahl zur Jugend- und Auszubildendenvertretung. **5**

Abs. 5: Der durch die Novelle 1994 neugeschaffene Absatz 5 stellt gegen die Rechtsprechung der Verwaltungsgerichte (z.B. VG Düsseldorf vom 9. 4. 1990 – PVL 22/90) klar, daß die Beamten der Schulaufsicht zu dem jeweiligen Personalrat ihrer Beschäftigungsdienststelle wahlberechtigt sind. **6**

§ 11

(1) Wählbar sind alle Wahlberechtigten, die am Wahltage seit sechs Monaten derselben Körperschaft, Anstalt oder Stiftung angehören.

(2) Nicht wählbar sind Beschäftigte, die

a) infolge Richterspruchs die Fähigkeit, Rechte aus öffentlichen Wahlen zu erlangen, nicht besitzen,

b) wöchentlich regelmäßig weniger als zwei Fünftel der regelmäßigen Arbeitszeit beschäftigt sind,

c) zu selbständigen Entscheidungen der in § 72 Abs. 1 Satz 1 genannten Personalangelegenheiten der Dienststelle befugt sind,

**d) am Wahltag seit mehr als sechs Monaten unter Wegfall der
Dienstbezüge beurlaubt sind.**

**(3) Nicht wählbar sind Arbeiter der Gemeinden und der Gemeinde-
verbände, die dem in der Verfassung vorgesehenen obersten Organ
angehören.**

1 Die Vorschriften über die Wählbarkeit legen die persönlichen Voraussetzungen fest, die eine Kandidatur zum Personalrat – also die Ausübung
des passiven Wahlrechts – erlauben oder verbieten. Die Vorschrift ist
abschließend, es gibt keine weiteren Voraussetzungen der Wählbarkeit.
Die Kandidatur zum Personalrat ist daher mit der gleichzeitigen Tätigkeit
als Mitglied des Wahlvorstands und des amtierenden Personalrats vereinbar. Auch ein Ausschluß aus dem Personalrat gemäß § 25 hindert an einer
erneuten Kandidatur nicht.

Wählbarkeit setzt zunächst voraus, daß der Beschäftigte wahlberechtigt
im Sinne des § 10 ist und am Tage der Wahl sechs Monate »im Dienst«
desselben Anstellungsträgers steht. Sechs Monate »im Dienst« steht ein
Beschäftigter, wenn sein Arbeits- oder Dienstverhältnis ununterbrochen
so lange bestanden hat. Maßgebend ist allein der rechtliche Bestand,
weshalb gleichgültig ist, ob innerhalb dieser sechs Monate Zeiten der
Beurlaubung (mit oder ohne Dienstbezüge), Krankheit oder Abordnung
lagen. Ein gekündigter Arbeitnehmer bleibt für die Dauer des Kündi-
gungsrechtsstreits wählbar, damit ausgeschlossen wird, daß durch eine
Kündigung die Kandidatur eines unliebsamen Bewerbers verhindert wird.

2 **Abs. 2:** Von der Wählbarkeit ausgeschlossen sind gemäß Buchstabe a)
zunächst Beschäftigte, denen durch strafgerichtliche Verurteilung die
Amtsfähigkeit aberkannt ist (§ 45 StGB) sowie Teilzeitbeschäftigte mit
einer Arbeitszeit von weniger als $^2/_5$ der regelmäßigen Arbeitszeit. Die
regelmäßige Arbeitszeit ergibt sich aus den für die Dienststelle maßgebenden Tarifverträgen und Rechtsvorschriften, die $^2/_5$-Arbeitszeit muß in
der Dienststelle erreicht werden, mehrere Teilzeitbeschäftigungen in verschiedenen Dienststellen genügen nicht.

Von der Wahlberechtigung gemäß Buchstabe c sind schließlich Beschäftigte ausgeschlossen, die über Personalangelegenheiten im Sinne des § 72
selbständig entscheiden dürfen. Es handelt sich nicht um das Leitungspersonal der Dienststelle, da die Personen des § 8 Abs. 1–3 bereits keine
Wahlberechtigung haben (§ 10 Abs. 3 d). Es ist nicht erforderlich, daß
über alle in § 72 Abs. 1 Satz 1 genannten Angelegenheiten oder für
sämtliche Beschäftigten der Dienststelle die Entscheidungsbefugnis besteht (OVG Münster vom 22. 5. 1990 – 1A 3651/92.PVL; vom 17. 4. 1997
– 1A 2306/94.PVL). Voraussetzung ist jedoch das durch Stellenplan oder
Verwaltungsorganisation (Zeichnungsbefugnis) übertragene Recht des

Beschäftigten, in eigener Verantwortung endgültige Entscheidungen treffen zu können (OVG Münster vom 22. 5. 1990, ebd.)

Seit der Novelle 1994 sieht Buchstabe d) vor, daß das passive Wahlrecht **3** von ohne Dienstbezüge Beurlaubten nach sechs Monaten wegfällt. Diese Vorschrift ist damit begründet worden, daß die mittel- und längerfristig beurlaubten Beschäftigten die Interessen ihrer Kolleginnen und Kollegen nicht mehr in dem erforderlichen Maße kennen und vertreten könnten. Die Änderung ist inkonsequent, da gerade bei Beschäftigten in Elternzeit/ Erziehungsurlaub von einer solchen Lockerung der Bindung an das Dienststellengeschehen nicht ausgegangen werden kann.

Abs. 3: Absatz 3 schließt Arbeiter in Gemeinden und Gemeindeverbän- **4** den von der Wählbarkeit aus, wenn sie zugleich dem Rat, Kreistag oder der Verbandsversammlung ihres Arbeitgebers angehören.

§ 12

Besteht die Körperschaft, Anstalt oder Stiftung (§ 1) oder in der Landesverwaltung die oberste Dienstbehörde weniger als sechs Monate, so bedarf es für die Wählbarkeit nicht der Voraussetzungen des § 11 Abs. 1.

Besteht eine Dienststelle am Tage der Personalratswahl noch nicht sechs Monate, so bedarf es für die Wählbarkeit nicht der sechsmonatigen Dienstzugehörigkeit. Das ist bei Neugründung einer Dienststelle ebenso der Fall wie bei Zusammenfassung von Dienststellen und Dienststellen-Teilen zu einer neuen Einheit. Als Übergangsregelung sieht § 45 in diesen Fällen die Bildung einer Personalkommission vor.

§ 13

(1) In allen Dienststellen mit in der Regel mindestens fünf wahlberechtigten Beschäftigten, von denen drei wählbar sind, werden Personalräte gebildet.

(2) Dienststellen des Landes, bei denen die Voraussetzungen des Absatzes 1 nicht gegeben sind, werden von der übergeordneten Dienststelle im Einvernehmen mit der Stufenvertretung einer benachbarten Dienststelle zugeteilt.

(3) Der Personalrat besteht in Dienststellen mit in der Regel

5 bis	**20**	**wahlberechtigten Beschäftigten aus einer Person,**
21 bis	**50**	**wahlberechtigten Beschäftigten bis aus drei Mitgliedern,**
51 bis	**150**	**Beschäftigten aus fünf Mitgliedern,**
151 bis	**300**	**Beschäftigten aus sieben Mitgliedern,**
301 bis	**600**	**Beschäftigten aus neun Mitgliedern,**
601 bis	**1 000**	**Beschäftigten aus elf Mitgliedern.**

§ 13

Die Zahl der Mitglieder erhöht sich in den Dienststellen mit 1 001 bis 5 000 Beschäftigten um je zwei für je weitere angefangene 1 000, mit 5 001 und mehr Beschäftigten um je zwei für je weitere angefangene 2 000.

(4) Die Höchstzahl der Mitglieder beträgt fünfundzwanzig.

Die Vorschrift befaßt sich mit der Berechnung der Größe des Personalrats.

1 **Abs. 1:** Personalratsfähig ist eine Dienststelle, wenn fünf wahlberechtigte (§ 10) Beschäftigte vorhanden sind, von denen mindestens drei wählbar (§ 11) sind.

Diese Zahlen sind erreicht, wenn »in der Regel« so viele wahlberechtigte und wählbare Beschäftigte vorhanden sind. Die »Regelzahl« ist auch bei Ermittlung der Personalratsgröße nach Absatz 3, der Größe der Jugend- und Auszubildendenvertretung nach § 56 Abs. 1 sowie der Freistellungen nach § 42 Abs. 4 zu ermitteln.

2 Nach der Rechtsprechung des BVerwG (Beschluß vom 3. 7. 1991 – 6 P 1.89, PersR 1991, 369) und des OVG Münster (Beschluß vom 20. 1. 1994 – 1 A 3122/93) ist in erster Linie vom Stellenplan auszugehen und sodann im Rahmen einer beschränkten Zukunftsprognose zu ermitteln, ob tatsächliche Abweichungen berücksichtigt werden müssen, um ein von zufälligen Verzerrungen freies Bild vom künftigen Personalbestand der Dienststelle zu erhalten (z. B. das Führen von zwei Halbtagskräften auf einer Haushaltsstelle; »Bodensatz« an befristeten oder ABM-Kräften). Solche Umstände dürfen nur dann berücksichtigt werden, wenn sie über mehr als die Hälfte der Amtszeit wirken und den Personalbestand mit großer Gewißheit verändern.

3 **Abs. 2:** Kleindienststellen mit weniger als fünf Wahlberechtigten werden in der Landesverwaltung von der übergeordneten Dienststelle einer ihr benachbarten Dienststelle zugeordnet. Diese Zuordnung bedarf des Einvernehmens mit der zuständigen Personalvertretung. Es kann verweigert werden, wenn die beabsichtigte Zuordnung den Wünschen der Betroffenen widerspricht oder sonst unzweckmäßig ist.

4 **Abs. 3:** Die Größe des Personalrats hängt in Dienststellen mit 5 bis 21 Beschäftigten von der Regelzahl der Wahlberechtigten ab, in größeren Dienststellen ist die Regelzahl sämtlicher Beschäftigter ohne Rücksicht auf die Wahlberechtigung zu ermitteln.

In Dienststellen mit mehr als 1 000 Regelbeschäftigten erhöht sich die Personalratszahl um je zwei für jede angefangene, weitere 1 000 – bei 3 400 Beschäftigten sind also (11 für die ersten 1 000 plus 4 für die 1 001 bis 3 000 Beschäftigten plus 2 für die weiteren angefangenen 1 000) 14 Personalratsmitglieder zu wählen. Übersteigt die Beschäftigtenzahl 5 000, so sind für jede angefangene 2 000 je zwei weitere Personalratsmitglieder zu wählen – in keinem Fall jedoch mehr als 25 (Abs. 4).

Finden sich nicht genügend Wahlbewerber, kommt ein Personalrat mit einer geringeren Anzahl zustande. Er kann die volle Amtszeit amtieren, § 24 Abs. 1 Buchstabe b gilt nicht.

§ 14

(1) Sind in der Dienststelle Angehörige verschiedener Gruppen (Beamte, Angestellte, Arbeiter) beschäftigt, so muß jede Gruppe entsprechend ihrer Stärke im Personalrat vertreten sein, wenn dieser aus mindestens drei Mitgliedern besteht. Bei gleicher Stärke der Gruppen entscheidet das Los. Macht eine Gruppe von ihrem Recht, im Personalrat vertreten zu sein, keinen Gebrauch, so verliert sie ihren Anspruch auf Vertretung.

(2) Der Wahlvorstand berechnet die Verteilung der Sitze auf die Gruppen nach den Grundsätzen der Verhältniswahl.

(3) Eine Gruppe erhält mindestens

bei weniger als 51 Gruppenangehörigen einen Vertreter,

bei   51 bis   200 Gruppenangehörigen zwei Vertreter,

bei   201 bis   600 Gruppenangehörigen drei Vertreter,

bei   601 bis 1 000 Gruppenangehörigen vier Vertreter,

bei 1 001 bis 3 000 Gruppenangehörigen fünf Vertreter,

bei 3 001 und mehr Gruppenangehörigen sechs Vertreter.

(4) Zählt eine Gruppe mindestens ebensoviel Beschäftigte wie die beiden anderen Gruppen zusammen, so steht der stärksten Gruppe ein weiteres Mitglied zu, wenn nach den Absätzen 2 und 3 die beiden anderen Gruppen zusammen mehr Mitglieder stellen würden als die stärkste Gruppe.

(5) Eine Gruppe, der in der Regel nicht mehr als fünf Beschäftigte angehören, erhält nur dann eine Vertretung, wenn sie mindestens ein Zwanzigstel der Beschäftigten der Dienststelle umfaßt. Erhält sie keine Vertretung und findet Gruppenwahl statt, so kann sich jeder Angehörige dieser Gruppe durch Erklärung gegenüber dem Wahlvorstand einer Gruppe anschließen.

(6) Der Personalrat soll sich aus Vertretern der verschiedenen Beschäftigungsarten zusammensetzen.

(7) Frauen und Männer sollen ihrem zahlenmäßigen Anteil in der Dienststelle entsprechend vertreten sein.

Die nach § 13 festgestellte Gesamtzahl der Personalratsmitglieder ist auf **1** die in der Dienststelle vorhandenen Gruppen der Arbeiter, Angestellten und Beamten unter Beachtung der Regeln zum Mehrheits- und Minderheitsschutz zu verteilen.

2 **Abs. 1 und 2:** Jede in der Dienststelle mit Beschäftigten vertretene Gruppe hat Anspruch auf Personalratssitze entsprechend ihrer Stärke, wenn sie mindestens drei Mitglieder hat. Keine Berücksichtigung finden die in der Dienststelle gar nicht Vorhandenen und die Gruppen, die keine Sitze beanspruchen – sich also mit eigenen Wahlvorschlägen an der Personalratswahl nicht beteiligen. Im letzteren Fall verteilt der Wahlvorstand die nicht in Anspruch genommenen Personalratssitze auf die übrigen Gruppen – auch dann, wenn eine Gruppe weniger Wahlbewerber vorschlägt als ihr Personalratssitze zustehen.

Bei gleicher Gruppenstärke entscheidet das Los über die Zuteilung der Sitze.

Die Verteilung der nach § 13 ermittelten Sitze erfolgt nach den Grundsätzen der Verhältniswahl (siehe § 16 Rn. 7).

3 **Abs. 3 und 4:** Jede Gruppe erhält Personalratssitze gestaffelt nach der Gruppengröße, mindestens jedoch einen Vertreter bei einer Gruppenzugehörigkeit von mehr als fünf (siehe auch Absatz 5) und weniger als 51 Personen. Hat eine Gruppe so viele Beschäftigte wie die beiden anderen zusammen, so erhält sie dann einen weiteren Sitz, wenn andernfalls die beiden anderen Gruppen zusammen mehr Personalratssitze hätten als diese stärkste Gruppe (Rechenbeispiel siehe Orth/Welkoborsky, § 14 LPVG NW, Rn. 5).

4 **Abs. 5:** Ohne Sitze im Personalrat bleibt eine Gruppe, die

– nicht mehr als fünf Beschäftigte hat **und**

– weniger als ein Zwanzigstel der Dienststellenbeschäftigten

bildet.

Die Angehörigen dieser Kleingruppen können durch Erklärung gegenüber dem Wahlvorstand bei einer anderen Gruppe mitwählen.

5 **Abs. 6 und 7:** Die beiden letzten Absätze sind Sollvorschriften, die sich an die Wähler allgemein richten, deren Nichtbeachtung aber folgenlos bleibt.

Der Personalrat soll sich zunächst aus Vertretern der verschiedenen Beschäftigungsarten zusammensetzen.

Der durch die Novelle 1994 neugeschaffene Absatz 7 enthält den »Appell«, Frauen und Männer ihrem zahlenmäßigen Anteil entsprechend zu berücksichtigen. Auch § 64 Nr. 10 und das Gleichstellungsgesetz betonen die Verpflichtung des öffentlichen Dienstes zur Gleichstellung der Geschlechter. Die Vorschrift appelliert recht allgemein an die am Wahlgeschehen Beteiligten. Sie kann im Grunde von keinem der Beteiligten beachtet oder gar durchgesetzt werden, da Wahlvorschläge, die diesem Appell entsprechen, durch weitere Wahlvorschläge und insbesondere durch den Wählerwillen Veränderungen erfahren und weder Wahlvorstand noch Personalrat berechtigt sind, auf die Zusammensetzung der Wahlvorschläge oder der Gruppen Einfluß zu nehmen.

§ 15

(1) Die Verteilung der Mitglieder des Personalrats auf die Gruppen kann abweichend von § 14 geordnet werden, wenn jede Gruppe dies vor der Neuwahl in getrennter geheimer Abstimmung beschließt.

(2) Für jede Gruppe können auch Angehörige anderer Gruppen vorgeschlagen werden. Die Gewählten sind Vertreter derjenigen Gruppe, für die sie vorgeschlagen worden sind.

Abs. 1: Die Beschäftigten der Dienststelle können die Verteilung der **1** Personalratssitze auf die Gruppen verändern, wenn jede Gruppe dies in einer Vorabstimmung mehrheitlich beschließt. Diese Vorabstimmung muß den Regeln für die Vorabstimmung zur gemeinsamen Wahl entsprechen (siehe § 16 Abs. 2 und § 4 WO).

Abs. 2: Absatz 2 sieht vor, daß in jeder Gruppe auch gruppenfremde **2** Vertreter kandidieren können. Werden sie gewählt, so gelten sie im Personalrat als Vertreter derjenigen Gruppe, für die sie kandidiert haben. Der arbeits- und dienstrechtliche Status dieses Personenkreises bleibt dadurch jedoch unberührt.

§ 16

(1) Der Personalrat wird in geheimer und unmittelbarer Wahl gewählt.

(2) Besteht der Personalrat aus mehr als einer Person, so wählen die Beamten, Angestellten und Arbeiter ihre Vertreter (§ 14) je in getrennten Wahlgängen, es sei denn, daß die wahlberechtigten Angehörigen jeder Gruppe vor der Neuwahl in getrennten geheimen Abstimmungen die gemeinsame Wahl beschließen. Der Beschluß bedarf der Mehrheit der Stimmen aller wahlberechtigten Beschäftigten jeder Gruppe.

(3) Die Wahl wird nach den Grundsätzen der Verhältniswahl durchgeführt. Wird nur ein Wahlvorschlag eingereicht, so findet Personenwahl statt. In Dienststellen, deren Personalrat aus einer Person besteht, wird dieser mit einfacher Stimmenmehrheit gewählt. Das gleiche gilt für Gruppen, denen nur ein Vertreter im Personalrat zusteht.

(4) Zur Wahl des Personalrats können die wahlberechtigten Beschäftigten und die in der Dienststelle vertretenen Gewerkschaften Wahlvorschläge machen. Die nach § 11 Abs. 2 nicht wählbaren Beschäftigten dürfen keine Wahlvorschläge machen oder unterzeichnen. Jeder Beschäftigte darf nur einen Wahlvorschlag unterzeichnen.

(5) Bei einer Wahl in getrennten Wahlgängen muß jeder Wahlvorschlag der Beschäftigten von mindestens einem Zwanzigstel der wahlberechtigten Gruppenangehörigen, jedoch von mindestens drei wahl-

berechtigten Gruppenangehörigen, unterzeichnet sein; in jedem Fall genügt die Unterzeichnung durch 100 wahlberechtigte Gruppenangehörige.

(6) Bei gemeinsamer Wahl muß jeder Wahlvorschlag der Beschäftigten von mindestens einem Zwanzigstel der wahlberechtigten Beschäftigten, jedoch von mindestens drei wahlberechtigten Beschäftigten, unterzeichnet sein; in jedem Fall genügt die Unterzeichnung durch 100 wahlberechtigte Beschäftigte. Werden bei gemeinsamer Wahl für eine Gruppe gruppenfremde Bewerber vorgeschlagen, muß der Wahlvorschlag von mindestens einem Zwanzigstel der wahlberechtigten Angehörigen dieser Gruppe unterzeichnet sein.

(7) Jeder Wahlvorschlag einer Gewerkschaft muß von ihrem Beauftragten unterzeichnet sein.

(8) Jeder Beschäftigte darf nur auf einem Wahlvorschlag benannt werden.

1 Die Grundsätze für die Durchführung der Personalratswahl sind in § 16 zusammengefaßt und das Wahlvorschlagsrecht geregelt. Nähere Ausführungen dazu finden sich in der Wahlordnung.

Der formale Ablauf der Wahl richtet sich nach der gemäß § 124 erlassenen Wahlordnung (abgedruckt ab S. 25).

2 **Abs. 1:** Die Personalratswahl muß, wie jede demokratische Wahl, geheim und unmittelbar, frei und gleich sein. Die beiden ersten Grundsätze sind in Absatz 1 niedergelegt. Der Grundsatz der geheimen Wahl soll sicherstellen, daß die Wahl frei ist, der Beschäftigte keine Nachteile durch sein Abstimmungsverhalten, seine Beteiligung und Nichtbeteiligung an der Wahl hat und eine freie Wahlentscheidung treffen kann. Dazu treffen Gesetz und Wahlordnung eine Reihe von Vorkehrungen wie z.B. die Sicherung der unbeobachteten Stimmabgabe im Wahlraum (Besetzung des Wahllokals, Benutzung einer Kabine, Benutzung vorgefertigter Wahlumschläge und Stimmzettel, Wahlurne) wie auch für die schriftliche Stimmabgabe in den §§ 16 f. WO. Auch eine gerichtliche Überprüfung des Wahlverhaltens durch Befragung der Wähler als Zeugen oder Verwertung von eidesstattlichen Versicherungen über das Wahlverhalten sind unzulässig (BVerwG vom 20. 6. 1990 – 6 P 2.90, PersR 1990, 291).

3 Die Unmittelbarkeit der Wahl ist von Gesetz und Wahlordnung dadurch gewährleistet, daß Wahlmänner unzulässig sind und jeder Wähler ein höchstpersönliches Stimmrecht hat, bei dem er sich nicht vertreten lassen kann.

Die für jede demokratische Wahl weiter geltenden Grundsätze der allgemeinen und gleichen Wahl gewährleistet das Gesetz dadurch, daß eine Gewichtung der Stimmen oder die Zuteilung mehrfachen Stimmrechtes ausgeschlossen sind und das Wahlrecht grundsätzlich allen Beschäftigten zusteht.

Abs. 2: Der Regelfall ist die getrennte Wahl, also die Abstimmung über **4** die Kandidaten in jeder Gruppe in getrennten Wahlgängen. Diese Wahlgänge müssen jedoch zur gleichen Zeit stattfinden und werden von einem Wahlvorstand organisiert und durchgeführt. Die Wahl aller Beschäftigten in einem gemeinsamen Wahlgang aufgrund gemeinsamer Wahlvorschläge kann nur dann stattfinden, wenn jede in der Dienststelle vertretene Gruppe der Beschäftigten eine solche gemeinsame Wahl mit Mehrheit der Stimmen aller wahlberechtigten Beschäftigten ihrer Gruppe und in getrennter Abstimmung beschließt.

Für diese »Vorabstimmung« ordnet § 4 der Wahlordnung an, daß sie unter **5** Leitung eines Vorabstimmungs-Vorstandes, bestehend aus mindestens drei wahlberechtigten Beschäftigten, durchgeführt und die Vorabstimmung geheim und nach Gruppen getrennt durchgeführt werden muß. Der Wahlvorstand für die Wahl des Personalrats kann sich bereit erklären, zugleich als Vorabstimmungsvorstand tätig zu werden und diese Vorabstimmung durchzuführen. Eine Verpflichtung besteht nicht, vielmehr können sich aus dem Kreis der wahlberechtigten Beschäftigten drei Arbeitnehmer zu einem solchen Vorabstimmungsvorstand zusammenfinden.

Die gemeinsame Wahl findet nur statt, wenn dem Wahlvorstand für die Durchführung der Personalratswahl innerhalb einer Woche nach Bekanntgabe seiner Mitglieder (§ 1 Abs. 2 der WO) die erfolgreiche Durchführung einer solchen Vorabstimmung in allen in der Dienststelle vertretenen Gruppen glaubhaft gemacht wird.

Eine Vorabstimmung kann innerhalb einer Gruppe im Anschluß an eine Gruppenversammlung stattfinden, jedoch kann sie nicht im Wege einer offenen Abstimmung in dieser Versammlung durchgeführt werden, da die Wahl geheim stattfinden muß.

Eine gemeinsame Wahl findet nur statt, wenn sich in allen drei Gruppen die Mehrheit der wahlberechtigten Beschäftigten für eine gemeinsame Wahl ausspricht. Die Mehrheit der Abstimmungsteilnehmer genügt also nicht.

Kommt in einer Gruppe eine Mehrheit für die gemeinsame Wahl nicht zustande, so kann die Vorabstimmung wiederholt werden.

Die Vorabstimmung über die Frage der gemeinsamen Wahl muß vor jeder Personalratswahl erneut durchgeführt werden, eine erfolgreiche Vorabstimmung gilt stets nur für die jeweils bevorstehende Personalratswahl.

Die vom Gesetzgeber im Jahre 1984 beschlossenen Lockerungen des **6** Gruppenprinzips und die Stärkung der Einheitlichkeit des Personalrats legen es nahe, regelmäßig gemeinsame Wahl durchzuführen, um die Geschlossenheit des Personalrats zu stärken. Es ist jedoch jeweils von den Verhältnissen in der Dienststelle abhängig, ob eine solche Vorabstimmung zur Durchführung der gemeinsamen Wahl zweckmäßig ist.

7 **Abs. 3:** Grundsätzlich wird die Personalratswahl nach Verhältniswahlrecht – »Listenwahl« – durchgeführt. In diesen Fällen hat der Wähler – gleichgültig ob bei getrennter oder gemeinsamer Wahl – nur eine Stimme. Er kann sich zwischen den verschiedenen Wahlvorschlägen entscheiden.

Nach Ende der Wahl wird die Sitzverteilung nach dem sogenannten d'Hondtschen Höchstzahlsystem ermittelt. Die für jede Liste abgegebene Stimmenzahl wird nacheinander durch 1, 2, 3, 4, 5 usw. geteilt. Nach Durchführung dieser Berechnung werden die höchsten Zahlen ermittelt und die Personalratssitze auf diese Höchstzahlen verteilt. Dadurch wird gewährleistet, daß jede Gruppe so viele Sitze erhält, wie ihrem »Verhältnis« der erreichten Stimmen an der Gesamt-Stimmenzahl entspricht.

Nähere Erläuterungen und Beispiele siehe Orth/Welkoborsky, § 16 LPVG NW, Rn. 16.

8 Personenwahl findet statt, wenn nur ein Wahlvorschlag vorliegt oder nur ein einköpfiger Personalrat oder ein Gruppenvertreter zu wählen ist.

Findet gemeinsame Wahl statt und liegt nur ein Wahlvorschlag vor, so wird insgesamt Personenwahl durchgeführt. Bei Gruppenwahl findet Personenwahl in denjenigen Gruppen statt, in denen nur ein Wahlvorschlag vorliegt.

Unabhängig von der Zahl der Wahlvorschläge findet sowohl bei gemeinsamer wie bei Gruppenwahl die Personenwahl statt, wenn nur ein einköpfiger Personalrat zu wählen ist oder wenn für die jeweilige Gruppe nur ein Vertreter zu wählen ist.

Personenwahl findet in der Form statt, daß der Wähler höchstens so viele Kandidaten auf dem Stimmzettel ankreuzen kann, wie Personalratsmitglieder zu wählen sind. Dieses Mehrheitswahlrecht ist bei den Beschäftigten beliebter, weil es aus ihrer Sicht einen größeren Einfluß auf die Zusammensetzung des Personalrats ermöglicht. Bei Listenwahl ist die Reihenfolge der Kandidaten der jeweiligen Liste vom Wähler nicht mehr durch sein Abstimmungsverhalten beeinflußbar.

9 **Wahlvorschläge der Beschäftigten (Abs. 4 bis 6 und 8):** Zum Personalrat kandidieren kann nur, wer von einer Mindestzahl von Beschäftigten oder einer Gewerkschaft dazu schriftlich vorgeschlagen wird. Diese Wahlvorschläge sind beim Wahlvorstand einzureichen und bilden die Grundlage für die Personalratswahl.

Bei Gruppenwahl muß jeder Wahlvorschlag von Beschäftigten mindestens $\frac{1}{20}$ der wahlberechtigten Gruppenangehörigen umfassen. In jedem Fall sind jedoch mindestens drei Stützunterschriften und – in großen Dienststellen – höchstens 100 Stützunterschriften erforderlich und ausreichend. Jeder Beschäftigte kann nur einen Wahlvorschlag unterstützen, bei Unterzeichnung mehrerer Wahlvorschläge wird ihn der Wahlvorstand zur Mitteilung auffordern, welche Stützunterschrift er aufrecht erhält. Teilt er dies mit, so werden alle anderen Stützunterschriften auf den weiteren Wahlvorschlägen gestrichen, unterbleibt die Mitteilung, so bleibt seine Unterschrift nur auf dem zuerst eingegangenen Wahlvorschlag gültig.

Bei gemeinsamer Wahl muß jeder Wahlvorschlag von $\frac{1}{20}$ aller wahlberechtigten Beschäftigten der Dienststelle insgesamt schriftlich unterstützt sein, erforderlich und ausreichend sind jedoch mindestens drei und höchstens 100 Unterschriften.

Jeder Beschäftigte kann Wahlvorschläge nur innerhalb seiner eigenen **10** Gruppe unterzeichnen. Kandidiert ein Beschäftigter daher in einer anderen Gruppe, so kann er seinen eigenen Wahlvorschlag nicht unterstützen. Wird bei gemeinsamer Wahl ein gruppenfremder Bewerber vorgeschlagen, so muß der Wahlvorschlag von mindestens $\frac{1}{20}$ der wahlberechtigten Angehörigen dieser Gruppe, für die kandidiert wird, unterzeichnet sein. Eine Mehrfachkandidatur ist nicht möglich. Jeder Wahlbewerber kann nur auf einem Wahlvorschlag kandidieren (Absatz 8). Bei Doppelkandidatur muß sich der Wahlbewerber erklären, auf welchem Wahlvorschlag er benannt bleiben will. Erklärt er sich nicht, so wird er auf allen Wahlvorschlägen gestrichen.

Keine Wahlvorschläge können diejenigen wahlberechtigten Beschäftigten machen, die nach § 11 Abs. 2 nicht wählbar sind, was sich vornehmlich auf den Personenkreis des § 11 Abs. 2 c) beziehen dürfte, der zu selbständigen Entscheidungen von Personalangelegenheiten der Dienststelle befugt ist. Ausgenommen sind auch die geringfügig Beschäftigten und die länger als sechs Monate Beurlaubten (§ 11 Abs. 2 b und d).

Wird auf einem Wahlvorschlag ein Bewerber vorgeschlagen, der nicht wählbar ist, so ist dadurch der gesamte Wahlvorschlag ungültig.

Stützunterschriften von Beschäftigten, die nicht wahlberechtigt sind, führen jedoch nicht zur Ungültigkeit des gesamten Wahlvorschlages. Sie werden jedoch gestrichen und bei Ermittlung der Mindestzahl von Stützunterschriften nicht berücksichtigt.

Für die Einreichungsfrist, die Form, den Inhalt und die Behandlung der **11** Wahlvorschläge sieht die Wahlordnung in §§ 7 bis 12 weitere Vorschriften vor.

Danach ist der Wahlvorschlag innerhalb von drei Wochen nach Erlaß des Wahlausschreibens beim Wahlvorstand einzureichen. Es muß sich um ein einheitliches Dokument handeln, »fliegende Blätter« sind daher kein gültiger Wahlvorschlag. Auf ihnen müssen die Angaben der Wahlbewerber mit Familiennamen, Vornamen, Geburtsdatum, Amts-, Dienst- oder Berufsbezeichnung, Beschäftigungsstelle und Gruppenzugehörigkeit aufgeführt sein und auf dem gleichen Dokument die ausreichende Anzahl der Stützunterschriften wahlberechtigter Beschäftigter.

Der Wahlvorstand prüft die Wahlvorschläge auf ihre Gültigkeit. Bei **12** heilbaren Mängeln – wie unvollständigen Angaben der Wahlbewerber, fehlende Zustimmungserklärung oder Fehlen von Stützunterschriften infolge nachträglicher Streichungen – gibt der Wahlvorstand den Wahlvorschlag zur Nachbesserung zurück. Bei allen anderen Mängeln beschließt er die Ungültigkeit des Wahlvorschlages.

Geht für die Personalratswahl oder innerhalb einer Gruppe gar kein Wahlvorschlag ein, so setzt der Wahlvorstand eine Nachfrist für die Einreichung von Wahlvorschlägen. Wenn auch dann kein Wahlvorschlag eingeht, so findet keine Personalratswahl bzw. innerhalb der betroffenen Gruppe keine Wahl zum Personalrat statt.

Die gültigen Wahlvorschläge macht der Wahlvorstand bekannt und übernimmt sie in die Stimmzettel.

13 **Wahlvorschläge der Gewerkschaften (Abs. 7):** Neben den Beschäftigten können auch die in der Dienststelle vertretenen Gewerkschaften Wahlvorschläge machen. In der Dienststelle »vertreten« ist eine Gewerkschaft dann, wenn sie über mindestens ein Mitglied verfügt.

Zum Gewerkschaftsbegriff siehe § 2.

Die gewerkschaftlichen Wahlvorschläge bedürfen nicht der Stützunterschriften durch Beschäftigte, es genügt die Unterschrift eines Beauftragten der jeweiligen Gewerkschaft.

§ 17

(1) Spätestens drei Monate vor Ablauf der Amtszeit bestellt der Personalrat drei wahlberechtigte Beschäftigte als Wahlvorstand und einen von ihnen als Vorsitzenden. Sind in der Dienststelle Angehörige verschiedener Gruppen beschäftigt, so soll jede Gruppe im Wahlvorstand vertreten sein. Für jedes Mitglied des Wahlvorstandes kann ein Ersatzmitglied benannt werden.

(2) Besteht zwei Monate vor Ablauf der Amtszeit des Personalrats kein Wahlvorstand, so beruft der Leiter der Dienststelle auf Antrag von mindestens drei wahlberechtigten Beschäftigten oder einer in der Dienststelle vertretenen Gewerkschaft eine Personalversammlung zur Wahl des Wahlvorstandes ein. Absatz 1 Satz 2 und 3 gilt entsprechend. Die Personalversammlung wählt einen Versammlungsleiter.

Der Wahlvorstand ist das Gremium, das die Personalratswahl zu leiten und durchzuführen hat.

1 **Abs. 1:** Der Personalrat hat durch einen gemeinsamen Beschluß (§ 34 Abs. 1) den Wahlvorstand zu bestellen. Das hat drei Monate vor Ablauf der Amtszeit zu geschehen. Die Amtszeit gemäß § 23 läuft spätestens am 30. Juni (§ 123) ab, so daß der Wahlvorstand im Wahljahr am 31. März bestellt sein muß.

Mitglieder des Wahlvorstandes können alle wahlberechtigten Beschäftigten der Dienststelle sein. Wählbarkeit ist nicht Voraussetzung. Sind in der

Dienststelle die verschiedenen Gruppen vertreten, so soll jede Gruppe im Wahlvorstand vertreten sein. Diese Soll-Vorschrift kann nur dann zum Tragen kommen, wenn der Personalrat aus Anlaß der Bestellung genügend geeignete Kandidaten aus den verschiedenen Gruppen zur Verfügung hat. Der Personalrat kann und soll den Wahlvorstand nach Zweckmäßigkeitsgesichtspunkten zusammensetzen, die Soll-Vorschrift stellt nur eine schwache Bindung dar (so OVG Münster vom 22. 1. 1998 – 1A 4257/97.PVL, ZTR 1998, 336).

Zugleich mit der Bestellung des Wahlvorstandes hat der Personalrat eines der Mitglieder zum Vorsitzenden des Wahlvorstandes zu bestellen. Er kann für jedes Wahlvorstandsmitglied ein persönliches Ersatzmitglied bestellen, was auf jeden Fall zweckmäßig ist, um bei zeitweiliger Verhinderung oder bei endgültigem Ausscheiden aus dem Wahlvorstand ein Ersatzmitglied zur Verfügung zu haben.

Der Personalrat ist auch berechtigt, den Wahlvorstand oder einzelne seiner Mitglieder und Ersatzmitglieder abzuberufen, wenn diese sich für das Amt als ungeeignet erweisen (z. B. bei Untätigkeit). Auch Nachbestellung einzelner Wahlvorstands-Mitglieder kommt in Betracht, wenn diese aus dem Wahlvorstand ausscheiden (z. B. durch Ausscheiden aus der Dienststelle oder durch Amtsniederlegung).

Mit der Bestellung beginnt das Amt des Wahlvorstandes. Es endet regelmäßig mit Durchführung der konstituierenden Sitzung nach Abschluß der Wahl (§ 30 Abs. 1) oder mit Neuwahl eines Wahlvorstandes auf der Personalversammlung gemäß § 20 Abs. 1 bzw. Ersatzbestellung durch den Dienststellenleiter gemäß § 19.

Abs. 2: Besteht zwei Monate vor Ende der Amtszeit des Personalrats kein Wahlvorstand, so wird er von der Personalversammlung gewählt. **2**

Diese Personalversammlung ist auf Antrag von mindestens drei wahlberechtigten Beschäftigten oder einer in der Dienststelle vertretenen Gewerkschaft vom Dienststellenleiter einzuberufen.

Der Dienststellenleiter hat bei Vorliegen eines solchen Antrages die Personalversammlung unverzüglich einzuberufen. Ihre Durchführung ist in der Regel eilig, da eine personalratslose Zeit vermieden werden soll. Das ist nur dann möglich, wenn die Personalversammlung unmittelbar nach Erreichen der 2-Monatsfrist durchgeführt wird. Andernfalls ist bereits wegen der Frist des § 6 Abs. 1 der Wahlordnung – Erlaß des Wahlausschreibens sechs Wochen vor dem letzten Tag der Stimmabgabe – die Vorbereitungszeit für die Durchführung der Wahl noch vor Ablauf der Amtszeit zu kurz.

Die Personalversammlung wählt zunächst einen Versammlungsleiter. **3** Dieser muß nicht Beschäftigter oder wahlberechtigt sein, es kann zum Beispiel auch ein Gewerkschaftssekretär dazu gewählt werden. Bei Wahl des Wahlvorstandes soll die Personalversammlung dafür sorgen, daß jede Gruppe, die in der Dienststelle vorhanden ist, im Wahlvorstand vertreten ist. Sie kann dies nur sicherstellen, wenn sich aus ihrer Mitte Kandidaten für das Wahlvorstandsamt aus den verschiedenen Gruppen finden. In jedem Fall müssen drei gewählt werden. Die Versammlung kann – was zweckmäßig ist – persönliche Ersatzmitglieder für jedes Wahlvorstandsmitglied wählen.

§ 18

Besteht in einer Dienststelle, die die Voraussetzungen des § 13 Abs. 1 erfüllt, kein Personalrat, so beruft der Leiter der Dienststelle auf Antrag von mindestens drei wahlberechtigten Beschäftigen oder einer in der Dienststelle vertretenen Gewerkschaft eine Personalversammlung zur Wahl des Wahlvorstandes ein. § 17 Abs. 2 Satz 3 gilt entsprechend.

In personalratslosen Dienststellen, die für die Wahl eines Personalrats die erforderliche Beschäftigtenstärke des § 13 Abs. 1 aufweist, findet eine Personalversammlung zur Wahl eines Wahlvorstandes statt. Nach der durch die Novelle 1984 geschaffenen Neufassung kann die Einberufung dieser Personalversammlung nunmehr von drei wahlberechtigten Beschäftigten oder einer in der Dienststelle vertretenen Gewerkschaft verlangt werden. Bisher war die Einberufung einer Personalversammlung dem Dienststellenleiter überlassen.

§ 19

Findet eine Personalversammlung (§ 17 Abs. 2, § 18) nicht statt oder wählt die Personalversammlung keinen Wahlvorstand, so bestellt ihn der Leiter der Dienststelle auf Antrag von mindestens drei wahlberechtigten Beschäftigten oder einer in der Dienststelle vertretenen Gewerkschaft.

Findet eine Personalversammlung nicht statt oder kommt auf einer solchen Versammlung die Wahl eines Wahlvorstandes nicht zustande, so bestellt der Dienststellenleiter einen Wahlvorstand. Voraussetzung ist jedoch, daß dies von drei wahlberechtigten Beschäftigten oder einer in der Dienststelle vertretenen Gewerkschaft beantragt wird.

§ 20

(1) Der Wahlvorstand hat die Wahl fristgerecht vorzubereiten; sie soll spätestens zwei Wochen vor Ablauf der Amtszeit des Personalrats stattfinden. Kommt der Wahlvorstand dieser Verpflichtung nicht nach, so beruft der Leiter der Dienststelle auf Antrag von mindestens drei wahlberechtigten Beschäftigten oder einer in der Dienststelle vertretenen Gewerkschaft eine Personalversammlung zur Wahl eines neuen Wahlvorstands ein. § 17 Abs. 2 Satz 3 und § 19 gelten entsprechend.

(2) Der Wahlvorstand hat seine Sitzungen den in der Dienststelle vertretenen Gewerkschaften bekanntzugeben. Je ein von ihnen Beauftragter ist berechtigt, mit beratender Stimme teilzunehmen.

(3) Unverzüglich nach Abschluß der Wahl zählt der Wahlvorstand öffentlich die Stimmen, stellt das Ergebnis in einer Niederschrift fest und gibt es den Beschäftigten der Dienststelle durch Aushang bekannt. Dem Leiter der Dienststelle und den in der Dienststelle vertretenen Gewerkschaften ist eine Abschrift der Niederschrift zu übersenden.

Abs. 1: Aufgabe des Wahlvorstandes ist die Vorbereitung und Durchführung der Personalratswahl. Sie hat spätestens zwei Wochen vor Ablauf der Amtszeit des Personalrats stattzufinden. Zur Wahrung dieser Frist und der sechswöchigen Aushangsfrist für das Wahlausschreiben gemäß § 6 WO ist regelmäßig die Einleitung der Wahl – also der Erlaß des Wahlausschreibens – zwei Monate vor Ende der Amtszeit des Personalrats erforderlich. **1**

Den genauen Wahltermin kann der Personalrat vor Bestellung des Wahlvorstandes festlegen, ansonsten gehört auch dies zur Aufgabe des Wahlvorstandes.

Die Aufgaben des Personalrats bei Durchführung der Personalratswahl sind: **2**

(1) Die Erstellung des Wählerverzeichnisses (§ 2 WO), das für die Ermittlung der Zahl der Personalratsmitglieder, für die Prüfung der Wahlberechtigung und Wählbarkeit, für die Durchführung der Briefwahl und schließlich für die Stimmabgabe (Registrierung der Wahlteilnahme) benötigt wird.

(2) Erlaß des Wahlausschreibens (§ 6 WO), in dem alle wesentlichen für die Teilnahme an der Wahl notwendigen Angaben und Einzelheiten aufgeführt sind.

(3) Die Entgegennahme und Prüfung von Wahlvorschlägen (§§ 7 bis 12 WO), in denen die Kandidaten zur Personalratswahl von den Beschäftigten oder den in der Dienststelle vertretenen Gewerkschaften aufgeführt sind.

(4) Vorbereitung und Durchführung der Briefwahl (§§ 16f. WO).

(5) Durchführung der Wahlhandlung im Wahllokal (§ 15 WO).

(6) Auszählen der Stimmen, Feststellen des Wahlergebnisses und Durchführung der konstituierenden Sitzung des Personalrats (§ 19 WO, § 30 Abs. 1).

Bleibt der Wahlvorstand untätig oder ist er säumig, so können drei Wahlberechtigte oder eine in der Dienststelle vertretene Gewerkschaft die Durchführung einer Personalversammlung zur Wahl eines neuen Wahlvorstandes verlangen. Sie ist vom Dienststellenleiter unverzüglich einzuberufen.

3 **Abs. 2:** Die Sitzungen des Wahlvorstandes (§ 13 WO) sind den in der Dienststelle vertretenen Gewerkschaften bekanntzugeben. Sitzungen des Wahlvorstandes sind zur Beschlußfassung erforderlich. Der Wahlvorstand hat zum Beispiel über Einsprüche gegen das Wählerverzeichnis zu beschließen, das Wahlausschreiben zu »erlassen« (§§ 3, 6 WO), über die Gültigkeit und Ungültigkeit von Wahlvorschlägen zu befinden (§ 9 WO).

4 Den in der Dienststelle vertretenen Gewerkschaften steht das Recht zu, einen Beauftragten zu sämtlichen Sitzungen des Wahlvorstandes zu entsenden, der eine beratende Stimme hat. Die Gewerkschaftsbeauftragten dürfen auch bei der Beschlußfassung anwesend sein, damit sie von den sie betreffenden Beschlüssen sofort Kenntnis erlangen können, wie zum Beispiel über die Gültigkeit und Ungültigkeit der von ihnen eingereichten Wahlvorschläge, Rückgabe von Wahlvorschlägen unter Fristsetzung etc.

Über alle Sitzungen des Wahlvorstandes sind Niederschriften anzufertigen, die von sämtlichen teilnehmenden Mitgliedern zu unterzeichnen sind (§ 13 WO).

5 **Abs. 3:** Der Wahlvorstand ist verpflichtet, unverzüglich nach Abschluß der Wahl die Stimmen öffentlich auszuzählen. Im Wahlausschreiben ist Ort und Termin der Sitzung, in der das Wahlergebnis festgestellt wird, bereits bekanntzugeben (§ 6 Abs. 2 Ziffer 14). Die Stimmenauszählung muß dienststellenöffentlich stattfinden, damit interessierte Beschäftigte die Stimmenauszählung beobachten können.

Nach Feststellen des Wahlergebnisses fertigt der Wahlvorstand eine Wahlniederschrift an (§ 20 WO), in der alle wesentlichen Ergebnisse der Personalratswahl festzuhalten sind. Das Stimmenergebnis ist durch Aushang bekanntzugeben (§ 21 WO), der Dienststellenleiter und die Gewerkschaften sind durch Abschrift dieser Niederschrift zu informieren.

Die Frist zur Wahlanfechtung gemäß § 22 beginnt für alle Antragsberechtigten mit dem Tag, an dem der Wahlvorstand das Wahlergebnis durch Aushang bekannt gegeben hat, nicht erst mit Zugang der Niederschrift.

6 Die abschließenden Aufgaben des Wahlvorstandes sind sodann die Einberufung und Durchführung der konstituierenden Sitzung des Personalrats gemäß § 30 Abs. 1 und die Übergabe der Wahlunterlagen zur Aufbewahrung durch den Personalrat (§ 22 WO). Mit dem Ende der konstituierenden Sitzung des Personalrats erlischt das Amt des Wahlvorstandes.

§ 21

(1) Niemand darf die Wahl des Personalrats behindern oder in einer gegen die guten Sitten verstoßenden Weise beeinflussen. Insbesondere

darf kein Wahlberechtigter in der Ausübung des aktiven und passiven Wahlrechts beschränkt werden. § 43 gilt für Mitglieder des Wahlvorstands und für Wahlbewerber entsprechend.

(2) Die Kosten der Wahl trägt die Dienststelle. Notwendige Versäumnisse von Arbeitszeit infolge der Ausübung des Wahlrechts, der Teilnahme an den in § 17 Abs. 2 und in den §§ 18 und 20 Abs. 1 genannten Personalversammlungen oder der Betätigung im Wahlvorstand hat keine Minderung der Bezüge oder des Arbeitsentgelts zur Folge. Für die Mitglieder des Wahlvorstandes gelten § 40 Abs. 1 Satz 2 und 3 sowie § 42 Abs. 2 Satz 2 und Abs. 5 entsprechend.

Abs. 1: Das Behinderungsverbot besteht zur Gewähr eines reibungslosen **1** und ungestörten äußeren Ablaufs der Wahl. Das Verbot der Wahlbeeinflussung dient dem Schutz der inneren Willensbildung und Entscheidungsfreiheit der Wähler (BVerwG vom 29. 8. 2000 – 6 P 7.99, PersR 2000, 513). Eine Behinderung der Wahl ist nicht nur die vollständige Unterbindung, sondern bereits jede Beeinträchtigung des ordnungsgemäßen und ungestörten Ablaufs der Personalratswahl einschließlich ihrer Vorbereitungshandlungen. Die Behinderung kann durch aktives Tun, aber auch durch Unterlassen geschehen.

Wahlbehinderung liegt vor, wenn die Dienststelle dem Wahlvorstand die erforderlichen Auskünfte, Unterlagen und sächlichen Mittel verweigert oder nur mit Verzögerung gibt, die Arbeit des Wahlvorstandes kontrolliert und reglementiert – z.B. durch Verweigerung von Freistellung, Verbot von Wahlvorstandssitzungen etc. Eine Wahlbehinderung ist auch darin zu erblicken, daß der Dienststellenleiter den Wahlbewerbern jegliche Wahlwerbung innerhalb der Dienststelle verbietet bzw. Vorschriften dazu macht.

Eine Behinderung bei der Ausübung des Wahlrechtes liegt auch vor, wenn Beschäftigte oder Gewerkschaftsvertreter vor dem Wahllokal sogenannte »Wahlbeobachter« aufstellen. Eine Wahlbehinderung seitens des Wahlvorstands stellt es dar, wenn die Zulassung zur Stimmabgabe im Wahllokal davon abhängig gemacht wird, daß zunächst die Briefwahlunterlagen gesucht werden müßten (OVG Münster vom 6. 5. 1998 – 1A 4540/97.PVL, ZfPR 2000, 7).

Einflußnahmen auf die Wahlen sind natürlich nicht generell verboten. **2** Wahlwerbung ist zulässig und muß auch innerhalb der Dienststelle geduldet werden.

Eine Wahlbeeinflussung ist nur dann untersagt, wenn sie gegen die guten Sitten verstößt, das Wahlgeschehen oder das Verhalten des Wahlvorstandes, der Wähler oder der Kandidaten in einer Art und Weise beeinflußt, die das Anstands- und Rechtsgefühl der billig und gerecht Denkenden verletzt.

Eine derartige, sittenwidrige Wahlbeeinflussung liegt regelmäßig dann vor, wenn die Dienststelle und ihr Leitungspersonal (§ 8 Abs. 1 bis 3) auf die Wähler durch Hervorhebung einzelner oder Abwertung anderer Kandidaten und Listen Stellung nehmen (»mit dem bisherigen Personalrat ist eine Zusammenarbeit nicht möglich«) oder genehmen Kandidaten mehr Möglichkeiten zur Wahlwerbung einräumen als anderen.

Sittenwidrige Wahlbeeinflussung sind auch Handlungen, die als Wählernötigung, Wählertäuschung und Wahlbestechung anzusehen sind (§ 108 bis 108 b StGB). Insgesamt ist eine neutrale und unbeeinflußte Wahl nur dann gewährleistet, wenn die Dienststelle sich bei der Durchführung der Wahl generell zurückhält und sich auf ihre Unterstützungspflicht zur Sicherung einer reibungslosen und ordnungsgemäßen Wahl beschränkt.

Sittenwidrig kann die Wahl zum Beispiel durch Verwendung irreführender Kennwörter wie »freie« oder »nicht organisierte« Liste sein.

3 Erlaubt ist jedoch Wahlwerbung zum Zwecke der Beeinflussung der Wahlentscheidung. Dabei darf auch Kritik an den Konkurrenten und konkurrierenden Listen geübt werden.

Keine unzulässige Wahlbeeinflussung ist das Verlangen von Gewerkschaften, daß ihre Mitglieder nicht auf konkurrierenden Listen kandidieren. Es handelt sich dabei auch nicht um eine verbotene Beschränkung des Wahlrechtes im Sinne des Satzes 2. Jegliche Beschränkung des Wahlrechtes durch Androhen oder Zufügen von Nachteilen ist verboten. Dieses Verbot bezieht sich sowohl auf die Ausübung des aktiven wie auf die Ausübung des passiven Wahlrechtes. Es handelt sich um ein erweitertes Maßregelungsverbot in Ergänzung von dem ohnehin bestehenden besonderen Kündigungsschutz von Wahlbewerbern und Mitgliedern des Wahlvorstandes. Geschützt ist auch der einzelne Wähler.

Mitglieder des Wahlvorstandes und Wahlbewerber genießen gemäß Satz 3 den gleichen Versetzungs-, Abordnungs- und Umsetzungsschutz wie Personalräte und neuerdings auch Ersatzmitglieder (siehe Kommentierung zu § 43).

4 **Abs. 2:** Die Verpflichtung der Dienststelle, die gesamten Kosten der Wahl zu tragen, ist der Ausdruck der allgemeinen Unterstützungspflicht, die die Dienststelle bei Durchführung der Wahl hat (siehe § 1 Abs. 4 WO). Die Dienststelle ist zu einer umfassenden Kooperation mit dem Wahlvorstand und dem Personalrat zur Sicherung einer ungestörten und ungehinderten Durchführung der Personalratswahl verpflichtet. Dazu gehört auch die Kostentragungspflicht, die sich auf alle Aufwendungen bezieht, die Wahlvorstand, Personalrat und Wähler im Zusammenhang mit der Wahl haben.

Die sächlichen Kosten der Durchführung der Wahl entstehen durch das Zurverfügungstellen der erforderlichen Formulare, Stimmzettel und Unterlagen für die Durchführung der Wahl einschließlich der Briefwahl sowie durch die Verpflichtung, dem Wahlvorstand Bürokapazität zur Verfügung zu stellen. Darüber hinaus besteht Kostentragungspflicht für die Zeitversäumnis, die durch Ausübung des Amtes des Wahlvorstands entsteht. Der Wähler ist vor finanziellen Nachteilen dadurch geschützt, daß ihm durch die Arbeitszeitversäumnis im Zusammenhang mit der Teilnahme an Personalversammlungen zur Wahl eines Wahlvorstandes und der Teilnahme an der Wahlhandlung selbst keine Nachteile entstehen dürfen. Auch die außergerichtlichen Kosten eines Wahlanfechtungsverfahrens (Anwaltskosten) sind Kosten der Wahl (BVerwG vom 29. 8. 2000 – 6 P 7.99, PersR 2000, 513).

Der durch die Novelle 1994 eingefügte Satz 2 sieht nunmehr vor, daß der **5** Wahlvorstand und seine Mitglieder im gleichen Umfang Anspruch auf Vergütung ihrer notwendigen Reisen und Reisekosten haben wie Mitglieder des Personalrats.

Durch den Hinweis auf § 42 Abs. 2 Satz 2 und Abs. 5 ist nunmehr für die Wahlvorstandsmitglieder ein eigener Schulungsanspruch im gleichen Umfang geschaffen worden, wie ihn Personalratsmitglieder haben. Jedes Wahlvorstandsmitglied hat also Anspruch auf ein- oder mehrtägige Schulungen, um das erforderliche Wissen zur Durchführung der Wahl zu erwerben.

§ 22

(1) Mindestens drei wahlberechtigte Beschäftigte, jede in der Dienststelle vertretene Gewerkschaft oder der Leiter der Dienststelle können innerhalb von zwei Wochen nach dem Tage der Bekanntgabe des Wahlergebnisses die Wahl beim Verwaltungsgericht anfechten, wenn gegen wesentliche Vorschriften über das Wahlrecht, die Wählbarkeit oder das Wahlverfahren verstoßen worden und eine Berichtigung nicht erfolgt ist, es sei denn, daß durch den Verstoß das Wahlergebnis nicht geändert oder beeinflußt werden konnte.

(2) Wird die Wahl des Personalrats oder einer Gruppe mit Erfolg angefochten, so setzt der Vorsitzende der Fachkammer des Verwaltungsgerichts einen Wahlvorstand ein. Wird die Wahl einer Gruppe mit Erfolg angefochten, so ist der Wahlvorstand aus Angehörigen dieser Gruppe zu bilden. Der Wahlvorstand hat unverzüglich eine neue Wahl einzuleiten. Bis zur Neuwahl nimmt er die dem Personalrat oder einer Gruppe nach diesem Gesetz zustehenden Befugnisse und Pflichten wahr.

(3) Im Falle des Absatzes 2 Satz 1 bleiben die vom Personalrat oder von der Gruppe bis zum Eintritt der Rechtskraft des die Ungültigkeit oder Nichtigkeit feststellenden Urteils gefaßten Beschlüsse rechtswirksam.

Die Verwaltungsgerichte sind zur Überprüfung der Ordnungsgemäßheit **1** der Wahl aufgerufen, wenn die Antragsbefugten eine Wahlanfechtung einleiten. Hat sie Erfolg, bestellt das Gericht einen Wahlvorstand, der die Wahl durchführt und bis zu ihrem Abschluß die Aufgaben und Befugnisse des Personalrats wahrnimmt.

2 **Abs. 1:** Die Wahl kann innerhalb von zwei Wochen ab Bekanntgabe des Wahlergebnisses angefochten werden. Die Frist beginnt mit dem Aushang gemäß § 20 Abs. 3 Satz 1 und nicht erst mit Zugang der Niederschrift gemäß § 20 Abs. 3 Satz 2. Antragsberechtigt sind entweder drei am Wahltag wahlberechtigte Beschäftigte, eine in der Dienststelle vertretene Gewerkschaft oder der Leiter der Dienststelle (§ 8 Abs. 1).

Die Wahlanfechtung kann auch auf die Wahl innerhalb einer Gruppe beschränkt werden, das kann auch durch wahlberechtigte Beschäftigte anderer Gruppen geschehen (OVG Münster vom 6. 9. 1989 – CL 55/88, PersR 1990, 343).

Erfolgt die Wahlanfechtung durch drei Wahlberechtigte, so muß diese Mindestzahl während der gesamten Dauer des Wahlanfechtungsverfahrens erhalten bleiben. Verliert einer der Antragsteller das Wahlrecht oder scheidet durch Antragsrücknahme aus dem Verfahren aus, wird der Antrag unzulässig.

3 Die Wahl ist ungültig, wenn gegen wesentliche Vorschriften über Wahlrecht, Wählbarkeit und das Wahlverfahren verstoßen worden ist, der Wahlvorstand eine Berichtigung des Verstoßes abgelehnt hat oder dazu keine Möglichkeit bestand. Derartige Fehler berühren die Gültigkeit der Wahl jedoch dann nicht, wenn sie – auch theoretisch – keinen Einfluß auf das Wahlergebnis haben konnten. Innerhalb der zweiwöchigen Antragsfrist ist darzulegen. aus welchen Gründen und in welchem Umfang die Wahl angefochten wird. Ein Nachreichen der Gründe nach Ablaufen der Frist genügt nicht (OVG Münster vom 26. 6. 1998 – 1 A 315/98. PVL). Nach Ablauf der Anfechtungsfrist kann ein – z. B. auf die Wahl einer Gruppe – eingeschränkter Antrag nicht mehr erweitert werden. Es können jedoch (so das BVerwG vom 13. 5. 1998 – 6 P 9.97, PersR 1998, 516) auch nachträglich vorgetragene bzw. festgestellte Anfechtungsgründe berücksichtigt werden. Nicht zulässig ist es jedoch, daß die Gerichte ohne Anlaß die Wahlunterlagen beiziehen, um nach Wahlrechtsverstößen zu forschen (BVerwG vom 13. 5. 1998, a.a.O.).

Wesentlich sind solche Wahlvorschriften, wenn sie zwingend sind und nicht lediglich Ordnungsvorschriften darstellen. Unter Wahlrecht ist das aktive Wahlrecht zu verstehen. Zur Wahlanfechtung kann z. B. die Zulassung Nichtwahlberechtigter oder die Nichtzulassung Wahlberechtigter führen.

Gegen Vorschriften über die Wählbarkeit wird dann verstoßen, wenn wählbare Kandidaten als nicht wählbar zurückgewiesen werden, Wahlvorschläge zu Unrecht für ungültig erklärt oder ungültige Wahlvorschläge zugelassen werden.

Die Vorschriften über das Wahlverfahren betreffen den äußeren Ablauf der Wahl wie z. B. die Vorschrift über das Verschließen und sichere Aufbewahren der Wahlurne bei Unterbrechung der Wahlhandlung (OVG Münster vom 27. 11. 1997 – 1A 878/97.PVB, PersV 1999, 226).

Sie beziehen sich zum Beispiel aber auch auf die richtige Berechnung der Personalratsgröße (OVG Münster vom 20. 1. 1994 – 1 A 3122/93, ZBR 94, 190), die fehlerhafte Berechnung von Fristen, falsche Behandlung der Briefwahlunterlagen und Fehler bei der Durchführung der Wahlhandlung, die den Grundsatz der freien und geheimen Wahl verletzen.

Eine Berichtigung durch den Wahlvorstand wird in aller Regel nicht möglich sein (OVG Münster 20. 1. 1994 – 1 A 3698/93 – PersR 1994, 232).

Verstöße gegen wesentliche Vorschriften über das Wahlrecht, die Wähl- **4** barkeit und das Wahlverfahren führen jedoch nur dann zur Ungültigkeit der Wahl und damit zu einer erfolgreichen Wahlanfechtung, wenn sie überhaupt einen denkbaren Einfluß auf das Wahlergebnis haben konnten. Das ist nur dann der Fall, wenn wenigstens eine theoretische Möglichkeit besteht, daß der Fehler das Wahlergebnis im konkreten Fall beeinflussen konnte.

Nichtig ist eine Wahl, wenn gegen die allgemeinen Grundsätze einer ordnungsgemäßen Wahl in einem so hohen Maße verstoßen wird, daß auch der Anschein einer gesetzmäßigen Wahl nicht mehr vorliegt. Dabei ist jedoch im Interesse der Rechtssicherheit ein strenger Maßstab anzu-legen. Auch zahlreiche und schwerwiegende Wahlrechtsverstöße reichen dazu noch nicht aus (OVG Münster vom 10. 2. 1999 – 1A 3656/97.PVL, PersR 1999, 313). Die Nichtigkeit einer Wahl kann außerhalb der 2-Wochen-Frist und von jedermann geltend gemacht werden. Die Wahl gilt als nicht erfolgt, ein so gewählter Personalrat als nicht »existent«. Das muß jedoch von einem Gericht rechtskräftig festgestellt werden.

Abs. 2: Wird die Wahl eines Personalrats oder einer Gruppe mit Erfolg **5** angefochten und wird die gerichtliche Entscheidung unanfechtbar, so bestellt das Verwaltungsgericht den Wahlvorstand. Dieser hat die Wahl unverzüglich einzuleiten und nimmt bis zur konstituierenden Sitzung des neu zu wählenden Personalrats die Rechte und Pflichten des durch die Wahlanfechtung abgelösten Personalrats wahr.

Ist nur in einer Gruppe aufgrund Wahlanfechtung neu zu wählen, so nimmt der Wahlvorstand innerhalb des Personalrats bis zur Gruppen-Neuwahl die Rechte des Personalrats und die Befugnisse dieser Gruppe wahr.

Im Interesse einer kontinuierlichen Personalratsarbeit empfiehlt es sich daher regelmäßig, vor Rechtskraft von Beschlüssen der Verwaltungsge-richte über eine Wahlanfechtung gemäß § 24 Abs. 1 c) mit Mehrheit zurückzutreten. Das hat zum einen den Vorteil, daß der Personalrat den Wahlvorstand bestellen kann und dies nicht dem Verwaltungsgericht überlassen bleibt. Zum anderen kann der Personalrat unverändert bis zur Neuwahl des Personalrats im Amt bleiben (§ 24 Abs. 2). Beschließt der Personalrat während eines Wahlanfechtungsverfahrens seinen Rücktritt, so ist dem Wahlanfechtungsverfahren der Boden entzogen, es ist wegen Wegfalls des Rechtsschutzinteresses zu beenden.

6 **Abs. 3:** Die Beschlüsse des Personalrats, die dieser von Beginn seiner Tätigkeit bis zum Eintritt der Rechtskraft des verwaltungsgerichtlichen Beschlusses über die Wahlanfechtung gefaßt hat, bleiben wirksam. Das bedeutet zugleich, daß der Personalrat während der Dauer des Wahlanfechtungsverfahrens uneingeschränkt im Amt ist und ihm seine Rechte nicht etwa im Hinblick auf die demnächst eintretende Ungültigkeit der Wahl eingeschränkt werden dürfen.

In seltenen Fällen kann die Wahl nichtig sein. Das ist dann der Fall, wenn sie mit solch groben Mängeln in solch großer Zahl behaftet ist, daß auch nicht der Anschein einer ordnungsgemäßen Wahl besteht, wie z.B. bei Wahl des Personalrats auf der Personalversammlung durch Zuruf, Wahl ohne Wahlvorstand, Wahl eines Personalrats für mehrere Dienststellen.

Die Nichtigkeit einer solchen Wahl kann ohne die Voraussetzungen des Absatzes 1 jederzeit und von jedermann und in jeder Form – also gerichtlich wie außergerichtlich – geltend gemacht werden.

Zweiter Abschnitt
Amtszeit

§ 23

(1) Die regelmäßige Amtszeit des Personalrats beginnt und endet mit der jeweiligen Wahlperiode. Sie beträgt vier Jahre.

(2) Wird ein Personalrat während seiner Wahlperiode gewählt, so beginnt seine Amtszeit mit dem Tage der Wahl. Sie endet mit Ablauf der laufenden Wahlperiode, wenn bis dahin mehr als ein Jahr verstrichen ist, sonst mit Ablauf der folgenden Wahlperiode. Entsprechendes gilt für die Gruppe, wenn die Vertreter einer Gruppe während einer Wahlperiode neu gewählt werden.

(3) Nach Ablauf der Amtszeit des bisherigen Personalrats führt dieser die Geschäfte weiter, bis der Personalrat zu seiner ersten Sitzung zusammengetreten ist.

1 **Abs. 1:** Die Verlängerung der Amtszeit von drei auf vier Jahre ist durch die Novelle 1994 in Anpassung an die bereits bestehenden Regelungen im Betriebsverfassungsgesetz und Bundespersonalvertretungsgesetz vorgenommen worden. Für die laufende Amtszeit hat das keine Auswirkungen, da die Verlängerung der Amtszeit nur für solche Personalräte gilt, die nach dem Tage der Verkündung des Gesetzes am 27. 9. 1994 gewählt werden.

Die Wahlperiode ist der gemäß § 123 Satz 2 jeweils ab 1. Juli beginnende Zeitraum der regelmäßigen Amtszeit. Die mit Wirkung ab 1. 7. 2000 gewählten Personalräte sind daher bis zum 30. 6. 2004 im Amt.

Abs. 2: Wird der Personalrat während der Wahlperiode gewählt, so beginnt seine Amtszeit mit dem Tag der konstituierenden Sitzung und endet am Ende der jeweiligen Wahlperiode (30. 6. 2000, 30. 6. 2004, 30. 6. 2008 usw.). Liegt zwischen der Wahl eines solchen Personalrats und Ende der Wahlperiode mehr als ein Jahr, so hat eine Neuwahl stattzufinden. Beträgt sie weniger als ein Jahr, bleibt dieser erst kürzlich gewählte Personalrat im Amt. **2**

Entsprechendes gilt für die Gruppenvertreter, wenn diese in einer besonderen Wahl während der Wahlperiode gewählt worden sind.

Abs. 3: Nach Ablauf der Amtszeit des Personalrats – regelmäßig also am Ende der jeweiligen Wahlperiode – hat der Personalrat die Geschäfte weiterzuführen, wenn noch kein neuer Personalrat besteht. Das kommt bei verspäteter Neuwahl und in den Fällen des § 24 Abs. 1 a) bis c) in Betracht. **3**

Im Falle der Wahlanfechtung oder der Auflösung des Personalrats durch gerichtliche Entscheidung (§§ 22, 25) besteht keine Befugnis zur Weiterführung der Geschäfte.

Die Weiterführung der Geschäfte bedeutet, daß der Personalrat einerseits uneingeschränkt tätig sein kann, andererseits aber alles zu tun hat, um den vorübergehenden Zustand zu beenden, z. B. durch Einwirken auf den Wahlvorstand.

§ 24

(1) Der Personalrat ist neu zu wählen, wenn

a) mit Ablauf von vierundzwanzig Monaten nach dem Tage der Wahl die Zahl der regelmäßig Beschäftigten um die Hälfte, mindestens aber um 50 gestiegen oder gesunken ist oder

b) die Gesamtzahl der Mitglieder des Personalrats auch nach Eintreten sämtlicher Ersatzmitglieder um mehr als ein Viertel der vorgeschriebenen Zahl gesunken ist oder

c) der Personalrat mit der Mehrheit seiner Mitglieder seinen Rücktritt beschlossen hat oder

d) die Wahl des Personalrats mit Erfolg angefochten worden ist oder

e) der Personalrat durch gerichtliche Entscheidung aufgelöst worden ist.

Satz 1 Buchstabe b gilt nicht, wenn es sich bei den dort bezeichneten Mitgliedern des Personalrats ausschließlich um Vertreter einer Gruppe handelt.

(2) In den Fällen des Absatzes 1 Buchstabe a bis c führt der Personalrat die Geschäfte weiter, bis der neue Personalrat zu seiner ersten Sitzung zusammengetreten ist.

(3) Die Vertreter einer Gruppe sind neu zu wählen, wenn die Gesamtzahl der Vertreter dieser Gruppe auch nach Eintreten sämtlicher Ersatzmitglieder um mehr als ein Viertel der vorgeschriebenen Zahl gesunken ist. Absatz 2 gilt entsprechend.

1 Außerhalb des vierjährigen Wahlrhythmus ist der Personalrat bei Veränderung der Beschäftigtenzahl, Absinken der Zahl der Personalratsmitglieder, Rücktritt, Wahlanfechtung und Auflösung des Personalrats vorzeitig neu zu wählen.

2 **Abs. 1:** Eine vorzeitige Personalratsneuwahl hat stattzufinden, wenn am Stichtag – nämlich exakt am Tage des Ablaufs von 24 Monaten nach dem (letzten) Tag der Wahl – die Zahl der »in der Regel« Beschäftigten um die Hälfte gestiegen oder gesunken ist – mindestens aber um 50. Veränderungen der Beschäftigtenzahl vor und nach diesem Zeitpunkt führen nicht zur Neuwahl. Das Absinken oder Steigen der Regelbeschäftigten um die Hälfte muß genau am Stichtag vorliegen.

3 Eine Neuwahl findet auch dann statt, wenn die Gesamtzahl der Personalratsmitglieder um mehr als ein Viertel der vorgeschriebenen Zahl gesunken ist und alle Ersatzmitglieder bereits gemäß § 28 eingetreten sind. Das gilt jedoch dann nicht, wenn das Absinken der Zahl der Personalratsmitglieder nur innerhalb einer Gruppe stattfindet (Satz 2). Beschließt der Personalrat mit der Mehrheit seiner Mitglieder den Rücktritt, so ist ebenfalls eine vorzeitige Neuwahl durchzuführen. Darunter ist ein Beschluß des Personalrats und nicht die persönliche Entscheidung eines Personalratsmitglieds zum »Rücktritt« – also der Niederlegung des Amtes gemäß § 26 Abs. 1 c) – zu verstehen.

Vorzeitige Neuwahlen finden auch bei erfolgreicher Wahlanfechtung und bei gerichtlicher Auflösung des Personalrats gemäß § 22 und 25 statt.

4 **Abs. 2:** Bei Absinken der Beschäftigtenzahl, der Zahl der Personalratsmitglieder oder im Falle des Rücktritts des Personalrats ist der betroffene Personalrat bis zur Neuwahl berechtigt und verpflichtet, die Geschäfte weiterzuführen. Er ist verpflichtet, einen Wahlvorstand zu bestellen, damit die vom Gesetz vorgesehene Neuwahl auch stattfinden kann.

Im Falle der Wahlanfechtung und der gerichtlichen Auflösung des Personalrats erlischt das Amt mit Rechtskraft der jeweiligen Gerichtsentscheidung. Eine Befugnis zur Fortführung der Geschäfte besteht nicht, das ist Aufgabe des vom Gericht eingesetzten Wahlvorstandes (§§ 22 Abs. 2, 25 Abs. 2).

5 **Abs. 3:** Innerhalb einer Gruppe hat eine gesonderte Neuwahl stattzufinden, wenn die Gesamtzahl der Vertreter dieser Gruppe um mehr als ein Viertel gesunken ist, nachdem alle Ersatzmitglieder eingetreten sind. Der

Personalrat hat in diesem Falle einen Wahlvorstand zur Neuwahl in dieser Gruppe zu bestellen, die betroffene Gruppe bleibt bis zu dieser Neuwahl im Amt.

§ 25

(1) Auf Antrag eines Viertels der wahlberechtigten Beschäftigten oder einer in der Dienststelle vertretenen Gewerkschaft kann das Verwaltungsgericht den Ausschluß eines Mitglieds aus dem Personalrat oder die Auflösung des Personalrats wegen grober Vernachlässigung seiner gesetzlichen Befugnisse oder wegen grober Verletzung seiner Pflichten nach diesem Gesetz beschließen. Der Personalrat kann aus den gleichen Gründen den Ausschluß eines Mitglieds beantragen.

(2) Ist der Personalrat aufgelöst, so gilt § 22 Abs. 2 entsprechend.

Zur Sicherung der unabhängigen Amtsführung des Personalrats und seiner Mitglieder ordnet das Gesetz an, daß ein Ausschluß eines einzelnen Mitglieds aus dem Personalrat oder die Auflösung des gesamten Personalrats nur durch gerichtliche Entscheidung möglich ist. **1**

Abs. 1: Seit der Novelle 1984 sind zum Antrag auf Ausschluß von Personalratsmitgliedern aus dem Personalrat sowie für die Auflösung des Personalrats ein Viertel der wahlberechtigten Beschäftigten oder eine in der Dienststelle vertretene Gewerkschaft befugt. Die Abschaffung des entsprechenden Antragsrechts für den Dienststellenleiter hat die gleichberechtigte Stellung des Personalrats gestärkt und klargestellt, daß der Dienststellenleiter in Personalratsangelegenheiten keine disziplinarischen Befugnisse gegenüber dem Personalrat und seinen Mitgliedern hat. **2**

Der Antrag kann sich auf Ausschluß eines Personalratsmitglieds oder auf die Auflösung des gesamten Personalrats beziehen.

Besonders ärgerlich für Beschäftigte sowie Gewerkschaften ist die Vernachlässigung der gesetzlichen Befugnisse eines Personalratsmitglieds oder gar des gesamten Personalrats. Darunter ist die Nichtausübung der im Gesetz zugunsten der Beschäftigten vorgesehenen Rechte zu verstehen, wie z. B. die anhaltende Nichtteilnahme an Personalratssitzungen, die Nichtausübung von Mitbestimmungsrechten (zum Beispiel durch Verstreichenlassen der Äußerungsfristen), die Nichtdurchführung gesetzlich vorgesehener Veranstaltungen (Personalversammlung, Vierteljahresgespräch, Erörterungen). Ein Ausschluß aus dem Personalrat und eine Auflösung des Personalrats ist dann begründet, wenn eine solche Vernachlässigung »grob« ist, also anhaltend und wiederholt vorkommt. **3**

Pflichtverletzungen werden von der Rechtsprechung zumeist unter dem Gesichtspunkt des Nichtbeachtens von Rahmenpflichten behandelt (z. B. Verstöße gegen die Schweigepflicht, Friedenspflicht, Neutralitätspflicht). Derartige Pflichtverletzungen sind nur dann »grob«, wenn die fragliche **4**

Verfehlung die Tätigkeit des Personalrats nachhaltig stört oder behindert oder die Rechte und Ansprüche der Beschäftigten beeinträchtigt oder schädigt. So ist z. B. ein Streikaufruf eines Beamten unter ausdrücklichem Hinweis auf seine Gewerkschaftsmitgliedschaft (BVerwG vom 23. 2. 1994 – 1 D 65.91, PersR 1994, 515) keine grobe Pflichtverletzung, weil dieses Verhalten weder die Personalratsarbeit noch die Rechte der Beschäftigten beeinträchtigt.

5   Zu unterscheiden von der Vernachlässigung gesetzlicher Befugnisse oder Verletzung gesetzlicher Pflichten sind Verstöße gegen dienst- oder arbeitsvertragliche Pflichten. Diese können nur dann Gegenstand eines solchen Verfahrens sein, wenn sie zugleich Pflichtwidrigkeiten gegen Aufgaben und Befugnisse nach dem Landespersonalvertretungsgesetz beinhalten.

Auf Verstöße aus der vorherigen Amtszeit kann ein Verfahren regelmäßig nicht gestützt werden, ein Ausschluß- und Auflösungsverfahren kann nach Ende der Amtszeit bzw. der Wahlperiode nicht mit Wirkung für die kommende Amtszeit weitergeführt werden (BVerwG vom 23. 8. 1988 – 6 O 5.87 PersR 1988, 268). Ein Ausschluß aus dem Personalrat wirkt nur für die jeweilige Amtszeit, eine erneute Kandidatur bei der nächsten Personalratswahl ist zulässig.

6   **Abs. 2:** Im Falle der Auflösung des Personalrats durch einen rechtskräftigen Beschluß des Verwaltungsgerichtes hat eine Neuwahl durch einen vom Verwaltungsgericht zu bestellenden Wahlvorstand stattzufinden. Der aufgelöste Personalrat hat keine Befugnis zur Fortführung der Amtsgeschäfte. Das ist Aufgabe des eingesetzten Wahlvorstandes.

§ 26

(1) Die Mitgliedschaft im Personalrat erlischt durch

a) Ablauf der Amtszeit,

b) erfolgreiche Anfechtung der Wahl,

c) Niederlegung des Amtes,

d) Beendigung des Dienstverhältnisses,

e) Ausscheiden aus der Dienststelle,

f) Verlust der Wählbarkeit,

g) gerichtliche Entscheidung nach § 25 Abs. 1,

h) Feststellung nach Ablauf der in § 22 Abs. 1 bezeichneten Frist, daß der Gewählte nicht wählbar war.

(2) Die Mitgliedschaft im Personalrat erlischt ferner, wenn eine Abordnung oder eine Beurlaubung ohne Besoldung oder Arbeitsentgelt während der Amtszeit des Personalrats länger als sechs Monate andauert.

(3) Die Mitgliedschaft im Personalrat wird durch einen Wechsel der Gruppenzugehörigkeit eines Mitglieds nicht berührt; dieses bleibt Vertreter der Gruppe, für die es gewählt wurde.

Während § 25 die Tatbestände regelt, die zu einer Neuwahl des gesamten Personalrats führen, werden in dieser Vorschrift die Tatbestände aufgeführt, die zu einem Erlöschen des persönlichen Amtes – also der Mitgliedschaft im Personalrat – führen. **1**

Abs. 1: Das einzelne Personalratsmitglied verliert sein Amt zunächst durch Ablauf der Amtszeit. Das ist entweder das Erreichen der vierjährigen Wahlperiode regelmäßig am 30. Juni (2004, 2008 usw.) oder das vorzeitige Ende der Amtszeit in den Fällen des § 24 Abs. 1 a) bis c). In diesen Fällen hat eine vorzeitige Neuwahl des Personalrats stattzufinden, mit deren erfolgreichem Abschluß – Tag der konstituierenden Sitzung des neugewählten Personalrats – die Amtszeit des bisherigen Personalrats und damit die Mitgliedschaft jedes einzelnen Personalratsangehörigen erlischt. **2**

Das persönliche Amt endet gemäß Buchstaben b) und g) auch durch gerichtliche Entscheidung, also mit Eintritt der Rechtskraft einer Anfechtung der Wahl des gesamten Personalrats oder der Gruppe oder bei Ausschluß des betroffenen Mitglieds aus dem Personalrat oder Auflösung des gesamten Personalrats gemäß § 25 Abs. 1.

Die Mitgliedschaft im Personalrat endet auch durch persönlichen Rücktritt, also die Niederlegung des Amtes gemäß Buchstabe c), die jederzeit und ohne Begründung möglich ist, jedoch auch nicht widerrufen werden kann. Bei einer solchen Amtsniederlegung endet das Amt in dem Augenblick, in dem dem Personalratsvorsitzenden die Erklärung des einzelnen Personalratsmitglieds über seinen »Rücktritt« zugeht. **3**

Endet das Dienstverhältnis des Personalratsmitglieds, so wird dadurch auch die Personalratsmitgliedschaft beendet. Bei Beamten geschieht das mit Wirksamwerden einer Entlassung oder einer Verfügung auf Entfernung aus dem Dienst, altershalbem Ausscheiden oder Tod. Bei Arbeitern und Angestellten endet das Dienstverhältnis durch Kündigung, Erreichen einer Befristung, Aufhebungsvereinbarung oder altershalbem Ausscheiden. Ruht das Arbeitsverhältnis, so erlischt das Personalratsamt erst mit dem Verlust der Wählbarkeit. **4**

Die Wählbarkeit eines Personalratsmitglieds kann während der Dauer der Amtszeit dadurch verlorengehen, daß es eines der Merkmale des § 11 verliert, z. B. durch Aberkennung des Wahlrechtes, Herabsetzung seiner regelmäßigen Arbeitszeit auf unter $^2/_5$, Erlangung der Eigenschaft der §§ 8 Abs. 1 bis 3, 11 Abs. 2 c) oder durch Wahl eines Arbeiters in den Rat. Die Amtszeit erlischt schließlich, wenn durch gerichtliche Entscheidung außerhalb eines Wahlanfechtungsverfahrens festgestellt wird, daß der Gewählte nicht wählbar war.

5   **Abs.** 2: Personalratsmitglieder, deren Abordnung oder Beurlaubung ohne Bezüge innerhalb der Amtszeit des Personalrats länger als sechs Monate andauert, verlieren ihre Mitgliedschaft ebenfalls.

6   **Abs.** 3: Ein Wechsel der Gruppenzugehörigkeit während der Amtszeit berührt das Personalratsamt nicht. Jedoch bleibt das gewählte Personalratsmitglied stets Vertreter derjenigen Gruppe, für die es gewählt wurde. Bei der Wahl wird die Gruppenzugehörigkeit jedenfalls hinsichtlich des Personalratsamtes endgültig festgelegt.

§ 27

(1) Die Mitgliedschaft eines Beamten im Personalrat ruht, solange ihm die Führung der Dienstgeschäfte verboten oder er wegen eines gegen ihn schwebenden Disziplinarverfahrens vorläufig des Dienstes enthoben ist.

(2) In den Fällen des § 26 Abs. 1 Buchstaben d und e ruht die Mitgliedschaft im Personalrat bis zur Rechtskraft der Entscheidung.

1   **Abs. 1:** Wird einem beamteten Personalratsmitglied die Führung der Dienstgeschäfte gemäß § 63 LBG verboten, so ruht sein Personalratsamt. Die gleiche Rechtsfolge tritt ein, wenn ein beamtetes Personalratsmitglied im Zusammenhang mit einem Disziplinarverfahren vorläufig des Dienstes enthoben wird (§§ 91, 125 Abs. 1 DO NW).

Ruht das Personalratsamt nach dieser Vorschrift, so kann der Beamte so lange sein Personalratsamt nicht ausüben, wie das Verbot der Führung der Dienstgeschäfte bzw. die vorläufige Dienstenthebung andauern. Enden diese Maßnahmen und besteht das Dienstverhältnis danach fort, so lebt das Personalratsamt wieder auf. Während der Zeit ist ein Ersatzmitglied zu bestellen.

2   **Abs. 2:** Der durch die Novelle 1994 neu geschaffene Absatz 2 ordnet an, daß die Mitgliedschaft im Personalrat bis zur Rechtskraft gerichtlicher Entscheidungen, die über den Bestand des Arbeitsverhältnisses (z.B. über Kündigung, Befristung, Anfechtung) geführt werden, ruht. Eine Kündigung, Anfechtung und Befristung führt daher zunächst ab dem Zeitpunkt ihrer Wirksamkeit (Kündigungszeitpunkt, Zugang der Anfechtungserklärung, vereinbartes Ende der Befristung) dazu, daß das Personalratsamt nicht ausgeübt werden kann. Obsiegt das Personalratsmitglied in dem Rechtsstreit, so kann es sein Amt wieder aufnehmen.

§ 28

(1) Scheidet ein Mitglied aus dem Personalrat aus, so tritt ein Ersatzmitglied ein. Ist ein Mitglied zeitweilig verhindert oder ruht seine Mitgliedschaft, so tritt ein Ersatzmitglied für die Zeit der Verhinderung oder des Ruhens ein.

(2) Die Ersatzmitglieder werden der Reihe nach aus den nicht gewählten Beschäftigten derjenigen Vorschlagslisten entnommen, denen die zu ersetzenden Mitglieder angehören. Ist das zu ersetzende
Mitglied mit einfacher Stimmenmehrheit gewählt, so tritt der nicht
gewählte Beschäftigte mit der nächsthöheren Stimmenzahl als Ersatzmitglied ein.

(3) § 26 Abs. 3 gilt entsprechend mit einem Wechsel der Gruppenzugehörigkeit vor dem Eintritt des Ersatzmitglieds in den Personalrat.

(4) Im Falle des § 24 Abs. 1 Satz 1 Buchstaben d und e treten Ersatzmitglieder nicht ein.

Zur Erhaltung der Beschlußfähigkeit und Vollständigkeit des Personalrats **1**
werden auf den Wahlvorschlägen regelmäßig mehr Kandidaten aufgeführt als Personalratsmitglieder zu wählen sind. Die nichtgewählten Bewerber sind Ersatzmitglieder. Es handelt sich dabei um kein eigentliches
Amt, obgleich das Gesetz den Ersatzmitgliedern bestimmte Rechte zu-
weist (§§ 42 Abs. 5, 43 Satz 2).

Für die Dauer der vorübergehenden Tätigkeit des Ersatzmitgliedes im
Personalrat erwirbt es alle Rechte und Pflichten eines ordentlichen Personalratsmitgliedes. Diese Rechtsstellung erstreckt sich jedoch nicht auf
die persönlichen Ämter des Vertretenen, wie zum Beispiel den Vorsitz
oder die Stellvertretung oder eine Freistellung. Das Ersatzmitglied tritt
bereits ab Beginn der Verhinderung und nicht erst mit Benachrichtigung
in den Personalrat ein und ist dementsprechend von diesem Zeitpunkt an
für die gesamte Dauer der Verhinderung von den besonderen Schutzvorschriften zugunsten von Personalratsmitgliedern (§ 15 KSchG, § 43) geschützt.

Abs. 1: Ein Ersatzmitglied kann zeitweilig oder endgültig in den Perso- **2**
nalrat eintreten. Es ersetzt ein zeitweilig verhindertes Personalratsmit-
glied für die Dauer seiner Verhinderung. Verhinderung liegt bei Krank-
heit, Urlaub, vorübergehender Abwesenheit von der Dienststelle (z. B.
Abordnung), Zeiten gemäß §§ 3, 6 MuSchG und im Falle des Ruhens der
Mitgliedschaft nach § 27 vor. Das Ersatzmitglied tritt endgültig in den
Personalrat ein, wenn das bisherige Personalratsmitglied gemäß § 26
Abs. 1 und 2 ausgeschieden ist.

Abs. 2: Ist ein Personalratsmitglied verhindert oder scheidet es aus dem **3**
Personalrat endgültig aus, so wird der erste nichtgewählte Bewerber aus
der Liste entnommen, der das verhinderte oder ausscheidende Personalratsmitglied angehörte.

Hat Personenwahl stattgefunden, so richtet sich die Reihenfolge des
Nachrückens der Ersatzmitglieder nach der Höhe der bei der Personalratswahl erreichten Stimmenzahl.

4 **Abs. 3:** Wechselt ein Ersatzmitglied während der Amtszeit und vor Eintritt in den Personalrat seine Gruppenzugehörigkeit, bleibt er Vertreter der Gruppe, für die er gewählt worden ist.

5 **Abs. 4:** Ist die Personalratswahl durch rechtskräftige Entscheidung des Gerichtes angefochten oder der Personalrat aufgelöst worden, treten die Ersatzmitglieder nicht ein. In diesem Fall findet Neuwahl durch einen gerichtlich bestellten Wahlvorstand statt.

Dritter Abschnitt
Geschäftsführung

§ 29

(1) Der Personalrat wählt aus seiner Mitte den Vorsitzenden und zwei Stellvertreter. Die Reihenfolge der Stellvertretung bestimmt der Personalrat. Sofern im Personalrat Beamte, Angestellte und Arbeiter vertreten sind, dürfen die beiden Stellvertreter nicht der Gruppe des Vorsitzenden angehören und müssen selbst unterschiedlichen Gruppen angehören. Sind zwei Gruppen vertreten, darf der erste Stellvertreter nicht derselben Gruppe angehören wie der Vorsitzende.

(2) Der Vorsitzende führt die laufenden Geschäfte und vertritt den Personalrat im Rahmen der von diesem gefaßten Beschlüsse.

1 Die Neufassung der Vorschriften über die Wahl des Vorsitzenden und seiner Stellvertreter durch die Novelle 1984 sind äußerst umstritten gewesen. Durch die Entscheidung des Bundesverfassungsgerichtes vom 19. 12. 1994 über einen Vorlagebeschluß des OVG Münster (siehe PersR 1995, 165 und dazu Welkoborsky, PersR 1995, 286; OVG Münster vom 21. 6. 1988 - CL 2/86, ZBR 1988, 357) ist klargestellt, daß die Vorschrift verfassungsgemäß ist.

2 **Abs. 1:** Der Vorsitzende des Personalrats wird aus der Mitte des Gremiums gewählt, eine Bindung an Vorschläge der Gruppen besteht nicht mehr. Nach der Wahl des Vorsitzenden – sie findet auf der vom Wahlvorstand einberufenen konstituierenden Sitzung gemäß § 30 Abs. 1 statt – sind zwei Stellvertreter zu wählen. Sind im Personalrat alle drei Gruppen der Arbeiter, Angestellten und Beamten vertreten, so dürfen die beiden Stellvertreter nicht der Gruppe des Vorsitzenden angehören und müssen beide wiederum verschiedenen Gruppen angehören, damit alle drei Gruppen vertreten sind.

Die Reihenfolge der Stellvertretung – wer also 1. und 2. Stellvertreter ist – bestimmt der Personalrat.

Die Stellvertreter haben Aufgaben und Funktionen nur dann wahrzunehmen, wenn der Vorsitzende verhindert ist.

Der Vorsitzende und die Stellvertreter können während der Amtszeit vom Personalrat mit Mehrheitsbeschluß jederzeit abberufen werden.

Abs. 2: Die Führung der laufenden Geschäfte und die Vertretung des **3** Personalrats nach außen obliegt dem Vorsitzenden. Zu den laufenden Geschäften gehören Verhandlungen mit dem Dienststellenleiter (nicht das Vierteljahresgespräch gemäß § 63), das Einholen von Informationen und das Anfordern von Unterlagen, die Entgegennahme von Anfragen und Beschwerden, Beschaffung des laufenden Geschäftsbedarfs, Erledigung der laufenden Korrespondenz und des Schriftverkehrs, Einladung zur Personalratssitzung und zur Personalversammlung.

Die laufenden Geschäfte sind also im wesentlichen technische, organisa- **4** torische und büromäßige Arbeiten, die der Vorbereitung von Personalratsentscheidungen dienen. Ist ein förmlicher oder offizieller Schritt des Personalrats oder gar ein Beschluß erforderlich, gehört das nicht mehr zu den laufenden Geschäften. Die Vertretung des Personalrats nach außen kann nur im Rahmen der vom Personalrat zuvor gefaßten Beschlüsse erfolgen. Der Vorsitzende ist also Sprachrohr und Vollzugsorgan des Personalrats ohne Entscheidungsrecht in eigener Person. Ausgeschlossen ist daher, daß der Personalratsvorsitzende ohne vorherigen Personalratsbeschluß in einer mitbestimmungspflichtigen Angelegenheit die Zustimmung erklärt. Er kann nicht anstelle des Personalrats handeln. Ebenso ist ausgeschlossen, daß Personalrats- oder Gruppenbeschlüsse ohne Beteiligung des Vorsitzenden dem Dienststellenleiter von Gruppenvertretern mitgeteilt werden (OVG Münster vom 10. 2. 1999 – 1A 800/97.PVL, PersR 1999, 316).

§ 30

(1) Spätestens eine Woche nach dem Wahltag hat der Wahlvorstand die Mitglieder des Personalrats zur Vornahme der vorgeschriebenen Wahlen einzuberufen und die Sitzung zu leiten.

(2) Die weiteren Sitzungen beraumt der Vorsitzende des Personalrats an. Er setzt die Tagesordnung fest und leitet die Verhandlung. Der Vorsitzende hat die Mitglieder des Personalrats und die in § 36 genannten Personen zu den Sitzungen rechtzeitig unter Mitteilung der Tagesordnung zu laden.

(3) Auf Antrag eines Viertels der Mitglieder des Personalrats, der Mehrheit der Vertreter einer Gruppe, des Leiters der Dienststelle, in Angelegenheiten, die besonders Beschäftigte im Sinne von § 55 Abs. 1 betreffen, der Mehrheit der Mitglieder der Jugend- und Auszubildendenvertretung, hat der Vorsitzende eine Sitzung anzuberaumen und den Gegenstand, dessen Beratung beantragt ist, auf die Tagesordnung zu setzen.

(4) Der Leiter der Dienststelle nimmt an den Sitzungen teil, die auf seinen Antrag anberaumt sind oder zu denen er ausdrücklich eingeladen ist. Er kann einen Vertreter der Arbeitgebervereinigung, der die Dienststelle angehört, hinzuziehen.

1 Das Personalratsgeschehen spielt sich in der Sitzung ab. Der Personalrat kann nur tätig werden, wenn er zuvor auf einer Sitzung Beschlüsse gefaßt hat, weshalb die Sitzungen der Mittelpunkt der Personalratsarbeit sind.

2 **Abs. 1:** Die erste Sitzung nach der Neuwahl beruft der Wahlvorstand ein und leitet sie. In ihr sind die Wahlen des Vorsitzenden und seiner Stellvertreter gemäß § 29 Abs. 1 und die Regelfreistellung gemäß § 42 Abs. 3 und 4 zu beschließen.

3 **Abs. 2:** Die Einladung, Anberaumung und Durchführung der Personalratssitzungen ist eines der wichtigsten laufenden Geschäfte (§ 29 Abs. 2) des Personalratsvorsitzenden. Er hat die Sitzungstermine anzuberaumen, für rechtzeitige Einladung zu sorgen und den Dienststellenleiter zu benachrichtigen (§ 31 Abs. 1). Zu seinen Aufgaben gehört es weiter, die Tagesordnung festzusetzen. Dabei ist er nicht vollständig frei. Er ist vielmehr verpflichtet, diejenigen Angelegenheiten auf die Tagesordnung zu setzen, in denen – häufig fristgebundene – Beschlüsse des Personalrats zu fassen sind, wie z. B. Anträge auf Zustimmung gemäß § 66 Abs. 2.

Aus der Tagesordnung muß für das einzelne Personalratsmitglied erkennbar sein, über welche Angelegenheiten Beschlüsse gefaßt werden sollen. Es genügt z. B. nicht der Tagesordnungspunkt »Personalangelegenheiten«, vielmehr ist die einzelne Personalangelegenheit (»Höhergruppierung Meier«) mitzuteilen. Geschieht das nicht, so kann eine Beratung und Beschlußfassung nur erfolgen, wenn der Personalrat vollständig erschienen ist und alle Anwesenden mit einer Behandlung des Tagesordnungspunktes einverstanden sind. Eine Verpflichtung zur Rückgabe von Einladung und Tagesordnung – wie sie die Landesdatenschutzbeauftragte annimmt – ist mit den Rechten des Personalratsmitglieds unvereinbar und besteht nicht.

4 Zu den weiteren Aufgaben des Personalratsvorsitzenden im Zusammenhang mit den Sitzungen gehört die Einladung sachkundiger Personen, Gewerkschaftsbeauftragter, der Jugend- und Auszubildendenvertretung und der Schwerbehindertenvertrauensperson zur Sitzung, wenn deren Teilnahme vom Personalrat beschlossen oder vom Gesetz geboten ist (§§ 32, 36). Der Vorsitzende kann gegebenenfalls diesen Personenkreis sowie sachkundige Personen vorsorglich einladen, wenn ihre Teilnahme zweckmäßig ist und er dies dem Personalrat zur Beschlußfassung vorschlagen will.

Der Vorsitzende hat schließlich die Sitzung des Personalrats zu leiten, also dafür zu sorgen, daß die einzelnen Tagesordnungspunkte beraten und über sie beschlossen wird, und die Diskussionsleitung zu übernehmen. Ihm steht das Hausrecht zu.

Abs. 3: Der Personalratsvorsitzende ist verpflichtet, eine Sitzung anzu- **5** beraumen und einen bestimmten Tagesordnungspunkt zur Beratung und zur Beschlußfassung auf die Tagesordnung zu setzen, wenn dies beantragt wird. Liegt ein solcher Antrag vor, so hat der Personalrat die Angelegenheit entweder auf einer besonderen Personalratssitzung zu behandeln oder auf die Tagesordnung der nächsten ordentlichen Sitzung zu setzen. Es besteht kein Rechtsanspruch auf Einberufung einer besonderen Sitzung, in der nur der beantragte Tagesordnungspunkt behandelt wird.

Antragsbefugt ist ein Viertel der Mitglieder des gesamten Personalrats, die Mehrheit einer Gruppe und der Dienststellenleiter uneingeschränkt. Beantragt der Dienststellenleiter die Behandlung eines Tagesordnungspunktes, so kann er auf der Sitzung nur an dem Tagesordnungspunkt teilnehmen, zu dem er einen entsprechenden Antrag gestellt hat.

Die Jugend- und Auszubildendenvertretung kann die Behandlung eines Beratungsgegenstandes nur dann verlangen, wenn es sich um eine Angelegenheit handelt, die »besonders« jugendliche Beschäftigte betrifft, wenn es sich also um eine Angelegenheit aus dem Aufgabenbereich des § 61 handelt.

Das einzelne Personalratsmitglied und die Schwerbehindertenvertrauensperson können nicht verlangen, daß ein von ihnen gewünschter Tagesordnungspunkt verhandelt wird, jedoch kann der Vorsitzende einer solchen Anregung entsprechen.

Abs. 4: Der Dienststellenleiter nimmt grundsätzlich an der Sitzung des **6** Personalrats nicht teil. Vielmehr beschränkt sich sein Teilnahmerecht auf diejenigen Sitzungen, zu denen er vom Personalrat durch Beschluß ausdrücklich eingeladen worden ist und auf Sitzungen, die er gemäß Absatz 3 ausdrücklich verlangt hat.

Solche Sitzungen müssen stattfinden, wenn der Dienststellenleiter die Behandlung eines bestimmten Tagesordnungspunktes verlangt. Geschieht dies im Rahmen einer ohnehin stattfindenden Sitzung, so beschränkt sich das Anwesenheitsrecht des Dienststellenleiters auf die Behandlung dieses Tagesordnungspunktes.

Der Dienststellenleiter kann in diesen Fällen nicht den in §§ 63, 66 Abs. 2 Satz 4 genannten Personenkreis entsenden. Er kann sich regelmäßig auch nicht von den in § 8 Abs. 1 genannten Vertretern vertreten lassen, wenn er die Sitzung selbst beantragt hat und der Sitzungstermin mit ihm abgestimmt ist. Erscheint der Dienststellenleiter nicht, so findet die Sitzung nicht statt bzw. der beantragte Beratungsgegenstand wird von der Tagesordnung abgesetzt.

Der Dienststellenleiter kann einen Vertreter der Arbeitgebervereinigung, bei der Tarifbindung besteht, zu dieser Sitzung hinzuziehen.

§ 31

(1) Die Sitzungen des Personalrats finden in der Regel während der Arbeitszeit statt. Der Personalrat hat bei der Anberaumung seiner Sitzungen die dienstlichen Erfordernisse zu berücksichtigen. Der Leiter der Dienststelle ist vom Zeitpunkt der Sitzung rechtzeitig zu verständigen.

(2) Die Sitzungen des Personalrats sind nicht öffentlich. Der Personalrat kann die Teilnahme des ihm nach § 40 Abs. 3 zur Verfügung gestellten Büropersonals sowie sachkundiger Personen gestatten.

1 Personalratsarbeit ist der dienstlichen Tätigkeit gleichgestellt. Sie findet daher grundsätzlich während der Arbeitszeit statt, die Sitzungen des Personalrats sind in diese Zeit zu legen.

2 **Abs. 1:** Die Personalratssitzungen sind vom Personalratsvorsitzenden so anzuberaumen, daß ihre gesamte Dauer während der dienststellenüblichen Arbeitszeit stattfinden kann. Die Personalratsmitglieder sind für die Teilnahme an der Sitzung gemäß § 42 Abs. 2 in dem Augenblick freigestellt, in dem der Personalratsvorsitzende den Dienststellenleiter über den Sitzungstermin verständigt. Findet die Sitzung immer am gleichen Wochentage statt, so genügt eine einmalige Mitteilung zu Beginn der Amtszeit.

Bei der zeitlichen Lage der Sitzungen innerhalb der Arbeitszeit ist auf dienstliche Erfordernisse Rücksicht zu nehmen. Es kann aber nicht etwa verlangt werden, daß Personalratssitzungen außerhalb der Arbeitszeit stattfinden, vielmehr ist bei Festsetzung der zeitlichen Lage innerhalb der Arbeitszeit darauf Rücksicht zu nehmen, daß zum einen die Dienststelle nicht vermeidbar belastet wird und zum anderen der Personalrat möglichst vollzählig tagen kann.

Der Dienststellenleiter ist vom Zeitpunkt der Sitzung lediglich so rechtzeitig zu verständigen, daß er für eine Freistellung der Personalratsmitglieder sorgen kann. Es bedarf keiner Genehmigung oder Zustimmung des Dienststellenleiters zum Zeitpunkt der Sitzung. Er hat auch keinen Einfluß darauf, wie oft der Personalrat Sitzungen abhält.

3 **Abs. 2:** Die Personalratssitzungen finden grundsätzlich nicht öffentlich statt, es dürfen also nur die im Gesetz ausdrücklich aufgeführten Personen an der Personalratssitzung teilnehmen.

Jedoch kann der Personalrat sowohl dem Büropersonal (zur Anfertigung des Sitzungsprotokolls) und sachkundigen Personen die Teilnahme an der Sitzung gestatten. Sachkundige Personen können dienststellenangehörige Beschäftigte, aber auch dienststellenfremde Personen sein. Die vom OVG Münster (vom 13. 8. 1996 – 1A 91/95.PVL, PersR 1997, 173) für erforderlich gehaltene Mitbeurteilung des Dienststellenleiters bei Hinzuziehung von sachkundigen Mitarbeitern der Dienststelle widerspricht dem Gesetzeswortlaut und dem Recht des Personalrats auf Selbstinformation.

§ 32

(1) Auf Antrag von einem Viertel der Mitglieder oder der Mehrheit einer Gruppe des Personalrats können Beauftragte einer im Personalrat vertretenen Gewerkschaft an der Sitzung beratend teilnehmen.

(2) Der Personalrat kann beschließen, daß beauftragte Mitglieder der Stufenvertretungen, die bei übergeordneten Dienststellen bestehen, sowie des Gesamtpersonalrats berechtigt sind, mit beratender Stimme an seinen Sitzungen teilzunehmen.

Dem Gebot des Zusammenwirkens mit den in der Dienststelle vertretenen **1** Gewerkschaften gemäß § 2 Abs. 1 entspricht es, daß der Personalrat Gewerkschaftsbeauftragten die Möglichkeit gibt, an Personalratssitzungen beratend teilzunehmen.

Den in der Dienststelle vertretenen Gewerkschaften kann – z. B. durch einen generellen Beschluß oder in der Geschäftsordnung – für alle Personalratssitzungen der Amtszeit ein Teilnahmerecht eingeräumt werden (BAG vom 28. 2. 1990 – 7 ABR 22/89, NZA 1990, 660).

Abs. 1: Das Antragsrecht bezieht sich nur auf Vertreter einer im Perso- **2** nalrat vertretenen Gewerkschaft. Diesen muß eine beratende Teilnahme gestattet werden, wenn dies ein Viertel der Personalratsmitglieder oder die Mehrheit einer Gruppe beantragt. Ein ordnungsgemäßer Antrag kann vom Personalrat nicht mit Stimmenmehrheit abgelehnt werden (OVG Münster vom 8. 5. 1995 – 1A 146/92.PVL, ZfPR 1995, 204 – LS –). Wird dieser Beschluß gefaßt, so hat der Personalrat die beratende Teilnahme zu gestatten und der Vorsitzende den benannten Beauftragten zur nächsten Sitzung einzuladen. Das Teilnahmerecht bezieht sich auf die gesamte Sitzung einschließlich der Abstimmung. Die Dienststelle hat gemäß § 3 Abs. 4 dem Beauftragten Zutritt zur Dienststelle zu gewähren.

Abs. 2: Mitglieder der Stufenvertretungen wie Mitglieder des Gesamt- **3** personalrats können auf Beschluß des Personalrats mit beratender Stimme an den Sitzungen teilnehmen. Eine solche Hinzuziehung steht im Ermessen des Personalrats, der auch über die Zahl der einzuladenden Mitglieder der Stufenvertretung und des Gesamtpersonalrates zu entscheiden hat.

§ 33

(1) Die Beschlüsse des Personalrats werden mit einfacher Stimmenmehrheit der anwesenden Mitglieder gefaßt. Stimmenthaltungen bleiben bei der Ermittlung der Mehrheit außer Betracht. Bei Stimmengleichheit ist ein Antrag abgelehnt.

(2) Der Personalrat ist nur beschlußfähig, wenn mindestens die Hälfte seiner Mitglieder anwesend ist; Stellvertretung durch Ersatzmitglieder ist zulässig.

§ 33

1 Die Meinungs- und Willensbildung des Personalrats findet ausschließlich durch Beschlüsse statt, die in der Sitzung zu fassen sind. Durch sie äußert sich der Personalrat gegenüber Dienststelle und Beschäftigten.

2 **Abs. 1:** Beschlüsse des Personalrats werden mit einfacher Stimmenmehrheit gefaßt. Für ihre Durchführung gibt es keine Formvorschriften, jedoch kann die Geschäftsordnung für die geheime Abstimmung Formalien vorsehen, der Personalrat kann auch mit Mehrheit der Anwesenden besondere Formvorschriften für die Abstimmung im Einzelfall vorsehen.

Ein Beschluß ist gefaßt, wenn er die Stimmenmehrheit der anwesenden Personalratsmitglieder erreicht. Es müssen nach Absatz 2 mindestens die Hälfte der Mitglieder anwesend sein.

In Gruppenangelegenheiten ist § 34 zu beachten.

Abstimmungsteilnehmer sind die anwesenden ordentlichen Mitglieder des Personalrats sowie die für verhinderte Mitglieder hinzugezogenen Ersatzmitglieder sowie in den Fällen des § 36 Abs. 2 die gesamte Jugend- und Auszubildendenvertretung.

Beschlüsse können nur auf einer Sitzung gefaßt werden, eine Beschlußfassung im Umlaufverfahren oder durch telefonische Abfrage ist nichtig.

3 Zur Gültigkeit von Beschlüssen des Personalrats ist erforderlich, daß rechtzeitig unter Angabe der Tagesordnung eingeladen worden ist. Erfolgt keine Bekanntgabe der Tagesordnungspunkte, so kann nur abgestimmt und beschlossen werden, wenn alle anwesenden Personalratsmitglieder zuvor ihr Einverständnis zur Beratung und Beschlußfassung dieses Tagesordnungspunktes gegeben haben und der Personalrat vollständig in seiner gesetzlichen Zahl (§ 13 Abs. 3) ist.

Die Stimmen von Personalratsmitgliedern, die sich der Stimme enthalten – also weder mit Ja noch mit Nein gestimmt haben – sind so zu behandeln, als wären sie gar nicht abgegeben worden. Sie bleiben bei der Ermittlung der Mehrheit außer Betracht.

Anwesenheit bei der Abstimmung darf demjenigen Personenkreis erlaubt werden, der entweder abstimmungsberechtigt ist – ordentliche Personalratsmitglieder, Ersatzmitglieder, die Jugend- und Auszubildendenvertretung (JAV) gemäß § 36 Abs. 2 – oder denen eine beratende Teilnahme an der Personalratssitzung im Einzelfall zusteht (ein Vertreter der JAV und die Vertrauensperson der Schwerbehindertenvertretung gemäß § 36 Abs. 1, Gewerkschaftsbeauftragte gemäß § 32 Abs. 1). Anderen, wie z.B. sachkundige Personen (§ 31 Abs. 2), Dienststellenleiter und Arbeitgeberverbandsvertreter (§ 30 Abs. 4) ist die Teilnahme nicht zu gestatten. Ein Verstoß gegen die Nichtöffentlichkeit macht einen Personalratsbeschluß nur dann unwirksam, wenn durch die unberechtigte Anwesenheit ein Einfluß auf den Inhalt des zustandegekommenen Beschlusses nicht auszuschließen ist.

Personalratsmitglieder, die ein eigenes Interesse an dem Beschluß haben **4** oder von ihm betroffen sind, können an der Abstimmung nicht teilnehmen, es sei denn, es handelt sich um eine Angelegenheit gemäß § 43.

Beschlüsse des Personalrats können abgeändert werden, solange sie noch **5** keine Auswirkung erlangt haben. Ist jedoch ein Beschluß des Personalrats – z. B. in einer mitbestimmungspflichtigen Angelegenheit – dem Dienststellenleiter bereits mitgeteilt worden, so ist ein Abänderungsbeschluß nicht mehr möglich. Allerdings können Beschlüsse, mit denen die Zustimmung zu einer mitbestimmungspflichtigen Angelegenheit verweigert worden ist, durch einen späteren Beschluß über die Zustimmung korrigiert werden.

Beschlüsse des Personalrats können im Falle ihrer Ungültigkeit oder Nichtigkeit gerichtlich angefochten werden (siehe dazu: Orth/Welkoborsky, § 33 LPVG NW, Rn. 23 f.).

Abs. 2: Der Personalrat kann Abstimmungen nur durchführen, wenn **6** mindestens die Hälfte seiner gesetzlich vorgesehenen Mitgliederzahl (§ 13 Abs. 3) bei der Abstimmung anwesend ist. Für verhinderte Personalratsmitglieder können Ersatzmitglieder geladen werden.

§ 34

(1) Über die gemeinsamen Angelegenheiten der Beamten, Angestellten und Arbeiter wird vom Personalrat gemeinsam beraten und beschlossen. Die in § 72 Abs. 2 bezeichneten Angelegenheiten gelten auch dann als gemeinsame Angelegenheiten, wenn sie nur einen einzelnen Beschäftigten betreffen.

(2) Über Angelegenheiten, die lediglich die Angehörigen einer Gruppe betreffen, wird nach gemeinsamer Beratung vom Personalrat beschlossen, sofern die Mehrheit der Vertreter der betreffenden Gruppe nicht widerspricht; bei Widerspruch beschließen nur die Vertreter der Gruppe. Satz 1 gilt entsprechend für Angelegenheiten, die lediglich die Angehörigen von zwei Gruppen betreffen.

Grundsätzlich berät und beschließt der Personalrat über Angelegenheiten, **1** die Beschlüsse erfordern, als Ausdruck der gemeinsamen Verantwortung durch einheitlichen Beschluß aller Personalratsmitglieder.

Abs. 1: Grundsätzlich geht einer Abstimmung im Personalrat eine Bera- **2** tung voraus. Diese hat bei allen Tagesordnungspunkten einheitlich innerhalb der Sitzung durch Rede und Gegenrede stattzufinden. Nach Gruppen getrennte Beratungen sieht das Gesetz nicht vor.

Als gemeinsame Angelegenheiten gelten die in § 72 Abs. 2 bezeichneten sozialen Angelegenheiten auch dann, wenn sie einen einzelnen Beschäftigten betreffen, also z. B. ein Beschluß über die Zustimmung zur Gewährung eines Darlehens, Zuweisung und Kündigung einer Dienstwohnung oder von Dienst- und Pachtland.

2 **Abs. 2:** Gruppenangelegenheiten sind nur solche, die für einen Gruppenangehörigen einer im Personalrat vertretenen Gruppe von unmittelbarem
und materiellem Interesse sind. Keine Gruppenangelegenheiten sind daher die Angelegenheiten der Gruppenvertreter im Personalrat, organisatorische Angelegenheiten und solche, die die Beschäftigten der Gruppe
nur formal berühren oder für ihre Rechtsstellung gegenüber Arbeitgeber
und Dienstherrn von keiner oder nur geringer Bedeutung sind. Angelegenheiten sind im übrigen nur solche, die unter den »Beteiligungspflichtigen
Angelegenheiten« der §§ 72–77 aufgeführt sind.

Gruppenangelegenheiten können daher nur dann vorliegen, wenn es sich
um Interessen von Beschäftigten im Sinne von § 72 Abs. 1 handelt (vgl.
OVG Münster vom 14. 10. 1991 – CL 14/89, PersR 1992, 160). Die
übrigen in Betracht kommenden Mitbestimmungsangelegenheiten des
§ 72 Abs. 3 und 4 berühren die Rechtsstellung von Gruppenangehörigen
jedenfalls nicht unmittelbar.

In Gruppenangelegenheiten wird zunächst – wie in allen anderen Angelegenheiten auch – gemeinsam beraten und beschlossen. Ein Gruppenbeschluß über die Angelegenheit ist nur dann zu treffen, wenn die Mehrheit
der Gruppe in bezug auf die beratene Angelegenheit widerspricht. Vor-
rats- oder generelle Beschlüsse sind unwirksam. Der Widerspruch ist
gegenüber dem Personalrat zu erklären, Gruppenmitteilungen an den
Dienststellenleiter sind unbeachtlich. Haben die gemeinsame Beratung
und Beschlußfassung stattgefunden, ist ein nachträglicher Widerspruch
nicht mehr möglich (OVG Münster vom 10. 2. 1999 – 1A 800/97.PVL,
PersR 1999, 316). Bei Widerspruch beschließen nur die Vertreter der
Gruppe, ihr Beschluß gilt als Personalratsbeschluß.

Eine Gruppenangelegenheit kann auch die Angehörigen von zwei Gruppen betreffen, wobei Voraussetzung ist, daß beide in der gleichen unmittelbaren und materiellen Form betroffen sind, wie oben geschildert.

§ 35

**(1) Erachtet die Mehrheit der Vertreter einer Gruppe oder der
Jugend- und Auszubildendenvertretung einen Beschluß des Personalrats als eine erhebliche Beeinträchtigung wichtiger Interessen der
durch sie vertretenen Beschäftigten, so ist auf ihren Antrag der Beschluß auf die Dauer einer Woche vom Zeitpunkt der Beschlußfassung an auszusetzen. In dieser Frist soll, gegebenenfalls mit Hilfe der
unter den Mitgliedern des Personalrats oder der Jugend- und Auszubildendenvertretung vertretenen Gewerkschaften, eine Verständigung versucht werden.**

**(2) Die Antragsteller können verlangen, daß an der nach Ablauf der
Aussetzungsfrist stattfindenden Sitzung des Personalrats, in der über
die Angelegenheit neu zu beschließen ist, ein Beauftragter der von
ihnen benannten und unter den Mitgliedern des Personalrats vertre-**

tenen Gewerkschaft mit beratender Stimme teilnimmt. **Wird der erste Beschluß bestätigt, so kann der Antrag auf Aussetzung nicht wiederholt werden.**

(3) Die Absätze 1 und 3 gelten entsprechend, wenn die Schwerbehindertenvertretung einen Beschluß des Personalrats als eine erhebliche Beeinträchtigung wichtiger Interessen der Schwerbehinderten erachtet.

Die Aussetzung eines Personalratsbeschlusses ermöglicht es, die Interessen einer Gruppe gegenüber dem Personalrat – auch mit Hilfe von Gewerkschaftsbeauftragten – zur Geltung zu bringen und ihn zu neuem Nachdenken und erneuter Beschlußfassung zu zwingen. **1**

Abs. 1: Ein Antrag auf Aussetzung eines gefaßten Personalratsbeschlusses kann von der Mehrheit einer Gruppe oder von der Jugend- und Auszubildendenvertretung gestellt werden. **2**

Voraussetzung ist, daß eine erhebliche Beeinträchtigung wichtiger Interessen der durch die Antragsteller vertretenen Beschäftigten geltend gemacht wird. Welche wichtigen Interessen durch den beanstandeten Beschluß berührt werden, muß wenigstens stichwortartig begründet werden. Es genügt im übrigen die Behauptung, daß eine erhebliche Beeinträchtigung solcher Interessen vorliegt.

Ein solcher Aussetzungsantrag kann sich auf gemeinsame wie auf Gruppenbeschlüsse des Personalrats beziehen. Eine Gruppe kann jedoch nicht einen eigenen Gruppenbeschluß beanstanden, allerdings können bei Gruppenbeschlüssen die beiden anderen Gruppen Aussetzungsanträge in bezug auf diesen Gruppenbeschluß stellen.

Der Antrag auf Aussetzung muß unmittelbar in der Sitzung gestellt werden, in der der beanstandete Beschluß gefaßt worden ist. Eine mehrtägige Überlegungsfrist besteht nicht, weil sonst sowohl die Fristen des Absatzes 2 wie die Verlängerungsfrist des § 66 Abs. 3 Satz 2 nicht mehr zu wahren wären.

Der Antrag auf Aussetzung bewirkt die Verpflichtung des Personalrats, **3** den Vollzug des beanstandeten Beschlusses für eine Woche auszusetzen. Ein Nachprüfungsrecht, ob die Voraussetzungen des Absatzes 1 vorliegen, hat der Personalrat nicht. Die Fristen in Mitbestimmungsangelegenheiten verlängern sich gemäß § 66 Abs. 3 Satz 2 entsprechend um eine Woche. Innerhalb dieser Woche ist zwischen Personalrat und Antragstellern ein Verständigungsversuch zu unternehmen. Dazu kann die Hilfe der unter den Mitgliedern des Personalrats bzw. der Jugend- und Auszubildendenvertretung vertretenen Gewerkschaft in Anspruch genommen werden. Sowohl Antragsteller wie Personalrat können die Hilfe und Vermittlung eines Gewerkschaftsbeauftragten erbitten. Es muß sich allerdings um eine Gewerkschaft handeln, die im Personalrat bzw. der Jugend- und Auszubildendenvertretung – wenn diese die Aussetzung veranlaßt hatte – vertreten ist.

4 **Abs. 2:** Bleibt der Verständigungsversuch ergebnislos, so hat der Personalrat eine Woche nach der ersten Beschlußfassung über die Angelegenheit neu zu beschließen. Dazu kann von den Antragstellern die beratende Teilnahme eines Gewerkschaftsbeauftragten verlangt werden. Es muß sich um einen Vertreter einer Gewerkschaft handeln, die im Personalrat vertreten ist.

Beschließt der Personalrat erneut und bestätigt seinen ersten Beschluß, kann ein Aussetzungsantrag nicht wiederholt werden. Jedoch kann ein abgeänderter Beschluß erneut Gegenstand eines Aussetzungsantrages sein.

5 **Abs. 3:** Die Schwerbehindertenvertrauensperson, die nach § 36 mit beratender Stimme, aber ohne Stimmrecht an allen Sitzungen des Personalrats teilnehmen kann, ist ebenfalls berechtigt, Aussetzungsanträge zu stellen, wenn der von ihm beanstandete Beschluß nach seiner Auffassung eine erhebliche Beeinträchtigung wichtiger Interessen der durch ihn vertretenen Schwerbehinderten und die ihnen Gleichgestellten darstellt. Die Vorschrift gibt § 95 Abs. 4 Satz 2 SGB IX wortgleich wieder.

§ 36

(1) Ein Mitglied der Jugend- und Auszubildendenvertretung, das von dieser benannt wird, und die Schwerbehindertenvertretung können an allen Sitzungen des Personalrats beratend teilnehmen; auf Beschluß des Personalrats können weitere Mitglieder teilnehmen. Der Vertrauensmann der Zivildienstleistenden kann an Sitzungen beratend teilnehmen, wenn Angelegenheiten behandelt werden, die auch die Dienstleistenden betreffen.

(2) Die gesamte Jugend- und Auszubildendenvertretung kann an Sitzungen des Personalrats, in denen Angelegenheiten behandelt werden, die besonders Beschäftigte im Sinne von § 55 Abs. 1 betreffen, teilnehmen und bei Beschlüssen mitstimmen.

1 Die Rechte der Jugend- und Auszubildendenvertretung, der Vertrauensperson der schwerbehinderten Menschen und des Vertrauensmannes der Zivildienstleistenden gegenüber dem Personalrat hängen in ihrer Reichweite davon ab, ob der Personalrat sich mit Fragen gerade desjenigen Personenkreises befaßt, deren Rechte diese Vertreter im Personalrat zur Geltung zu bringen haben.

2 **Abs. 1:** Ein Mitglied der Jugend- und Auszubildendenvertretung und der Schwerbehindertenvertretung bzw. die Vertrauensperson der schwerbehinderten Menschen haben ein Teilnahme- und Beratungsrecht an sämtlichen Sitzungen des Personalrats. Dementsprechend hat der Personalratsvorsitzende beide zu allen Sitzungen einzuladen und ihnen die Teilnahme und die Beratung zu sämtlichen Tagesordnungspunkten zu gestatten. Sie haben auch ein Anwesenheitsrecht bei Abstimmungen.

Die Jugend- und Auszubildendenvertretung kann frei entscheiden, welches ihrer Mitglieder sie als Vertreter zur Personalratssitzung entsendet, der Beschluß ist dem Personalratsvorsitzenden mitzuteilen.

Durch Beschluß des Personalrats können weitere Jugend- und Auszubildendenvertretungsmitglieder zur Sitzung des Personalrats zugelassen werden. Der Beschluß steht in freiem Ermessen des Personalrats. Eine solche Teilnahme weiterer JAV-Mitglieder ist dann zweckmäßig, wenn Angelegenheiten vom Personalrat beraten werden, die nicht unter Absatz 2 fallen, aber gleichwohl mittelbare Auswirkungen von Gewicht auf die jugendlichen Beschäftigten haben können (z. B. wenn die Stellenplanberatungen sich unmittelbar auf die Chance zur Einstellung von Auszubildenden bzw. für ihre Übernahme nach Ende der Ausbildung auswirken). **3**

Der Vertrauensmann der Zivildienstleistenden hat ein nur eingeschränktes Teilnahmerecht. Ihm ist die beratende Teilnahme zu gestatten, wenn Angelegenheiten beraten werden, die »auch« die Zivildienstleistenden betreffen. Das bezieht sich auf alle den allgemeinen Dienstbetrieb betreffenden Angelegenheiten (zum Beispiel Arbeitszeitfragen, Urlaubsplanung etc.) und alle Angelegenheiten, die wenigstens mittelbar Einfluß auf die Ableistung des Zivildienstes in der Dienststelle haben können. Der Personalratsvorsitzende muß dafür Sorge tragen, daß der Vertrauensmann der Zivildienstleistenden zur Sitzung eingeladen wird.

Abs. 2: Die gesamte Jugend- und Auszubildendenvertretung hat ein Teilnahme- und Stimmrecht, wenn der Personalrat Angelegenheiten behandelt, die »besonders« Beschäftigte im Sinne des § 55 Abs. 1 betreffen. Das ist der Personenkreis, der zur Jugend- und Auszubildendenvertretung wahlberechtigt ist, nämlich jugendliche Beschäftigte bis zur Vollendung des 18. Lebensjahrs sowie Auszubildende, Beamtenanwärter und Praktikanten ohne Rücksicht auf ihr persönliches Alter. **4**

»Besonders« dieser Personenkreis ist betroffen, wenn der Personalrat über Angelegenheiten beschließt, die in § 61 Abs. 2 Satz 2 genannt sind, also über beteiligungspflichtige Angelegenheiten des vorgenannten Personenkreises aus den §§ 72 bis 75. Dazu zählen auch beteiligungspflichtige Angelegenheiten bezüglich der Ausbildung und der Ausbilder.

§ 37

(1) Über jede Verhandlung des Personalrats ist eine Niederschrift aufzunehmen, die mindestens den Wortlaut der Beschlüsse und die Stimmenmehrheit, mit der sie gefaßt sind, enthält. Die Niederschrift ist vom dem Vorsitzenden und einem weiteren Mitglied zu unterzeichnen und dem Personalrat in der nächsten Sitzung zur Genehmigung vorzulegen. Der Niederschrift ist eine Anwesenheitsliste beizufügen, in der sich jeder Teilnehmer eigenhändig einzutragen hat.

(2) Hat der Leiter der Dienststelle an der Sitzung teilgenommen, so ist ihm der entsprechende Teil der Niederschrift in Abschrift zuzuleiten. Das gleiche gilt für Beauftragte von Gewerkschaften, die an der Sitzung teilgenommen haben. Einwendungen gegen die Niederschrift sind unverzüglich schriftlich zu erheben und der Niederschrift beizufügen.

1 Das Protokoll der Sitzung des Personalrats ist dasjenige Dokument, aus dem sich ergibt, worüber der Personalrat beraten und abgestimmt hat und wie das Abstimmungsergebnis lautet.

Abs. 1: Das Personalratsprotokoll muß über jede »Verhandlung« des Personalrats angefertigt werden. Trotz dieses abweichenden Wortlautes bezieht sich die Vorschrift jedoch nur auf die Sitzungen des Personalrats, da in anderen Verhandlungen, wie z. B. die Anhörung eines Betroffenen nach § 72 a Abs. 4 Satz 1, das Vierteljahresgespräch gemäß § 63 oder die Erörterungen gemäß §§ 66 Abs. 2 und 69 Abs. 1 Beschlüsse nicht zu fassen sind.

Das Gesetz sieht ein bloßes Ergebnisprotokoll vor, der Mindestinhalt einer solchen Niederschrift ist der Wortlaut der Beschlüsse und die Stimmenmehrheit, mit der sie gefaßt sind. Der Personalrat kann jedoch im Einzelfall oder durch Geschäftsordnung beschließen, daß über den bloßen Wortlaut der Beschlüsse hinaus der Verlauf der Beratung mit aufgenommen wird. In einem gewissen Widerspruch zu dieser Vorschrift steht das Verlangen des OVG Münster (zuletzt vom 7. 8. 1998, PersR 1999, 308 unter Hinweis auf die frühere Rechtsprechung), daß im Falle eines Übergehens der stärksten Liste bei Freistellungsentscheidungen i. S. d. § 42 Abs. 3 zu protokollieren sei, daß den Personalratsmitgliedern die Gründe dafür bekanntgegeben wurden und auch Gegenstand der Abstimmung gewesen sind.

2 Der Personalrat kann entweder aus seinen Reihen einen Schriftführer bestellen, der während der Sitzung die Protokollierung vornimmt und anschließend eine Verhandlungsniederschrift verfaßt. Das kann aber auch durch das Büropersonal geschehen, das gemäß § 31 Abs. 2 an der gesamten Sitzung zu diesem Zwecke teilnehmen kann.

Die Unterzeichnung des Sitzungsprotokolls hat durch den Vorsitzenden und ein weiteres Personalratsmitglied zu erfolgen. Beizufügen ist der Niederschrift eine Anwesenheitsliste, in die sich alle Teilnehmer – gleichgültig ob Personalratsmitglieder, Jugend- und Auszubildendenvertreter, die Vertrauensperson der schwerbehinderten Menschen sowie der Zivildienstleistenden, Gewerkschaftsbeauftragte, Dienststellenleiter und Vertreter sowie Arbeitgeberverbandsvertreter – eigenhändig einzutragen haben.

Die so gefertigte Niederschrift ist dem Personalrat in der jeweils nächsten Sitzung zur Genehmigung vorzulegen. Bei dieser Gelegenheit können Einwendungen gegen die Richtigkeit des Protokolls von den anwesenden Personalratsmitgliedern sogleich erhoben werden. Die Protokolle werden sodann vom Personalratsvorsitzenden im Rahmen der laufenden Geschäfte aufbewahrt. Die Geschäftsordnung kann vorsehen, daß auf Antrag Personalratsmitglieder Ablichtungen von Sitzungsprotokollen erhalten. Datenschutzrechtliche Bedenken stehen dem – entgegen den Äußerungen der Landesdatenschutzbeauftragten – nicht im Wege. Ein Rechtsanspruch darauf besteht ohne Regelung in der Geschäftsordnung jedoch nicht (VG Düsseldorf vom 10. 6. 1999 – 34 K 2286/99.PVL, PersR 2000, 521).

Abs. 2: Soweit der Dienststellenleiter und Gewerkschaftsbeauftragte an **3** der Sitzung teilgenommen haben, erhalten sie den entsprechenden Teil der Niederschrift abschriftlich.

Einwendungen gegen die Richtigkeit der Niederschrift können sowohl vom Dienststellenleiter wie vom Gewerkschaftsbeauftragten aber auch von allen anderen Sitzungsteilnehmern beim Personalrat erhoben werden. Das hat unverzüglich und schriftlich zu geschehen. Dem Personalrat ist es freigestellt, ob er diese Einwendungen beraten und ihnen entsprechen will oder ob er diese Einwendungen ohne weitere Beratungen der Sitzungsniederschrift beifügt.

§ 38

Sonstige Bestimmungen über die Geschäftsführung können in einer Geschäftsordnung getroffen werden, die der Personalrat mit der Mehrheit der Stimmen seiner Mitglieder beschließt.

Der Personalrat kann sich eine Geschäftsordnung geben (siehe die Mustergeschäftsordnung in Orth/Welkoborsky, LPVG NW, Seite 639 ff.).

Die Geschäftsordnung soll die Personalratstätigkeit besser organisieren und erleichtern helfen. Es können jedoch keine vom Gesetz abweichenden Regelungen getroffen werden.

Eine einmal beschlossene Geschäftsordnung gilt nur für die jeweilige Amtszeit, sie muß bei Beginn der Amtsperiode jeweils neu beraten und beschlossen werden.

Die beschlossene Geschäftsordnung bindet Personalrat wie Personalratsmitglieder. Im Innenverhältnis besteht ein Anspruch auf Einhaltung der Geschäftsordnung, so daß sowohl der Personalrat als auch einzelne seiner Mitglieder die Einhaltung der Geschäftsordnung gegebenenfalls gerichtlich geltend machen können.

§ 39

(1) Der Personalrat kann Sprechstunden während der Arbeitszeit einrichten. Die Zeit und den Ort bestimmt er im Benehmen mit dem Leiter der Dienststelle.

(2) Versäumnis von Arbeitszeit, die zur Inanspruchnahme des Personalrats erforderlich ist, hat keine Minderung der Bezüge oder des Arbeitsentgelts zur Folge.

1 Die Sprechstunde ist der Ort und die Gelegenheit, bei der der einzelne Beschäftigte sich beim Personalrat über ihn interessierende und ihn betreffende Fragen unterrichten und beraten lassen kann.

Abs. 1: Ob überhaupt und in welchem Umfang Sprechstunden eingerichtet werden, liegt im freien Ermessen des Personalrats. Darüber ist durch Beschluß zu entscheiden.

Der Personalrat kann regelmäßige und feste Sprechstunden vorsehen, aber auch statt oder neben diesen bedarfsweise Sprechstunden – auch für bestimmte Beschäftigtengruppen oder aus besonderen Anlässen – einrichten.

Dem Ermessen des Personalrats unterliegt auch die Entscheidung der Frage, welches seiner Mitglieder die Sprechstunden abhält.

Nur über Zeit und Ort ist das Benehmen mit dem Dienststellenleiter herzustellen, damit dieser sich auf das mit dem Besuch der Sprechstunde einhergehende Arbeitsversäumnis sowohl der Beschäftigten wie der Personalratsmitglieder einrichten kann. Gegenstand des Einvernehmens ist lediglich das »Wie«, nicht das »Ob« der Sprechstunde.

2 **Abs. 2:** Die Sprechstunden werden während der dienststellenüblichen Arbeitszeit abgehalten. Die Beschäftigten, die die Sprechstunden während ihrer persönlichen Arbeitszeit aufsuchen, dürfen dadurch keine Nachteile erleiden. Finanzielle Nachteile sind durch die gesetzliche Anordnung verboten, daß die Teilnahme an der Sprechstunde keine Minderung der Bezüge oder des Arbeitsentgeltes zur Folge haben darf. Eine Behinderung wäre auch der Versuch des Dienststellenleiters, die Teilnahme an der Sprechstunde zu überwachen, registrieren zu lassen oder dazu aufzurufen, die Sprechstunden nicht in Anspruch zu nehmen.

§ 40

(1) Die durch die Tätigkeit des Personalrats entstehenden Kosten trägt die Dienststelle. Reisen, die zur Erfüllung von Aufgaben des Personalrats notwendig sind, sind dem Leiter der Dienststelle rechtzeitig vorher anzuzeigen. Mitglieder des Personalrats erhalten bei solchen Reisen Reisekostenvergütungen nach dem Landesreisekostengesetz, die nach den für Beamte der Besoldungsgruppe A 15 geltenden Bestimmungen zu bemessen sind. Bei Fahrten zu der Stelle,

bei der der Personalrat gebildet worden ist, und bei Fahrten zu regelmäßigen Sitzungen bei einer anderen Stelle und täglicher Rückkehr zum Wohnort finden die Bestimmungen des Trennungsentschädigungsrechts keine Anwendung.

(2) Zur Deckung der dem Personalrat als Aufwand entstehenden Kosten sind ihm Haushaltmittel zur Verfügung zu stellen. Ihre Höhe ist unter Berücksichtigung der Zahl der in der Regel vorhandenen Beschäftigten zu bemessen; sie wird durch Rechtsverordnung der Landesregierung festgesetzt. Über die Verwendung der Mittel beschließt der Personalrat. Er hat sie auf Verlangen gegenüber der für die Rechnungsprüfung zuständigen Stelle nachzuweisen.

(3) Für die Sitzungen, die Sprechstunden und die laufende Geschäftsführung hat die Dienststelle im erforderlichen Umfang Räume, den Geschäftsbedarf und Büropersonal zur Verfügung zu stellen.

(4) Der Personalrat ist im Rahmen seiner Aufgaben nach diesem Gesetz berechtigt, die Beschäftigten über Angelegenheiten, die sie unmittelbar betreffen, schriftlich zu unterrichten. Ihm sind in allen Dienststellen geeignete Plätze für Bekanntmachungen zur Verfügung zu stellen.

Die Dienststelle hat generell alle durch die Personalratstätigkeit entstehenden Kosten zu tragen. Neben der Generalvorschrift in Absatz 1 Satz 1 finden sich Sondervorschriften über Reisen in Absatz 2, Sachmittel in Absatz 3, und Veröffentlichungsmöglichkeiten in Absatz 4. Die Verpflichtung, Bezüge und Löhne für die Zeit zu zahlen, in der Personalratsarbeit geleistet wird, ist in § 42 Abs. 2 besonders geregelt. **1**

Abs. 1 Satz 1: Satz 1 sieht nunmehr vor, daß die durch die Tätigkeit des Personalrats entstehenden Kosten von der Dienststelle zu tragen sind. Es findet sich zwar keine Beschränkung mehr auf die »notwendigen« Kosten. Jedoch besteht eine Kostentragungspflicht nur dann, wenn die vom Personalrat verursachten bzw. beabsichtigten Ausgaben einen Bezug zu den vom Landespersonalvertretungsgesetz zugewiesenen Aufgaben und Befugnissen haben. Die Kosten können also im Rahmen der durch Rechtsstellung und Geschäftsführung zugewiesenen Aufgaben entstehen sowie durch Wahrnehmung der Beteiligungsrechte der §§ 62 ff. **2**

Darüber hinaus muß es sich um Ausgaben handeln, die der Personalrat für geboten, also »erforderlich« erachten darf. Dabei hat der Personalrat ein eingeschränktes Ermessen.

Obgleich das Gesetz eine Beschränkung der Kostentragung auf Haushaltmittel nicht vorsieht, hat die Rechtsprechung Beschränkungen vorgenommen. So soll der Personalrat an das Gebot der Sparsamkeit bei der Verausgabung öffentlicher Mittel und den Grundsatz der Verhältnismäßigkeit auch bei Veranlassung von Kosten gebunden sein und darüber hinaus auf die Ansätze des Haushaltsplanes Rücksicht nehmen müssen (so BVerwG vom 24. 11. 1986 – 6 P 3.85, PersR 1987, 84; vom 9. 3. 1992 – **3**

6 P 11.92, PersR 1992, 243 ff.). Dadurch ist der Personalrat gehalten, der Dienststelle gegenüber vor Aufstellung des Haushaltsplans und Feststellung des für das folgende Haushaltsjahr genötigten Finanzbedarfs darzulegen, welche Finanzmittel benötigt werden. Außerdem nötigt die Rechtsprechung des Bundesverwaltungsgerichtes dazu, bei nicht vorhersehbaren Ausgaben der Dienststelle den unvorhersehbaren Mittelbedarf so rechtzeitig anzuzeigen, daß die dafür benötigten zusätzlichen Mittel nachbewilligt werden können. Das darf jedoch nicht dazu führen, daß dem Personalrat die Erledigung gesetzlich vorgesehener und vorgeschriebener Aufgaben unmöglich gemacht wird. Die Kostentragungspflicht ist weder davon abhängig, daß Haushaltsmittel vorhanden sind noch endet sie bereits dann, wenn Haushaltsmittel erschöpft sind. Die Dienststelle muß auch ohne Antrag dafür Sorge tragen bzw. gewährleisten, daß für vorhersehbare und selbstverständliche Aufwendungen die entsprechenden Mittel vorhanden sind (so VG Köln vom 8. 1. 1998 – 33 L 4426/97.PVB, PersR 1998, 32) für die Freistellung von Personalratsmitgliedern zur erstmaligen Teilnahme an Einführungsseminaren).

4 Die Anordnung, daß die Personalratskosten von der Dienststelle zu »tragen« sind, bedeutet, daß eine Vorlage- und Vorschußpflicht des Personalrats nicht besteht und eine vorherige Genehmigung der Dienststelle vor ausgabenverursachenden Beschlüssen nicht eingeholt werden muß.

Zu den zu tragenden Kosten zählen sowohl Kosten des einzelnen Personalratsmitgliedes wie Kosten des gesamten Personalrats. Von der Kostentragungspflicht umfaßt sind auch Kosten der Personalversammlung (z.B. Raummieten, Druck des schriftlichen Tätigkeitsberichtes, Referate). Auch die dem Personalrat entstehenden Kosten durch Einigungsstellenverfahren (z.B. die Reisekosten externer Beisitzer) unterfallen der Kostentragungspflicht.

5 Die Dienststelle hat außerdem die Kosten der Teilnahme von Personalratsmitgliedern an Schulungsveranstaltungen im Sinne des § 42 Abs. 5 zu tragen. Zu den zu tragenden Kosten zählen alle sämtlichen im Zusammenhang mit derartigen Veranstaltungen anfallenden Kosten, also die Dienstbezüge, Löhne und Gehälter, Reisekosten, Veranstaltungs-, wie Verpflegungs- und Übernachtungskosten.

Die Besuche erkrankter Beschäftigter oder Teilnahme an Beisetzungen lösen dann die Kostentragungspflicht aus, wenn sie im Zusammenhang mit der Behandlung einer Beschwerde, der Übermittlung einer Benachrichtigung oder einer Unterlage (Lohnabrechnung) oder des Einholens einer Erkundigung im Namen eines Unfallberichtsbogens erfolgen, also einen Bezug zu den gesetzlichen Aufgaben haben.

Der Personalrat hat auch Anspruch darauf, daß die Kosten der Hinzuziehung eines Sachverständigen zur Vorbereitung und Durchführung seiner Aufgaben von der Dienststelle getragen werden, wenn dies für die Wahrnehmung insbesondere von Mitbestimmungsrechten unverzichtbar ist und der besondere Sachverstand des Sachverständigen mangels eigener Sachkunde benötigt wird (zum Sachverständigen siehe Orth/Welkoborsky, § 65 LPVG NW, Rn. 20; BVerwG vom 8. 11. 1989 – 6 P 7.87, PersR 1990, 102; Welkoborsky, PersR 1991, 210).

Zu den von der Dienststelle zu tragenden Kosten gehören auch diejenigen, **6** die dem Personalrat zur Rechtsdurchsetzung entstehen. Das sind zunächst solche Kosten, die dadurch hervorgerufen werden, daß der Personalrat sich über die Rechtslage informiert und prüfen läßt, ob zur Wahrung seiner Rechte die Einleitung gerichtlicher Schritte erforderlich und erfolgversprechend ist. Die Einholung eines – z. B. anwaltlichen – Rates oder einer Auskunft gehört im Rahmen des Rechtes des Personalrats auf Selbstinformation zu den Befugnissen des Personalrats (BVerwG vom 8. 11. 1989, PersR 1990, 102 ff., 104; OVG Münster vom 4. 3. 1993 – CL 25/89, PersR 1993, 400). Einer vorherigen Zustimmung des Dienststellenleiters bedarf es nicht. Auch die Kosten eines Verfahrensbevollmächtigten im Rahmen eines gerichtlichen Verfahrens zählen zu den von der Dienststelle zu erstattenden Kosten. Das gilt sowohl für solche Prozesse, die der Personalrat selbst aktiv führt, wie für Verfahren, an denen er passiv beteiligt ist. Diese Kostentragungspflicht gilt sowohl für Streitigkeiten zwischen Dienststelle und Personalrat als auch für gerichtliche Streitigkeiten zwischen einzelnen Personalratsmitgliedern und dem Personalrat oder im Rahmen von Wahlanfechtungsverfahren, Ausschluß- oder Auflösungsanträgen gemäß § 25. Ausgeschlossen von der Kostentragungspflicht sind nur solche Verfahren, die mutwillig oder aus haltlosen Gründen in Gang gesetzt wurden (BVerwG vom 9. 3. 1992 – 6 P 11.90, PersR 1992, 243; so auch OVG Münster vom 11. 12. 1995 – 1A 2608/93.PVL, vom 29. 11. 2000 – 1A 5863/98.PVL und 1A 4383/98.PVL, PersR 2001, 214 und 304). Unerheblich ist, wie das Verfahren ausgeht.

Der Personalrat kann nicht auf die Möglichkeit einer Vertretung durch einen Gewerkschaftssekretär als billige Alternative verwiesen werden. Die Erstattungspflicht besteht auch für die durch Erstattung einer Strafanzeige oder Erwirkung einer presserechtlichen Gegendarstellung entstehenden Anwaltskosten sowie für die Kosten der Teilnahme eines Personalratsmitgliedes an einem Gerichtstermin. Auch die einem einzelnen Personalratsmitglied im Rahmen eines Beschlußverfahrens erwachsenen Kosten sind erstattungspflichtig.

Abs. 1 Sätze 2 bis 4: Reisen des Personalrats können aus zahlreichen **7** Gründen erforderlich werden. Zur Erfüllung von Aufgaben des Personalrats notwendig sind solche Reisen, die einen Bezug zur gesetzlichen Tätigkeit des Personalrats haben, wie z. B. die Teilnahme an Schulungs- und Bildungsveranstaltungen, an Personalrätekonferenzen, Besprechungen mit Gewerkschaftsbeauftragten, den Aufsichtsbehörden für den Arbeits- und Gesundheitsschutz, die Durchführung von Sprechstunden, das Aufsuchen einer Stufenvertretung oder des Gesamtpersonalrates u.ä.

Solche Reisen sind dem Leiter der Dienststelle vorher rechtzeitig anzuzeigen, eine Genehmigungspflicht bzw. Anordnungspflicht, wie sie sonst
für Reisen nach dem Landesreisekostengesetz erforderlich ist (§ 2
LRKG), entfällt. Bei solchen Reisen erhalten Mitglieder des Personalrats
Reisekostenvergütung nach den für Beamte der Besoldungsgruppe A 15
geltenden Bestimmungen (siehe dazu auch Ziffer 4 des Durchführungserlasses des Innenministers, oben Seite 42).

8 Der durch die Novelle 1994 neu eingefügte Satz 3 soll erreichen, daß
Reisen von Personalratsmitgliedern zu Personalratssitzungen wie Dienst-
reisen abgegolten werden, und zwar unabhängig davon, ob das Personalratsmitglied voll, teilweise oder gar nicht freigestellt worden ist. Durch
diese Gesetzesänderung ist der Rechtsprechung des Bundesverwaltungsgerichtes (vom 14. 2. 1990 – 6 P 13.88, PersR 1990, 130 ff.) der Boden
entzogen, derzufolge ein freigestelltes Mitglied eines Bezirkspersonalrats
keinen Anspruch auf Reisekosten für die täglichen Fahrten zwischen
seinem Wohnort und dem Sitz der Geschäftsstelle des Bezirkspersonalrats
hat. Der entsprechende Erlaß des Finanzministers Nordrhein-Westfalen
(vom 12. 7. 1991 – B 2905 – 16.2/04-IV A 4) hat insoweit keine Gültigkeit
mehr (siehe Durchführungserlaß des Innenministers, oben Seite 42).

9 **Abs. 2:** Dem Personalrat sind Aufwandsdeckungsmittel zur Verfügung zu
stellen, deren Höhe nach der Regelzahl der Beschäftigten in der Dienststelle zu bemessen ist (siehe Aufwandsdeckungsverordnung vom
25. 3. 1996, GV.NW 89; DM-Beträge sind in Euro umzurechnen).

Diese Mittel sollen den Aufwand des Personalrats für Repräsentation
abdecken. Als Beispiele nennt der Durchführungserlaß kleinere Geschenke oder Aufmerksamkeiten bei Gratulationen des Personalrats zu Dienst-
jubiläen oder herausgehobenen persönlichen Anlässen von Beschäftigten,
kleinere Geschenke oder Aufmerksamkeiten bei Krankenbesuchen,
Kranz- oder Blumenspenden im Todesfalle, Bewirtungen von Bespre-
chungsteilnehmern mit Mitgliedern der Stufenvertretung oder Gewerk-
schaftsvertretern. Diese Aufwandsdeckungsmittel werden nach Feststellung des Haushaltsplanes dem Personalrat ausgezahlt, er hat eine
Nachweispflicht durch prüffähige Unterlagen bereitzuhalten und der für
die Rechnungsprüfung zuständigen Stelle vorzulegen.

10 **Abs. 3:** Geschäftsbedarf und Büropersonal ist dem Personalrat für seine
Sitzungen, die Sprechstunden und die laufende Geschäftsführung zur
Verfügung zu stellen.

Geschäftsbedarf umfaßt alle sächlichen Mittel, also insbesondere

- Räume für die Erledigung der laufenden Arbeiten des Personalrats, die
  Durchführung von Sitzungen, Sprechstunden und Personalversammlungen,

- die Ausstattung dieser Räume mit Büromöbeln, Beleuchtung, Belüftung, Beheizung,

- Bereitstellung von Büromaterial, schreibtechnische Ausrüstung, Briefpapier, Porto,

- Gesetzestexte, Kommentare und Fachzeitschriften,

- IT-Ausstattung bestehend aus Telefon (eigener Anschluß/Anrufbeantworter/Mailbox) und Telefax sowie PC mit entsprechender Software,

- ein Internet-Zugang mit E-Mail-Adresse sowie ein Intranet-Zugang ist zu eröffnen, wenn sie in der Dienststelle allgemein genutzt werden (LAG Baden-Württemberg vom 26. 9. 1997, AiB 1998, 521).

Ein PC gehört zur Normalausstattung eines jeden Arbeitsplatzes und steht daher auch dem Personalrat sowie seinem Büropersonal zu. Der Umfang (Vernetzung) und die Ausstattung mit Hardware-Komponenten (Plotter, Scanner, CD-Rom-Laufwerk, ZIP-Laufwerk) und der entsprechenden Software hängen von den Arbeitserfordernissen des Personalrates ab; maßgebend wird auch regelmäßig sein, welche Ausstattung die Dienststelle insoweit nutzt. Zur Auslegung kann auch der 2001 geänderte § 40 BetrVG herangezogen werden, der dem Betriebsrat nunmehr ausdrücklich »Informations- und Kommunikationstechnik« zubilligt (zur Anwendbarkeit der BetrVG-Novelle: Welkoborsky, PersR 2002, 51).

Einer Kontrolle der Erforderlichkeit einzelner Telefonate dürften der Datenschutz und die in § 65 Abs. 4 statuierte Datenautonomie des Personalrates entgegenstehen (anders für das BPersVG: BVerwG vom 28. 7. 1989 – 6 P 1.88, ZBR 1990, 53).

11 Die Neuregelung des § 65 Abs. 4, der dem Personalrat die Einhaltung des Datenschutzes bei eigenen Dateien auferlegt, geht richtigerweise davon aus, daß dem Personalrat zur Aufgabenerledigung eine EDV-Anlage zur Verfügung steht.

12 Zu den vom Personalrat zu beanspruchenden Sachmitteln gehören auch kommentierte Ausgaben von Gesetzen und Tarifverträgen, die vom Personalrat in der täglichen Arbeit benötigt werden, insbesondere mindestens zwei verschiedene kommentierte Ausgaben zum Landespersonalvertretungsgesetz sowie kurz kommentierte Gesetzestexte für jedes Personalratsmitglied. Auch der Bezug einer Fachzeitschrift zum Personalvertretungsrecht gehört nunmehr unabhängig von der Größe der Dienststelle und der Zahl der Beschäftigten zur Mindestausstattung des Personalrats (BVerwG vom 3. 1. 1991 – 6 P 7.89, PersR 1991, 213). Bezieht die Dienststelle noch keine Fachzeitschrift, so kann der Personalrat die für ihn in Betracht kommende Zeitschrift aussuchen.

13 Dem Personalrat ist weiterhin Büropersonal zur Verfügung zu stellen, das zur laufenden Geschäftsführung, für die Sitzungen und die Sprechstunden herangezogen werden darf. Die Änderung des Begriffs von »Schreibpersonal« im Landespersonalvertretungsgesetz von 1958 zu »Büropersonal« trägt dem Umstand Rechnung, daß der freigestellte Vorsitzende regelmäßig nicht zu Büro- und Schreibarbeiten verpflichtet ist (Hessischer VGH, PersV 1982, 161) sowie daß es aufgrund des organisatorischen Ablaufs eines Personalrats regelmäßig geboten ist, dieses Personal nicht nur für die schreibtechnische Erledigung, sondern auch für einfache, sachbearbeitende Aufgaben innerhalb der laufenden Geschäftsführung heranzuziehen – insbesondere die Bedienung des Telefons, Terminabsprachen, Aktenführung, Einsortieren von Loseblattausgaben etc. Dazu gehört auch ein separater Raum für das Büropersonal – jedenfalls dann, wenn der Personalrat über Freistellungen gemäß § 42 Abs. 3 verfügt.

14   **Abs. 4:** Der Personalrat kann die Beschäftigten über Angelegenheiten schriftlich unterrichten. Bei der Gestaltung solcher schriftlicher Unterrichtungen steht ihm ein Ermessen zur Verfügung. Dazu kann er auch elektronische Medien (Serienbrief, E-Mail etc.) benutzen. Die Dienststelle kann derartige Veröffentlichungen nicht unter Hinweis auf ihr nicht genehme Artikel oder vermeintlich »überflüssige« Ausführungen ablehnen oder die Kostentragungspflicht verweigern. Geschieht dies gleichwohl, so ist der Personalrat befugt, den Druck seiner Informationsschrift extern zu veranlassen und die dadurch entstehenden Kosten sodann gegenüber der Dienststelle geltend zu machen (OVG Münster vom 11. 3. 1994 – 1 A 1423/91 PVL, PersR 1994, 429). Die Personalräte einer Hochschule können solche Informationsschriften auch gemeinsam erstellen und die dafür entstehenden Kosten gemeinsam gegenüber der Dienststelle geltend machen (OVG Münster vom 26. 6. 1998 – 1A 123/96.PVL, PersR 1998, 479).

Daneben sind dem Personalrat geeignete Plätze (Schwarzes Brett) zur Verfügung zu stellen. Sie sind nur dann für Bekanntmachungen des Personalrats geeignet, wenn sie vom größten Teil der Beschäftigten bemerkt und zur Kenntnis genommen werden können (Kantine, Aufenthaltsräume, Flure, Ein- und Ausgänge).

§ 41

Der Personalrat darf für seine Zwecke von den Beschäftigten keine Beiträge erheben oder annehmen.

Der Personalrat darf – was selbstverständlich ist – für die Erledigung seiner Aufgaben von den Beschäftigten keine Beiträge – Geld- oder Unterstützungsleistungen – verlangen oder entgegennehmen. Die Vorschrift wird – gegen Wortlaut und Zielsetzung – auf personalratsinterne Umlagen, z.B. Tragung von Druckkosten einer Informationsschrift, ausgedehnt.

Keine Einwände sind gegen Sammlungen für soziale Zwecke oder das Führen und die Verwaltung von Gemeinschaftseinrichtungen im Rahmen des § 72 Abs. 2 Nr. 4 zu erheben.

**Vierter Abschnitt
Rechtsstellung der Mitglieder**

§ 42

(1) Die Mitglieder des Personalrats führen ihr Amt unentgeltlich als Ehrenamt.

(2) Versäumnis von Arbeitszeit, die zur ordnungsgemäßen Durchführung der Aufgaben des Personalrats erforderlich ist, hat keine Minderung der Bezüge oder des Arbeitsentgelts zur Folge. Werden Personalratsmitglieder durch die Erfüllung ihrer Aufgaben über ihre individuelle Arbeitszeit hinaus beansprucht, so ist ihnen Dienstbefreiung in entsprechendem Umfang zu gewähren.

(3) Mitglieder des Personalrats sind durch den Leiter der Dienststelle von ihrer dienstlichen Tätigkeit ganz oder teilweise freizustellen, wenn und soweit es nach Umfang und Art der Dienststelle zur ordnungsgemäßen Durchführung ihrer Aufgaben erforderlich ist und der Personalrat die Freistellung beschließt. Dabei sind zunächst der Vorsitzende und sodann ein Vertreter der Gruppen, denen der Vorsitzende nicht angehört, nach der sich aus der Gruppenstärke ergebenden Reihenfolge unter Beachtung der in der jeweiligen Gruppe am stärksten vertretenen Liste zu berücksichtigen. Die übrigen Freistellungen richten sich nach der Gruppenstärke. Die Freistellung hat keine Minderung der Besoldung oder des Arbeitsentgelts zur Folge und darf nicht zur Beeinträchtigung des beruflichen Werdegangs führen.

(4) Von dieser Tätigkeit sind nach Absatz 3 ganz freizustellen in Dienststellen mit in der Regel

300 bis 600 Beschäftigten ein Mitglied,

601 bis 1 000 Beschäftigten zwei Mitglieder,

1 001 bis 2 000 Beschäftigten drei Mitglieder,

2 001 bis 3 000 Beschäftigten vier Mitglieder,

3 001 bis 4 000 Beschäftigten fünf Mitglieder,

4 001 bis 5 000 Beschäftigten sechs Mitglieder,

5 001 bis 6 000 Beschäftigten sieben Mitglieder,

6 001 bis 7 000 Beschäftigten acht Mitglieder,

7 001 bis 8 000 Beschäftigten neun Mitglieder,

8 001 bis 9 000 Beschäftigten zehn Mitglieder,

9 001 bis 10 000 Beschäftigten elf Mitglieder.

In den Dienststellen mit mehr als 10 000 Beschäftigten ist für je angefangene weitere 2 000 Beschäftigte ein weiteres Mitglied freizustellen. **Von den Sätzen 1 und 2 kann im Einvernehmen zwischen Personalrat und Leiter der Dienststelle abgewichen werden.** Auf **Antrag des Personalrats können anstelle der ganzen Freistellung eines Mitglieds mehrere Mitglieder zum Teil freigestellt werden.**

(5) Die Mitglieder des Personalrats und Ersatzmitglieder, die regelmäßig zu Sitzungen des Personalrats herangezogen werden, sind unter Fortzahlung der Bezüge und Erstattung der angemessenen Kosten für die Teilnahme an Schulungs- und Bildungsveranstaltungen vom Dienst freizustellen, soweit diese Kenntnisse vermitteln, die für die Tätigkeit im Personalrat erforderlich sind.

1 Die besondere Rechtsstellung der Personalratsmitglieder ist dadurch charakterisiert, daß ihnen die zur Ausfüllung des Amtes nötige Zeit und Unabhängigkeit durch bezahlte Freistellung für die Personalratstätigkeit zu gewähren ist.

2 **Abs. 1:** Daß das Personalratsmitglied ein Ehrenamt ausübt und dies unentgeltlich tut, gibt ihm die nötige Unabhängigkeit und Freiheit zur Wahrnehmung seiner Aufgaben und stellt zugleich sicher, daß die Amtsausübung neutral erfolgt. Jegliches Entgelt für die Personalratsarbeit (oder für ihr Unterlassen) ist unzulässig. Diese Grundsätze finden ihre Entsprechung in zahlreichen Schutzvorschriften, die die äußere und innere Unabhängigkeit des Personalrats und seiner Mitglieder sichern sollen, wie z. B. das Verbot der Beitragserhebung in § 41, der Umsetzungs- und Versetzungsschutz in § 43, der Ausschluß der ordentlichen und die Erschwerung der außerordentlichen Kündigung (§ 108 BPersVG, § 15 KSchG) und schließlich das allgemeine Benachteiligungs- und Begünstigungsverbot. Dementsprechend darf die Personalratstätigkeit im Zeugnis des Arbeitgebers keine Erwähnung finden (BAG vom 19. 8. 1992 – 7 AZR 26/91, NZA 1993, 222).

3 **Abs. 2:** Arbeitszeit, die für die Erledigung von Personalratstätigkeit vom einzelnen Personalratsmitglied aufgewandt wird, führt nicht zur Minderung der Bezüge oder des Arbeitsentgelts.

Voraussetzung ist, daß es sich um Personalratstätigkeit zur ordnungsgemäßen Durchführung der Aufgaben des Personalrats gehandelt hat und das Arbeitszeitversäumnis erforderlich war.

Das ist zunächst dann der Fall, wenn die Personalratstätigkeit des einzelnen einen Bezug zum gesetzlichen Aufgaben- und Pflichtenkreis hat. Dazu gehört auf jeden Fall die Teilnahme an den gesetzlich vorgesehenen Sitzungen, Besprechungen, Erörterungen und Sprechstunden einschließlich der Zeit zur Vor- und Nachbereitung dieser Veranstaltungen, Arbeitsplatzbegehungen, Entgegennahme von Anregungen und Beschwerden der Beschäftigten sowie Gespräche mit Gewerkschaften und außenstehenden Stellen im Zusammenhang mit der Wahrnehmung von Beteiligungsrechten. Der ordnungsgemäßen Durchführung der Personalratsaufgaben dient auch diejenige Zeit, die zur Vorbereitung von Initiativen des Personalrats aufgewandt wird.

Soweit das einzelne Personalratsmitglied Aufgaben des gesamten Perso- **4** nalrats wahrnimmt, bedarf es eines besonderen Beschlusses oder einer entsprechenden Festlegung in der Geschäftsordnung. Das ist nicht erforderlich, wenn das Personalratsmitglied Zeit für die Wahrnehmung persönlicher Rechte, wie z. B. die Vorbereitung der Personalratssitzung, die Einholung einer Auskunft, das Aufsuchen eines Arbeitsplatzes oder die Erkundigung bei Beschäftigten, aufwendet.

Erforderlich ist das Versäumnis von Arbeitszeit zur Aufgabenwahrnehmung dann, wenn die verbrauchte Zeit in einem angemessenen Verhältnis zu der wahrgenommenen Aufgabe steht.

Soweit das einzelne Personalratsmitglied an den Sitzungen teilnimmt, Sprechstunden wahrnimmt, an Vorstellungs- und Eignungsgesprächen gemäß § 65 Abs. 2 teilnimmt oder auf Wunsch eines Beschäftigten zu Besprechungen mit der Dienststelle hinzugezogen wird (§ 65 Abs. 3 Satz 2), bedarf es einer Abmeldung vor Aufnahme dieser Tätigkeiten beim Dienststellenleiter nicht, weil dieser bereits durch die entsprechenden Erklärungen des Personalratsvorsitzenden von diesen Tätigkeiten unterrichtet ist.

Ansonsten hat sich das Personalratsmitglied bei Aufnahme einer solchen Tätigkeit beim Dienststellenleiter bzw. beim unmittelbaren Dienstvorgesetzten unter stichwortartiger Angabe des Grundes und der voraussichtlichen Dauer der Personalratstätigkeit abzumelden. Die Angaben müssen es der Dienststelle ermöglichen, zu erkennen, ob bei der beabsichtigten Tätigkeit ein Bezug zu dem gesetzlichen Aufgaben- und Pflichtenkreis des Personalrats vorliegt. Es bedarf jedoch weder einer Genehmigung des Dienststellenleiters vor Aufnahme von Personalratstätigkeit noch kann sie verboten werden.

Eine Minderung der Dienstbezüge darf durch Personalratstätigkeit nicht **5** eintreten, d. h., daß das Personalratsmitglied diejenige Vergütung beanspruchen kann, auf die es ohne Ableistung der Personalratstätigkeit Anspruch hätte.

Findet die Personalratsarbeit ganz oder teilweise außerhalb der Arbeitszeit statt, zum Beispiel bei einer länger dauernden Personalratssitzung oder Personalversammlung – nicht jedoch Reisezeiten –, so besteht Anspruch auf Dienstbefreiung in dem entsprechenden Umfang. Es ist soviel Freizeit zu gewähren, wie Personalratsarbeit außerhalb der Arbeitszeit geleistet wird.

Der Zusatz durch die Novelle 1994, daß ein Anspruch auf Dienstbefreiung für die Erfüllung von Personalratsangelegenheiten besteht, die über die »individuelle« Arbeitszeit des einzelnen Personalratsmitglieds hinausgeht, dient der Klarstellung, daß unter der regelmäßigen Arbeitszeit die für das betreffende Personalratsmitglied geltende Arbeitszeit zu verstehen ist. Dadurch wird Teilzeitbeschäftigten Personalratsarbeit erleichtert.

6 **Abs. 3:** Neben der Bedarfsfreistellung gemäß Absatz 2 im Einzelfall und für bestimmte Anlässe besteht die Möglichkeit, Personalratsmitglieder vollständig von ihrer dienstlichen Tätigkeit freizustellen und zwar entweder für die gesamte Dauer ihrer Arbeitszeit oder für bestimmte Teile davon. In Dienststellen mit weniger als 300 Regelbeschäftigten kann zwar eine teilweise Freistellung nicht einfach aus den Sätzen des Absatzes 4 errechnet werden (150 Beschäftigte ergeben keine halbe Freistellung), ein Anhaltspunkt sind die Zahlen des Absatzes 4 gleichwohl. Die gesetzlich vorgesehene Freistellung berechtigt den Personalrat in Dienststellen mit weniger als 300 Beschäftigten jedenfalls dazu, seinen Vorsitzenden oder weitere Personalratsmitglieder für bestimmte Zeiten oder Tage in der Woche vollständig von der Arbeitsleistung freizustellen.

Soweit Freistellungen nach Absatz 4 zur Verfügung stehen, ist vom Gesetz eine bestimmte Reihenfolge bei Zuteilung dieser Freistellungen zu beachten. Zunächst ist der Vorsitzende und sodann Vertreter der anderen Gruppen freizustellen. Ihre Reihenfolge ergibt sich zunächst aus der Gruppenstärke. Es müssen nicht die zum ersten oder zweiten Stellvertreter Gewählten zur Freistellung vorgeschlagen oder vom Personalrat genommen werden.

Innerhalb der Gruppe soll die Auswahl der Freistellung unter Beachtung der in der jeweiligen Gruppe am stärksten vertretenen Liste vorgenommen werden. Das OVG Münster legt diese an sich nur schwache Verpflichtung zur Berücksichtigung der stärksten Liste nach wie vor (trotz Scheiterns der Vorlage an das BVG; siehe BVerfG vom 19. 12. 1994 – 2 BvL 8/88, PersR 1995, 165; dazu Welkoborsky, PersR 1995, 286) immer noch als recht strikte Bindung des Personalrates aus. Ein Ermessen des Personalrates bei der Entscheidung über die drei ersten Freistellungen läßt das OVG dementsprechend nicht zu (OVG Münster vom 15. 5. 1997 – 1A 649/97.PVL), er ist daher auch nicht berechtigt, eine Teilfreistellung zu beschließen oder auf die Freistellung ganz zu verzichten (OVG Münster vom 12. 6. 1997 – 1A 6325/96.PVL, PersR 1998, 1999; vom 19. 2. 2001 – 1B 1591/00.PVL, PersR 2001, 470), wenn eine volle Freistellung möglich und vorhanden ist.

Formell-rechtlich – so das OVG (vom 7. 8. 1998 – 1A 6489/96.PVL, PersR 1999, 308) – dürfe der Freistellungswunsch der stärksten Liste vom Personalrat nur dann übergangen werden, wenn den Personalratsmitgliedern die Gründe dafür bekanntgegeben und diese zur Abstimmung gestellt werden. Materiell-rechtlich muß es sich dabei um konkrete und gewichtige Gründe handeln. Ein solcher Grund kann z. B. das Bestehen eines weiteren Amtes (JAV-Vorsitz: OVG Münster vom 19. 2. 1997 – 1B 2237/96.PVL) oder die fehlende persönliche Eignung (OVG Münster vom 4. 8. 1997 – 1B 2954/96.PVL) sein.

Zur Verteilung dieser Freistellungen ist das d'Hondtsche Höchstzahlverfahren geeignet, wobei jedoch nur die noch übrigen Freistellungen anhand der Gruppenstärke im Personalrat zu verteilen sind (OVG Münster vom 18. 9. 1995 – 1A 82/95.PVL, vom 19. 2. 2001, a.a.O.); die zuvor bereits gemäß Satz 2 verteilten Freistellungen bleiben außer Betracht.

Sind der Personalratsvorsitzende und je ein Vertreter der anderen beiden Gruppen mit einer Freistellung bedacht, so richten sich die weiteren, noch übrigen Freistellungen nach der Stärke der Gruppen.

Nach Beschlußfassung durch den Personalrat ist die Freistellung vom Dienststellenleiter vorzunehmen. Es besteht jedoch eine Bindung an die Anzahl und die ausgewählten Personen sowie an die Reihenfolge der Freistellungsvorschläge. Der Personalrat ist nicht berechtigt, auf mögliche Freistellungen zu verzichten (so BVerwG vom 11. 7. 1996, PersR 1997, 22 unter Hinweis auf den Gruppen- und Listenschutz).

Die ganze oder teilweise Freistellung von der dienstlichen Tätigkeit hat **7** keine Minderung der Besoldung oder des Arbeitsentgelts zur Folge. Auch hier gilt wie bei der Bedarfsfreistellung das Lohnausfallprinzip; der Beschäftigte ist so zu stellen, als hätte er gearbeitet. So ist z.B. eine Erschwerniszulage für Dienst zu ungünstigen Zeiten fortzugewähren (BVerwG vom 13. 9. 2001 – 2 C 34.00, PersR 2002, 162). Lediglich solche Vergütungsbestandteile, die einen besonderen Aufwand oder konkrete Erschwernisse abgelten (Schmutzzulagen, Auslösen, Fahrtkosten) müssen nicht gezahlt werden, wenn sie wegen der Personalratstätigkeit nicht anfallen (siehe dazu auch Ziffer 8 des Durchführungserlasses, oben Seite 45). Durch die Freistellung darf auch eine Beeinträchtigung des beruflichen Werdeganges nicht eintreten. Das freigestellte Personalratsmitglied ist bezüglich Beförderung, Höhergruppierung, Bewährungsaufstieg etc. so zu stellen und so zu behandeln, als wäre es nicht freigestellt. Das ist entweder durch Nachzeichnung des beruflichen Werdeganges (siehe BAG vom 27. 6. 2001 – 7 AZR 496/99, PersR 2002, 39) oder durch die Zuordnung zu einem nach Besoldung/Vergütung und Tätigkeit vergleichbaren Beschäftigten (»Koppel-Mann«) zu gewährleisten. Mit welcher Methode die fiktive Nachzeichnung des Werdeganges erfolgt, liegt zwar im pflichtgemäßen Ermessen des Dienstherrn. Es ist jedoch von den konkreten Verhältnissen der Dienststelle auszugehen. Dem langjährig freigestellten Personalratsmitglied dürfen das Fehlen aktuellen beruflichen Wissens und Erfahrung nicht angelastet werden (LAG Köln vom 28. 8. 1996, PersR 1997, 178) bei Fortschreibung der dienstlichen Beurteilung muß eine durchschnittlich zu erwartende Leistungssteigerung berücksichtigt werden (BVerwG vom 10. 4. 1997, PersR 1997, 533). Das freigestellte Personalratsmitglied hat während der Freistellung auch Anspruch auf betriebliche Fortbildung – gegebenenfalls ist dazu kurzzeitig die Freistellung zu unterbrechen – und nach Ende der Freistellung einen Anspruch darauf, dasjenige Wissen nachträglich zu erwerben, das er infolge der Freistellung im Zusammenhang mit seiner Berufstätigkeit nicht erwerben konnte.

8 **Abs. 4:** Die Regelfreistellungen haben die Annahme des Gesetzgebers zur Grundlage, daß ab 300 Beschäftigten entsprechend der Staffel die vollständige Freistellung von Personalratsmitgliedern im Hinblick auf Umfang und Bedeutung der Aufgaben stets erforderlich ist. Es handelt sich um eine Mindestzahl, deren Unterschreitung auch für den Personalrat nicht zulässig ist. Die Dienststelle kann eine Nachprüfung der Erforderlichkeit nicht durchführen, da der Gesetzgeber durch die Formulierung »sind« einen unbedingten und unverzichtbaren Anspruch auf die Regelfreistellungen geschaffen hat.

In Dienststellen unter 300 Beschäftigten ist eine Regelfreistellung nicht vorgesehen. Gleichwohl kommt auch dort eine Pauschalierung der Freistellung in Betracht. Für die Bemessung des zeitlichen Umfangs solcher Freistellungen kann als Anhaltspunkt dienen, daß das Gesetz bei 300 Beschäftigten eine volle Freistellung als erforderlich ansieht, so daß in kleineren Dienststellen eine an der Beschäftigtenzahl orientierte Teilfreistellung – z. B. für bestimmte Tage in der Woche – in Betracht kommt.

9 Seit der Novelle 1994 ist ausdrücklich die Möglichkeit eröffnet, anstelle der ganzen Freistellung eines Mitglieds des Personalrats mehrere Mitglieder teilweise freizustellen. Damit ist ein Rechtsanspruch darauf geschaffen worden, daß volle Freistellungen geteilt werden können. Die Teilung steht im Ermessen des Personalrats, die Dienststelle ist an die Ausübung dieses Ermessens gebunden und muß die Teilfreistellungen entsprechend vornehmen. Ein eigenes Ermessen bei Beurteilung der Zweckmäßigkeit der Teilung hat die Dienststelle nicht (teilweise anders: OVG Münster vom 11. 11. 1994 – 1 A 1409/94.PVL).

10 **Abs. 5:** Wesentliches Instrument zur Schaffung gleichberechtigter Verhältnisse in der Dienststelle (»Waffengleichheit«) und zur Qualifizierung der Personalratsmitglieder ist der Anspruch auf Teilnahme an Schulungs- und Bildungsveranstaltungen. Diese Teilnahme ist nicht nur Vorbereitung auf Personalratsarbeit, sondern stellt selbst Personalratstätigkeit dar. Es besteht ein Anspruch auf Freistellung von allen im Zusammenhang mit diesen Veranstaltungen entstehenden Kosten sowie auf Fortzahlung von Lohn und Gehalt.

Der Anspruch auf Teilnahme an Schulungs- und Bildungsveranstaltungen steht dem Personalrat als Organ zu, weshalb zur Entsendung einzelner Personalratsmitglieder ein Beschluß des Personalrats erforderlich ist. Dieser Beschluß muß über die teilnehmenden Personalratsmitglieder, die Dauer und das Thema der Schulungsveranstaltung einschließlich des Themenplanes sowie die entstehenden Kosten Auskunft geben. Der Beschluß des Personalrats ist für das einzelne Personalratsmitglied verpflichtend. Die Dienststelle hat ihn zur Teilnahme freizustellen.

11 Anspruchsberechtigt sind sowohl die Mitglieder des Personalrats wie diejenigen Ersatzmitglieder, die regelmäßig – also nicht nur ganz gelegentlich – zu Sitzungen des Personalrats herangezogen werden.

Ein Teilnahmeanspruch besteht nur bezüglich solcher Veranstaltungen, die »erforderliche« Kenntnisse vermitteln. Was erforderlich ist, bestimmt sich sachlich nach dem Aufgabenbereich des Personalrats, objektiv nach dem Kenntnisstand des Personalrats und subjektiv nach der Schulungsbedürftigkeit des einzelnen Personalratsmitglieds. Deshalb ist die Einführung in das Personalvertretungsrecht für alle Personalratsmitglieder, die daran noch nicht teilgenommen haben – gleichgültig ob erstmals oder wiederholt gewählt – stets erforderlich, da ohne Einführungs- und Grundwissen im Personalvertretungsrecht eine angemessene Beteiligung am Personalratsgeschehen für das einzelne Personalratsmitglied unmöglich ist. Die Teilnahme an solchen Grundschulungen kann nicht wegen angeblich fehlender Haushaltsmittel verweigert werden (so: VG Köln vom 8. 1. 1998 – 33 L 4426/97.PVB, PersR 1998, 32). Dementsprechend muß jedem Personalratsmitglied auch ermöglicht werden, an Schulungsveranstaltungen teilzunehmen, die die jeweils aktuellen Entwicklungen in Rechtsprechung oder durch Gesetzesänderungen vermitteln und zugleich Basiswissen auffrischen. Aufbauseminare sind ebenfalls in regelmäßigen Abständen erforderlich, um vertiefte Kenntnisse im Personalvertretungsrecht zu gewährleisten. Ein Grundwissen über die in der Dienststelle geltenden arbeitsrechtlichen Bestimmungen ist für jedes Personalratsmitglied weiter erforderlich.

Spezielle Seminare zu speziellen Themen oder für bestimmte Personalratsmitglieder gehören dann zu den »erforderlichen« Kenntnissen, wenn das vermittelte Wissen einen konkreten Bezug zu den Aufgaben des Personalrats oder des bestimmten Personalratsmitglieds hat. Auf dieser Grundlage besteht Anspruch auf Teilnahme z. B. an Seminaren zur Arbeitssicherheit, zum Eingruppierungsrecht, zur Personaldatenverarbeitung, zur EDV im Personalratsbüro. Auch die Teilnahme an Seminaren über die Problematik der sexuellen Belästigung am Arbeitsplatz ist stets erforderlich; § 5 Satz 2 Beschäftigtenschutzgesetz legt eine Berücksichtigung dieses Themas »insbesondere« bei der beruflichen Aus- und Fortbildung von Personalratsmitgliedern nahe.

Schulungsveranstaltungen sind regelmäßig dann angemessen, wenn sie eine Woche oder länger (siehe BVerwG vom 14. 11. 1990 – 6 P 4.89, PersR 1991, 29) dauern – je nach Umfang des zu vermittelnden Wissens. Als Träger der Veranstaltung kommen die Gewerkschaften in Betracht, die im Rahmen ihrer Unterstützungsaufgaben solche Schulungen regelmäßig anbieten. Die Auswahl von Veranstalter und Veranstaltung liegt im Ermessen des Personalrats. Die Dienststelle kann nicht die Bevorzugung bestimmter – arbeitgebernaher – Veranstalter verlangen.

Die Teilnehmer an Schulungsveranstaltungen haben Anspruch auf voll- **12**
ständigen Ersatz der durch die Teilnahme entstehenden Kosten. Dazu gehören die Reisekosten, die entsprechend § 40 Abs. 1 Satz 3 nach den

für die Beamten der Besoldungsgruppe A 15 geltenden Bestimmungen zu erstatten sind, die Übernachtungskosten und die durch die Teilnahme entstehenden Kosten. Eine Pauschalierung, wie sie der Runderlaß des Innenministers in Höhe von 225 % des Tagesgeldsatzes der Reisekostenstufe B vorsah, ist nicht zulässig (OVG Münster vom 5. 2. 1997 – 1A 3978/95.PVL, PersR 1997, 313 unter Hinweis auf die Rspr. des BVerwG). Vielmehr sind die tatsächlichen Kosten zu erstatten. Der Personalrat wird bei seiner Entscheidung über die Teilnahme den Grundsatz der Sparsamkeit der öffentlichen Verwaltung ebenso zu beachten haben wie die effektive Aufgabenerfüllung des Personalrats, die ohne Qualifizierung seiner Mitglieder unmöglich ist.

13 Die Dienststelle hat das vom Personalrat zur Teilnahme an einer Schulungs- und Bildungsveranstaltung freigestellte Personalratsmitglied freizustellen. Diese Freistellung darf nicht mit der Begründung verweigert werden, daß die Teilnahme nicht erforderlich oder die Kosten unangemessen sind. Der Streit um diese Fragen kann nach Teilnahme im Beschlußverfahren auf Antrag des Dienststellenleiters entschieden werden. Weigert sich die Dienststelle, ein Personalratsmitglied freizustellen, so kann der Personalrat dies im Wege der einstweiligen Verfügung vor dem Verwaltungsgericht erzwingen.

§ 43

Mitglieder des Personalrats dürfen gegen ihren Willen nur versetzt, abgeordnet oder nach § 72 Abs. 1 Satz 1 Nr. 5 umgesetzt werden, wenn dies auch unter Berücksichtigung der Mitgliedschaft im Personalrat aus wichtigen dienstlichen Gründen unvermeidbar ist und der Personalrat, dem das Mitglied angehört, zustimmt. Dies gilt entsprechend für Ersatzmitglieder, solange sie gemäß § 28 Abs. 1 in den Personalrat eingetreten sind.

1 Die Unabhängigkeit der Amtsführung des Personalrats und seiner Mitglieder erfordert gesetzlichen Schutz vor unmittelbaren und mittelbaren Nachteilen und Benachteiligungen. Zahlreiche gesetzliche Vorschriften tragen dem Rechnung:

Die in dem Bereich der Länder unmittelbar geltende Vorschrift des § 107 BPersVG verbietet generell jede Behinderung, Benachteiligung oder Begünstigung von Personalratsmitgliedern. §§ 108 BPersVG, 15 KSchG schaffen einen besonderen Kündigungsschutz für Personalratsmitglieder, indem ordentliche Kündigungen für die Dauer der Amtszeit ganz ausgeschlossen werden und die außerordentliche Kündigung nur mit Zustimmung des Personalrats bzw. gerichtlicher Ersetzung durch das Verwaltungsgericht zulässig ist. § 9 BPersVG schließlich schützt die Mitglieder der Jugend- und Auszubildendenvertretung nach Ende ihres Ausbildungsverhältnisses gegen Benachteiligung bei Übernahme in ein Dienst- oder Arbeitsverhältnis.

Der Versetzungs- und Umsetzungsschutz in § 43 erstreckt sich auf alle Versetzungen, Abordnungen und Umsetzungen im Sinne des § 72 Abs. 1 Satz 1 Nr. 5.

Ist das Personalratsmitglied mit einer dieser Maßnahmen einverstanden, so verbleibt es bei dem »normalen« Mitbestimmungsverfahren nach § 66.

2 Soll ein Personalratsmitglied gegen seinen Willen versetzt, abgeordnet oder umgesetzt werden, so ist dazu die Zustimmung des Personalrats nach § 43 erforderlich. Über einen solchen Antrag auf Zustimmung ist vom Personalrat insgesamt zu entscheiden. Verweigert der Personalrat seine Zustimmung, ist diese Entscheidung bindend. Die Einigungsstelle ist nicht zuständig, da es sich um kein Mitbestimmungsverfahren nach § 66 handelt.

Die Zustimmung des Personalrats darf nur erteilt werden, wenn dies unter Berücksichtigung der Mitgliedschaft im Personalrat einerseits und der von der Dienststelle benannten wichtigen dienstlichen Gründe andererseits unvermeidbar ist. Es muß sich um zwingende und unabweisbare Gründe von erheblichem Gewicht und Bedeutung für die Dienststelle handeln.

3 Geschützt von § 43 sind zunächst die ordentlichen Mitglieder des Personalrats. Durch die Novelle 1994 ist der Schutz des § 43 auch auf Ersatzmitglieder erstreckt worden, die nach § 28 Abs. 1 in den Personalrat eingetreten sind. Es handelt sich also um einen zusätzlichen Schutz für diejenigen Ersatzmitglieder, die für ein zeitweilig verhindertes Personalratsmitglied in den Personalrat eintreten.

DRITTES KAPITEL
Personalkommission

§ 44

(1) Wird in der Landesverwaltung durch Teilung einer Dienststelle oder durch Zusammenlegung von Dienststellen oder von Teilen von Dienststellen eine neue Dienststelle gebildet, die die Voraussetzungen des § 13 Abs. 1 erfüllt, so werden die Rechte des bei der neuen Dienststelle zu wählenden Personalrats von einer Personalkommission wahrgenommen, bis der Personalrat zu seiner ersten Sitzung zusammengetreten ist. Das gilt auch für die Umbildung von Gemeinden, Gemeindeverbänden und sonstigen Körperschaften, Anstalten oder Stiftungen des öffentlichen Rechts, wenn im Zusammenhang mit der Umbildung keine besonderen personalvertretungsrechtlichen Vorschriften erlassen werden.

(2) Die Mitglieder der Personalkommission müssen für den Personalrat der neuen Dienststelle wählbar sein. § 13 Abs. 3 und 4 gilt entsprechend. Die Mitglieder sind von den Personalräten der von der Organisationsmaßnahme betroffenen Dienststelle zu bestellen; die anteilige Zahl der Mitglieder wird entsprechend dem Verhältnis der von der Organisationsmaßnahme betroffenen wahlberechtigten Beschäftigten der bisherigen Dienststelle an der Gesamtzahl der wahlberechtigten Beschäftigten der neuen Dienststelle nach dem d'Hondt'schen Höchstzahlenverfahren ermittelt. Sind in der neuen Dienststelle Angehörige verschiedener Gruppen beschäftigt, so soll jede Gruppe entsprechend ihrer Stärke vertreten sein.

(3) Für die Geschäftsführung der Personalkommission und die Rechtsstellung ihrer Mitglieder gelten die §§ 29 bis 43 entsprechend.

(4) Die Personalkommission hat spätestens zwei Monate nach Wirksamwerden der Organisationsmaßnahmen einen Wahlvorstand für die Wahl des Personalrats zu bestellen. Die §§ 17 und 19 gelten entsprechend.

(5) Wird durch eine Organisationsmaßnahme im Sinne des Absatzes 1 eine Dienststelle betroffen, bei der eine Stufenvertretung besteht, so werden auch die Rechte der bei der neuen Dienststelle zu wählenden Stufenvertretung von einer Personalkommission wahrgenommen, bis die Stufenvertretung zu ihrer ersten Sitzung zusammengetreten ist. Die Absätze 2 bis 4 gelten entsprechend.

1 Werden Dienststellen geteilt oder zusammengelegt, so wird bis zur Wahl von Personalräten deren Aufgaben und Befugnisse übergangsweise von Personalkommissionen wahrgenommen. Der Landesgesetzgeber kann bei solchen Umbildungen abweichende Vorschriften – z.B. über Übergangsmandate erlassen.

Der Gesetzgeber hat die Folgen von Zusammenlegung, Auf- oder Abspaltung von Dienststellen und Dienststellenteilen mit dieser Vorschrift nur sehr unvollständig geregelt (siehe OVG Münster vom 29. 9. 1999 – 1A 1083/98.PVB, PersR 2000, 455). Gar nicht geregelt sind die möglichen Nachteile für Beschäftigte bei Auflösung und Zusammenlegung von Dienststellen aufgrund gesetzlicher Regelungen sowie in den Fällen des Übergangs zu einem Arbeitgeber privaten Rechtes oder bei tatsächlichen Nachteilen infolge räumlicher Veränderungen der Dienststellen. Eine entsprechende Anwendung der Rechtsprechung des BAG und der Regeln des BetrVG zum Übergangsmandat lehnt die Rechtsprechung ab (siehe LAG Köln vom 10. 2. 2000 – 4 TaBV 2/00 und vom 10. 3. 2000 – 13 TaBV 9/00, PersR 2000, 378 und 380). Eine den Vorschriften der §§ 111 ff. BetrVG entsprechende Mitbestimmungsregelung fehlt. Schließlich fehlt dem LPVG eine dem Konzernbetriebsrat entsprechende Institution, die die Rechte der Arbeitnehmer bei Unternehmen wie dem »Konzern Stadt«, der sich sowohl auf Dienststellen wie auf Betriebe i. S. d. BetrVG erstreckt, wahrnimmt.

Ein Mangel ist auch das Fehlen von Übergangsvorschriften. wie z. B. Übergangsmandaten des Personolrats u. ä.

Abs. 1: Wird eine Dienststelle geteilt oder durch Zusammenlegung von Dienststellen oder Teilen solcher Dienststellen neu gebildet, so ist für diese Dienststelle ein neuer Personalrat zu wählen. Für die Zeit bis zur ersten Sitzung dieses zu wählenden Personalrats nimmt eine ab Neuentstehung der Dienststelle zu installierende Personalkommission die Rechte des Personalrats wahr, um eine personalratslose Zeit zu vermeiden.

Abs. 2: Die Personalkommission wird von den Personalräten der betroffenen Dienststellen bestellt. Die Personalkommission besteht aus ebenso vielen Mitgliedern wie der neu zu wählende Personalrat. Sie müssen zu dem Personalrat der neuen Dienststelle wählbar sein. **2**

Abs. 3: Geschäftsführung und Rechtsstellung der Personalkommission und seiner Mitglieder richten sich nach den für den Personalrat geltenden Vorschriften in §§ 29 bis 43. **3**

Abs. 4: Die Personalkommission hat unverzüglich nach ihrer Errichtung, spätestens jedoch zwei Monate nach Wirksamwerden der Organisationsmaßnahmen einen Wahlvorstand für die Wahl eines Personalrates zu bestellen. **4**

VIERTES KAPITEL
Personalversammlung

§ 45

(1) **Die Personalversammlung besteht aus den Beschäftigten der Dienststelle. Sie wird vom Vorsitzenden des Personalrats geleitet. Sie ist nicht öffentlich.**

(2) **Kann nach den dienstlichen Verhältnissen eine gemeinsame Versammlung aller Beschäftigten nicht stattfinden, so sind Teilversammlungen abzuhalten. Das gleiche gilt, wenn dies zur Erörterung der besonderen Belange eines Teils der Beschäftigten erforderlich ist.**

1 Die Personalversammlung ist das demokratische Forum der Beschäftigten, der Ort der Aussprache, Meinungsbildung und Unterrichtung der Beschäftigten. Sie ist Organ der Personalvertretung und besteht aus allen Beschäftigten der Dienststelle – gleichgültig, ob wahlberechtigt oder nicht. Sie ist jedoch kein Beschlußgremium, sie kann lediglich zu der Tätigkeit des Personalrats Stellung nehmen, aber keine bindenden Beschlüsse fassen und den Personalrat weder abwählen noch zu bestimmten Handlungen anweisen.

2 **Abs. 1:** Die Leitung und Durchführung der Personalversammlung obliegt dem Vorsitzenden des Personalrats.

Die gesamte organisatorische Vorbereitung der Personalversammlung ist jedoch Sache des Personalrats insgesamt. Dazu gehört insbesondere die Beschlußfassung über die zeitliche Lage und Dauer der Personalversammlung, ihren inhaltlichen und organisatorischen Ablauf sowie über den Tätigkeitsbericht.

Während der Personalversammlung ist der Vorsitzende der Inhaber des Hausrechts; er leitet die Sitzung, erteilt das Wort und sorgt für eine Behandlung aller vorgesehenen Tagesordnungspunkte.

Die Personalversammlung ist zum Schutze der freien Aussprache nicht öffentlich. Auskunftspersonen, dienststellenfremde sachkundige Personen (§ 49 Satz 4) sowie Vortragende und Redner dürfen vom Personalrat jedoch zugelassen werden. Nicht zulässig sind jedoch allgemeine Einladungen an Ratsmitglieder (siehe OVG Münster vom 23. 2. 1994 – 1A 35/94.PVL). Aus dem gleichen Grund sind Unterschriften von Vertretern der Dienststelle sowie Tonbandaufnahmen unzulässig.

Äußerungen auf der Personalversammlung sind vom Grundrecht der freien Meinungsäußerung gedeckt, sie können nicht Gegenstand von Abmahnungen o. ä. sein.

Abs. 2: Regelmäßig findet die Personalversammlung für alle Beschäftigten gleichzeitig statt. Teilversammlungen sind die Ausnahme und dürfen nur stattfinden, wenn eine Versammlung aller Beschäftigten »nach den dienstlichen Verhältnissen« nicht möglich ist. Das kann z. B. bei Schichtarbeit oder dann der Fall sein, wenn nicht alle Beschäftigten gleichzeitig abkömmlich sind, beispielsweise weil Überwachungseinrichtungen nicht verlassen werden können. Nicht ausreichend sind höhere Kosten oder weitere Reisen sowie dienstliche Störungen.

Der Personalrat kann darüber hinaus Teilversammlungen zur Erörterung besonderer Belange eines Teils der Beschäftigten durchführen. Das bietet sich z.b. dann an, wenn die Dienststelle Maßnahmen plant, die eine bestimmte Gruppe von Beschäftigten besonders betreffen. An den Hochschulen und Fachhochschulen können die Personalräte – wenn sie es für zweckmäßig erachten – gemeinsame Personalversammlungen für die nichtwissenschaftlichen und die wissenschaftlich/künstlerisch Beschäftigten abhalten (VG Düsseldorf vom 29. 9. 1997 – 34 K 13091/96.PVL, PersR 1998, 203).

§ 46

(1) Der Personalrat hat einmal in jedem Kalenderjahr in einer Personalversammlung über seine Tätigkeit zu berichten.

(2) Der Personalrat ist berechtigt und auf Antrag des Leiters der Dienststelle oder eines Viertels aller wahlberechtigten Beschäftigten verpflichtet, zusätzliche Personalversammlungen einzuberufen und den Gegenstand, dessen Beratung beantragt ist, auf die Tagesordnung zu setzen.

(3) Auf Antrag einer in der Dienststelle vertretenen Gewerkschaft muß der Personalrat vor Ablauf von zwei Wochen nach Eingang des Antrags eine Personalversammlung einberufen, wenn im vorhergegangenen Kalenderjahr keine Personalversammlung durchgeführt worden ist.

Der Personalrat hat mindestens einmal im Jahr auf einer Personalversammlung einen Tätigkeitsbericht zu erstatten, kann bei Bedarf zusätzliche Personalversammlungen abhalten, muß auf Antrag des Dienststellenleiters oder eines Viertels der wahlberechtigten Beschäftigten ebenfalls zusätzliche Personalversammlungen einberufen und hat daneben die Möglichkeit, zur Erörterung besonderer Belange von Teilen der Beschäftigten Teilversammlungen nach § 45 Abs. 2 abzuhalten. **1**

Abs. 1: Einmal im Jahr hat der Personalrat auf einer Personalversammlung einen Tätigkeitsbericht zu erstatten. Sowohl auf der Personalversammlung allgemein wie im Tätigkeitsbericht kann der Personalrat auch Themen behandeln, die gemäß § 9 der Schweigepflicht unterliegen. Die Teilnehmer der Personalversammlung sind ebenfalls zum Schweigen verpflichtete Personen i.S.d § 9 Abs. 1, so daß auch diese der Schweigepflicht unterliegen. Die Persönlichkeitsrechte der Beschäftigten sind stets zu beachten. **2**

Der Tätigkeitsbericht wird vom Personalratsvorsitzenden vorgetragen, inhaltlich jedoch vom Personalrat insgesamt vorbereitet. In ihm soll für die Beschäftigten – in verständlicher Form – dargestellt werden, womit sich der Personalrat seit dem letzten Tätigkeitsbericht befaßt hat. Eine bloße Aufzählung der in der Vergangenheit angefallenen Mitbestimmungsfälle wird dieser Verpflichtung nicht gerecht. Vielmehr müssen die sachlichen Zusammenhänge und Entwicklungen in der Dienststelle dargestellt werden. Es ist zu empfehlen, daß der Personalrat den Tätigkeitsbericht den Teilnehmern der Personalversammlung in schriftlicher Form zur Verfügung stellt und den Vortrag dadurch anschaulicher und lebendiger macht, daß die einzelnen Personalratsmitglieder die in ihr Ressort fallenden Teile des Tätigkeitsberichtes vortragen und erläutern.

Im Anschluß an diesen Tätigkeitsbericht ist entsprechend der Aufgabenstellung der Personalversammlung Gelegenheit zur Aussprache, Nachfrage und Meinungsbildung sowie gegebenenfalls Beschlußfassung gemäß § 48 zu geben.

3 **Abs. 2:** Zusätzliche Personalversammlungen kann der Personalrat bei Bedarf neben der ordentlichen Personalversammlung einberufen. Das ist dann zweckmäßig, wenn die ordentliche Personalversammlung mit der Erstattung und Diskussion des Tätigkeitsberichtes zeitlich bereits ausgefüllt ist sowie weitere Themen aus Sicht des Personalrats mit den Beschäftigten erörtert werden sollen. Weitere Personalversammlungen können jederzeit und nicht erst dann abgehalten werden, wenn eine besondere Dringlichkeit oder Wichtigkeit dargelegt wird.

Verpflichtet ist der Personalrat zur Durchführung zusätzlicher Personalversammlungen, wenn der Dienststellenleiter oder ein Viertel der wahlberechtigten Beschäftigten einen darauf gerichteten Antrag stellen und zusammen mit dem Antrag einen bestimmten Beratungsgegenstand verlangen, der auf die Tagesordnung gesetzt werden soll. Die Behandlung solcher Anträge kann jedoch mit der nächsten Personalversammlung verbunden werden, wenn diese zeitnah stattfinden kann.

4 **Abs. 3:** Führt der Personalrat entgegen seiner Verpflichtung aus Absatz 1 die jährliche Personalversammlung nicht durch, so kann dies von einer in der Dienststelle vertretenen Gewerkschaft erzwungen werden. Wird ein solcher Antrag gestellt, so ist der Personalrat verpflichtet, innerhalb von zwei Wochen nach Eingang eines solchen Antrags eine Personalversammlung einzuberufen.

§ 47

Personalversammlungen finden während der Arbeitszeit statt, soweit nicht die dienstlichen Verhältnisse eine andere Regelung erfordern. Die Teilnahme an der Personalversammlung hat keine Minderung der Bezüge oder des Arbeitsentgelts zur Folge. Soweit in den Fällen des Satzes 1 Personalversammlungen aus dienstlichen Gründen au-

ßerhalb der Arbeitszeit stattfinden müssen, ist den Teilnehmern Dienstbefreiung in entsprechendem Umfang zu gewähren. Fahrtkosten, die den Beschäftigten durch die Teilnahme an einer Personalversammlung nach Satz 1 entstehen, sind von der Dienststelle in entsprechender Anwendung des Landesreisekostengesetzes zu erstatten.

Die ordentlichen, zusätzlichen und Teilpersonalversammlungen finden **1** sämtlich während der dienststellenüblichen Arbeitszeit statt. Der Personalrat hat die zeitliche Lage der Personalversammlung daher so zu wählen, daß Beginn und Ende der Personalversammlung in die Arbeitszeit fallen. Damit die Personalversammlung von ihrem Recht auf Aussprache und Behandlung aller Tagesordnungspunkte auch Gebrauch machen kann, wird es regelmäßig geboten sein, sie an den Beginn der Arbeitszeit eines Tages zu legen.

Die Entscheidung über die zeitliche Lage der Personalversammlung trifft der Personalrat durch Beschluß, ein Einvernehmen mit der Dienststelle oder gar eine Genehmigung ist nicht erforderlich.

Außerhalb der Arbeitszeit darf die Personalversammlung nur ganz aus- **2** nahmsweise gelegt werden, wenn die dienstlichen Verhältnisse eine andere Regelung erfordern. Daß Arbeitszeit versäumt wird, zählt nicht zu solchen dienstlichen Verhältnissen, weil jegliche Personalratstätigkeit und jede Personalversammlung zur Versäumnis von Arbeitszeit führt und vom Gesetzgeber hingenommen wird. Auch die Einschränkung oder Schließung des Publikumsbetriebs steht einer Personalversammlung während der Arbeitszeit nicht entgegen.

Die Beschäftigten, die an der Personalversammlung teilnehmen, erhalten diejenigen Dienstbezüge, die sie ohne Teilnahme an der Personalversammlung zu beanspruchen hätten. Findet die Personalversammlung außerhalb der dienststellenüblichen Arbeitszeit oder außerhalb der persönlichen Arbeitszeit statt, so ist dem Teilnehmer Dienstbefreiung in entsprechendem Umfang zu gewähren.

Fahrtkosten, die durch die Teilnahme an der Personalversammlung entstehen, werden von der Dienststelle entsprechend den Vorschriften des Landesreisekostengesetzes erstattet.

§ 48

Die Personalversammlung kann dem Personalrat Anträge unterbreiten und zu seinen Beschlüssen Stellung nehmen. Sie darf alle Angelegenheiten behandeln, die die Dienststelle oder ihre Beschäftigten unmittelbar betreffen, insbesondere Tarif-, Besoldungs- und Sozialangelegenheiten. § 2 Abs. 2 und § 3 Abs. 1 gelten für die Personalversammlung entsprechend.

Die Personalversammlung kann sich mit allen Themen befassen, die einen **1** Bezug zur Dienststelle, zur Arbeit des Personalrats oder zur eigenen dienst- und arbeitsrechtlichen sowie sozialen Stellung haben. Die Personalversammlung kann dem Personalrat Anträge unterbreiten. Es kann also in der Personalversammlung über Entschließungen zur Arbeit des Personalrats abgestimmt werden. Auch zu den Beschlüssen des Personalrats kann durch Beschlußfassung der Personalversammlung Stellung genommen werden. Solche Anträge und Stellungnahmen der Personalversammlung haben zwar keine bindende Wirkung, sind vom Personalrat jedoch auf der nächsten Sitzung zu beraten, damit auf der nächsten Personalversammlung Rechenschaft darüber abgelegt werden kann, was der Personalrat zur Durchführung der Beschlüsse der Personalversammlung unternommen hat.

2 Die zulässigen Themen der Personalversammlung sind vom Gesetz recht weit gefaßt. Dazu gehören zunächst Angelegenheiten, die die Dienststelle unmittelbar betreffen, worunter nicht nur personalvertretungsrechtliche Themen, sondern z. B. auch in der Öffentlichkeit bekannt gewordene Kritik am Verhalten der Dienststellenleitung u. ä. fallen kann. Behandelt werden dürfen auch solche Angelegenheiten, die die Beschäftigten unmittelbar betreffen, worunter alle Tarif-, Besoldungs- und Sozialangelegenheiten gehören, ohne daß ein unmittelbarer Dienststellenbezug erforderlich wäre. Die Unterrichtung und Diskussion über die Forderungen der Gewerkschaften in der jeweils laufenden Tarifrunde, die Belastungen von Arbeitnehmern mit zusätzlichen Abgaben gehören daher zu den zulässigen Themen einer Personalversammlung ebenso wie die im Zusammenhang mit dem Tätigkeitskreis des Personalrats stehenden Angelegenheiten, die sich aus dem Tätigkeitsbericht und den Vorschriften des Landespersonalvertretungsgesetzes ergeben.

3 Auch für die Personalversammung gelten die Friedenspflicht und das Gebot der parteipolitischen Neutralität. Arbeitskampf- und Wahlaufrufe können daher nicht Gegenstand von Diskussionsbeiträgen sein. Jedoch muß der Personalrat nicht jedes Wort auf die »Goldwaage« legen. Nicht jede überspitzte Formulierung ist bereits geeignet, den Frieden in der Dienststelle zu beeinträchtigen, auch scharfe Kritik muß hingenommen werden. Eine gewerkschaftspolitische Neutralität wird von der Personalversammlung nicht verlangt.

§ 49

Der Leiter der Dienststelle, Beauftragte aller in der Dienststelle vertretenen Gewerkschaften, ein Beauftragter der Arbeitgebervereinigung, der die Dienststelle angehört, je ein beauftragtes Mitglied der Stufenvertretung oder des Gesamtpersonalrats sowie je ein Beauftragter der Dienststellen, bei denen die Stufenvertretungen bestehen, sind berechtigt, mit beratender Stimme an der Personalversammlung teilzunehmen. Der Personalrat hat die Einberufung einer Personalversammlung dem Leiter der Dienststelle und den in Satz 1 genannten

Gewerkschaften mitzuteilen. An Versammlungen, die auf Antrag des Leiters der Dienststelle einberufen sind oder zu denen er ausdrücklich eingeladen ist, hat er teilzunehmen. Der Personalrat kann sachkundigen Personen die Teilnahme an der Personalversammlung gestatten.

An der Personalversammlung können alle Beschäftigten der Dienststelle **1** ohne Rücksicht auf den Umfang ihrer Beschäftigung oder die Wahlberechtigung teilnehmen, so daß auch Beschäftigte mit einem ruhenden Arbeitsverhältnis teilnahmeberechtigt sind.

Der Dienststellenleiter ist vom Personalrat über die Einberufung einer Personalversammlung zu unterrichten, damit er beratend teilnehmen kann.

Auch die in der Dienststelle vertretenen Gewerkschaften muß der Personalrat über den Zeitpunkt der Personalversammlung unterrichten, damit diese einen Beauftragten ihrer Wahl zur beratenden Teilnahme an der Personalversammlung entsenden können.

Ein Teilnahmerecht mit beratender Stimme hat auch ein Beauftragter der Arbeitgebervereinigung, wenn die Dienststelle tarifgebunden ist.

Seit der Novelle 1994 hat nunmehr »je« ein beauftragtes Mitglied der **2** Stufenvertretungen oder des Gesamtpersonalrates ein beratendes Teilnahmerecht, es kann also sowohl der Bezirks- wie der Hauptpersonalrat ein beauftragtes Mitglied seines Gremiums zur Personalversammlung der örtlichen Dienststelle entsenden. Das gilt für einen Beauftragten der Dienststellen, bei denen die Stufenvertretungen bestehen.

Beruft der Dienststellenleiter eine Personalversammlung ein oder wird er vom Personalrat ausdrücklich eingeladen, ist er verpflichtet, teilzunehmen.

Der Personalrat ist berechtigt, sachkundigen Personen die Teilnahme an **3** der Personalversammlung zu gestatten, er kann also Beschäftigte anderer Dienststellen, bestimmte Gewerkschaftsbeauftragte oder andere Sachkundige und Sachverständige bitten, an der Personalversammlung teilzunehmen, damit sie in Referaten, Vorträgen oder Diskussionsbeiträgen zu bestimmten Themen Stellung nehmen können. Ihre Teilnahme ist nicht auf die Dauer ihres Diskussionsbeitrages beschränkt.

FÜNFTES KAPITEL
Stufenvertretung

§ 50

(1) In der Landesverwaltung werden für den Geschäftsbereich mehrstufiger Verwaltungen bei den Mittelbehörden Bezirkspersonalräte und bei den obersten Landesbehörden Hauptpersonalräte gebildet.

(2) Die Mitglieder des Bezirkspersonalrats werden von den zum Geschäftsbereich der Mittelbehörde, die Mitglieder des Hauptpersonalrats von den zum Geschäftsbereich der obersten Landesbehörde gehörenden Beschäftigten gewählt. Soweit bei Mittelbehörden die Personalangelegenheiten der Beschäftigten zum Geschäftsbereich verschiedener oberster Landesbehörden gehören, sind diese Beschäftigten für den Hauptpersonalrat bei der jeweils zuständigen obersten Landesbehörde wahlberechtigt.

(3) Die §§ 10 bis 12, 13 Abs. 3, 14 Abs. 1, 2, 4 und 6, §§ 15 bis 18 und 20 bis 22 gelten entsprechend. Die in § 10 Abs. 4 genannten Beschäftigten sind nicht wählbar. § 11 Abs. 2 Buchstabe c gilt nur für die Beschäftigten der Dienststelle, bei der die Stufenvertretung zu errichten ist. Die Stufenvertretung hat höchstens fünfzehn Mitglieder. Eine Personalversammlung zur Bestellung des Bezirks- oder Hauptwahlvorstands findet nicht statt. An ihrer Stelle übt der Leiter der Dienststelle, bei der die Stufenvertretung zu errichten ist, die Befugnis zur Bestellung des Wahlvorstands nach § 17 Abs. 2, §§ 18 und 20 Abs. 1 aus.

(4) Werden in einer Verwaltung die Personalräte und die Stufenvertretungen gleichzeitig gewählt, so führen die bei den Dienststellen bestehenden Wahlvorstände die Wahlen der Stufenvertretungen im Auftrag des Bezirks- oder Hauptwahlvorstands durch; andernfalls bestellen auf sein Ersuchen die Personalräte oder, wenn solche nicht bestehen, die Leiter der Dienststellen die örtlichen Wahlvorstände für die Wahl der Stufenvertretungen.

(5) In den Stufenvertretungen erhält jede Gruppe mindestens einen Vertreter.

1 Die Errichtung von Stufenvertretungen ist Folge des hierarchischen Aufbaus der Landesverwaltung.

Abs. 1: Nur in den Landesverwaltungen und dort nur für jeden Geschäftsbereich mehrstufiger Verwaltungen werden Stufenvertretungen gebildet, bei den Mittelbehörden Bezirkspersonalräte und bei den obersten Landesbehörden Hauptpersonalräte. Mehrstufig ist eine Verwaltung, die innerhalb eines Geschäftsbereichs Verwaltungen im Über- und Unterordnungsverhältnis hat. Die Einteilung in untere, mittlere und oberste

Landesbehörden geht von der Dreistufigkeit der Verwaltung aus, die in der Landesverwaltung zumeist auch vorhanden ist (Ausnahme: zweistufiger Aufbau Universität/Wissenschaftsministerium sowie vierstufiger Aufbau Amtsgericht, Landgericht, Oberlandesgericht, Justizministerium).

Abs. 2 und 3: Wahlberechtigt zur Wahl des Bezirkspersonalrates sind die **2** Beschäftigten, die zum Geschäftsbereich der Mittelbehörde gehören, wahlberechtigt zur Wahl des Hauptpersonalrats sind alle Beschäftigten, die zum Geschäftsbereich der obersten Landesbehörde gehören. Soweit bei den Mittelbehörden – wie z. B. den Bezirksregierungen – die Personalangelegenheiten der Beschäftigten zum Geschäftsbereich verschiedener oberster Landesbehörden gehören, werden diese Beschäftigten für den Hauptpersonalrat der jeweils zuständigen obersten Landesbehörde wahlberechtigt.

Die Wahlvorschriften der §§ 10 bis 22 gelten für die Wahlen der Stufenvertretungen mit einigen Einschränkungen und Besonderheiten (siehe Orth/Welkoborsky, § 50 LPVG NW, Rn. 3 ff.).

Die Stufenvertretung hat höchstens fünfzehn Mitglieder.

Abs. 4: Aufgrund der gleichen Amtszeit und Wahlperiode werden die **3** Wahlen zu den örtlichen Personalräten und zu den Stufenvertretungen regelmäßig gleichzeitig stattfinden und dementsprechend von den bei den örtlichen Dienststellen bestehenden Wahlvorständen durchgeführt. Es ist dann die Bestellung zusätzlicher, örtlicher Wahlvorstände zur Wahl der Stufenvertretungen entbehrlich.

§ 51

Für die Amtszeit und die Geschäftsführung der Stufenvertretungen sowie für die Rechtsstellung ihrer Mitglieder gelten §§ 23, 24 Abs. 1 Satz 1 Buchstaben b bis e und Satz 2, Abs. 2 und 3, §§ 25 bis 38, 40, 41, 42 Abs. 1 bis 3 und 5 und § 43 entsprechend. § 30 Abs. 1 gilt mit der Maßgabe, daß die Mitglieder der Stufenvertretung spätestens zwei Wochen nach dem Wahltag einzuberufen sind.

Für Amtszeit, Geschäftsführung und Rechtsstellung der Stufenvertretungen gelten – mit wenigen Ausnahmen – die §§ 23 bis 43. Abweichend davon hat keine Neuwahl stattzufinden, wenn während der laufenden Amtszeit die Zahl der Beschäftigten steigt oder absinkt. Die Stufenvertretungen können keine besonderen Sprechstunden gemäß § 39 einrichten. Die Regeln über die Freistellung gelten auch für die Stufenvertretungen und sind ebenso anzuwenden (siehe OVG Münster vom 29. 7. 1994 – 1 A 1300/91 PVL). Regelfreistellungen nach § 42 Abs. 4 können jedoch nicht beansprucht werden. Die konstituierende Sitzung der Stufenvertretungen findet abweichend von § 30 Abs. 1 zwei Wochen nach dem Wahltage statt.

SECHSTES KAPITEL
Gesamtpersonalrat

§ 52

In den Fällen des § 1 Abs. 3 ist neben den einzelnen Personalräten ein Gesamtpersonalrat zu errichten.

Gesamtpersonalräte sind zu bilden, wenn bei einer Dienststelle im Sinne des § 1 Abs. 2 infolge Verselbständigung von Nebenstellen oder Teilen mehr als ein Personalrat nebeneinander existieren. Die Verselbständigungserklärung bedarf der Zustimmung des Personalrats gemäß § 72 Abs. 4 Satz 1 Nr. 12.

Durch die Errichtung von Gesamtpersonalräten wird sichergestellt, daß keine mitbestimmungsfreien Räume entstehen.

§ 53

Für die Wahl, die Amtszeit und die Geschäftsführung des Gesamtpersonalrats sowie für die Rechtsstellung seiner Mitglieder gelten § 50 Abs. 2 bis 5 und § 51 entsprechend.

Für Wahl, Amtszeit, Geschäftsführung und Rechtsstellung des Gesamtpersonalrats und seiner Mitglieder gelten die Vorschriften über die Stufenvertretung aus §§ 50 Abs. 2 bis 5 und 51 entsprechend. Es wird daher auf die dortige Kommentierung verwiesen.

SIEBTES KAPITEL
Jugend- und Auszubildendenvertretung

§ 54

In den Dienststellen mit in der Regel mindestens fünf zur Jugend- und Auszubildendenvertretung wahlberechtigten Beschäftigten werden Jugend- und Auszubildendenvertretungen gebildet.

Die Errichtung von Jugend- und Auszubildendenvertretungen hat den Sinn, den besonderen Belangen und Interessen der jugendlichen Beschäftigten Raum zu geben und sie zur Geltung zu bringen.

Die Jugendvertretung ist jedoch kein gegenüber der Dienststelle selbständig wirkendes Vertretungsorgan, vielmehr bestehen unmittelbare Rechte und Pflichten ausschließlich im Verhältnis zum Personalrat (siehe die Aufgabenstellung in § 61).

Jugend- und Auszubildendenvertretungen können gewählt werden, wenn in der Dienststelle mindestens fünf wahlberechtigte Beschäftigte im Sinne des § 55 Abs. 1 vorhanden sind.

Die Amtszeit der Jugend- und Auszubildendenvertretung beträgt zwei Jahre.

§ 55

(1) Wahlberechtigt sind alle jugendlichen Beschäftigten, die das 18. Lebensjahr nicht vollendet haben, sowie Auszubildende, Beamtenanwärter und Praktikanten. § 10 Abs. 2 bis 4 gilt entsprechend.

(2) Wählbar sind Beschäftigte, die am Wahltag noch nicht das 27. Lebensjahr vollendet haben, sowie Auszubildende, Beamtenanwärter und Praktikanten. §§ 11 und 12 gelten entsprechend.

Abs. 1: Durch die Novelle 1994 ist die Wahlberechtigung zur Wahl der **1** Jugend- und Auszubildendenvertretung erheblich erweitert worden. Bis dahin hatten Auszubildende, Beamtenanwärter und Praktikanten ihr Wahlrecht nur bis zum 25. Lebensjahr. Diese Altersbegrenzung ist entfallen. Wahlberechtigt sind nunmehr

– jugendliche Beschäftigte (ohne Ausbildungsverhältnis) bis zum vollendeten 18. Lebensjahr,

– Auszubildende, Beamtenanwärter und Praktikanten ohne Rücksicht auf ihr Lebensalter.

Die Einschränkungen der Wählbarkeit durch § 10 Abs. 2 bis 4 gelten entsprechend auch für die Wahlberechtigung jugendlicher Beschäftigter.

Auszubildende, Beamtenanwärter und Praktikanten, die älter als 18 Jahre

sind, haben also ein doppeltes Wahlrecht sowohl zur Jugend- und Auszubildendenvertretung als auch zum Personalrat (siehe § 10 Abs. 1).

2 **Abs. 2:** Wählbar zur Jugend- und Auszubildendenvertretung sind

– alle Beschäftigten, die am Wahltag noch nicht das 27. Lebensjahr
vollendet haben,

– Auszubildende, Beamtenanwärter und Praktikanten ohne Rücksicht auf
ihr Lebensalter.

Die Vorschriften über den Verlust der Wählbarkeit in §§ 11 und 12 gelten
entsprechend.

Die Wählbarkeit ist durch die Novelle 1994 auf das 27. Lebensjahr
erstreckt worden und betrifft Beschäftigte, die nach beendeter Ausbildung
noch in der Jugend- und Auszubildendenvertretung mitarbeiten möchten.
Außerdem wird den jugendlichen Beschäftigten durch die Gesetzesänderung nunmehr mehr als eine Amtszeit ermöglicht.

Anders als bei den Wahlvorschriften zum Personalrat kann in die Jugend-
und Auszubildendenvertretung daher ein Beschäftigter gewählt werden,
der nach Absatz 1 nicht wahlberechtigt ist, weil er bereits das 18. Lebensjahr vollendet hat.

§ 56

**(1) Die Jugend- und Auszubildendenvertretung besteht in den
Dienststellen mit in der Regel**

5 bis	**20 wahlberechtigten Beschäftigten aus einer Person,**
21 bis	**50 wahlberechtigten Beschäftigten aus drei Mitgliedern,**
51 bis	**100 wahlberechtigten Beschäftigten aus fünf Mitgliedern,**
101 bis	**200 wahlberechtigten Beschäftigten aus sieben Mitglie-dern,**
201 bis	**1 000 wahlberechtigten Beschäftigten aus elf Mitgliedern,**
mehr als	**1 000 wahlberechtigten Beschäftigten aus fünfzehn Mitglie-dern.**

(2) § 14 Abs. 6 und 7 gilt entsprechend.

1 **Abs. 1:** Die Größe der Jugend- und Auszubildendenvertretung hängt
allein von der Regelzahl der zur Jugend- und Auszubildendenvertretung
wahlberechtigten Beschäftigten ab.

2 **Abs. 2:** Die Vorschriften über die Zusammensetzung des Personalrats
nach Gruppen gelten für die Jugend- und Auszubildendenvertretung nicht.
Es wird lediglich durch Verweis auf § 14 Abs. 6 und 7 empfohlen, daß
sich die Jugend- und Auszubildendenvertretung aus den Vertretern der
verschiedenen Beschäftigungsarten zusammensetzen soll und Frauen und
Männer ihren zahlenmäßigen Anteil unter den jugendlichen Beschäftigten

entsprechend auch in der Jugend- und Auszubildendenvertretung vertreten sein sollen.

§ 57

(1) **Der Personalrat bestimmt den Wahlvorstand und seinen Vorsitzenden. Für die Wahl der Jugend- und Auszubildendenvertretung gelten § 16 Abs. 1, 3, 4, 6 Satz 1, Abs. 7 und 8, § 20 Abs. 2, §§ 21 und 22 entsprechend.**

(2) **Die regelmäßige Amtszeit der Jugend- und Auszubildendenvertretung beginnt und endet mit der jeweiligen Wahlperiode. Sie beträgt zwei Jahre. Im übrigen gelten für die Amtszeit der Jugend- und Auszubildendenvertretung § 23 Abs. 2 und 3, § 24 Abs. 1 Satz 1 Buchstaben b bis e und Abs. 2 und §§ 25, 26 Abs. 1 und 2 sowie §§ 27 und 28 Abs. 1, 2 und 4 entsprechend. Die Mitgliedschaft in der Jugend- und Auszubildendenvertretung erlischt nicht dadurch, daß ein Mitglied während der Amtszeit das 27. Lebensjahr vollendet.**

(3) **Besteht die Jugend- und Auszubildendenvertretung aus drei oder mehr Mitgliedern, so wählt sie aus ihrer Mitte einen Vorsitzenden und dessen Stellvertreter. Im übrigen gelten für die Geschäftsführung die §§ 30 bis 33 und 37 bis 39, § 40 Abs. 1, 3 und 4 und § 41 entsprechend. An den Sitzungen der Jugend- und Auszubildendenvertretung kann ein vom Personalrat beauftragtes Mitglied des Personalrats teilnehmen.**

Abs. 1: Die Wahl zur Jugend- und Auszubildendenvertretung wird von einem vom Personalrat bestimmten Wahlvorstand durchgeführt. Dazu ist ein Beschluß des Personalrats erforderlich. Mitglieder des Wahlvorstandes können sowohl jugendliche Beschäftigte als auch lebensältere nicht mehr zur Jugend- und Auszubildendenvertretung wahlberechtigte oder wählbare Beschäftigte sein. **1**

Die für die Wahl des Personalrats maßgebenden Vorschriften über Wahlverfahren, Teilnahme von Gewerkschaftsbeauftragten an Wahlvorstandssitzungen, Wahlschutz, Wahlkosten und Wahlanfechtung gelten entsprechend.

Abs. 2: Die Amtszeit der Jugend- und Auszubildendenvertretung beginnt mit der Wahlperiode des Personalrats, die Amtsdauer beträgt jedoch nur zwei Jahre. Eine Neuwahl bei Absinken oder Steigen der Beschäftigtenzahlen ist nicht vorgesehen. Erreicht ein Mitglied der Jugend- und Auszubildendenvertretung während der laufenden Amtszeit das Höchstalter des § 55 Abs. 2, so kann er noch bis zum Ende der Amtszeit weiter amtieren. **2**

Abs. 3: Ist eine mehrköpfige Jugend- und Auszubildendenvertretung gewählt worden, so wählt sie aus ihrer Mitte einen Vorsitzenden und dessen Stellvertreter. Für die Geschäftsführung der Jugend- und Auszubildenden- **3**

vertretung gelten die Vorschriften für den Personalrat mit Ausnahme der die Gruppenrechte betreffenden Vorschriften der §§ 34 bis 36. Der Jugend- und Auszubildendenvertretung stehen darüber hinaus die Aufwandsdeckungsmittel des § 40 Abs. 2 nicht zu.

Der Personalrat kann eines seiner Mitglieder zur Teilnahme an den Sitzungen entsenden.

§ 58

Für die Rechtsstellung der Mitglieder der Jugend- und Auszubildendenvertretung gelten § 42 Abs. 1, 2, 3 Satz 1 und 4, Abs. 5 und § 43 entsprechend. Die außerordentliche Kündigung von Mitgliedern der Jugend- und Auszubildendenvertretung, die in einem privatrechtlichen Ausbildungsverhältnis stehen, bedarf der Zustimmung des Personalrats. Für die Mitglieder des Wahlvorstands und Wahlbewerber gilt § 43 entsprechend.

1 Die Rechtsstellung der Mitglieder der Jugend- und Auszubildendenvertretung entspricht derjenigen von Personalratsmitgliedern. Für sie gilt, daß sie ihr Amt unentgeltlich als Ehrenamt führen (§ 42 Abs. 1). Die Vorschriften des § 42 Abs. 2 und 3 über das Verbot der Minderung von Dienstbezügen bei Verrichtung von gesetzlichen Aufgaben und die Bedarfsfreistellung im Umfange der Erforderlichkeit gelten auch für die Mitglieder der Jugend- und Auszubildendenvertretung. Es steht ihnen darüber hinaus – wie den Personalratsmitgliedern – die Freistellung zur Teilnahme an Schulungs- und Bildungsveranstaltungen auf Kosten der Dienststelle zu.

2 Der Versetzungs-, Abordnungs- und Umsetzungsschutz des § 43 gilt auch für die Mitglieder der Jugend- und Auszubildendenvertretung uneingeschränkt. Die außerordentliche Kündigung von Jugend- und Auszubildendenvertretern bedarf der Zustimmung nicht des eigenen Gremiums, sondern des Personalrats.

3 Darüber hinaus gilt für die Jugend- und Auszubildendenvertreter die besondere Schutzvorschrift des § 9 BPersVG, der auf Verlangen des Auszubildenden die Übernahme in ein Arbeitsverhältnis im Anschluß an die erfolgreiche Beendigung des Ausbildungsverhältnisses bewirkt. Der Arbeitgeber kann von dieser Übernahme vom Verwaltungsgericht auf seinen Antrag hin nur entbunden werden, wenn ihm dies unter Berücksichtigung aller Umstände nicht zugemutet werden kann (zum Verfahren siehe: OVG Münster vom 26. 8. 1998 – 1 A 805/98.PVL, PersR 1999, 134; vom 25. 3. 1999 – 1 A 5787/98.PVL, PersV 1999, 568).

§ 59

Die Jugend- und Auszubildendenvertretung hat einmal in jedem Kalenderjahr eine Jugend- und Auszubildendenversammlung durch-

zuführen, die vom Vorsitzenden der Jugend- und Auszubildendenvertretung geleitet wird. Außer dieser kann eine weitere Jugend- und Auszubildendenversammlung während der Arbeitszeit stattfinden. Der Vorsitzende des Personalrats oder ein vom Personalrat beauftragtes Mitglied soll an der Jugend- und Auszubildendenversammlung teilnehmen. Im übrigen sind die Vorschriften des Vierten Kapitels auf die Jugend- und Auszubildendenversammlung entsprechend anzuwenden.

Die Jugend- und Auszubildendenvertretung muß mindestens einmal und **1** kann höchstens zweimal pro Jahr eine Jugend- und Auszubildendenversammlung während der Arbeitszeit durchführen. Weitere Versammlungen oder Teilversammlungen sind zwar statthaft, können aber nicht während der Arbeitszeit stattfinden. Jedoch kann der Personalrat auf Antrag der Jugend- und Auszubildendenvertretung eine Teilversammlung gemäß § 45 Abs. 2 Satz 2 für alle oder Teile der jugendlichen Beschäftigten und Auszubildenden neben der Jugend- und Auszubildendenversammlung durchführen.

Teilnahmeberechtigt sind alle Wahlberechtigten im Sinne des § 55 **2** Abs. 1, also alle jugendlichen Beschäftigten bis zu Vollendung des 18. Lebensjahres sowie ohne Rücksicht auf ihr Alter die Auszubildenden, Beamtenanwärter und Praktikanten.

Die Rechte der Jugend- und Auszubildendenversammlung entsprechen **3** denjenigen der Personalversammlung, weshalb zweckmäßigerweise ein Tätigkeitsbericht zu erstellen ist sowie Gelegenheit zur Aussprache, Diskussion und zur Stellung von Anträgen zu geben ist (§§ 46, 48). Teilnahmeberechtigt sind neben den jugendlichen Beschäftigten und Auszubildenden der Vorsitzende des Personalrats oder ein vom Personalrat beauftragtes anderes Mitglied sowie der in § 49 genannte Personenkreis.

§ 60

(1) In der Landesverwaltung werden für den Geschäftsbereich mehrstufiger Verwaltungen, in denen Stufenvertretungen bestehen, bei den Mittelbehörden Bezirksjugend- und Auszubildendenvertretungen und bei den obersten Landesbehörden Hauptjugend- und Auszubildendenvertretungen gebildet. Für sie gelten § 50 Abs. 2 und 4, §§ 55, 56, 58, 61 entsprechend, ferner § 57 mit der Maßgabe, daß die Einrichtung von Sprechstunden entfällt. Die Jugend- und Auszubildendenstufenvertretung hat höchstens fünf Mitglieder.

(2) Bestehen in Fällen des § 1 Abs. 3 mehrere Jugend- und Auszubildendenvertretungen, so ist neben diesen eine Gesamtjugend- und Auszubildendenvertretung zu errichten. Für sie gilt Absatz 1 Satz 2 und 3 entsprechend.

1   Abs. 1: In den Landesverwaltungen werden dort, wo Stufenvertretungen bestehen, Bezirks- und Hauptjugend- und Auszubildendenvertretungen gebildet. Bei den Mittelbehörden also Bezirksjugend- und Auszubildendenvertretungen und bei den obersten Landesbehörden Hauptjugend- und Auszubildendenvertretungen. Diese Gremien sind zugleich mit den Stufenvertretungen zu wählen, für die Wahlberechtigung gilt § 50 Abs. 2 entsprechend. Gemäß § 57 obliegt die Durchführung dieser Wahl dem jeweils örtlichen Personalrat, die Dauer der Amtszeit und die Geschäftsführungsrechte entsprechen denjenigen der örtlichen Jugend- und Auszubildendenvertretung, allerdings können Sprechstunden von den Bezirks- und Hauptjugend- und Auszubildendenvertretungen nicht gebildet werden. Sie bestehen aus höchstens fünf Mitgliedern.

2   Abs. 2: Bestehen in Nebenstellen oder Teilen einer Dienststelle, die verselbständigt worden ist, mehrere Jugend- und Auszubildendenvertretungen, so werden neben diesen eine Gesamtjugend- und Auszubildendenvertretung errichtet. Ihre Errichtung ist – anders als in der Landesverwaltung im Geschäftsbereich mehrstufiger Verwaltungen – nicht davon abhängig, daß ein Gesamtpersonalrat auch besteht. Für die Geschäftsführung der Gesamtjugend- und Auszubildendenvertretung gelten die Vorschriften der Jugendstufenvertretungen entsprechend.

§ 61

(1) Die Jugend- und Auszubildendenvertretung hat folgende allgemeine Aufgaben:

1. **Maßnahmen, die den Beschäftigten im Sinne von § 55 Abs. 1 dienen, insbesondere in Fragen der Berufsausbildung und der Entscheidung über die Übernahme der Auszubildenden in ein Beschäftigungsverhältnis, beim Personalrat zu beantragen,**

2. **darüber zu wachen, daß die zugunsten der Beschäftigten im Sinne von § 55 Abs. 1 geltenden Gesetze, Verordnungen, Unfallverhütungsvorschriften, Tarifverträge, Dienstvereinbarungen und Verwaltungsanordnungen durchgeführt werden,**

3. **Anregungen und Beschwerden von Beschäftigten im Sinne von § 55 Abs. 1, insbesondere in Fragen der Berufsausbildung, entgegenzunehmen und, falls sie berechtigt erscheinen, beim Personalrat auf eine Erledigung hinzuwirken; die Jugend- und Auszubildendenvertretung hat die betroffenen Beschäftigten im Sinne von § 55 Abs. 1 über den Stand und das Ergebnis der Verhandlungen zu informieren.**

(2) Die Befugnisse der Jugend- und Auszubildendenvertretung gegenüber dem Personalrat bestimmen sich nach § 30 Abs. 3, § 35 Abs. 1 und 2 und § 36. Sie beziehen sich auf die in den §§ 72 bis 75

genannten beteiligungspflichtigen Angelegenheiten der Beschäftigten im Sinne von § 5 Abs. 1.

(3) Zur Durchführung ihrer Aufgaben ist die Jugend- und Auszubildendenvertretung durch den Personalrat rechtzeitig und umfassend zu unterrichten. Die Jugend- und Auszubildendenvertretung kann verlangen, daß ihr der Personalrat die zur Durchführung ihrer Aufgaben erforderlichen Unterlagen zur Verfügung stellt.

(4) Der Personalrat hat die Jugend- und Auszubildendenvertretung zu den Besprechungen zwischen Dienststellenleiter und Personalrat nach § 63 beizuziehen, wenn Angelegenheiten behandelt werden, die besonders Beschäftigte im Sinne von § 55 Abs. 1 betreffen. Im übrigen kann ein Mitglied der Jugend- und Auszubildendenvertretung, das von dieser benannt wird, an Besprechungen nach § 63 beratend teilnehmen.

Die Jugend- und Auszubildendenvertretung hat Aufgaben und Befugnisse **1** nur gegenüber dem Personalrat, nicht unmittelbar gegenüber der Dienststelle. Die Vorschrift zählt die Aufgaben und Befugnisse der Jugend- und Auszubildendenvertretung gegenüber dem Personalrat vollständig und abschließend auf. Im wesentlichen bestehen sie aus Antrags-, Anregungs- und Überwachungsrechten (Abs. 1 Nr. 1 bis 3), dem Recht auf Teilnahme an Sitzungen und Abstimmungen des Personalrats, dem Recht auf Aussetzungsanträge (Abs. 2) sowie Unterrichtungsansprüchen (Abs. 3) und der Hinzuziehung zur Quartalsbesprechung zwischen Dienststelle und Personalrat.

Die allgemeinen Aufgaben der Jugend- und Auszubildendenvertretung **2** sind den in § 64 Nr. 1, 2 und 5 genannten allgemeinen Aufgaben des Personalrats nachgebildet. Förmliche Mitbestimmungs- oder Beteiligungsverfahren kann die Jugend- und Auszubildendenvertretung nicht in Anspruch nehmen, jedoch ergibt die Aufgabenstellung der Ziffern 1 bis 3 die Allzuständigkeit für sämtliche Angelegenheiten der von der Jugend- und Auszubildendenvertretung vertretenen Beschäftigten. Zuständig ist die Jugend- und Auszubildendenvertretung für diejenigen Beschäftigten, die sie haben wählen können, also

– jugendliche Beschäftigte, die das 18. Lebensjahr noch nicht vollendet haben,

– Auszubildende (auch Anlernlinge und Umschüler) ohne Rücksicht auf ihr Alter,

– Beamtenanwärter,

– Praktikanten,

(zu den Begriffen siehe Kommentierung zu § 55).

Durch die Gesetzesnovelle 1994 ist der Zuständigkeitsbereich für die **3** Jugend- und Auszubildendenvertretung beschnitten worden. Bis dahin war sie für den gesamten Personenkreis des § 55 – also auch für die

Wählbaren – das waren Beschäftigte, die am Wahltag noch nicht das 25. Lebensjahr vollendet hatten – zuständig. Nunmehr wird – offenbar wegen der Erhöhung des Höchstalters der Wählbarkeit in § 55 Abs. 2 – die Zuständigkeit der Jugend- und Auszubildendenvertretung auf die wahlberechtigten Beschäftigten des § 55 Abs. 1 beschränkt. Sie ist also nicht mehr für jugendliche Beschäftigte zuständig, die älter als 18 Jahre sind.

4 Abs. 1: Zu den allgemeinen Aufgaben gehört zunächst, Maßnahmen zu beantragen, die den vertretenen Beschäftigten dienen. Beispielhaft werden Fragen der Berufsausbildung und der Entscheidung über die Übernahme der Auszubildenden in ein Beschäftigungsverhältnis genannt. Solche, aber auch weitere Maßnahmen – soweit sie nicht zu den Angelegenheiten aus §§ 72 bis 75 zählen (siehe Abs. 2) – kann die Jugend- und Auszubildendenvertretung beim Personalrat beantragen. Dieser hat darüber unter Teilnahme der Jugend- und Auszubildendenvertretung gemäß §§ 33, 36 Abs. 2 zu beschließen und die beschlossenen Maßnahmen ihrerseits bei der Dienststelle zu beantragen.

5 Ziffer 2 überträgt der Jugend- und Auszubildendenvertretung die Überwachung der zugunsten ihrer wahlberechtigten Beschäftigten geltenden Vorschriften. Dazu zählen zum einen die Vorschriften, die nur und ausschließlich einen Bezug zu dem vertretenen Personenkreis haben, aber auch alle anderen in der Dienststelle geltenden Gesetze, Verordnungen, Unfallverhütungsvorschriften, Tarifverträge, Dienstvereinbarungen und Verwaltungsanordnungen, die auf die Beschäftigten im Sinne des § 55 Abs. 1 gleichermaßen angewandt werden. Um dieses Recht ausüben zu können, hat die Jugend- und Auszubildendenvertretung in Absprache mit dem Personalrat ein Recht, die Arbeitsplätze jugendlicher Beschäftigter und Auszubildender aufzusuchen und sich von der Einhaltung der einschlägigen Bestimmungen zu überzeugen.

6 Schließlich sind gemäß Ziffer 3 von der Jugend- und Auszubildendenvertretung Anregungen und Beschwerden der von ihr vertretenen Beschäftigten entgegenzunehmen und, falls sie berechtigt erscheinen, mit dem Personalrat über eine Erledigung zu verhandeln. Solche Anregungen und Beschwerden können sich auf die Durchführung der Berufsausbildung, aber auch auf alle anderen Arbeitsumstände beziehen, die die jugendlichen Beschäftigten betreffen. Die Jugend- und Auszubildendenvertretung hat – bevor sie sich damit an den Personalrat wendet – darüber zu beraten, ob die Anregungen und Beschwerden berechtigt »erscheinen«. Es genügt, wenn die Berechtigung als möglich erscheint. Ist das der Fall, so hat die Jugend- und Auszubildendenvertretung beim Personalrat auf eine Erledigung hinzuwirken und diesen zu veranlassen, sich seinerseits mit der jeweiligen Anregung oder Beschwerde auf einer Personalratssitzung zu befassen, ihre Berechtigung zu überprüfen und gegebenenfalls sodann mit dem Dienststellenleiter – am besten im Vierteljahresgespräch unter Beteiligung der Jugend- und Auszubildendenvertretung (Abs. 4) – auf Erledigung hinzuwirken. Es besteht weder seitens der Jugend- und Auszubildendenvertretung noch seitens des Personalrats eine Verpflichtung, die Namen eines einzelnen Beschwerdeführers der Dienststelle bekanntzugeben.

Pflicht der Jugend- und Auszubildendenvertretung ist es, die Beschäftigten, die mit einer Anregung oder Beschwerde an sie herangetreten sind, über den Stand und das Ergebnis der Verhandlungen mit dem Personalrat bzw. das Ergebnis der Bemühungen des Personalrats gegenüber der Dienststelle zu informieren. Das kann durch Aufsuchen am Arbeitsplatz, Einrichten einer Sprechstunde oder durch Behandlung auf der Jugend- und Auszubildendenversammlung (§ 59) geschehen. **7**

Abs. 2: Der Personalrat hat umfassende Kooperations- und Unterstützungspflichten gegenüber der Jugend- und Auszubildendenvertretung, da er der Ansprechpartner in allen beteiligungspflichtigen Maßnahmen der jugendlichen Beschäftigten für die Jugend- und Auszubildendenvertretung ist. Diese umfassende Verpflichtung ergibt sich zum einen aus den in § 61 insgesamt der Jugend- und Auszubildendenvertretung zugewiesenen Aufgaben und wird zum anderen durch § 64 Nr. 9 besonders hervorgehoben. Diese Vorschrift weist dem Personalrat als allgemeine Aufgabe die enge Zusammenarbeit mit der Jugend- und Auszubildendenvertretung zur Förderung der Belange der von dieser vertretenen Beschäftigten zu. Der Personalrat ist daher als alleiniger Ansprech- und Verhandlungspartner der Jugend- und Auszubildendenvertretung besonders verpflichtet und gehalten, auf Einhaltung der Rechte, Pflichten und Aufgaben der Jugend- und Auszubildendenvertretung zu achten und ihr – auch durch Einräumung der entsprechenden Räume, Geschäftsbedarf und Büropersonal – Raum für die Erledigung ihrer gesetzlichen Aufgaben zu geben. **8**

Beteiligungspflichtige Angelegenheiten der zur Jugend- und Auszubildendenvertretung wahlberechtigten Beschäftigten gemäß §§ 72 bis 75 unterliegen zunächst der Mitbestimmung oder sonstigen Beteiligung des Personalrats. Die Jugend- und Auszubildendenvertretung kann das Mitbestimmungsrecht nicht anstelle des Personalrats ausüben, sondern wird vielmehr an der Willensbildung des Personalrats durch Einräumung von Beratungs- und Abstimmungsrechten beteiligt. Soweit in den §§ 30, 35 und 36 solche Rechte eingeräumt sind, können sie von der Jugend- und Auszubildendenvertretung nur ausgeübt werden, wenn sie sich auf beteiligungspflichtige Angelegenheiten der §§ 72 bis 75 beziehen. Andere Angelegenheiten sind im Rahmen der nach Abs. 1 zugewiesenen allgemeinen Aufgaben zu behandeln. Eine formelle Unterscheidung verbietet sich jedoch, da es für die Befassung des Personalrats nicht darauf ankommt, ob die Behandlung einer Angelegenheit aufgrund eines Antrages nach § 61 Abs. 1 oder nach § 30 Abs. 3 erfolgt. **9**

In beteiligungspflichtigten Angelegenheiten der §§ 72 bis 75 kann die Jugend- und Auszubildendenvertretung verlangen, daß der Personalrat eine Sitzung anberaumt und einen bestimmten Beratungsgegenstand auf die Tagesordnung setzt, damit dieser behandelt werden kann. Dieses

Verlangen setzt den Beschluß der Mehrheit der Mitglieder der Jugend- und Auszubildendenvertretung voraus. Der Personalratsvorsitzende muß sodann entweder eine eigene Sitzung anberaumen oder den gewünschten Tagesordnungspunkt auf der nächsten, zeitnah anzuberaumenden, Sitzung mitbehandeln. Betrifft die beteiligungspflichtige Angelegenheit ausschließlich einen oder mehrere Beschäftigte im Sinne des § 55 Abs. 1, so ist davon auszugehen, daß es sich um eine Angelegenheit handelt, die »besonders« diese Beschäftigten betrifft. In diesem Fall hat die gesamte Jugend- und Auszubildendenvertretung sowohl das Recht, an der Sitzung des Personalrats, in der diese Angelegenheit behandelt wird, teilzunehmen, als auch das Recht, bei Beschlüssen darüber mitzubestimmen (§ 36 Abs. 2).

Ist die Jugend- und Auszubildendenvertretung der Auffassung, daß ein Beschluß des Personalrats eine erhebliche Beeinträchtigung wichtiger Interessen der durch sie vertretenen Beschäftigten darstellt (zum Begriff siehe Kommentierung zu § 35 Abs. 1), so kann sie den Beschluß des Personalrats beanstanden und verlangen, daß er auf die Dauer von einer Woche ab Beschlußfassung ausgesetzt wird. Innerhalb dieser Frist ist eine Verständigung zwischen Personalrat und Jugend- und Auszubildendenvertretung – gegebenenfalls unter Hinzuziehung von Gewerkschaftsbeauftragten – zu versuchen. Am Ende der Wochenfrist ist vom Personalrat über die Angelegenheit erneut zu beraten und zu beschließen.

10 Die Jugend- und Auszubildendenvertretung kann dem Personalrat ein Mitglied benennen, das sodann an allen Sitzungen des Personalrats beratend teilnehmen kann. Die Auswahl dieses Mitglieds ist Sache der Jugend- und Auszubildendenvertretung, dem Vertreter der Jugend- und Auszubildendenvertretung ist Gelegenheit zur Wortmeldung und Stellungnahme zu geben. Dieses Recht kann nicht auf die Tagesordnungspunkte mit einem Bezug zu den Beschäftigten im Sinne des § 55 beschränkt werden. Eine Abstimmungsteilnahme ist jedoch nicht möglich. Das sieht das Gesetz nur dann vor, wenn »besonders« Belange der Beschäftigten im Sinne des § 55 vom Personalrat behandelt werden und die gesamte Jugend- und Auszubildendenvertretung an der Sitzung teilnimmt.

11 **Abs. 3:** Entsprechend der Verpflichtung der Dienststelle gemäß § 65 Abs. 1 zur rechtzeitigen und umfassenden Unterrichtung des Personalrats zur Durchführung seiner Aufgaben ist der Personalrat seinerseits verpflichtet, die Jugend- und Auszubildendenvertretung zur Durchführung ihrer Aufgaben ebenso rechtzeitig und ebenso umfassend zu unterrichten. Der Personalrat ist also gehalten, von sich aus und ohne Aufforderung dasjenige Wissen und diejenigen Unterlagen der Jugend- und Auszubildendenvertretung weiterzugeben, die die Beschäftigten im Sinne des § 55 Abs. 1 betreffen. Das kann sich auf Angelegenheiten beziehen, die diesen Personenkreis ausschließlich oder besonders betreffen, erstreckt sich aber auch auf solche Angelegenheiten, die alle Beschäftigten unter Einschluß der jugendlichen Beschäftigten des § 55 Abs. 1 angehen.

Satz 2 sieht vor, daß dem Personalrat vorliegende Unterlagen nur auf **12**
Verlangen zu Verfügung gestellt werden müssen. Damit dieses Recht
ausgeübt werden kann, ist der Jugend- und Auszubildendenvertretung
vom Personalrat jedoch in der Regel mitzuteilen, ob und gegebenenfalls
welche Unterlagen ihm von der Dienststelle zur Verfügung gestellt werden. Erfordert die ordnungsgemäße Durchführung der Aufgaben der
Jugend- und Auszubildendenvertretung, daß Angaben gemacht oder Unterlagen zur Verfügung gestellt werden, über die der Personalrat selbst
nicht verfügt, so ist er gehalten, diese bei der Dienststelle unter Hinweis
auf die Aufgabenstellung der Jugend- und Auszubildendenvertretung oder
gegebenenfalls auch auf eigene Rechte abzuverlangen.

Der Personalrat ist nicht berechtigt, Unterlagen, die die Jugend- und
Auszubildendenvertretung einsehen will, zu verweigern. Eine Einsichtnahme in die Personalakten, Sammlungen von Personaldaten oder dienstliche Beurteilungen ist jedoch wegen der Sondervorschrift des § 65 Abs. 3
durch die Jugend- und Auszubildendenvertretung unmittelbar nicht möglich. Jedoch kann der Personalrat die Jugend- und Auszubildendenvertretung über den Inhalt dieser Unterlagen unterrichten, wenn er oder eines
seiner Mitglieder sie eingesehen hat.

Eine Verpflichtung zur Schweigepflicht im Verhältnis zwischen Personalrat und Jugend- und Auszubildendenvertretung besteht nach dem ausdrücklichen Wortlaut des § 9 Abs. 2 Satz 3 nicht.

Abs. 4: Die Jugend- und Auszubildendenvertretung kann – wie zur Perso- **13**
nalratssitzung auch – zu sämtlichen Quartalsbesprechungen im Sinne des
§ 63 einen von ihr benannten Vertreter mit beratender Teilnahme entsenden. Werden im Vierteljahresgespräch Angelegenheiten behandelt, die
die von ihr vertretenen Beschäftigten »besonders« betreffen (zum Begriff
siehe Kommentierung zu § 36 Abs. 2), so hat die gesamte Jugend- und
Auszubildendenvertretung ein Teilnahme- und Beratungsrecht.

ACHTES KAPITEL
Beteiligung der Personalvertretung

Erster Abschnitt
Allgemeines

§ 62

Dienststelle und Personalrat haben darüber zu wachen, daß alle Beschäftigten nach Recht und Billigkeit behandelt werden, insbesondere, daß jede unterschiedliche Behandlung von Personen wegen ihrer Abstammung, Religion, Nationalität, Herkunft, politischen oder gewerkschaftlichen Betätigung oder Einstellung oder wegen ihres Geschlechts unterbleibt.

1 Die sowohl der Dienststelle wie dem Personalrat auferlegte Überwachungspflicht erstreckt sich sowohl auf die jeweils andere Seite als auch auf beliebige Dritte. Dienststelle und Personalrat sollen verhindern, daß die Beschäftigten – gleichgültig durch wen – ungerecht und unbillig behandelt werden.

§ 62 enthält eine Zusammenfassung aller im Grundgesetz und der Landesverfassung verankerten, grundlegenden Menschenrechte, die bekanntlich auch innerhalb der Dienststelle gelten. Die Verpflichtung des Personalrates auf diese grundlegenden Normen zeigt zugleich, daß die Wahrnehmung von Rechten nach dem LPVG stets die Geltendmachung von Verfassungsrechten der Beschäftigten ist. Der Personalrat nimmt Mitbestimmungsrechte daher nicht aus eigenem Recht wahr, sondern bringt mit ihrer Ausübung die Rechte der Beschäftigten gegenüber der Dienststelle zur Geltung. Weil der einzelne Beschäftigte das aufgrund seiner abhängigen Stellung im Arbeits- und Dienstverhältnis nicht kann, ist Aufgabe des – auch arbeitsrechtlich durch Kündigungsschutzgesetz etc. besser geschützten – Personalrates, durch Ausübung seiner Beteiligungsrechte zur Grundrechtsverwirklichung der Beschäftigten in der Dienststelle beizutragen.

Zugleich wird durch die Betonung des Grundrechtsbezugs deutlich, daß die auf diese Weise vom Gesetzgeber dem Personalrat anvertrauten (Grund- und) Mitbestimmungsrechte nicht zu seiner Disposition stehen und ein Verzicht nicht möglich ist, da es sich nicht um »seine« Rechte, sondern um diejenigen der Beschäftigten handelt.

Durch die BetrVG-Novelle 2001 ist in dem wortgleichen § 75 BetrVG das Verbot der unterschiedlichen Behandlung wegen der »sexuellen Identität« aufgenommen worden. Die Verpflichtung zur Gewährleistung von Gleichbehandlung ist auch in EU-Richtlinien konkretisiert, wie z.B.

– Richtlinie Allgemeiner Rahmen für die Verwirklichung der Gleichbehandlung in Beschäftigung und Beruf (2000/78/EG),

– Richtlinie Gleichbehandlung ohne Unterschied der Rasse oder der ethnischen Herkunft (2000/43/EG),

– Richtlinie zur Gleichbehandlung von Männern und Frauen in Beschäftigung und Beruf (76/207/EWG).

Die Beachtung von »Recht und Billigkeit« bedeutet, daß nicht nur das geltende Recht und die sich daraus ergebenden Rechtsansprüche zugunsten der Beschäftigten einzuhalten und zu beachten sind. Darüber hinaus ist insbesondere die Dienststelle gehalten, die sozialen und persönlichen Belange der Beschäftigten zu beachten, vor allem die Grundsätze der materiellen Gerechtigkeit, von Treu und Glauben (§ 242 BGB) und billigem Ermessen (§ 315 BGB) z. B. bei der Ausübung von Ermessen sowie des Direktionsrechtes und in allen übrigen die Beschäftigten betreffenden Angelegenheiten. Das Verbot unterschiedlicher Behandlung ist Ausprägung des Gleichheitsgrundsatzes des Artikels 3 GG. Die beispielhaft aufgeführten Verletzungstatbestände werden ergänzt durch zahlreiche Anti-Diskriminierungs-Vorschriften zum Beispiel in §§ 611 a und b, 612 a BGB, dem Gleichstellungsgesetz NW oder dem TzBfG.

– **Abstammung** ist die volksmäßige oder landsmannschaftliche Herkunft; **2**

– **Religion** meint jegliche Weltanschauung;

– unter **Nationalität** ist die Staatsangehörigkeit zu verstehen; die Eingliederung ausländischer Mitarbeiter hat der Personalrat nach § 64 Nr. 8 besonders zu fördern;

– **Herkunft** ist diejenige aus einem bestimmten Gebiet oder die Abstammung aus einer sozialen Schicht;

– der Schutz der **politischen sowie gewerkschaftlichen Betätigung und Einstellung** bezieht sich sowohl auf die bloße Zugehörigkeit wie auch auf die Mitarbeit in einer Partei oder Gewerkschaft und schützt auch das bloße Haben bzw. Äußern politischer und gewerkschaftlicher Überzeugungen.

Damit ist zusammen mit der ausdrücklichen Betätigungsgarantie in § 3 Abs. 2 und 3 sowie der Verpflichtung des Personalrats, sich für die Wahrung der Vereinigungsfreiheit der Beschäftigten einzusetzen (§ 64 Nr. 3) die gewerkschaftliche Betätigung und Einstellung durch das Landespersonalvertretungsgesetz umfassend geschützt.

– **Geschlecht** bezieht sich auf das Verbot jeglicher unterschiedlicher Behandlung von Mann und Frau (siehe dazu auch § 64 Nr. 10 und das Gleichstellungsgesetz NW sowie das Beschäftigtenschutzgesetz, dessen Zielrichtung der Schutz vor sexueller Belästigung am Arbeitsplatz ist).

Auf die Verletzung der Grundsätze sowie der einzelnen Rechte des § 62 kann der Personalrat seine Zustimmungsverweigerung i. S. d. § 66 Abs. 3 stützen (OVG Münster vom 20. 3. 1997 – 1 A 3677/93.PVL).

§ 63

Der Leiter der Dienststelle und der Personalrat müssen mindestens einmal im Vierteljahr zu gemeinschaftlichen Besprechungen zusammentreten. In ihnen soll auch die Gestaltung des Dienstbetriebs behandelt werden, insbesondere alle Vorgänge, die die Beschäftigten wesentlich berühren. Sie haben über strittige Fragen mit dem ernsten Willen zur Einigung zu verhandeln und Vorschläge für die Beilegung von Meinungsverschiedenheiten zu machen. Der Leiter der Dienststelle ist berechtigt, zu der Besprechung für Personal- und Organisationsangelegenheiten zuständige Beschäftigte hinzuzuziehen.

1　Dienststelle und Personalrat sind zwingend verpflichtet (»müssen«), einmal im Vierteljahr zu einer gemeinschaftlichen Besprechung zusammenzutreffen. Diese Verpflichtung ist Ausprägung der vertrauensvollen Zusammenarbeit. Es sollen alle gegenseitig interessierenden Fragen außerhalb von Beteiligungsverfahren und abseits des Tagesgeschäftes im Gespräch behandelt und erörtert werden. Das Entscheidende ist, daß Dienststelle und Personalrat im unmittelbaren und persönlichen Gespräch und nicht auf administrativem Wege miteinander umgehen und dieser Gesprächskontakt regelmäßig – mindestens viermal im Jahr außerhalb von Beteiligungsverfahren – stattfindet.

2　Gegenstand des Quartalsgespräches können alle den Dienstbetrieb, die Beschäftigten, den Personalrat und den Dienststellenleiter interessierenden und betreffenden Angelegenheiten sein. Satz 2 führt beispielhaft auf, daß »auch« die Gestaltung des Dienstbetriebes behandelt werden soll und insbesondere alle Vorgänge, die die Beschäftigten wesentlich berühren.

3　Der Funktion des Vierteljahresgesprächs entsprechend ist weder eine Tagesordnung noch ein Protokoll vorgeschrieben. Es kann jedoch zweckmäßig sein, daß Themenwünsche zuvor gegenseitig bekannt gegeben werden und daß die wesentlichen Ergebnisse der Besprechung schriftlich festgehalten werden. Die zeitliche Lage des Vierteljahresgesprächs ist zwischen Dienststelle und Personalrat abzusprechen. Es handelt sich nicht um eine Personalratssitzung (siehe OVG Münster vom 4. 10. 1990 – CL 42/88, PersR 1991, 95).

4　Teilnahmeberechtigt und -verpflichtet ist der gesamte Personalrat einerseits und der Dienststellenleiter in Person andererseits. Eine Vertretung des Dienststellenleiters nach § 8 Abs. 1 Satz 2 kommt wegen der Funktion des Quartalsgesprächs nicht in Betracht.

Teilnahmeberechtigt sind weiter Vertreter der Jugend- und Auszubildendenvertretung oder das gesamte Gremium nach Maßgabe des § 61 Abs. 4.

Die Schwerbehindertenvertrauensperson und der Vertrauensmann der Zivildienstleistenden haben gemäß § 95 Abs. 5 SGB IX, § 37 Zivildienstgesetz ein Teilnahmerecht. Durch die Novelle 1994 ist hinzugefügt worden, daß der Dienststellenleiter nunmehr berechtigt ist, »für Personal- und Organisationsangelegenheiten zuständige Beschäftigte« hinzuzuziehen. Die Einräumung dieses Rechtes ist damit begründet worden, daß es einer geübten Praxis entspreche. Eine sachliche Änderung der Rechtslage ist daher nicht eingetreten. Solche Beschäftigte können nach der Entscheidung des OVG Münster vom 22. 1. 1986 (CL 42/83, PersV 1987, 162) hinzugezogen werden, wenn der Personalrat dazu sein Einvernehmen erklärt. Diese Handhabung entspricht auch der Praxis.

Gemäß § 18 Abs. 4 Landesgleichstellungsgesetz hat die Gleichstellungsbeauftragte ein Teilnahmerecht, wenn Angelegenheiten ihres Aufgabenkreises besprochen werden sollen.

Auch der Personalrat kann die Hinzuziehung weiterer Beschäftigter oder Gewerkschaftsbeauftragter verlangen, was – wenn es bei der Behandlung von Themen sachgerecht ist – von der Dienststelle nicht grundlos verweigert werden kann.

§ 64

Der Personalrat hat folgende allgemeine Aufgaben:

1. **Maßnahmen, die der Dienststelle oder ihren Angehörigen dienen, zu beantragen,**

2. **darüber zu wachen, daß die zugunsten der Beschäftigten geltenden Gesetze, Verordnungen, Tarifverträge, Dienstvereinbarungen und Verwaltungsanordnungen durchgeführt werden,**

3. **sich für die Wahrung der Vereinigungsfreiheit der Beschäftigten einzusetzen,**

4. **auf die Verhütung von Unfall- und Gesundheitsgefahren zu achten, die für den Arbeitsschutz zuständigen Stellen durch Anregung, Beratung und Auskunft zu unterstützen und sich für die Durchführung gesundheitsfördernder Maßnahmen und des Arbeitsschutzes einzusetzen,**

5. **Anregungen und Beschwerden von Beschäftigten entgegenzunehmen und, falls sie berechtigt erscheinen, durch Verhandlung mit dem Leiter der Dienststelle auf ihre Erledigung hinzuwirken,**

6. **die Eingliederung und berufliche Entwicklung Schwerbehinderter und sonstiger Schutzbedürftiger, insbesondere älterer Personen, zu fördern,**

7. **Maßnahmen zur beruflichen Förderung Schwerbehinderter zu beantragen,**

8. die Eingliederung ausländischer Beschäftigter in der Dienststelle und das Verständnis zwischen ihnen und den deutschen Beschäftigten zu fördern,

9. mit der Jugend- und Auszubildendenvertretung zur Förderung der Belange der von ihr vertretenen Beschäftigten eng zusammenzuarbeiten,

10. auf die Gleichstellung von Frau und Mann hinzuwirken.

1 Die dem Personalrat zugewiesenen »allgemeinen« Aufgaben erstrecken sich auf das gesamte Geschehen der Dienststelle und alle Interessen, Anliegen sowie Rechte und Pflichten der Beschäftigten. Sie begründen die Allzuständigkeit des Personalrats ohne förmliche Durchsetzungsrechte wie z.B. in Mitbestimmungsangelegenheiten. Die allgemeinen Aufgaben gehören wie die förmlichen Beteiligungsrechte des Personalrats der §§ 72 bis 75 zum Rechte- und Pflichtenkreis des Personalrats und sind nicht lediglich allgemeine Leitlinien. Ihre Anwendung im 8. Kapitel unter dem Begriff »Beteiligung der Personalvertretung« zeigt, daß § 64 konkrete Aufgaben und Zuständigkeiten enthält. Über Angelegenheiten des § 64 kann also z.B.

– in der Personalratssitzung beraten und beschlossen werden,

– Bedarfsfreistellung für ihre Erledigung beansprucht werden;

– der Unterrichtungsanspruch gemäß § 65 geltend gemacht werden,

– Beschäftigte befragt und am Arbeitsplatz aufgesucht werden.

Die Handlungsmöglichkeiten des Personalrats wären ohne diese umfassende und weitgehende Formulierung der Aufgaben auf die wesentlich enger zugeschnittenen Beteiligungstatbestände der §§ 72 bis 75 beschränkt. Der thematisch umfassende Zuschnitt der Aufgaben und Rechte des § 64 weist dem Personalrat eine Allzuständigkeit für alle dienstlichen Angelegenheiten zu, die die Beschäftigten berühren.

2 **Ziffer 1** weist dem Personalrat ganz allgemein die Aufgabe zu, Maßnahmen zu beantragen, die der Dienststelle bzw. ihren Angehörigen dienen. Es kann sich dabei um beteiligungspflichtige Angelegenheiten, aber auch um solche handeln, die nicht der besonderen Beteiligung nach den nachfolgenden Vorschriften unterliegen. Durch die Novelle 1994 ist klargestellt, daß die vom Personalrat beantragten Maßnahmen entweder der Dienststelle »oder« ihren Angehörigen dienen können. Es müssen nicht beide Zwecke mit der vom Personalrat angestrebten Maßnahme erreicht werden.

3 **Ziffer 2** verpflichtet den Personalrat, alle zugunsten der Beschäftigten geltenden Vorschriften aus Gesetzen, Verordnungen, Tarifverträgen, Dienstvereinbarungen und Verwaltungsanordnungen auf ihre Einhaltung und Durchführung hin zu überwachen. Das geschieht zum einen laufend, kann zum anderen aber auch dadurch erfolgen, daß der Personalrat sich mit entsprechenden Auskunftsersuchen oder Fragestellungen an die

Dienststelle wendet. Der Personalrat bedarf nicht eines irgendwie gearteten Verdachtes, um überwachend tätig zu werden.

Ziffer 3 weist dem Personalrat – wie schon in § 62 – die Aufgabe zu, sich **4** für die Wahrung der Vereinigungsfreiheit der Beschäftigten einzusetzen, also die ungehinderte Ausübung gewerkschaftlicher Betätigung im Betrieb durch die Beschäftigten zu ermöglichen und Behinderungen entgegenzutreten.

Ziffer 4 überträgt dem Personalrat die Verpflichtung, auf die Verhütung **5** von Unfall- und Gesundheitsgefahren zu achten und sich mit den für den Arbeitsschutz zuständigen Stellen in Verbindung zu setzen und aktiv auf die Durchführung gesundheitsfördernder Maßnahmen sowie Maßnahmen des Arbeitsschutzes hinzuwirken. Diese Verpflichtung wird in § 77 Abs. 1 fast wortgleich wiederholt und damit unterstrichen; es besteht darüber hinaus ein Mitbestimmungsrecht des Personalrates bei Maßnahmen zur Verhütung von Dienst- und Arbeitsunfällen und sonstigen Gesundheitsstörungen nach § 72 Abs. 4 Nr. 7, bei der Bestellung von Vertrauens- oder Betriebsärzten nach § 72 Abs. 4 Nr. 6. Auch das Mitbestimmungsrecht bei Gestaltung der Arbeitsplätze gemäß § 72 Abs. 4 Nr. 10 hat einen Bezug zum Gesundheits- und Arbeitsschutz, Zuständigkeiten in diesem Themenbereich ergeben sich weiter aus § 77 Abs. 2 bis 5.

Die Hervorhebung der Zusammenarbeit mit den zuständigen Stellen sowohl in Ziffer 4 wie in § 77 Abs. 1 stellt klar, daß der Personalrat in **6** Angelegenheiten des Arbeits- und Gesundheitsschutzes außenstehende Stellen im Sinne des § 2 Abs. 3 auch bereits dann einschalten kann, wenn noch keine Einigung in der Dienststelle erzielt worden ist. Dieser zeitraubende Weg verbietet sich bereits wegen der Bedeutung der Schutzrechte der Beschäftigten auf körperliche Unversehrtheit.

Der Gesetzgeber hat sich leider geweigert, in Ziffer 4 den Umweltschutz und die Umweltgefahren aufzunehmen, weil es sich angeblich um »überbetriebliche Aspekte« (Landtagsdrucksache 11/7130, Seite 48) handele. Auch ohne ausdrückliche Erwähnung gehört jedoch der betriebliche Umweltschutz als Teil des Gesundheitsschutzes zu der Aufgabenstellung des Personalrats.

Nach **Ziffer 5** hat der Personalrat Anregungen und Beschwerden von **7** Beschäftigten zunächst entgegenzunehmen. Es kann sich dabei um die Anregung oder Beschwerde eines einzelnen Beschäftigten oder von Gruppen von Beschäftigten handeln. Nach dieser Vorschrift ist der Personalrat zur Entgegennahme und Behandlung von Mobbing-Beschwerden über Vorgesetzte, einzelne oder Gruppen von Beschäftigten zuständig (zum Mobbing-Begriff siehe LAG Thüringen vom 10. 4. 2001 – 5 Sa 403/00, PersR 2001, 532). Der Personalrat kann auch Anregungen und Beschwerden von betrieblichen Gruppierungen der in der Dienststelle vertretenen Gewerkschaften nach dieser Vorschrift entgegennehmen und behandeln. Solche Anregungen und Beschwerden sind vom Personalrat auf einer

Sitzung zu beraten und daraufhin zu überprüfen, ob sie berechtigt »erscheinen«. Das ist der Fall, wenn es sich nach Meinung des Personalrats um ein Anliegen handelt, dem weiter nachgegegangen oder das gefördert werden soll. Hält der Personalrat die Anregung oder Beschwerde für berechtigt, so hat er durch Verhandlung mit dem Dienststellenleiter auf Erledigung hinzuwirken.

Der Personalrat ist weder berechtigt noch verpflichtet, der Dienststelle die Namen von Beschäftigten bekanntzugeben, die eine solche Anregung oder Beschwerde an den Personalrat gerichtet haben. Die Benachteiligung solcher Beschäftigter verbietet § 612 a BGB ausdrücklich.

8 **Ziffer 6** verpflichtet den Personalrat, die Eingliederung und berufliche Entwicklung schwerbehinderter Menschen und sonstiger Schutzbedürftiger – insbesondere älterer Mitarbeiter – zu fördern. Die Vorschrift steht im Zusammenhang mit den vom Personalrat ebenfalls zu beachtenden Aufgaben nach dem Sozialgesetzbuch IX, Rehabilitation und Teilhabe behinderter Menschen (siehe § 93 SGB IX) sowie den Rechten und Pflichten der Schwerbehindertenvertrauensperson gemäß §§ 93 ff. SGB IX. Sonstige schutzbedürftige Personen sind neben den ausdrücklich genannten älteren Beschäftigten z. B. weibliche Beschäftigte, jugendliche Beschäftigte, Beschäftigte mit ruhenden Arbeitsverhältnissen (Elternzeit/Erziehungsurlaub), neu eingestellte Beschäftigte nach längerer Arbeitslosigkeit etc.

9 Gemäß **Ziffer 7** hat der Personalrat Maßnahmen zur beruflichen Förderung schwerbehinderter Menschen, z. B. auf Einrichtung von Schwerbehinderten-Arbeitsplätzen, die Unterstützung bei Zustandekommen einer Integrationsvereinbarung gemäß § 83 Abs. 1 SGB IX oder die Beschaffung von Mitteln für besondere Fortbildungslehrgänge etc. zu beantragen.

10 Nach **Ziffer 8** hat der Personalrat die Eingliederung ausländischer Beschäftigter in die Dienststelle und das Verhältnis zwischen ihnen und den deutschen Beschäftigten zu fördern. Eine Diskriminierung ausländischer Beschäftigter verbietet § 62 ausdrücklich. Unter Eingliederung ist die Einstellung, Einarbeitung und das Vertrautmachen mit der Arbeitsumgebung zu verstehen. Der Personalrat kann beispielsweise durch Übersetzung seiner Bekanntmachungen zur Überwindung von Sprachproblemen beitragen. Die Novelle des BetrVG 2001 hat den gleichlautenden § 80 dahingehend ergänzt, daß zu den Aufgaben des Betriebsrats die Bekämpfung von Fremdenfeindlichkeit und Rassismus gehört.

11 Die Zusammenarbeit mit der Jugend- und Auszubildendenvertretung und die Förderung der Belange der von dieser vertretenen Beschäftigten ist dem Personalrat nach **Ziffer 9** zugewiesen. Diese enge Zusammenarbeit ergibt sich bereits aus der besonderen Rechtsstellung, die die Jugend- und Auszubildendenvertretung gegenüber dem Personalrat nach den Vorschriften des Siebenten Kapitels, insbesondere der Aufgabenstellung des § 61, hat.

Ziffer 10 ist durch die Novelle 1994 in das Gesetz eingefügt worden, um **12** den Personalrat zu veranlassen, bei seinen Maßnahmen und Aktivitäten die vielschichtigen und unterschiedlichen Lebenssituationen von Männern und Frauen zu bedenken. Der Personalrat soll an der Verwirklichung der Grundsätze des Landes- und des Bundesgleichstellungsgesetzes mitwirken (siehe dazu Horstkötter, PersR 2002, 321).

§ 65

(1) Der Personalrat ist zur Durchführung seiner Aufgaben rechtzeitig und umfassend zu unterrichten. Ihm sind die dafür erforderlichen Unterlagen vorzulegen.

(2) Bei Einstellungen sind ihm auf Verlangen die Unterlagen aller Bewerber vorzulegen. An Gesprächen, die im Rahmen geregelter oder auf Übung beruhender Vorstellungsverfahren zur Auswahl unter mehreren dienststelleninternen oder dienststellenexternen Bewerbern von der Dienststelle geführt werden, kann ein Mitglied des Personalrats teilnehmen; dies gilt nicht in den Fällen des § 72 Abs. 1 Satz 2.

(3) Personalakten oder Sammlungen von Personaldaten dürfen nur mit Zustimmung des Beschäftigten und nur von den von ihm bestimmten Mitgliedern des Personalrats eingesehen werden; dies gilt nicht für listenmäßig aufgeführte Personaldaten, die regelmäßig Entscheidungsgrundlage in beteiligungspflichtigen Angelegenheiten sind. Dienstliche Beurteilungen sind auf Verlangen des Beschäftigten dem Personalrat zur Kenntnis zu bringen. Ein Mitglied des Personalrats kann auf Wunsch des Beschäftigten an Besprechungen mit entscheidungsbefugten Personen der Dienststelle teilnehmen, soweit dabei beteiligungspflichtige Angelegenheiten berührt werden.

(4) Die Einhaltung des Datenschutzes obliegt dem Personalrat. Dem Dienststellenleiter sind die getroffenen Maßnahmen mitzuteilen.

Der Personalrat kann die ihm vom Gesetz übertragenen Aufgaben nur **1** dann erfüllen, wenn die Dienststelle ihn rechtzeitig und umfassend unterrichtet und er bei Wahrnehmung seiner Aufgaben zeitgleich und im gleichen Umfang wie die Dienststelle über alle Angelegenheiten und Tatsachen unterrichtet ist.

Abs. 1: Die Unterrichtungspflicht des Personalrats erstreckt sich auf die Durchführung seiner Aufgaben, also auf sämtliche im Personalvertretungsgesetz aufgeführten Rechte und Pflichten, insbesondere die im Achten Kapitel unter »Beteiligung der Personalvertretung« zusammengefaßten Beteiligungsrechte des Personalrats. Darüberhinaus sind besondere Informationsrechte des Personalrats (siehe z.B.: §§ 7 Abs. 3, § 20 TzBfG bzgl. der Anzahl von befristeten und in Teilzeit Beschäftigten; § 21 Gefahrstoffverordnung oder EG-Richtlinie 2001/23/EG zur Unterrichtung bei Privatisierungen) zu beachten.

Die Unterrichtung darf sich nicht auf diejenigen Angelegenheiten beschränken, die die Dienststelle beabsichtigt, sondern hat sich auch auf Angelegenheiten zu erstrecken, die vom Personalrat verlangt oder beabsichtigt werden. Sowohl zur Erfüllung der allgemeinen Aufgaben des § 64 als auch zur Vorbereitung von Initiativanträgen im Rahmen von mitbestimmungspflichtigen Angelegenheiten besteht daher ein uneingeschränkter Unterrichtungsanspruch. Aus den allgemeinen Aufgaben des Personalrats kann sich auch außerhalb konkreter Beteiligungsverfahren die Verpflichtung des Dienststellenleiters zur Vorlage von Unterlagen ergeben (so OVG Münster vom 11. 9. 1997 – 1 A 650/95.PVL, PersR 1998, 250 unter Hinweis auf BVerwG vom 22. 12. 1993 – 6 P 34.92). Der Personalrat ist auch nicht darauf beschränkt, auf Mißstände, Unterlassungssünden u. ä. hinzuweisen, um ein Recht auf Information zu erhalten. Macht der Personalrat geltend, es bestünden Dienstvereinbarungen mit einem von Gesetz oder Tarifvertrag abweichenden Inhalt, sind ihm sämtliche Dienstanweisungen vorzulegen (OVG Münster vom 27. 10. 1999 – 1A 5223/97.PVL, PersR 2000, 112).

Der Personalrat muß also nicht die Besorgnis einer Rechtsverletzung darlegen, um Informationen beanspruchen zu können (so BVerwG vom 27. 2. 1985 – 6 P 9/84, PersR 1985, 124). Einen Unterrichtungsanspruch soll er jedoch nur bei Vorliegen und Bekanntgabe eines sachlich gerechtfertigten Anlasses oder ausreichenden Anhaltspunktes (so OVG Münster vom 27. 10. 1999 – 1 A 5100/97.PVL, PersR 2000, 170 sowie 1 A 5223/97.PVL, PersR 2000, 112 unter Berufung auf BVerwG vom 29. 8. 1990 – 6 P 30/87, PersR 1990, 301) haben. Das können die beabsichtigte Ausübung von Initiativ-Mitbestimmungsrechten, Änderungen der Gesetzesoder Rechtslage aber auch Gründe, die im Verhalten der Dienststelle liegen, sein. Die vom Personalrat begehrte Information muß jedoch stets einen Bezug zu den Aufgaben der Personalvertretungen und ihrer Wahrnehmung haben (»untrennbare Beziehung«: OVG Münster vom 22. 5. 1996 – 1 A 1864/93.PVL, PersV 1998, 517). Allerdings besteht nach der – spätestens bis 2005 ins deutsche Recht umzusetzenden EG-Richtlinie 2002/14/EG ein Unterrichtungsanspruch ohne konkreten Aufgabenbezug oder Anlaß bezüglich Beschäftigungssituation, Beschäftigtenstruktur und wahrscheinlicher Beschäftigungsentwicklung.

Die Unterrichtungspflicht des Dienststellenleiters soll dem Personalrat den gleichen Informationsstand sichern, wie ihn der Dienststellenleiter selbst hat.

2 *Rechtzeitige Unterrichtung* bedeutet, daß die Dienststelle den Personalrat so frühzeitig über alle beabsichtigten Maßnahmen informieren muß, daß die Maßnahme noch gestaltungsfähig ist, keine vollendeten Tatsachen geschaffen worden sind und dem Personalrat zeitlich und inhaltlich durch

Ausübung der gesetzlichen Beteiligungsrechte die Möglichkeit einer Mitgestaltung im Interesse der Beschäftigten offensteht.

Der Zeitpunkt der Unterrichtung des Personalrats über eine beteiligungspflichtige Angelegenheit muß deutlich vor dem Zeitpunkt liegen, zu dem die Einleitung eines Mitbestimmungsverfahrens nach § 66 Abs. 2 angezeigt ist. Ein Mitbestimmungsverfahren ist einzuleiten, wenn die Überlegungen der Dienststelle in einer mitbestimmungspflichtigen Angelegenheit zu einem vorläufigen Abschluß gekommen sind. Die Unterrichtung hat zu einem wesentlich früheren Zeitpunkt zu beginnen, wenn nämlich die Dienststelle die ersten Planungsschritte abgeschlossen hat und Lösungswege für die vorgestellte Maßnahme entwickelt (siehe dazu näher das Stufenmodell: FKHES, § 80 BetrVG, S. 1158).

Die Unterrichtung des Personalrats hat auch *umfassend* zu sein, dem **3** Personalrat sind alle Unterlagen zur Verfügung zu stellen, die der Dienststelle bei ihrer Entscheidungsfindung zur Verfügung gestanden haben (siehe Welkoborsky, PersR 1989, 220). Der Personalrat ist darüber hinaus so zu unterrichten, daß er

– »alle entscheidenden Gesichtspunkte kennt, die für die Ausübung des Mitbestimmungsrechtes von Bedeutung sein können« (OVG Münster vom 11. 10. 1988 – CL 23/86, PersV 1990, 79);

– feststellen kann, »ob ihm ein Mitbestimmungsrecht zusteht und ob er davon Gebrauch machen soll, sofern nicht ein Mitbestimmungsrecht offensichtlich nicht in Betracht kommt« (ebd.);

– »in die Lage versetzt wird, zu prüfen, ob ein bestimmter Mitbestimmungstatbestand vorliegt« (ebd.).

Die Unterrichtung des Personalrats muß daher auch auf die Mitbestimmungsrechte des Personalrats Bedacht nehmen.

Unterlagen, die zur Durchführung der Arbeit des Personalrats erforderlich **4** sind, sind von der Dienststelle unaufgefordert vorzulegen. Einfachere Unterlagen – wie Übersichten, Auflistungen, Statistiken – sind zur Erfüllung von Informationspflichten von der Dienststelle eigens zu erstellen (OVG Münster vom 27. 10. 1999, a. a. O.). Unter Vorlage ist zu verstehen, daß die Unterlagen dem Personalrat als Organ dann zur Verfügung stehen, zugänglich sind und eingesehen werden können, wenn eine Entscheidung zu treffen ist. Die Unterlagen müssen also auf der Personalratssitzung vorhanden sein. Beschränkungen im Einsichtsnahmerecht darf die Dienststelle nicht vornehmen. Ständig benötigte Unterlagen – wie z.B. Personalbedarfsrechnung oder Stellenplan sind auf Dauer in Kopie zu überlassen (so: OVG Münster vom 24. 1. 2001 – 1 A 1538/99.PVB, PersR 2001, 391 sowie BVerwG vom 23. 1. 2002 – 6 P 5.01, PersR 2002, 201).

Der Personalrat hat neben dem Recht, von der Dienststelle alle Angaben **5** und Unterlagen zu erhalten, auch das Recht zur Eigenunterrichtung (so zutreffend: OVG Münster vom 4. 3. 1993 – CL 25/89, PersR 1993, 401).

Das kann durch Anhörung und Befragung von Beschäftigten, Arbeitsplatzbesichtigungen, Hinzuziehung von Geschwerkschaftsbeauftragten, sachkundigen Personen und Sachverständigen auf Personalratssitzungen erfolgen.

6 Der Personalrat kann Sachverständige hinzuziehen. Dazu muß in dem Beschluß des Personalrats zum Ausdruck kommen, daß eine Willensbildung über Erforderlichkeit und Umfang des Gutachtenauftrages stattgefunden hat. Der Auftrag an den Gutachter muß genau bezeichnet, die voraussichtlich entstehenden Kosten begründet und in einer Vereinbarung mit dem Sachverständigen festgelegt werden. Ein Sachverständigengutachten kann nur im Rahmen der gesetzlichen Aufgabenstellung des Personalrats – regelmäßig im Zusammenhang mit der Ausübung von Mitbestimmungsrechten – verlangt werden (siehe BVerwG vom 8. 11. 1989 – 6 P 6.87, PersR 90, 102; zum Sachverständigen im übrigen: Welkoborsky, PersR 1987, 162 und PersR 1991, 210). Es muß ein konkreter Bezug zu einer bestimmten Aufgabenstellung vorhanden sein (keine Unterrichtung über denkbare Problemfälle: OVG Münster vom 8. 11. 2000 – 1 A 5943/98.PVL, PersR 2001, 211).

In mitbestimmungspflichtigen Angelegenheiten trägt der Dienststellenleiter die Beweislast dafür, daß er den Personalrat ordnungsgemäß unterrichtet hat (OVG Münster vom 11. 10. 1988, – CL 23/86, PersV 1990, 79); unvollständige Unterrichtung hat zur Folge, daß die Erklärungsfristen des Personalrats in mitbestimmungspflichtigen Angelegenheiten nicht in Lauf gesetzt sind (OVG Münster vom 11. 10. 1988, a.a.O.).

7 **Abs. 2:** Im Zusammenhang mit der Ausübung des Mitbestimmungsrechtes bei Einstellungen gemäß § 72 Abs. 1 Nr. 1 sind dem Personalrat – wenn er es verlangt – alle Unterlagen sämtlicher Bewerber vorzulegen. Die Dienststelle ist nicht berechtigt, die Bewerber »vorzusortieren« und nur einen Teil der Bewerber dem Personalrat bekannt zu geben.

Durch die Novelle 1994 ist der Satz 2 dieser Vorschrift geändert worden. *Das Teilnahmerecht an Vorstellungs- oder Eignungsgesprächen* ist nunmehr auf Vorstellungsverfahren zur Auswahl unter mehreren dienststelleninternen oder dienststellenexternen Bewerbern erstreckt worden. Bisher hatte die Rechtsprechung aufgrund des Bezugs zu Satz 1 auf dem Standpunkt gestanden (OVG Münster vom 13. 12. 1989 – CL 46/87, PersV 1991, 172), daß der Personalrat nur an solchen Gesprächen teilnehmen kann, die aus Anlaß einer beabsichtigten Einstellung geführt wurden; Vorstellungsgespräche mit internen Bewerbern konnten daher ohne Beteiligung des Personalrats stattfinden.

Allerdings kann der Personalrat nach der Neufassung nur an solchen Vorstellungsgesprächen teilnehmen, die im Rahmen geregelter oder auf Übung beruhender Vorstellungsverfahren durchgeführt werden. Als Vorstellungsverfahren sind nach § 9 VwVfG NW alle solche Bewerbergespräche und Bewerberanhörungen zu verstehen, die auf Vorbereitung einer Entscheidung (z. B. Einstellung, Umsetzung, Versetzung, Höhergruppierung, Übertragung einer höherwertigen Tätigkeit) abzielen (anders: OVG Münster vom 13. 5. 1991 – CL 15/91, ZTR 1991, 40). Auf die Dienststellenzugehörigkeit des Bewerbers, der einem Vorstellungsgespräch unterzogen wird, kommt es daher nicht mehr an. Zu Auswahlgesprächen zählen auch solche mit mehreren Bewerbern, z. b. um den Aufstieg in eine höhere Laufbahngruppe. Nicht dazu zählen Gespräche im Rahmen von Beurteilungsverfahren, wie sie z. b. in den »Richtlinien für die dienstliche Beurteilung« des Kultusministers vom 25. 2. 1992 enthalten sind. Ebenfalls nicht zu diesen Vorstellungsgesprächen zählen die Prüfungen im Rahmen von Auswahlverfahren durch Dritte im Auftrag der Dienststelle. Finden Assessment-Center statt, so kann der Personalrat an den Gesprächen und Übungen teilnehmen, die mit den Bewerbern veranstaltet werden. An der Prüfung und Beratung der Ergebnisse besteht zwar kein Teilnahmerecht, jedoch sind Verlauf und Ergebnisse bei Begründung der Auswahlentscheidung bekanntzugeben (OVG Münster vom 22. 3. 2000 – 1 A 4382/98.PVL). Teilnahmeberechtigt ist ein Personalratsmitglied, das aufgrund eines gemeinsamen Beschlusses des Personalrats (§ 34) entsandt wird.

Nach Satz 2, 2. Halbsatz besteht kein Recht des Personalrats auf Teilnahme an Auswahlgesprächen in den Fällen des § 72 Abs. 1 Satz 2. Es handelt sich dabei um eine Formulierungspanne des Gesetzgebers. § 72 Abs. 1 Satz 2 sieht vor, daß für bestimmte Beschäftigte die Mitbestimmungsrechte in personellen Einzelmaßnahmen vom Personalrat nur ausgeübt werden können, wenn diese Personen es beantragen. Wird ein solcher Antrag gestellt, so ist dem Personalrat – entgegen dem mißverständlichen Wortlaut von Abs. 2 Satz 2, 2. Halbsatz – auch ein Teilnahmerecht an dem Auswahlgespräch mit diesem Personenkreis einzuräumen. **8**

Abs. 3: *Einsichtnahme in Personalakten* (zum Begriff siehe § 102 LBG) bedarf der Zustimmung des einzelnen Beschäftigten. Absatz 3 bestimmt auch, welches Personalratsmitglied die Einsichtnahme vornehmen kann. Die Regelung gilt ebenfalls für Sammlungen von Personaldaten, worunter das Ergebnis einer zielgerichteten Sammlung von Einzelangaben über persönliche und sachliche Verhältnisse einer bestimmten oder bestimmbaren natürlichen Person verstanden wird (so OVG Münster vom 6. 12. 1990 – CL 61/88, PersR 1991, 175). Sammlungen von Personaldaten sind richtigerweise jedoch nur solche, die anstelle von Personalakten geführt werden und z. B. nicht mehr in herkömmlicher Form in Akten, sondern nur noch per EDV vorhanden sind. **9**

Durch die Novelle 1994 sind von dieser Beschränkung listenmäßig aufgeführte Personaldaten, die regelmäßig Entscheidungsgrundlage in beteiligungspflichtigen Angelegenheiten sind, ausgenommen worden. »Hierzu gehören folgende listenmäßig aufgeführte Personaldaten: Name, Vorname, Geburtsjahr, Hinweis auf Ausbildung (z. B. Dipl.-Volkswirt), Ein- **10** tritt in den Vorbereitungsdienst, Ernennungsdaten, Abteilungs-, Dezernatszugehörigkeit, Beurlaubung und Ermäßigung der Arbeitszeit (von – bis); zusätzlich bei Arbeitnehmern: Datum der letzten Eingruppierung, Vergütungs- bzw. Lohngruppe und Fallgruppe, feste Zulagen. Beurteilungsdaten werden hiervon nicht erfaßt« (Landtagsdrucksache 11/5258, Seite 38). Es handelt sich dabei um die üblicherweise geführten Beförderungslisten u. ä., die dem Personalrat aus Anlaß von Mitbestimmungsverfahren üblicherweise vorgelegt werden.

11   *Dienstliche Beurteilungen* werden dem Personalrat nur dann zur Kenntnis gebracht, wenn der betroffene Beschäftigte es verlangt. Der Personalrat kann bei *Gesprächen zwischen Beschäftigten und entscheidungsbefugten Personen* auf Wunsch der/des Beschäftigten teilnehmen. Das Teilnahmerecht besteht an solchen Gesprächen, bei denen »beteiligungspflichtige Angelegenheiten berührt werden«. Entscheidungsbefugte Personen sind diejenigen, die in § 8 sowie in § 11 Abs. 2 c) aufgeführt sind.

Beteiligungspflichtige Angelegenheiten werden dann berührt, wenn entweder eine der in den §§ 64 bis 77 aufgeführten Angelegenheiten Gegenstand des Gesprächs ist oder das Gespräch der Prüfung dient, ob derartige Maßnahmen ergriffen werden. Dazu zählen mitbestimmungspflichtige Angelegenheiten, insbesondere aus dem Absatz 1 des § 72, aber auch die Erörterung von Eignung, Leistung und Befähigung aus Anlaß einer dienstlichen Beurteilung (§ 65 Abs. 3) oder einer vom Personalrat gemäß § 64 Nr. 5 der Dienststelle übermittelten Beschwerde.

Es kann sich auch um Gespräche und Erörterungen handeln, die auf Wunsch des Beschäftigten zustande gekommen sind.

13   **Abs. 4:** Der Absatz ist durch die Novelle 1994 neu eingefügt worden. Es dient der Klarstellung, daß der Personalrat als Teil der Dienststelle verpflichtet ist, im Rahmen der ihm zugegangenen Informationen die Belange des Datenschutzes zu beachten (so Regierungsentwurf, Landtagsdrucksache 11/5258, Seite 38). Bereits bis dahin war anerkannt, daß der Personalrat die Regeln des Datenschutzes zu beachten hat, wie sie sich im Datenschutzgesetz NW finden (siehe dazu Orth/Welkoborsky, § 9 LPVG NW, Rn. 14). Die in Satz 2 vorgesehene Verpflichtung, den Dienststellenleiter über die »getroffenen Maßnahmen« zu unterrichten, soll dem Dienststellenleiter eine Überprüfung der Einhaltung des Datenschutzes beim Personalrat ermöglichen. Damit ist der Dienststellenleiter auf eine Überprüfung derjenigen Angaben beschränkt, die er von dem Personalrat erhält. Eine eigene Überprüfung der vom Personalrat unterhaltenen Dateien ist ihm nicht gestattet. Weder Dienststellenleiter noch Datenschutzbeauftragter sind der »datenschutzrechtliche Vorgesetzte« des Personalrats; entsprechende Weisungen sind unzulässig.

Die neu eingefügte Vorschrift geht – was richtig ist – davon aus, daß der Personalrat regelmäßig zur Aufgabenerledigung EDV-gestützte Dateien unterhält und pflegt. Indirekt hat damit der Gesetzgeber zum Ausdruck gebracht, daß er es für erforderlich und zweckmäßig hält, dem Personalrat im Rahmen des § 40 Abs. 2 eine EDV-Anlage zur Verfügung zu stellen. Das Vorhandensein einer solchen EDV-Anlage beim Personalrat ist »Geschäftsgrundlage« für die Einfügung dieses Absatz 4 (siehe zur PC-Ausrüstung auch oben Rn. 6 zu § 42).

Zweiter Abschnitt
Formen und Verfahren

§ 66

(1) Soweit eine Maßnahme der Mitbestimmung des Personalrats unterliegt, kann sie nur mit seiner Zustimmung getroffen werden.

(2) Der Leiter der Dienststelle unterrichtet den Personalrat von der beabsichtigten Maßnahme und beantragt seine Zustimmung. Der Personalrat kann verlangen, daß der Leiter der Dienststelle die beabsichtigte Maßnahme begründet. Sofern der Personalrat beabsichtigt, der Maßnahme nicht zuzustimmen, hat er dies innerhalb von zwei Wochen nach Zugang des Antrags dem Leiter der Dienststelle mitzuteilen; in diesen Fällen ist die beabsichtigte Maßnahme mit dem Ziel einer Verständigung zwischen dem Leiter der Dienststelle und dem Personalrat zu erörtern. Der Leiter der Dienststelle ist berechtigt, zu der Erörterung für Personal- und Organisationsangelegenheiten zuständige Beschäftigte hinzuzuziehen. Soweit an Stelle des Leiters der Dienststelle das verfassungsmäßig zuständige oberste Organ oder ein von diesem bestimmter Ausschuß über eine beabsichtigte Maßnahme zu entscheiden hat, ist der Personalrat so rechtzeitig zu unterrichten, daß seine Stellungnahme bei der Entscheidung von dem zuständigen Organ oder Ausschuß berücksichtigt werden kann.

(3) Der Beschluß des Personalrats über die beantragte Zustimmung ist dem Leiter der Dienststelle innerhalb von zwei Wochen nach Zugang des Antrags mitzuteilen; in den Fällen des Absatzes 2 Satz 3 Halbsatz 2 beginnt die Frist mit dem Tage der Erörterung. In den Fällen des § 35 verlängert sich die Frist um eine weitere Woche. Der Leiter der Dienststelle kann in Ausnahmefällen auf Antrag des Personalrats die in den Sätzen 1 und 2 bestimmte Frist um zwei Wochen verlängern; in dringenden Fällen kann er sie auf eine Woche, in den Fällen des § 35 auf zwei Wochen abkürzen. Die Maßnahme gilt als gebilligt, wenn nicht der Personalrat innerhalb der genannten Frist die Zustimmung unter Angabe der Gründe schriftlich verweigert. Soweit dabei Beschwerden oder Behauptungen tatsächlicher Art vorgetragen werden, die für einen Beschäftigten ungünstig sind oder ihm nachteilig werden können, ist dem Beschäftigten Gelegenheit zur Äußerung zu geben; die Äußerung ist aktenkundig zu machen.

(4) Im Rahmen seiner Aufgaben nach § 72 kann der Personalrat in allen personellen, sozialen, organisatorischen und sonstigen innerdienstlichen Angelegenheiten Maßnahmen bei der Dienststelle beantragen, die die Beschäftigten der Dienststelle insgesamt, Gruppen von ihnen oder einzelne Beschäftigte betreffen oder sich auf sie auswirken. Der Personalrat hat die Maßnahme dem Leiter der Dienststelle schriftlich vorzuschlagen und zu begründen. Sofern beabsichtigt ist, dem Vorschlag nicht zu entsprechen, hat der Leiter der Dienststelle dies innerhalb eines Monats nach Zugang des Vorschlags dem Personalrat mitzuteilen; in diesen Fällen gilt Absatz 2 Satz 3 Halbsatz 2 entsprechend. Die Entscheidung über den Vorschlag ist dem Personalrat vom Leiter der Dienststelle innerhalb eines Monats nach Zugang des Vorschlags mitzuteilen; in den Fällen des Satzes 3 Halbsatz 2 beginnt die Frist mit dem Tage der Erörterung. Bei einer Ablehnung des Vorschlages sind die Gründe anzugeben.

(5) Kommt eine Einigung über eine vom Leiter der Dienststelle beabsichtigte Maßnahme nicht zustande, so kann er innerhalb von zwei Wochen nach Ablauf der in Absatz 3 genannten Frist die Angelegenheit der im Verwaltungsaufbau übergeordneten Stelle, bei der eine Stufenvertretung besteht, vorlegen. Für das Stufenverfahren gelten die Absätze 2 und 3 entsprechend. Kommt eine Einigung über eine vom Personalrat beantragte Maßnahme nicht zustande oder trifft der Leiter der Dienststelle innerhalb der in Absatz 4 Satz 4 genannten Frist keine Entscheidung, so kann der Personalrat innerhalb von zwei Wochen nach Fristablauf die Angelegenheit der Stufenvertretung, die bei der im Verwaltungsaufbau übergeordneten Stelle besteht, vorlegen. Für das Stufenverfahren gilt Absatz 4 entsprechend. Der Leiter der Dienststelle und der Personalrat unterrichten sich gegenseitig, wenn sie die Angelegenheit der übergeordneten Stelle oder der bei ihr bestehenden Stufenvertretung vorlegen.

(6) Bei Anträgen des Personalrats nach Absatz 4, die Maßnahmen nach § 72 Abs. 1 zum Gegenstand zu haben, entscheidet in der Landesverwaltung der Leiter der obersten Landesbehörde und bei den Gemeinden, den Gemeindeverbänden und den sonstigen der Aufsicht des Landes unterstehenden Körperschaften, Anstalten und Stiftungen des öffentlichen Rechts der Leiter der Dienststelle (§ 1 Abs. 2 Halbsatz 2) endgültig.

(7) Ergibt sich bei Maßnahmen, die von der Dienststelle beabsichtigt sind, und bei den vom Personalrat beantragten Maßnahmen, die nach § 72 Abs. 2 bis 4 seiner Mitbestimmung unterliegen,

a) in der Landesvertretung zwischen dem Leiter der obersten Landesbehörde,

b) bei den Gemeinden, den Gemeindeverbänden und den sonstigen der Aufsicht des Landes unterstehenden Körperschaften, Anstalten und Stiftungen des öffentlichen Rechts zwischen dem Leiter der Dienststelle (§ 1 Abs. 2 Halbsatz 2)

und der dort bestehenden zuständigen Personalvertretung keine Einigung, so entscheidet auf Antrag des Leiters oder der Personalvertretung die Einigungsstelle (§ 67). Der Antrag ist innerhalb von zwei Wochen nach Zugang des ablehnenden Beschlusses der Personalvertretung oder der ablehnenden Mitteilung des Leiters zu stellen. Absatz 5 Sätze 3 und 5 gelten entsprechend. Soweit es sich in den Fällen des § 72 Abs. 1 Satz 1 und Abs. 4 Satz 1 Nrn. 16 bis 18 um Angelegenheiten von Beamten handelt sowie in den Fällen des § 72 Abs. 3 und 4 Nrn. 2, 6, 11, 12, 13, 15 und 19 beschließt die Einigungsstelle eine Empfehlung an die in diesen Fällen endgültig entscheidende Stelle (§ 68).

(8) Der Leiter der Dienststelle kann bei Maßnahmen, die der Natur der Sache nach keinen Aufschub dulden, bis zur endgültigen Entscheidung vorläufige Regelungen treffen. Er hat dem Personalrat die vorläufige Regelung mitzuteilen und zu begründen und unverzüglich das Verfahren nach den Absätzen 2, 3, 5 und 7 einzuleiten oder fortzusetzen.

Die Vorschrift regelt das Verfahren in den mitbestimmungspflichtigen Angelegenheiten des § 72.

Abs. 1: Mitbestimmungspflichtige Angelegenheiten im Sinne des § 72 **1**
dürfen nur durchgeführt werden, wenn die Zustimmung des Personalrats vorliegt. Unter Zustimmung ist die vorherige Einwilligung zu verstehen, die nachträgliche Genehmigung sieht das Gesetz nicht vor. Jedoch gebietet der Grundsatz der vertrauensvollen Zusammenarbeit, daß das Mitbestimmungsverfahren nachgeholt wird, wenn gerichtlich die Verletzung eines Mitbestimmungsrechtes festgestellt wird (BVerwG vom 15. 3. 1995 – 6 P 28.93, n. v.; – 6 P 31.93, PersR 1995, 423).

Der Vorschrift ist zu entnehmen, daß sämtliche mitbestimmungspflichtigen Maßnahmen der Dienststelle – unabhängig davon, ob sie angeordnet, geduldet, billigend zur Kenntnis genommen werden oder überhaupt bekannt sind – nur mit vorheriger Zustimmung des Personalrates getroffen, also durchgeführt werden dürfen. »Daraus folgt, daß der Leiter der Dienststelle mitbestimmungspflichtige Maßnahmen, die ohne seine Kenntnisse in Teilbereichen der Dienststelle getroffen werden, entweder verhindern oder aber sie sich dergestalt zu eigen machen muß, daß er sie wie eine eigene Maßnahme dem bei ihm gebildeten Personalrat gegenüber vertritt« (so OVG Münster vom 20. 3. 1997 – 1 A 3755/94.PVL, PersR 1997, 253; ebenso OVG Münster vom 20. 1. 2000 – 1 A 128/98.PVL, PersR 2000, 456). Durch eine – auch stillschweigende – Delegation von Zuständigkeiten dürfen keine Beteiligungslücken entstehen (OVG Münster vom 20. 1. 2000, a.a.O.). Ist die Dienststelle jedoch lediglich rechtlich oder tatsächlich in Sachzusammenhänge einbezogen, ohne selbst handelnd einzugreifen, liegt keine Maßnahme vor (OVG Münster vom 3. 2. 2000 – 1 A 4968/98.PVL, PersR 2000, 519).

2 Abs. 2: Der Dienststellenleiter hat den Personalrat von einer bevorstehenden Maßnahme zu unterrichten, wenn er sie beabsichtigt. Das ist der Fall, wenn er sich zu ihrer Durchführung entschlossen hat und die Willensbildung zu einem vorläufigen Abschluß gekommen ist. Von diesem Zeitpunkt zu unterscheiden ist der Beginn der Unterrichtung des Personalrates nach § 65 Abs. 1. In mitbestimmungspflichtigen Angelegenheiten, denen eine gewisse Vorüberlegung und Planung vorausgeht, hat die Unterrichtung des Personalrats nicht erst stattzufinden, wenn die Maßnahme bereits beabsichtigt ist, sie hat vielmehr in der Planungsphase einzusetzen (siehe oben Rn. 2 zu § 65). In Gemeinden und Gemeindeverbänden ist zu beachten, daß eine Maßnahme dann beabsichtigt ist, wenn der Hauptverwaltungsbeamte/Bürgermeister vor hat, sie dem Entscheidungsorgan (Rat oder Kreistag) vorzuschlagen. Die Zuleitung einer Rats- oder Kreistagsvorlage an das Beschlußgremium oder den von diesem bestellten Ausschuß ist daher erst nach Beendigung des Mitbestimmungsverfahrens zulässig. Wird zwischen Dienststelle und Personalrat längere Zeit verhandelt, so muß der Dienststellenleiter den Personalrat ausdrücklich darauf aufmerksam machen, wenn nach seiner Auffassung die Frist des Absatzes 2 in Lauf gesetzt wird. Formvorschriften für den Zustimmungsantrag bestehen nicht, jedoch muß ein ausdrücklicher und unmißverständlicher Antrag auf Erteilung der Zustimmung gestellt werden.

Die Fristen der Absätze 2 und 3 werden nur in Lauf gesetzt, wenn der Personalrat zugleich mit dem Zustimmungsantrag ordnungsgemäß unterrichtet wird, also die Einzelheiten der Maßnahme dargelegt werden, bei mehreren Alternativen eine Begründung für die getroffene Entscheidung abgegeben wird und die für die Ausübung der Mitbestimmungsrechte maßgebenden Gesichtspunkte genannt werden (siehe Rn. 3 zu § 65). Ohne ausreichende Unterrichtung beginnt der Fristenlauf nicht, kann die Billigungsfiktion des Absatz 3 Satz 4 nicht eintreten (OVG Münster vom 19. 4. 1993 – CL 59/89, RiA 1995, 46; vom 20. 3. 1997 – 1 A 3677/93.PVL). Der Personalrat muß innerhalb der Erklärungsfrist des Absatz 2 jedoch ausdrücklich die mangelhafte Unterrichtung rügen und angeben, welche zusätzlichen Informationen er benötigt (OVG Münster vom 27. 3. 1998 – 1 A 7537/95.PVL, PersR 1999, 170). Erklärt er seine endgültige Zustimmungsverweigerung i.S.d. Absatz 3, so kann er sich nachträglich nicht mehr auf unzureichende Unterrichtung berufen (OVG Münster vom 31. 5. 2001 – 1 A 2277/99.PVL, PersR 2002, 215).

Welche Maßnahme Gegenstand des Mitbestimmungsverfahrens sein soll, unterliegt der Organisationshoheit des Dienststellenleiters, so daß nicht nur Einzelfälle, sondern auch künftige Fallgestaltungen (z. B. sukzessive Privatisierung der städtischen Reinigungsarbeiten: OVG Münster vom 25. 3. 1999 – 1 A 4469/98.PVL) Gegenstand eines Mitbestimmungsverfahrens sein können, solange für den Personalrat die Maßnahme bestimmt genug erläutert und begründet wird.

Wirksam eingeleitet ist das Verfahren nur dann, wenn der Dienststellenleiter den Antrag stellt. Zur Unwirksamkeit der Maßnahme – z.b. einer Kündigung – führt der Antrag eines personalvertretungsrechtlich unzuständigen Vertreters allerdings nur dann, wenn der Personalrat den Fehler innerhalb der Klärungsfrist rügt (BAG vom 25. 2. 1998 – 2 AZR 226/97, PersR 1998, 298).

Der Personalrat kann eine Begründung verlangen, jedoch ändert dieses Verlangen nichts am Lauf der Frist, so daß von einem solchen Verlangen regelmäßig abzuraten ist. Innerhalb der Stellungnahmefrist von 14 Tagen wird es dem Personalrat selten gelingen, zweimal zu tagen und nach dem Begründungsverlangen erneut eine Stellungnahme zu beschließen.

Sieht der Personalrat aufgrund der Erstunterrichtung und des Zustimmungsantrages des Dienststellenleiters keine Möglichkeit zuzustimmen, so kann er die vorläufige Mitteilung machen, daß er gegenwärtig beabsichtige, nicht zuzustimmen. Das ist im Regelfall auch zweckmäßig jedoch nicht verpflichtend, wie das OVG (vom 29. 1. 1999 – 1 A 6324/ 96.PVL, PersR 1999, 538) meint, um Gelegenheit zur Erörterung zu haben. Ist aus Sicht des Personalrates nach dem Antrag der Dienststelle für ein solches Einigungsgespräch kein Raum – z.B. bei Wiederholung eines vom Personalrat bereits mit eingehender Begründung abgelehnten Antrags – so kann er sogleich gemäß Abs. 3 die endgültige Ablehnung erklären. Die Mitteilung, daß beabsichtigt ist, nicht zuzustimmen, bedarf lediglich der Beschlußfassung des Personalrats, eine Begründung oder Schriftform ist nicht erforderlich. Faßt der Personalrat diesen Beschluß, so ist die beabsichtigte Maßnahme mit dem Ziel einer Verständigung zwischen Personalrat und Dienststelle zu erörtern. Die Erörterung kommt auf Initiative des Dienststellenleiters zustande. Verlangt dieser keine Erörterung, so findet kein weiteres Mitbestimmungsverfahren statt, der Dienststellenleiter muß jedoch von der beabsichtigten Maßnahme Abstand nehmen. Durch die Novelle 1994 ist dem Dienststellenleiter die Möglichkeit eröffnet, zur Erörterung Beschäftigte hinzuzuziehen, die für Personal- und Organisationsangelegenheiten zuständig sind. Das bedarf – wie die Hinzuziehung solcher Personen zum Quartalsgespräch – des Einvernehmens des Personalrats (siehe oben Rn. 4 zu § 63). Finden mehrere Erörterungsgespräche statt oder wird die Erörterung einvernehmlich unterbrochen – z.B. um dem Personalrat weitere Informationen zukommen zu lassen –, so beginnt die First des Absatz 3 erst mit der letzten Erörterung bzw. nach Ende der Unterbrechung und Abschluß der Erörterung (OVG Münster vom 18. 10. 2000 – 1 A 4961/98.PVL, PersR 2001, 159).

In Angelegenheiten, in denen nicht der Dienststellenleiter, sondern nur **4** das verfassungsmäßig oberste Organ über eine mitbestimmungspflichtige Maßnahme zu entscheiden hat, entfällt die Erörterung. In diesen Fällen ist dem Personalrat vom Dienststellenleiter Gelegenheit zu geben, eine Stellungnahme zur Vorlage bei dem zuständigen Organ oder Ausschuß abzugeben. Es ist jedoch zu beachten, daß nur die Erörterung entfällt und nicht etwa das gesamte Mitbestimmungsverfahren gegenstandslos wird (OVG Münster vom 9. 11. 2001 – 1 B 1146/01, PersR 2002, 257). Das Absehen von der Erörterung hat der Gesetzgeber deshalb vorgenommen, weil der nicht entscheidungsbefugte Dienststellenleiter ein Erörterungsgespräch mit dem Ziel einer Einigung mangels Entscheidungsbefugnis nicht sinnvoll führen kann.

Die Dienststelle hat zunächst beim Personalrat die Zustimmung zu beantragen. Teilt dieser mit, daß er beabsichtige, nicht zuzustimmen (Abs. 2 Satz 2), so hat der Dienststellenleiter dem Personalrat Gelegenheit zur Stellungnahme zu geben. Die Erörterung wird also durch diese Stellungnahme des Personalrats gegenüber dem verfassungsmäßig zuständigen Organ oder dem entsprechenden Ausschuß ersetzt. Dem Personalrat muß dabei eine angemessene Frist – i.d.R. 14 Tage – eingeräumt werden und zugleich bekanntgegeben werden, wann das Entscheidungsgremium tagt. Die Dienststelle hat dafür zu sorgen, daß die Stellungnahme des Personalrats so rechtzeitig erfolgt, daß sie dem Entscheidungsträger bei seiner Beschlußfassung vorliegt. Die Stellungnahme des Personalrats hat der Dienststellenleiter in vollständiger Form dem zur Entscheidung berufenen Gremium vorzulegen. Der Personalrat ist auch berechtigt, seine Stellungnahme unmittelbar dem verfassungsmäßig zuständigen Organ zuzuleiten. Entscheidet sich das verfassungsmäßig zuständige Gremium für die beabsichtigte Maßnahme – wobei diese Entscheidung unter dem Vorbehalt der Zustimmung des Personalrats steht –, nimmt das Mitbestimmungsverfahren seinen Fortgang. Das OVG Münster (vom 30. 10. 2002 – 1 A 1149/00.PVL) lehnt es ab, die Dienststelle zu verpflichten, das vollständige Mitbestimmungsverfahren noch vor dieser Entscheidung durchzuführen, weil die Entscheidung des verfassungsmäßig zuständigen Organs erst diejenige Entschließung sein soll, die dem Ende der – nicht vorgesehenen – Erörterung gleichsteht. Dementsprechend beginnt die Frist des Absatz 3 Satz 1 in diesem Fall mit der Unterrichtung des Personalrats seitens der Dienststelle über den Beschluß des Entscheidungsgremiums. Verweigert der Personalrat seine Zustimmung, so ist die Entscheidung der Einigungsstelle herbeizuführen (siehe zum gesamten Verfahren: OVG Münster vom 30. 10. 2002 – 1 A 1149/00.PVL). Bis zur abschließenden Entscheidung der Einigungsstelle bzw. des verfassungsmäßig zuständigen Gremiums über eine Empfehlung der Einigungsstelle darf der Dienststellenleiter die Maßnahmen nicht durchführen.

5 **Abs. 3:** Der Personalrat hat eine endgültige Entscheidung über Zustimmung oder Nichtzustimmung zu der beabsichtigten Maßnahme innerhalb von 14 Tagen ab Erörterung oder – wenn eine solche Erörterung nicht stattgefunden hat oder nicht stattfinden kann (Absatz 2 letzter Satz) – durch Beschluß innerhalb der Personalratssitzung zu entscheiden.

Wird die Aussetzung des Personalratsbeschlusses über die beantragte Zustimmung verlangt, verlängert sich die Frist um eine Woche. In Ausnahmefällen – insbesondere in komplexen Angelegenheiten mit großem Beratungs- und Unterrichtungsaufwand des Personalrats – kann die Frist vom Dienststellenleiter verlängert werden und zwar nach der Änderung durch die Novelle 1994 nunmehr um zwei Wochen. In dringenden Fällen – bei Vorliegen außergewöhnlicher und unvorhersehbarer Umstände – kann der Dienststellenleiter die Frist auf eine Woche abkürzen, in den Fällen des § 35 auf zwei Wochen.

Stimmt der Personalrat der beabsichtigten Maßnahme zu, so kann dieser Beschluß dem Dienststellenleiter unter Wahrung der Frist formlos mitgeteilt werden.

Will der Personalrat die Maßnahme ablehnen, so muß er dies innerhalb **6** der zweiwöchigen Frist unter Angabe der Gründe und schriftlich mitteilen. Wird eines dieser Formerfordernisse nicht beachtet, so gilt die Maßnahme als gebilligt. Hat der Personalrat also die Frist versäumt und/oder keine Gründe angegeben und/oder dies nicht schriftlich getan, so hat er der Maßnahme nach der Gesetzesfiktion des Absatzes 3 Satz 4 zugestimmt. Fristwahrend ist die Übergabe der schriftlichen Zustimmungsverweigerung an die Vertretungsberechtigten i. S. d. § 8 Abs. 1 und 2 (OVG Münster vom 10. 2. 1999 – 1 A 800/97.PVL, PersR 1999, 316). Obwohl der Personalrat in der Wahl seiner Zustimmungsverweigerungsgründe frei ist und Versagungskataloge – anders als in §§ 77, 79 BPersVG, 99 und 102 BetrVG – im Landespersonalvertretungsgesetz unbekannt sind, hat das Oberverwaltungsgericht Münster in einer ausufernden Rechtsprechung die Rechtsfigur der »Beachtlichkeit« der Zustimmungsverweigerung entwickelt und so eine Kontrolle und Überprüfung der Zustimmungsverweigerungsgründe des Personalrats eingeführt (siehe OVG Münster vom 29. 1. 1999 – 1 A 6324/96.PVL, PersR 1999, 538 unter Hinweis auf seine frühere Rspr.; zur Personalauswahlentscheidung vom 24. 11. 1999 – 1 A 3563/97.PVL). Das ist jedoch Sache der Einigungsstelle. Weder die Rechtsprechung noch der Dienststellenleiter sind nach § 66 berufen und befugt, die sachliche Richtigkeit der Zustimmungsverweigerungen zu überprüfen. Der Personalrat ist verpflichtet, im Falle einer Zustimmungsverweigerung eine sachliche Begründung abzugeben, die einen Bezug zur konkreten Maßnahme haben muß und sich auch dem jeweiligen Mitbestimmungsrecht zuordnen läßt (in diese Richtung weisen die jüngeren Entscheidungen des OVG Münster, z.B. vom 10.3.1999 – 1 A 1083/97.PVL, PersR 2000, 79; vom 24. 11. 1999 – 1 A 3563/97.PVL, PersR 2000, 288; vom 21. 6. 2001 – 1 A 5600/99.PVL, PersR 2001, 527). Ein in der Erörterung vorgebrachter Einwand verliert seine Beachtlichkeit nicht dadurch, daß der Personalrat ihn in der schriftlichen Zustimmungsverweigerung wiederholt (OVG Münster vom 21. 1. 2001, a.a.O.).

Begründet der Personalrat seine Entscheidung mit Beschwerden und Behauptungen tatsächlicher Art, die für einen Beschäftigten ungünstig sind oder ihm nachteilig werden können, so muß er diesem Beschäftigten vorher Gelegenheit zur Äußerung geben. Diese Äußerung ist aktenkundig zu machen, also in einer Aktennotiz durch den Personalrat mit Schilderung des wesentlichen Gesprächsverlaufs festzuhalten.

7 **Abs. 4:** Die Vorschrift räumt dem Personalrat in sämtlichen mitbestimmungspflichtigen Angelegenheiten des § 72 ein uneingeschränktes Initiativ-Mitbestimmungsrecht ein, d. h., daß der Personalrat die in § 72 aufgeführten Angelegenheiten auch selbst initiativ bei der Dienststelle beantragen kann und in einem solchen Fall ein im einzelnen geregeltes Mitbestimmungsverfahren stattzufinden hat.

Der Gesetzgeber unternahm mit der Neufassung von Satz 1 dieser Vorschrift durch die Novelle 1994 bereits den dritten Versuch, das Initiativrecht des Personalrats umfassend und auch für die personellen Einzelmaßnahmen »gerichtsfest« vorzuschreiben. Die 1985 – auch damals bereits im Hinblick auf die restriktive Rechtsprechung – vorgenommene Neufassung war vom OVG Münster (Entscheidungen vom 8. 3. 1988, PersR 88, 329 und vom 5. 8. 1991 – CL 24/89) für unklar gehalten worden, der gesetzgeberische Wille sei angeblich nicht deutlich genug geworden. Mit der Neufassung ist dieser Rechtsprechung über das »Wesen der Mitbestimmung« der Boden entzogen und klargestellt, daß der Personalrat in Nordrhein-Westfalen ein Initiativrecht in sämtlichen Angelegenheiten hat, die § 72 aufführt – und zwar auch dann, wenn sie nur Gruppen oder gar einen einzelnen betreffen, sich auf ihn auswirken oder er in der Angelegenheit selbst Rechtsmittel in Anspruch nehmen könnte (so ausdrücklich bezüglich im Initiativantrag namentlich benannter Beschäftigter: BVerwG vom 24. 10. 2001 – 6 P 13.00, PersR 2002, 21).

8 Das Initiativ-Mitbestimmungsrecht wird durch einen schriftlichen und begründeten Antrag des Personalrats gegenüber der Dienststelle eingeleitet. Diese hat – anders als der Personalrat – einen Monat Zeit, mitzuteilen, ob dem Vorschlag entsprochen werden soll oder nicht. Will der Dienststellenleiter dem Initiativantrag nicht entsprechen, so hat er dies innerhalb eines Monats nach Zugang des Vorschlags mitzuteilen und den Vorschlag sodann mit dem Personalrat mit dem ernsten Willen zur Einigung zu erörtern. Ergibt sich in der Erörterung keine Einigung, so hat der Dienststellenleiter innerhalb einer Frist von einem weiteren Monat endgültig mitzuteilen, ob er dem Vorschlag entspricht oder nicht und im Falle einer Ablehnung die Gründe anzugeben. Jedoch führt die Fristversäumnis – anders als beim Personalrat gemäß Absatz 3 – nicht zur Billigungsfiktion.

9 **Abs. 5:** Beabsichtigt der Dienststellenleiter eine Maßnahme und verweigert der Personalrat seine Zustimmung, so kann der Dienststellenleiter innerhalb von 14 Tagen nach Erhalt der Zustimmungsverweigerung die Angelegenheit der dem Verwaltungsaufbau übergeordneten Stelle, bei der eine Stufenvertretung besteht, vorlegen. Die Vorschrift ist nur in Verwaltungen anwendbar, die eine Stufenvertretung im Sinne des § 50 (siehe die Kommentierung dort) haben. In Einstufenverwaltungen (Gemeinden und Gemeindeverbänden z. B.) kann diese Vorschrift nicht angewandt werden, vielmehr ist nach Zustimmungsverweigerung des Personalrats unmittelbar nach Absatz 7 zu verfahren. Zwischen Stufenvertretung und Stufendienststelle hat erneut eine Unterrichtung über die Maßnahme und Erörterung nach den Absätzen 2 und 3 stattzufinden. Kommt eine Einigung nicht zustande, so wird das Mitbestimmungsverfahren nach Absatz 6 bzw. 7 fortgesetzt. Wird das Stufenverfahren von der übergeordneten Dienststelle mit der Begründung abgebrochen, ein Mitbestimmungsrecht des Personalrates bestehe nicht, so bindet das weder den örtlichen Personalrat noch den Dienststellenleiter. Dieser ist vielmehr nach wie vor zur Beachtung des Mitbestimmungsrechts verpflichtet (OVG Münster vom 2. 12. 1995 – 1 A 2005/92.PVL).

Hat der Personalrat einen Initiativantrag gestellt und kommt in der Stufenvertretung entweder eine Einigung nicht zustande oder trifft der Dienststellenleiter keinerlei Entscheidung, kann der Personalrat innerhalb von zwei Wochen nach Fristablauf die Angelegenheit der nächsthöheren Stufenvertretung vorlegen, die mit der zuständigen Stufenverwaltung die Angelegenheit erneut zu erörtern hat.

Ruft der Dienststellenleiter die Stufenverwaltung oder der Personalrat die Stufenvertretung an, so soll eine gegenseitige Unterrichtung über diesen Schritt erfolgen.

Abs. 6: Die Vorschrift ist durch die Novelle 1994 neu gefaßt worden, **10** ohne daß sich eine inhaltliche Änderung ergeben hat. Die Neufassung diente der Klarstellung, bei welchen Maßnahmen eine endgültige Entscheidung des Dienststellenleiters zu treffen ist.

Hat der Personalrat einen Initiativantrag nach Abs. 4 gestellt, der sich auf eine personelle Einzelmaßnahme nach § 72 Abs. 1 bezieht, so ist das Einigungsstellenverfahren nicht eröffnet. Vielmehr entscheidet

– in der Landesverwaltung der Leiter der obersten Landesbehörde,

– bei den Gemeinden, den Gemeindeverbänden und den sonstigen der Aufsicht des Landes unterstehenden Körperschaften, Anstalten und Stiftungen des öffentlichen Rechts der Leiter der Dienststelle,

endgültig und damit verfahrensbeendend.

Das – neuerlich formulierte – Initiativmitbestimmungsrecht führt in personellen Einzelmaßnahmen, also nach schriftlicher Antragstellung, Beratung, Erörterung und Entscheidung des Dienststellenleiters lediglich zu einer neuen endgültigen Entscheidung des Dienststellenleiters, lediglich in der Landesverwaltung entscheidet anstelle des örtlichen Dienststellenleiters der Leiter der obersten Landesbehörde.

11   Abs. 7: Die Einigungsstelle (§ 67) kann von der Dienststelle und dem Personalrat angerufen werden, damit diese in einer streitigen Mitbestimmungsangelegenheit eine Entscheidung trifft. Die Einigungsstelle kann entweder durch Beschluß verbindlich entscheiden (§ 67 Abs. 6 Satz 2) oder durch eine Empfehlung an die erst danach endgültig entscheidende Stelle (§ 68).

Angerufen werden kann die Einigungsstelle nur innerhalb einer Frist von 14 Tagen nach Zugang des ablehnenden Beschlusses der Personalvertretung oder der ablehnenden Mitteilung des Leiters der Dienststelle. Lehnt der Personalrat den Antrag auf Zustimmung des Dienststellenleiters ab, so kann dieser in sämtlichen Fällen des § 72 die Einigungsstelle anrufen. Hat die Dienststelle dagegen einen Initiativantrag des Personalrats abgelehnt, so ist die Einigungsstelle nur zuständig, wenn es sich um Angelegenheiten aus § 72 Abs. 2 bis 4 handelt. Ist bei der Dienststelle ein Gesamtpersonalrat gebildet, so ist zur Anrufung der Einigungsstelle nur der Gesamt-Dienststellenleiter befugt. Das gilt sowohl dann, wenn der Teil-Dienststellenleiter keine Einigung mit dem örtlichen Personalrat der nach § 1 Abs. 3 verstelbständigten Teil-Dienststelle erzielt hat, wie im Falle der Nichteinigung des Gesamt-Dienststellenleiters mit dem Gesamtpersonalrat. Es findet also bei Nichteinigung zwischen Teil-Dienststellenleiter und Personalrat ein Zuständigkeitswechsel zum Gesamt-Dienststellenleiter und zum Gesamtpersonalrat statt, weil nur diese das Einigungsstellenverfahren betreiben können. In diesen Fällen ist der Gesamt-Dienststellenleiter auch wenn er in Personalunion zugleich Teil-Dienststellenleiter ist – verpflichtet, vor Anrufung der Einigungsstelle einen Einigungsversuch mit dem jetzt erstmals befaßten Gesamtpersonalrat zu machen (so: OVG Münster vom 30. 1. 2003 – 1 A 1148/00.PVL). In Angelegenheiten nach § 72 Abs. 1 entscheidet in Initiativangelegenheiten nach Absatz 6 in der Landesverwaltung der Leiter der obersten Landesbehörde, im übrigen der Dienststellenleiter selbst endgültig und verfahrensbeendend.

12   Keine endgültige Entscheidung, sondern nur eine Empfehlung trifft die Einigungsstelle

– in personellen Einzelmaßnahmen der Beamten gemäß § 72 Abs. 1 Satz 1,

– bei Beurteilungsrichtlinien, allgemeinen Fragen der Fortbildung, Auswahl der Teilnehmer an Fortbildungsveranstaltungen und Inhalt von Personalfragebogen gemäß § 72 Abs. 4 Satz 1 Nr. 16 bis 18, soweit der Regelungsgegenstand sich ausdrücklich und nur auf Beamte bezieht;

– in den Rationalisierungs-, Technologie- und Organisationsangelegenheiten des § 72 Abs. 3;

– in den Angelegenheiten des § 72 Abs. 4 Nr. 2 (Mehrarbeit und Überstunden), Nr. 6 (Bestellung und Abberufung von Vertrauens- und Betriebsärzten und Sicherheitsfachkräften), Nr. 11 (Geltendmachung von Ersatzansprüchen gegen einen Beschäftigten), Nr. 12 (Verselbständigung von Dienststellen), Nr. 13 (Grundsätze der Arbeitsplatz- und Dienstpostenbewertung), Nr. 15 (Personalauswahlrichtlinien) und Nr. 19 (Abschluß von Arbeitnehmerüberlassungs- oder Gestellungsverträgen). In diesen Fällen entscheiden die in § 68 genannten Gremien (siehe dort);

– gemäß § 55 Abs. 2 WDR-Gesetz bei personellen Einzelmaßnahmen von WDR-Beschäftigten, die maßgeblich an der Programmgestaltung beteiligt sind.

Das Verfahren vor der Einigungsstelle richtet sich nach § 67.

Abs. 8: Unaufschiebbar ist eine Angelegenheit nicht bereits dann, wenn **13** sie eilbedürftig ist, vielmehr bedarf es einer größeren Dringlichkeit (OVG Münster vom 6. 9. 1989 – CL 34/87). Bei bloßer Eilbedürftigkeit genügt es, von der Möglichkeit zur Abkürzung der Fristen in § 66 Abs. 3 Gebrauch zu machen (OVG Münster vom 15. 3. 1988 – CL 44/87). Es muß ein Sachzwang zum sofortigen Handeln bestehen (OVG Münster vom 6. 9. 1989 – CL 34/87), wobei ein strenger Maßstab zur Beurteilung anzulegen ist. Das Merkmal der Unaufschiebbarkeit ist deshalb eng auszulegen, weil der Dienststellenleiter nur ausnahmsweise eine vorläufige Regelung treffen darf. In der Regel ist die vorherige Beteiligung des Personalrats und der Abschluß des Mitbestimmungsverfahrens erforderlich, bevor die Maßnahme getroffen werden kann.

Es ist daher eine Abwägung »zwischen der Erfüllung der Aufgaben der Dienststelle einerseits und der Wahrnehmung der Interessen der Beschäftigten durch den Personalrat andererseits« (OVG Münster vom 24. 5. 1988 – CL 28/86) erforderlich. Nur wenn bei Unterlassung der alsbaldigen Durchführung

– der Erfolg vereitelt würde,

– einem durch die Unterlassung Betroffenen ein Schaden entstehen würde, der in keinem Verhältnis zum Nutzen und Zweck der Mitbestimmung steht,

– weitere Verzögerungen die Erfüllung der der Dienststelle obliegenden Aufgaben in Frage stellen würden,

– keine andere Möglichkeit besteht, durch sonstige organisatorische Maßnahmen den Notfall abzuwenden (so die Beschlüsse vom 22. 5. 1986, 15. 3. 1988, a.a.O., und zuletzt im Beschluß vom 23. 9. 1993 – 1 A 557/91),

darf eine vorläufige Regelung getroffen werden. Das OVG Münster (vom 27. 10. 1999 – 1 A 3216/97.PVL, PersR 2000, 168) läßt eine vorläufige Maßnahme auch bei selbstverschuldeter Dringlichkeit zu.

Auch in einem solchen Fall darf die vorläufige Maßnahme die endgültige nicht vorwegnehmen, sie muß in ihrer Wirkung, Dauer oder Reichweite so weit hinter der beabsichtigten Maßnahme zurückbleiben, daß eine wirksame Ausübung des Mitbestimmungsrechts möglich bleibt (OVG Münster vom 6. 3. 1997 – 1 A 3910/93.PVL, PersR 1997, 454). An Stelle einer endgültigen Versetzung hat sich die Dienststelle auf eine Abordnung zu beschränken (siehe OVG Münster vom 12. 6. 1997 – 1 A 4174/94.PVL, PersR 1998, 34; siehe auch: OVG Münster vom 27. 10. 1999 – 1 A 3216/97.PVL, PersR 2000, 168).

Zur Beurteilung der Dringlichkeit ist auf den Bereich der gesamten Dienststelle, nicht auf die Verhältnisse in einer Abteilung oder eines einzelnen Lehrstuhls an einer Universität abzustellen (OVG Münster vom 23. 9. 1993 – 1 A 557/93).

§ 67

(1) Bei jeder obersten Dienstbehörde wird für die Dauer der Wahlperiode der Personalvertretung eine Einigungsstelle gebildet. Sie besteht aus einem unparteiischen Vorsitzenden, seinem Stellvertreter und Beisitzern. Auf die Person des Vorsitzenden und seines Stellvertreters sowie über die Zahl der Beisitzer haben sich die oberste Dienstbehörde und die bei ihr bestehende Personalvertretung innerhalb von zwei Monaten nach Beginn der Wahlperiode zu einigen. Kommt eine Einigung nicht zustande, so entscheidet auf Antrag der obersten Dienstbehörde oder der Personalvertretung der Präsident des Oberverwaltungsgerichts. Die Beisitzer, die Beschäftigte im Geltungsbereich eines Personalvertretungsgesetzes sein müssen, werden von beiden Seiten je zur Hälfte bestellt und innerhalb von drei Monaten nach Beginn der Wahlperiode dem Vorsitzenden benannt.

(2) Die Mitglieder der Einigungsstelle sind unabhängig und üben ihre Tätigkeit als Ehrenamt in eigener Verantwortung aus. Für sie gilt § 40 Abs. 1 und 3 und, soweit sie Beschäftigte im Geltungsbereich dieses Gesetzes sind, § 42 Abs. 2 entsprechend. Dem Vorsitzenden kann eine Entschädigung für Zeitaufwand gewährt werden. Die Mitglieder scheiden aus der Einigungsstelle außer durch Zeitablauf (Abs. 1 Satz 1) oder Niederlegung des Amtes nur unter den in § 51 Abs. 1 Nr. 1 der Disziplinarordnung bezeichneten Voraussetzungen aus, die Beisitzer ferner bei Beendigung des Dienst- oder Arbeitsverhältnisses im Geltungsbereich eines Personalvertretungsgesetzes.

(3) Die Einigungsstelle wird tätig in der Besetzung mit dem Vorsitzenden oder, falls dieser verhindert ist, seinem Stellvertreter und sechs Beisitzern, die auf Vorschlag der obersten Dienstbehörde und der Personalvertretung je zur Hälfte aus dem Kreis der von ihnen benannten Beisitzer (Abs. 1 Satz 5) entnommen werden.

(4) Die Sitzungen der Einigungsstelle sind nicht öffentlich. Den Beteiligten ist die Anwesenheit nur bei der Verhandlung zu gestatten; anderen Personen kann sie gestattet werden. Den Beteiligten ist Gelegenheit zur mündlichen Äußerung zu geben, die mit ihrem Ein-

verständnis auch schriftlich erfolgen kann. Beauftragte einer in der Personalvertretung vertretenen Gewerkschaft dürfen auch dann bei den Verhandlungen anwesend sein, wenn die Mehrheit der von der obersten Dienstbehörde oder von der bei ihr bestehenden Personalvertretung benannten Beisitzer dies beantragt.

(5) Die Einigungsstelle entscheidet durch Beschluß über die Anträge der Beteiligten, sie kann den Anträgen auch teilweise entsprechen. Der Beschluß muß sich im Rahmen der geltenden Rechtsvorschriften, insbesondere des Haushaltsgesetzes, halten. Die Einigungsstelle ist beschlußfähig, wenn der Vorsitzende und je drei Beisitzer anwesend sind. Der Beschluß wird mit Stimmenmehrheit gefaßt.

(6) Der Beschluß der Einigungsstelle ist zu begründen und den Beteiligten zuzustellen. Er bindet diese, soweit er eine Entscheidung im Sinne des Absatzes 5 enthält; das gilt nicht in den Fällen des § 66 Abs. 7 Satz 4.

(7) Für die Geschäftsführung der Einigungsstelle gilt § 40 Abs. 1 und 3 entsprechend.

(8) Besteht bei einer obersten Dienstbehörde ein Hauptpersonalrat oder ein Gesamtpersonalrat, so nimmt dieser die Befugnisse der Personalvertretung nach Absatz 1 Satz 3 und 4 und Absatz 3 wahr.

(9) In den Fällen des § 84 Abs. 2, des § 92 Abs. 1 Satz 2 Nr. 2, des § 97 Satz 1 Nr. 2 und des § 111 Satz 1 Nr. 2 ist die Einigung nach Absatz 1 Satz 3 zwischen der obersten Dienstbehörde und allen Hauptpersonalräten des Geschäftsbereichs herbeizuführen. Von den in § 84 Abs. 2, § 92 Abs. 1 Satz 2 Nr. 2, § 97 Satz 1 Nr. 2 und § 111 Satz 1 Nr. 2 bezeichneten Hauptpersonalräten sind zusätzlich ebenso viele Beisitzer zu bestellen und dem Vorsitzenden zu benennen wie nach Absatz 1 Satz 5 Bestellungen durch die Personalvertretung vorgenommen werden. Bei der Verhandlung von Angelegenheiten aus dem Zuständigkeitsbereich der Hauptpersonalräte nach § 84 Abs. 2, § 92 Abs. 1 Satz 2 Nr. 2, § 97 Satz 1 Nr. 2 und § 111 Satz 1 Nr. 2 üben diese Hauptpersonalräte das Vorschlagsrecht nach Absatz 3 Satz 1 aus; in diesen Fällen sind die Beisitzer aus dem Kreis der Beisitzer nach Satz 2 zu entnehmen.

Die Einigungsstelle ist zur Entscheidung von Streitigkeiten eingerichtet, **1** die zwischen Dienststelle und Personalrat in mitbestimmungspflichtigen Angelegenheiten bestehen. Die Einigungsstelle kann nur darüber entscheiden, ob die von der Dienststelle beabsichtigte Maßnahme getroffen oder nicht getroffen bzw. dem Initiativantrag des Personalrats entsprochen werden soll. Sie ist nicht zuständig für die Frage, ob ein Mitbestimmungsrecht oder ein sonstiges Beteiligungsrecht des Personalrats besteht und dieses beachtet worden ist. Darüber entscheiden die Verwaltungsgerichte (siehe § 79).

Das BVerfG hat durch Beschluß vom 24. Mai 1995 (2 BvF 1/92, PersR 1995, 483) die Befugnisse und Kompetenzen der Einigungsstelle im Personalvertretungsrecht Schleswig-Holsteins für verfassungswidrig erachtet. Maßgebender Gesichtspunkt waren die umfangreichen Mitbestimmungsrechte in Form einer Eilzuständigkeit und die nicht ausreichende demokratische Legitimation der Einigungsstelle. Ausgangspunkt des BVerfG in dem Beschluß ist, daß jedes staatliche Handeln demokratischer Legitimation bedarf. Sie kann durch ein Zusammenwirken institutioneller, funktioneller, sachlich-inhaltlicher wie personeller Legitimation gesichert werden, muß auf jeden Fall aber effektiv sein. Das bedeutet jedoch nicht – so das BVerfG –, daß die Einräumung jeglicher Mitbestimmung im öffentlichen Dienst verfassungswidrig ist. Je ausschließlicher die der Mitbestimmung unterworfenen Maßnahmen nur die Beschäftigten betreffen und je weniger die Wahrnehmung von Amtsaufgaben gegenüber den Bürgern, desto geringer sind die Anforderungen an die demokratische Legitimation für Mitbestimmung wie für eine abschließende Entscheidung der Einigungsstelle. Im Beschluß vom 5. 12. 2002 (2 BvL 5/98 und 6/98) hat das BVerfG diese Aussage eingeschränkt und gemeint, daß das Erfordernis lückenloser, personeller demokratischer Legitimation in selbstverwalteten Bereichen der öffentlichen Aufgabenerledigung nicht beachtet werden muß. Es hat deshalb die den Arbeitnehmern und ihren Vertretern in den Gesetzen über die Errichtung von Emschergenossenschaft und Lippeverband – Körperschaften des öffentlichen Rechts – eingeräumten Beteiligungsrechte einschließlich der Bestellung eines Arbeitsdirektors für rechtmäßig und mit dem Grundgesetz vereinbar gehalten. Damit steht fest, daß Zweifel an der uneingeschränkten Anwendung des LPVG im Bereich der Körperschaften, Anstalten und Stiftungen des öffentlichen Rechts i.S.d. § 1 unberechtigt sind. Auch den Ausführungen des Bundesverwaltungsgerichtes (vom 18. 6. 2002 – 6 P 12.01, PersR 2002, 467), demzufolge in sämtlichen personellen Einzelmaßnahmen die Einigungsstelle nur noch eine Empfehlung entsprechend § 66 Abs. 7 letzter Satz beschließen könne, ist dementsprechend nicht zu folgen (siehe dazu zutreffend: Wahlers, PersV 2003, 18).

Auch aus anderen Gründen ist der Beschluß des Bundesverfassungsgerichts von 1995 auf das LPVG-NW unanwendbar:

– Sowohl Reichweite und Ausgestaltung der Beteiligungs- und der Mitbestimmungsrechte als auch Zustandekommen und Kompetenz der Einigungsstelle unterscheiden sich in den für die verfassungsrechtliche Beurteilung maßgebenden Gesichtspunkten vom schleswig-holsteinischen Gesetz vollständig;

– während in Schleswig-Holstein dem Personalrat ein allumfassendes Mitbestimmungsrecht in Form einer Eilzuständigkeit zugewiesen und die Einigungsstelle in sämtlichen Angelegenheiten zunächst abschließend zur Entscheidung befugt war, besteht in NRW ein Katalog von abgegrenzten Mitbestimmungs-, Mitwirkungs- und Anhörungsrechten sowie ein ebenso abgestuftes System der Letztentscheidung in Beteiligungsangelegenheiten;

– einige Mitbestimmungs-Angelegenheiten – wie z. B. die Letztentscheidung über Initiativ-Anträge des Personalrats in personellen Angelegenheiten sowie praktisch alle organisatorischen Angelegenheiten im Sinne des § 104 Satz 2 BPersVG – sind der Einigungsstelle ganz entzogen, im weiteren besteht lediglich ein Empfehlungsrecht (z. B. in den Angelegenheiten des § 72 Abs. 3) und nur ein Teil der Mitbestimmungs-Fälle unterliegt der verbindlichen Letztentscheidung der Einigungsstelle;

– daneben sind eine Reihe von organisatorischen Angelegenheiten der Mitbestimmung und der Zuständigkeit der Einigungsstelle ganz entzogen, wie z. B. die nur mitwirkungs- und anhörungspflichtigen Angelegenheiten in §§ 73 und 75;

– die demokratische Legitimation der Einigungsstelle nach dem LPVG NW ist gegenüber der nach schleswig-holsteinischem Gesetz errichteten durch eine Reihe gesetzgeberischer Maßnahmen höher: Über Vorsitzenden, Stellvertreter und Zahl der Beisitzer muß eine Einigung zwischen Dienststelle und Personalrat herbeigeführt werden. Eine Bestellung von Vorsitzendem und Stellvertreter durch die Einigungsstelle selbst ist nicht vorgesehen. Im Nichteinigungsfall entscheidet der OVG-Präsident ohne Vorschlagsrecht der Beteiligten und ohne Rechtsmittel. Der Spruch der Einigungsstelle bindet die Beteiligten nur dann (§ 67 Abs. 7), wenn er sich an geltendes Recht, insbesondere an das Haushaltsgesetz hält. Die Anfechtung von Einigungsstellen-Sprüchen ist uneingeschränkt und ohne Bindung an Fristen möglich (siehe § 79 Abs. 1 Nr. 6);

– das System der abgestuften Beteiligungsrechte in Mitbestimmung, Mitwirkung und Anhörung und die nochmals abgestuften Kompetenzen der Einigungsstelle (z. T. keine Zuständigkeit in Mitbestimmungsangelegenheiten, nur Empfehlungsrecht) im LPVG NW entspricht der vom BVerfG für geboten erachteten Abstimmung so gut wie vollständig: Der Gesetzgeber hat z. T. weniger Beteiligung eingeräumt, als verfassungsrechtlich zulässig. In den Fällen z. B., in denen das BVerfG ein Letztentscheidungsrecht einer in parlamentarischer Verantwortung stehenden Stelle oder eines dem Weisungsrecht eines parlamentarisch verantwortlichen Amtsträgers verlangt, sieht das LPVG NW z. B. die Empfehlung der Einigungsstelle unmittelbar an das verfassungsmäßig oberste zuständige Organ sowie dessen Letztentscheidungsrecht vor (§§ 66 Abs. 7, 68). Wo das BVerfG eine solche empfehlende Entscheidung noch für zulässig hält, z. B. bei Absehen von Stellenausschreibungen gem. § 75 Nr. 14 BPersVG, sieht das LPVG abweichend eine bloße Mitwirkung bei Stellenausschreibungen nach § 73 Nr. 6 vor. Nicht nur die technische Leistungs- und Verhaltensüberwachung, sondern alle Beteiligungsrechte in Rationalisierungs-, Technologie- und

Organisationsangelegenheiten des § 72 Abs. 3 unterliegen gem. § 66 Abs. 7 Satz 4 nur der empfehlenden Beschlußfassung der Einigungsstelle;

– lediglich in den Fällen des § 72 Abs. 1 sieht das LPVG NW in bezug auf die Arbeiter und Angestellten ein Letztentscheidungsrecht der Einigungsstelle vor. Jedoch ist auch dieses erneut abgestuft, wie z.B. die Herausnahme der Einigungsstellen-Kompetenz bei Initiativanträgen des Personalrats in diesen Angelegenheiten, die Beschränkungen und Ausnahmen von der Mitbestimmung in § 72 Abs. 1 Satz 2 zeigen. Angesichts der anzustellenden Gesamtschau und insbesondere angesichts der sehr viel höheren demokratischen Legitimation der Einigungsstelle nach LPVG NW ergibt allein die isolierte Betrachtung dieses Punktes keine Verfassungswidrigkeit des Systems der Mitbestimmung in NRW.

Gleichwohl schränkt das OVG Münster erzwingbare Mitbestimmungsrechte in Anwendung der BVerfG-Entscheidung unter dem Gesichtspunkt des § 104 BPersVG ein (so zur Asbest-Sanierung einer Dienststelle: vom 13. 11. 1998 – 1 A 2740/97.PVL).

2 **Abs. 1:** Eine Einigungsstelle wird bei jeder obersten Dienstbehörde für die Dauer der gesamten Wahlperiode gebildet. Ihre Einrichtung ist zwingend.

Oberste Dienstbehörde sind die Ministerien und die einstufigen Verwaltungen, die obersten Leitungsgremien wie Hauptverwaltungsbeamte bei Gemeinden und Gemeindeverbänden sowie Intendant, Geschäftsführung bzw. Vorstand. In Stufenverwaltungen ist die Einigungsstelle für alle Angelegenheiten zuständig, die von den örtlichen Personalräten über die Stufenvertretungen zur Einigungsstelle gelangen. In Dienststellen, bei denen Gesamtpersonalräte bestehen, wird ebenfalls nur eine Einigungsstelle errichtet.

3 Die Einigungsstelle besteht aus dem Vorsitzenden, seinem Stellvertreter und einer gleichen Zahl von Beisitzern. Auf die Person des Vorsitzenden und des Stellvertreters sowie über die Zahl der Beisitzer haben sich Dienststelle und Personalvertretung innerhalb von zwei Monaten nach Beginn der Wahlperiode zu einigen.

Kommt eine Einigung zustande, so amtieren Vorsitzender, Stellvertreter und Beisitzer für die gesamte Wahlperiode des Personalrats.

4 Kommt eine Einigung über den Vorsitzenden und seinen Stellvertreter bzw. über die Zahl der Beisitzer nicht zustande, so entscheidet der Präsident des Oberverwaltungsgerichtes auf Antrag entweder der Dienststelle oder der Personalvertretung. Da erfahrungsgemäß eine Berücksichtigung von personellen Vorschlägen durch den OVG-Präsidenten nicht erfolgt, eine mündliche Anhörung und Rechtsmittel gegen diese Entscheidung nicht vorgesehen sind, empfiehlt sich eine Einigung innerhalb der Dienststelle. Sie kann darin bestehen, daß in einer Wahlperiode der von der Dienststelle Vorgeschlagene als Vorsitzender und der vom Personalrat Vorgeschlagene als Stellvertreter amtiert und umgekehrt in der folgenden Amtszeit verfahren wird. Die Zahl der Beisitzer sollte so hoch bemessen werden, daß während der gesamten Wahlperiode genügend Beisitzer vorhanden sind. Die Beisitzer müssen Beschäftigte aus dem Geltungsbereich eines Personalvertretungsgesetzes sein, können also sowohl im Bereich des Bundespersonalvertretungsgesetzes wie im Bereich eines Personalvertretungsgesetzes der Länder beschäftigt sein. Sie müssen der Dienststelle nicht angehören.

Ist eine Einigung erfolgt, so sind die Beisitzer entsprechend der Zahl dem Vorsitzenden namentlich zu nennen. Aus dieser Beisitzerliste werden sodann diejenigen je drei Beisitzer entnommen, die bei Tätigwerden der Einigungsstelle gemäß Absatz 3 amtieren.

Abs. 2: Ebenso wie die Personalratsmitglieder gemäß § 42 Abs. 1 ist die **5** Tätigkeit als Einigungsstellenmitglied ein Ehrenamt, das unabhängig und in eigener Verantwortung – also ohne Weisungen oder imperatives Mandant – auszuüben ist. Die Mitglieder der Einigungsstelle haben Anspruch auf Erstattung der ihnen erwachsenen Kosten, die durch das Amt entstehen, insbesondere auf Reisekosten nach den reisekostenrechtlichen Bestimmungen. Für Beisitzer, die in einer Dienststelle im Sinne des § 1 beschäftigt sind, gilt außerdem § 42 Abs. 2, demzufolge Versäumnis von Arbeitszeit, die durch die Tätigkeit in der Einigungsstelle verursacht wird, nicht zur Minderung der Bezüge des Arbeitsentgeltes führt sowie, daß bei Beanspruchung mit Einigungsstellentätigkeit außerhalb der regelmäßigen Arbeitszeit Dienstbefreiung in entsprechendem Umfang zu gewähren ist. Der Vorsitzende hat Anspruch auf eine Entschädigung nach Zeitaufwand. Diese kann entweder in sinngemäßer Anwendung des § 3 Abs. 5 BRAGO vereinbart oder in entsprechender Anwendung des Gesetzes über Sachverständigen- und Zeugenentschädigung berechnet werden. (Siehe dazu die – nicht rechtsverbindlichen – Hinweise des Innenministers NW vom 20. 7. 1996 – I/1048-02-O – Mitt NW StGB).

Die Einigungsstellenmitglieder scheiden aus der Einigungsstelle aus **6**

– durch Zeitablauf, also mit Ablauf der Wahlperiode des Personalrats,

– durch Niederlegung des Amtes,

– unter den Voraussetzungen des § 51 Abs. 1 Nr. 1 DO NW (Verurteilung zu einer Freiheitsstafe in Strafverfahren, Verhängung einer Geldbuße oder einer schweren Disziplinarmaßnahme im Disziplinarverfahren),

– im Falle der Beendigung des Dienst- oder Arbeitsverhältnisses zu einem Arbeitgeber oder Dienstherrn im Geltungsbereich eines Personalvertretungsgesetzes.

Abs. 3: Die Einigungsstelle wird auf Antrag gemäß § 66 Abs. 7 tätig. Die **7** Anträge sind an den Vorsitzenden zu richten, dieser – im Verhinderungsfalle sein Stellvertreter – fordert zur Benennung der Beisitzer auf, leitet

Anträge und Stellungnahmen weiter, setzt einen Verhandlungstermin fest und leitet die Verhandlung der Einigungsstelle. Die Einigungsstellensitzung findet unter Teilnahme des Vorsitzenden und je dreier Beisitzer beider Seiten statt.

8 **Abs. 4:** Die Sitzungen der Einigungsstelle sind nicht öffentlich. Den Beteiligten, also dem Dienststellenleiter und dem Personalrat, ist die Anwesenheit zu gestatten, jedoch nur bei der Verhandlung – also der Erörterung der Angelegenheit –, nicht auch bei der Beratung und Entscheidungsfindung. Der Einigungsstelle steht es frei, anderen Personen – Vertretern der Verwaltung, vom Personalrat benannten weiteren Vertretern und sachkundigen Personen, Auskunftspersonen – die Teilnahme an der Verhandlung zu gestatten. Beauftragte einer in der Personalvertretung vertretenen Gewerkschaft haben Anspruch auf Anwesenheit während der Verhandlung, wenn die Mehrheit der Beisitzer einer Seite dies beantragt.

Die Einigungsstelle verfährt wie ein Gericht in mündlicher Verhandlung, gibt also vor einer Entscheidung den Beteiligten – Dienststelle und Personalrat – Gelegenheit zur mündlichen Äußerung. Anstelle oder neben dieser mündlichen Äußerung kann im Einverständnis mit der Einigungsstelle auch eine schriftliche Stellungnahme und Einlassung erfolgen. Zweckmäßigerweise werden vom Vorsitzenden die bisher entstandenen Verwaltungsvorgänge beigezogen.

9 **Abs. 5:** Die Einigungsstelle ist nur beschlußfähig, wenn sie vollständig mit insgesamt sieben Teilnehmern besetzt ist und alle anwesend sind. Zur Ordnungsgemäßheit der Beschlüsse gehört außerdem, daß eine ordnungsgemäß anberaumte Sitzung mit Anhörung der Beteiligten stattgefunden hat. Bleibt eine Seite der Sitzung fern, um eine Entscheidung zu verhindern, so hat das Verwaltungsgericht auf Antrag des Einigungsstellenvorsitzenden diese Seite anzuweisen, Beisitzer zur Sitzung zu benennen und zu entsenden.

10 Die Einigungsstelle entscheidet durch Beschluß. In diesen Beschlüssen kann – soweit möglich – den Anträgen der Beteiligten auch teilweise entsprochen werden. Bei einem Antrag auf Höhergruppierung scheidet das aus, bei Anträgen z.B. auf eine bestimmte Gestaltung der Gleitzeit oder Einrichtung der Telefonanlage kommt dies in Betracht.

11 Der Beschluß der Einigungsstelle muß sich im Rahmen der geltenden Rechtsvorschriften halten, insbesondere des Haushaltsgesetzes. Dieser Vorbehalt soll darauf hinweisen, daß die Einigungsstelle nicht Maßnahmen beschließen kann, für deren Durchführung die Dienststelle aus Gründen des Haushaltsgesetzes keine Mittel bereitstellen darf. Noch kein Verstoß gegen das Haushaltsgesetz liegt vor, wenn der Einigungsstellenbeschluß Kosten auslöst, die im Haushaltsplan nicht vorgesehen sind, gleichwohl durch Mittelumschichtung oder Nachbewilligung bereitgestellt werden können. Es besteht eine Bindung an das Haushaltsgesetz, nicht an den jeweiligen Haushaltsplan.

Abs. 6: Der Beschluß der Einigungsstelle ist schriftlich zu begründen und **12** den Beteiligten zuzustellen. Dazu ist nach der Rechtsprechung (BVerwG vom 20. 12. 1989 – 6 P 34.85, ZBR 1989, 150 und OVG Münster vom 13. 12. 1989 – CL 12/88) die Unterschrift sowohl des Vorsitzenden wie aller Beisitzer unter den vollständigen Beschluß erforderlich.

Der Einigungsstellenspruch ist für die Beteiligten verbindlich, wenn er sich im Rahmen der geltenden Rechtsvorschriften, insbesondere des Haushaltsgesetzes, hält. Diese Verbindlichkeit besteht so lange, bis auf Antrag einer der Beteiligten das Verwaltungsgericht gemäß § 79 Abs. 1 Nr. 6 rechtskräftig festgestellt hat, daß der Einigungsstellenspruch nicht rechtmäßig ist bzw. die Beteiligten nicht bindet.

Abs. 7: Ebenso wie die durch die Tätigkeit des Personalrats entstehenden **13** Kosten trägt die Dienststelle die Kosten der Einigungsstelle und sorgt für die Bereitstellung der sächlichen Mittel, insbesondere für die Sitzungen, die laufende Geschäftsführung – soweit erforderlich –, den Geschäftsbedarf und im Einzelfall auch für Büropersonal.

In diesem Rahmen gehört es gegebenenfalls auch zu den Befugnissen der Einigungsstelle, sich externer Sachverständiger zu bedienen.

Abs. 8: Nach Absatz 1 wird die Einigungsstelle bei der obersten Dienst- **14** behörde gebildet. Besteht bei dieser obersten Dienstbehörde ein Haupt- oder Gesamtpersonalrat, so übt dieser die in Absatz 1 bezeichneten Rechte zur Einigung über die Person des Vorsitzenden und des Stellvertreters sowie der Beisitzerzahl der Einigungsstelle und ggf. zur Anrufung des Präsidenten des OVG Münster aus.

Die Vorschrift macht deutlich – was sich auch aus § 66 Abs. 7 ergibt –, daß die bei der obersten Dienstbehörde gebildete Einigungsstelle für alle Angelegenheiten aller Stufen und Bereiche des Geschäftsbereichs zuständig ist – also z.B. die bei einem Ministerium gebildete Einigungsstelle für alle Streitigkeiten aus dem Geschäftsbereich, die bei einer Stadt gebildete Einigungsstelle für alle Streitigkeiten der Gesamt-Dienststelle wie der Teil-Dienststellen.

Abs. 9: Die in Absatz 1 beschriebene Besetzung der Einigungsstelle **15** haben der Hauptpersonalrat Polizei, die Hauptpersonalräte Lehrer, der Hauptpersonalrat Staatsanwälte und der Hauptpersonalrat für das wissenschaftliche und künstlerische Personal mit den Hauptpersonalräten ihres Geschäftsbereichs gemeinsam mit dem jeweiligen Ministerium durchzuführen. Allerdings haben diese Hauptpersonalräte zusätzlich eine Liste mit Beisitzern in der festgelegten Zahl (Absatz 1 Satz 5) zu bestellen und dem Einigungsstellenvorsitzenden zu benennen. Werden Angelegenheiten aus dem Zuständigkeitsbereich dieser besonderen Hauptpersonalräte vor der Einigungsstelle verhandelt, so entsenden sie die Personalratsbeisitzer.

§ 68

In den in § 66 Abs. 7 Satz 4 bezeichneten Fällen entscheidet

1. bei Beschäftigten des Landes die Landesregierung,

2. bei Beschäftigten der Gemeinden, der Gemeindeverbände und der sonstigen der Aufsicht des Landes unterstehenden Körperschaften, Anstalten und Stiftungen des öffentlichen Rechts deren verfassungsmäßig zuständiges oberstes Organ oder der von ihm bestimmte Ausschuß

endgültig. Bei Maßnahmen im Bereich der Verwaltung des Landtags tritt an die Stelle der Landesregierung der Präsident des Landtags im Benehmen mit dem Präsidium.

1 Nach § 66 Abs. 7 letzter Satz entscheidet die Einigungsstelle in Angelegenheiten von Beamten, in sämtlichen Angelegenheiten des § 72 Abs. 3 und in einigen organisatorischen Angelegenheiten des § 72 Abs. 4 nicht endgültig, sondern gibt lediglich eine Empfehlung. Diese richtet sich an die endgültig entscheidende Stelle, und zwar

– bei Beschäftigten des Landes an die Landesregierung,

– bei Beschäftigten der Gemeinde, der Gemeindeverbände und der sonstigen der Aufsicht des Landes unterstehenden Körperschaften, Anstalten und Stiftungen des öffentlichen Rechts an deren verfassungsmäßig zuständiges Organ bzw. an den von ihm bestimmten Ausschuß.

2 Nach Auffassung des OVG trifft das Landespersonalvertretungsgesetz keine Entscheidung, wer dieses Organ ist, sondern verweist auf die jeweiligen Zuständigkeitsregelungen der maßgeblichen »Verfassung« bei Gemeinde, Gemeindeverbänden und Kreis, also auf die Gemeinde- und Kreisordnung. Diese sehen z. B. in §§ 53, 54 GO, 41 KrO (a. F.) eine die Allzuständigkeit des Rates einschränkende Bestimmung vor, wonach der Hauptverwaltungsbeamte die Geschäfte leitet und verteilt und Dienstvorgesetzter der Beamten, Angestellten und Arbeiter ist. Daraus ergibt sich, daß z. B. die Gemeindeordnung dem Bürgermeister gemäß § 41 Abs. 3 GO (ähnlich § 42 KrO für den Landrat) trotz der Grundsatzbestimmung des § 28 Abs. 1 GO (alte Fassung, jetzt § 41 GO) hinsichtlich der Führung der Verwaltung eine selbständige Stellung einräumt, die ihm nicht entzogen werden kann. Soweit über diese Angelegenheiten Empfehlungen der Einigungsstelle vorliegen, kann nach Auffassung des OVG Münster der Hauptverwaltungsbeamte die endgültige Entscheidung treffen (siehe zuletzt OVG Münster vom 16. 9. 1993 – 1 A 3986/92 PVL sowie Kritik dazu in: Orth/Welkoborsky, § 68 LPVG NW, Rn. 2 ff.).

3 In der Landtagsverwaltung trifft anstelle der Landesregierung der Präsident des Landtages im Benehmen mit dem Präsidium die endgültige Entscheidung über eine Empfehlung der Einigungsstelle.

Einer erneuten Anhörung des Personalrats vor einer endgültigen Entscheidung bedarf es nicht; die Möglichkeit kann jedoch eingeräumt werden. Eine Bindung an die Empfehlung der Einigungsstelle besteht nicht.

§ 69

(1) Soweit der Personalrat an Entscheidungen mitwirkt, ist die vom Leiter der Dienststelle beabsichtigte Maßnahme zwischen ihm und dem Personalrat mit dem Ziel einer Verständigung rechtzeitig und eingehend zu erörtern. § 66 Abs. 2 Satz 5 gilt entsprechend.

(2) Werden gegen eine beabsichtigte Maßnahme innerhalb von zwei Wochen nach der Erörterung, in den Fällen des § 35 innerhalb von drei Wochen, keine Einwendungen erhoben, so gilt die Maßnahme als gebilligt. Werden Einwendungen erhoben, so sind die Gründe dafür mitzuteilen. Entspricht die Dienststelle Einwendungen des Personalrats nicht oder nicht in vollem Umfang, so teilt sie ihm ihre Entscheidung unter Angabe der Gründe schriftlich mit.

(3) Der Personalrat einer nachgeordneten Behörde kann innerhalb von zwei Wochen nach Zugang der Mitteilung (Absatz 2 Satz 3) die Entscheidung der im Verwaltungsaufbau übergeordneten Stelle, bei der eine Stufenvertretung besteht, beantragen. Diese entscheidet nach Verhandlung mit der bei ihr bestehenden Stufenvertretung. Eine Abschrift des Antrags leitet der Personalrat dem Leiter seiner Dienststelle zu.

(4) Ist ein Antrag nach Absatz 3 Satz 1 gestellt, so ist eine beabsichtigte Maßnahme bis zur Entscheidung der angerufenen Stelle auszusetzen.

(5) § 66 Abs. 8 gilt entsprechend.

(6) In den Fällen des Absatzes 2 Satz 3 kann der Personalrat einer Gemeinde, eines Gemeindeverbandes oder einer sonstigen der Aufsicht des Landes unterstehenden Körperschaft, Anstalt oder Stiftung des öffentlichen Rechts die Entscheidung des verfassungsmäßig zuständigen obersten Organs oder des von ihm bestimmten Ausschusses beantragen. Die Absätze 3 bis 5 gelten entsprechend.

In den Mitwirkungsangelegenheiten des § 73 findet das besondere Mitwirkungsverfahren statt, das eine schwächere Beteiligung als die Mitbestimmung nach §§ 66, 72 darstellt.

Abs. 1: Anders als bei der Mitbestimmung steht bei der Mitwirkung die **1** Erörterung der beabsichtigten Maßnahme zwischen dem Personalrat und dem Dienststellenleiter am Beginn des Verfahrens. Sie hat rechtzeitig und eingehend stattzufinden, also so früh, daß eine Einflußnahme und Mitgestaltung des Personalrats noch möglich ist, und so ausführlich, daß der Personalrat ein vollständiges Bild von der beabsichtigten Maßnahme und ihren Auswirkungen auf die Beschäftigten einerseits und der Dienststellenleiter Kenntnis von der Haltung und etwaigen Einwendungen des Personalrats andererseits erhält. Obwohl eine besondere Mitteilung des Dienststellenleiters über die beabsichtigte Maßnahme nicht vorgesehen ist, ist sie für eine sachgerechte Erörterung unverzichtbar. Sie kann zwar zu Beginn der Erörterung stehen, jedoch wird der Personalrat nur dann zu einer solchen Erörterung bereit und in der Lage sein, wenn ihm zuvor mitgeteilt wurde, um welche Angelegenheit aus § 73 es geht. Eine Verwaltungsanordnung oder ein Förderplan zur Gleichstellung von Mann und Frau sowie die Auflösung, Einschränkung, Verlegung oder Zusammenlegung von Dienststellen oder Teilen davon können nicht sachgerecht erörtert werden, wenn der Personalrat nicht zuvor umfassend unterrichtet worden ist und Gelegenheit hatte, sich ein Bild über die beabsichtigte Maßnahme und ihre Auswirkungen zu machen. Im Regelfall ist daher aufgrund der mitbestimmungspflichtigen Gegenstände eine vollständige und umfassende Unterrichtung des Personalrats und eine erst danach stattfindende Erörterung geboten.

2   Unterliegt die mitwirkungspflichtige Maßnahme nicht dem Letztentscheidungsrecht des Dienststellenleiters selbst, sondern dem verfassungsmäßigen Organ der Dienststelle (z. B. dem Rat einer Gemeinde oder Stadt), so findet eine Erörterung nicht statt. In diesen Fällen hat der Dienststellenleiter den Personalrat von der beabsichtigten Maßnahme zu unterrichten und ihm Gelegenheit zu geben, eine Stellungnahme abzugeben, die dem verfassungsmäßig zuständigen obersten Organ zuzuleiten ist. Damit ist das Mitwirkungsverfahren in diesen Fällen jedoch nicht beendet, vielmehr ist vor Zuleitung der Angelegenheit an das verfassungsmäßig oberste Organ das gesamte Mitwirkungsverfahren des § 69 abzuschließen. Lediglich die Erörterung entfällt.

3   **Abs. 2:** Stimmt der Personalrat der beabsichtigten Maßnahme nicht zu, so muß er dem Dienststellenleiter innerhalb von zwei Wochen ab Erörterung seine Einwendungen mitteilen. Wird bezüglich des Personalratsbeschlusses über die beabsichtigte Maßnahme die Aussetzung nach § 35 beantragt, so verlängert sich die Frist um eine Woche. Erhebt der Personalrat keine Einwendungen oder tut er dies nicht fristgerecht, so gilt die Maßnahme als gebilligt. Schriftform ist für die Einwendungen nicht vorgesehen. Die Billigungsfiktion läßt das OVG Münster (vom 18. 10. 2000 – 1 A 5334/98.PVL, PersR 2001, 163) auch dann eintreten, wenn der Personalrat innerhalb der Frist keine oder außerhalb des Mitwirkungsrechts liegende Einwendungen erhebt.

4   Erhebt der Personalrat Einwendungen, so hat er die Gründe dafür mitzuteilen, damit der Dienststellenleiter ersehen kann, was der Personalrat gegen die beabsichtigte Maßnahme vorzubringen hat. Die Einwendungen können sich gegen die Maßnahme insgesamt richten – also ihr Unterbleiben verlangen –, aber auch gegen Einzelheiten der Maßnahme, wie z. B. bestimmte Vorschriften und Regelungen innerhalb einer Verwaltungsanordnung gemäß § 73 Ziffer 1 oder ergänzende und weitergehende

Vorschläge für Regelungen in einem Förderplan zur Gleichstellung von Mann und Frau etc.

Entspricht die Dienststelle den Einwendungen des Personalrats, so unterbleibt die Maßnahme entweder oder wird mit den vom Personalrat verlangten Änderungen durchgeführt. Entspricht die Dienststelle den Einwendungen des Personalrats nicht oder nicht vollständig, so hat sie ihm ihre Entscheidung unter Angabe der Gründe schriftlich mitzuteilen. Eine Frist ist für diese Entscheidung nicht vorgesehen.

Abs. 3: Trifft die Dienststelle in einer mitwirkungspflichtigen Angelegenheit die Entscheidung, den Einwendungen des Personalrats gar nicht oder nicht vollständig zu entsprechen, so hat der Personalrat einer nachgeordneten Behörde die Möglichkeit, innerhalb von zwei Wochen nach Mitteilung der schriftlichen Entscheidung unter Angabe der Gründe die Entscheidung der im Verwaltungsaufbau übergeordneten Stelle, bei der eine Stufenvertretung besteht, zu beantragen. Den Antrag auf Entscheidung durch die übergeordnete Verwaltungsbehörde hat der Personalrat dem Dienststellenleiter zuzuleiten. Die Stufenverwaltung wird sodann mit dem Personalrat über die mitwirkungspflichtige Angelegenheit verhandeln, was gleichbedeutend mit der in Abs. 1 vorgeschriebenen Erörterung zwischen Dienststelle und Personalrat ist. Nach dieser Verhandlung trifft die Stufenverwaltung eine Entscheidung.

Abs. 4: Ruft der örtliche Personalrat bei Uneinigkeit zwischen ihm und dem Dienststellenleiter über eine mitwirkungspflichtige Maßnahme die im Verwaltungsaufbau übergeordnete Stelle zur Entscheidung an, so darf die beabsichtigte Maßnahme bis zur Entscheidung dieser Stelle nicht durchgeführt werden. Sie ist auszusetzen.

Abs. 5: Ausnahmsweise kann die Dienststelle schon vor Beendigung des Mitwirkungsverfahrens vorläufige Regelungen treffen, wenn es sich um Maßnahmen handelt, die der Natur der Sache nach unaufschiebbar im Sinne des § 66 Abs. 8 sind (siehe die Kommentierung dort).

Abs. 6: In einstufigen Verwaltungen, also in Gemeinden, Gemeindeverbänden oder sonstigen der Aufsicht des Landes unterstehenden Körperschaften, Anstalten oder Stiftungen des öffentlichen Rechts entscheidet anstelle der nicht vorhandenen übergeordneten Stelle das verfassungsmäßig zuständige oberste Organ oder der von ihm bestimmte Ausschuß. Welches Organ das jeweils ist, ergibt sich aus dem Satzungs- und Organisationsrecht der jeweiligen Dienststelle (siehe oben die Kommentierung zu § 68).

Die Anordnung, daß auch in diesem Fall die Absätze 3 bis 5 entsprechend gelten (Abs. 6 Satz 2) bedeutet, daß das verfassungsmäßig zuständige oberste Organ eine Entscheidung erst treffen darf, wenn eine »Verhandlung« mit dem Personalrat stattgefunden hat. Diese Verhandlung tritt an die Stelle der nach Absatz 1 Satz 2 ausgeschlossenen Erörterung zu Anfang des Mitwirkungsverfahrens. Die Verhandlung ist auch deshalb zwingend, weil ansonsten über eine mitwirkungspflichtige Maßnahme – es handelt sich dabei stets um organisatorische Angelegenheiten von nicht unerheblicher Bedeutung – ausschließlich im schriftlichen Verfahren ohne jegliches Gespräch entschieden würde.

§ 70

(1) Dienstvereinbarungen sind zulässig, soweit nicht gesetzliche oder tarifliche Regelungen entgegenstehen. Sie sind unzulässig, soweit sie Arbeitsentgelte oder sonstige Arbeitsbedingungen betreffen, die durch Tarifvertrag geregelt sind oder üblicherweise geregelt werden; dies gilt nicht, wenn ein Tarifvertrag ergänzend Dienstvereinbarungen ausdrücklich zuläßt.

(2) Dienstvereinbarungen, die für einen größeren Bereich gelten, gehen den Dienstvereinbarungen für einen kleineren Bereich vor.

(3) Dienstvereinbarungen bedürfen der Schriftform, sie sind von beiden Seiten zu unterzeichnen und von der Dienststelle in geeigneter Weise bekanntzumachen.

(4) Dienstvereinbarungen können, soweit nichts anderes vereinbart ist, mit einer Frist von drei Monaten gekündigt werden. Nach Kündigung oder Ablauf einer Dienstvereinbarung gelten ihre Regelungen weiter, bis sie durch eine andere Vereinbarung ersetzt werden, sofern nicht eine Nachwirkung ausgeschlossen wurde.

Die Dienstvereinbarung ist ein wichtiges Mittel zur Wahrung und Durchsetzung von Rechten des Personalrats und der Beschäftigten. Ihr Inhalt bindet Dienststelle und Personalrat gleichermaßen und schafft sichere sowie voraussehbare Rechte und Ansprüche der Beschäftigten.

1 **Abs. 1:** Dienstvereinbarungen sind im Bereich des Landespersonalvertretungsgesetzes – anders als nach dem Bundespersonalvertretungsgesetz, das die Möglichkeit von Dienstvereinbarungen auf bestimmte Mitbestimmungstatbestände beschränkt – generell zulässig. Es können nunmehr sämtliche Themen, Angelegenheiten und Maßnahmen, soweit sie zum gesetzlichen Aufgabenkatalog des Personalrats gehören, zum Gegenstand von Dienstvereinbarungen gemacht werden. Das kann sich sowohl auf Sachverhalte erstrecken, die der Beteiligung des Personalrats unterliegen, wie auf Angelegenheiten aus dem Bereich der Rechtsstellung und Geschäftsführung des Personalrats.

2 Unzulässig sind Dienstvereinbarungen, soweit gesetzliche oder tarifliche Regelungen entgegenstehen. Das ist dann der Fall, wenn es sich um zwingendes, nicht nachgiebiges Recht handelt, das Gesetz oder der Tarifvertrag eine abschließende, jegliche betriebliche Regelung ausschließende und vollständige Regelung getroffen hat (OVG Münster vom 9. 11. 1987 – CL 11/87, ZBR 1989, 93). Schweigt das Gesetz oder der Tarifvertrag zu bestimmten Themen, so liegt eine den Abschluß einer Dienstvereinbarung ausschließende Regelung nur dann vor, wenn Gesetz oder

Tarifvertragsparteien bewußt eine solche Regelung ausgeschlossen bzw. abgelehnt haben. Wann eine Dienstvereinbarung durch Gesetz oder Tarifrecht ausgeschlossen ist, ist unter anderem danach zu beurteilen, ob es sich bei der fraglichen Regelung um einen für die Beschäftigten billigen Interessenausgleich handelt, der durch den Gesetzgeber oder die Tarifvertragsparteien durchgeführt ist und durch betriebliche Regelungen und die Betriebsparteien nicht erneut in Frage gestellt werden soll. Abweichend von dieser Auffassung des Bundesarbeitsgerichtes steht das Oberverwaltungsgericht auf dem Standpunkt, daß der Gesetzes- und Tarifvorbehalt auf dem Vorrang von Gesetzes- und Tarifnormen innerhalb der Rangordnung der Rechtsquellen beruht (OVG Münster vom 2. 12. 1993 – 1 A 6/91). Dieses hierarchische Denkmodell ist jedoch im Arbeitsrecht – und darum handelt es sich – fehl am Platze und ist zur Beurteilung der Frage, ob eine tarifliche oder gesetzliche Regelung vollständig und abschließend ist, ungeeignet.

Dienstvereinbarungen sind ferner dann unzulässig, wenn sie sich auf **3** Arbeitsentgelte – also Vergütung und Vergütungsbestandteile – oder sonstige Arbeitsbedingungen materieller Art beziehen, die tarifvertraglich entweder geregelt sind oder normalerweise geregelt werden. Üblicherweise sind solche Themen dann tariflich geregelt, wenn eine tarifliche Regelung existierte, diese gegenwärtig außer Kraft ist und aufgrund Verhandlungen der Tarifvertragsparteien mit einer erneuten Regelung gerechnet werden kann. Es ist jedoch zulässig, daß eine Dienstvereinbarung Themen betreffend Arbeitsentgelte oder sonstige Arbeitsbedingungen regelt, wenn der Tarifvertrag entsprechende Öffnungsklauseln enthält, die ergänzende betriebliche Vereinbarungen zulassen.

Eine Regelungssperre für Dienstvereinbarungen stellt auch § 4 dar, der anordnet, daß durch Tarifvertrag oder Dienstvereinbarungen das Personalvertretungsgesetz nicht abweichend von diesem Gesetz geregelt werden kann.

Abs. 2: Dienstvereinbarungen, die für einen größeren Bereich abge- **4** schlossen worden sind – also z. B. durch den Hauptpersonalrat für den Geschäftsbereich einer obersten Dienstbehörde –, gehen den Dienstvereinbarungen für einen kleineren Bereich vor. Das gilt auch dann, wenn die Dienstvereinbarungen für den größeren Bereich später als die örtlichen Dienstvereinbarungen abgeschlossen wurden. Die Anordnung dieser Rangfolge bewirkt auch, daß ungünstigere Dienstvereinbarungen für einen größeren Bereich günstigere Dienstvereinbarungen eines Teilbereichs verdrängen und außer Kraft setzen.

Abs. 3: Das Gesetz äußert sich über das Zustandekommen einer Dienst- **5** vereinbarung nicht.

Dienstvereinbarungen werden zumeist in bezug auf beteiligungspflichtige, insbesondere mitbestimmungspflichtige Angelegenheiten geschlossen. Solche Dienstvereinbarungen sind Ergebnis des Mitbestimmungsverfahrens nach § 66 und stellen die schriftliche Einigung über die mitbestimmungspflichtige Angelegenheit dar.

6 Der Personalrat kann im Rahmen eines Mitbestimmungsverfahrens seine Zustimmung vom Abschluß einer Dienstvereinbarung abhängig machen (insoweit bedenklich: OVG Münster vom 24. 11. 1999 – 1 A 5595/97.PVL). Er kann aber auch selbst im Rahmen seines Initiativrechtes gemäß § 66 Abs. 4 der Dienststelle den Abschluß einer Dienstvereinbarung in einer Angelegenheit, über die die Betriebsparteien verhandeln, vorschlagen. Kommt eine Einigung über die von der Dienststelle gewünschte Angelegenheit wegen des Verlangens einer Dienstvereinbarung nicht zustande oder lehnt die Dienststelle die Initiative des Personalrats auf Abschluß einer Dienstvereinbarung ab, so entscheidet die Einigungsstelle. Diese kann in den Fällen der erzwingbaren Mitbestimmung ihre Entscheidung unter anderem auch dahin gehend treffen, daß die von ihr für richtig gehaltene Regelung als Einigungsstellenspruch in Kraft gesetzt wird. Der Einigungsstellenspruch hat dann die gleiche Wirkung wie eine Dienstvereinbarung, da ein solcher Spruch verbindlich ist.

7 In dem vorbeschriebenen Rahmen ist der Abschluß einer Dienstvereinbarung auch erzwingbar. In Mibestimmungsangelegenheiten ist das dann der Fall, wenn die Ausübung von Mitbestimmungsrechten normative Bedeutung hat, also der Rechtsstellung und der Pflichtenkreis der Beschäftigten durch Ausübung von Mitbestimmung unmittelbar berührt oder verändert wird. Dies kommt z. B. bei der Personaldatenverarbeitung (§ 72 Abs. 3 Nr. 1 und 2), Arbeitszeitregelungen, Fragen der Lohngestaltung sowie in den Fällen des § 72 Abs. 4 Nrn. 8, 13 bis 17 und 18 in Betracht.

8 In Angelegenheiten, in denen der Dienststellenleiter keine abschließende Entscheidung treffen kann, kann eine Dienstvereinbarung auch dadurch zustande kommen, daß die Einigungsstelle dem verfassungsmäßig zuständigen Organ empfiehlt, in der mitbestimmungspflichtigen Angelegenheit eine Dienstvereinbarung dadurch in Kraft zu setzen, daß sie den Dienststellenleiter anweist, mit dem Personalrat eine bestimmte Dienstvereinbarung abzuschließen.

9 Ist eine Dienstvereinbarung durch betriebliche Verhandlung zwischen Dienststelle und Personalrat, durch Spruch der Einigungsstelle oder Entscheidung des verfassungsmäßig zuständigen Organs zustande gekommen, so ist sie schriftlich niederzulegen, von Dienststelle und Personalrat zu unterzeichnen und in geeigneter Weise bekanntzumachen. Das erfolgt am besten am schwarzen Brett.

Unmittelbare normative – also verpflichtende – Wirkungen für und gegen die Beschäftigten haben Dienstvereinbarungen nur, wenn sie in dieser Form niedergelegt, unterzeichnet und bekanntgemacht sind.

10 **Abs. 4:** Dienstvereinbarungen gelten zunächst für den Zeitraum, für den ihre Gültigkeit ausdrücklich in der Dienstvereinbarung vereinbart ist. Fehlt es an einer solchen Regelung, so gelten Dienstvereinbarungen auf

Dauer, sind jedoch mit einer Frist von drei Monaten kündbar. Die Vereinbarung einer anderen Kündigungsfrist ist zulässig. Endet die Dienstvereinbarung infolge Befristung oder wird der Kündigungszeitpunkt erreicht, so gelten ihre Regelungen zunächst so lange weiter, bis sie durch eine andere Vereinbarung ersetzt werden. Diese Nachwirkung erstreckt sich auf sämtliche Regelungen der abgelaufenen oder gekündigten Dienstvereinbarung. Sie kann durch eine andere Vereinbarung – es muß sich dabei wegen § 70 Abs. 3 um eine neuerliche Dienstvereinbarung handeln – ersetzt werden. Diese Nachwirkung kann in der Dienstvereinbarung entweder ganz ausgeschlossen oder auf einen bestimmten Zeitraum erstreckt werden. In Sachverhalten, die der erzwingbaren Mitbestimmung und verbindlichen Beschlußfassung der Einigungsstelle unterliegen, bedeutet jedoch der Ausschluß oder die Begrenzung der Nachwirkung, daß die in der Dienstvereinbarung verabredeten Maßnahmen – z. B. ein bestimmter Personaldatenbetrieb per EDV oder Gleitzeit – mangels Rechtsgrundlage und wegen Fehlens der Zustimmung des Personalrats nicht weiter fortgesetzt werden dürfen. In diesen Fällen ist die Nachwirkung sowohl zwingend als auch zweckmäßig.

§ 71

(1) Entscheidungen, an denen der Personalrat beteiligt war, führt die Dienststelle durch, es sei denn, daß im Einzelfall etwas anderes vereinbart ist.

(2) Wird eine Maßnahme, der der Personalrat zugestimmt hat, vom Leiter der Dienststelle nicht unverzüglich durchgeführt, so hat der Leiter der Dienststelle den Personalrat unter Angabe von Gründen zu unterrichten.

Abs. 1: Ist der Personalrat aufgrund einer der Beteiligungsvorschriften an einer Maßnahme oder Entscheidung beteiligt worden, so ist es Sache des Dienststellenleiters, sie anschließend so durchzuführen, wie sie mit dem Personalrat verabredet ist. Das kann im Einzelfall – z. B. bei der Führung und Leitung von Sozialeinrichtungen oder der Bekanntmachung von Dienstvereinbarungen – anders vereinbart werden. **1**

Abs. 2: Der durch die Novelle 1994 neu geschaffene Absatz 2 will erreichen, daß der Personalrat nachvollziehen kann, weshalb eine Maßnahme trotz erfolgter Mitbestimmung nicht – unverzüglich – durchgeführt werden kann (so Regierungsentwurf, LT-Drucksache 11/5258, S. 42). **2**

Die dadurch geschaffene Unterrichtungspflicht des Personalrats über die Gründe, warum eine Maßnahme nicht »unverzüglich« durchgeführt werden kann, beantwortet mittelbar die Frage, ob der Personalrat einen Anspruch hat, daß die Maßnahme überhaupt durchgeführt wird. Die Bejahung einer Begründungspflicht bei nicht unverzüglicher Durchführung setzt voraus, daß eine Verpflichtung besteht, Maßnahmen, denen der Personalrat zugestimmt hat, auch durchzuführen (siehe Orth/Welkobors-ky, § 71 LPVG NW, Rn. 1, 2).

Dritter Abschnitt
Beteiligungspflichtige Angelegenheiten

§ 72

(1) Der Personalrat hat mitzubestimmen in Personalangelegenheiten bei

1. Einstellung, Nebenabreden, erneuter Zuweisung des Arbeitsplatzes gemäß Arbeitsplatzsicherungsvorschriften sowie nach Beendigung eines Urlaubs ohne Dienstbezüge gemäß § 78 b oder § 85 a des Landesbeamtengesetzes bzw. den entsprechenden Regelungen für Angestellte und Arbeiter, Verlängerung der Probezeit, Anstellung eines Beamten, Umwandlung des Beamtenverhältnisses in ein solches anderer Art, Befristung von Arbeitsverhältnissen,

2. Beförderung, Zulassung zum Aufstieg, Übertragung eines anderen Amtes mit niedrigerem Endgrundgehalt,

3. Laufbahnwechsel, Wechsel des Dienstzweiges,

4. Eingruppierung, Höhergruppierung, Rückgruppierung, Übertragung einer höher und niedriger zu bewertenden Tätigkeit für eine Dauer von mehr als drei Monaten, Bestimmung der Fallgruppe oder des Abschnitts innerhalb einer Vergütungs- oder Lohngruppe, wesentlichen Änderungen des Arbeitsvertrages,

5. Versetzung zu einer anderen Dienststelle, Umsetzung innerhalb der Dienststelle für eine Dauer von mehr als drei Monaten, Umsetzung innerhalb der Dienststelle, die mit einem Wechsel des Dienstortes verbunden ist, wobei das Einzugsgebiet im Sinne des Umzugskostenrechts zum Dienstort gehört,

6. Abordnung, Zuweisung gemäß § 123 a BRRG oder der entsprechenden tariflichen Vorschriften für eine Dauer von mehr als drei Monaten und ihrer Aufhebung,

7. Kürzung der Anwärterbezüge oder der Unterhaltsbeihilfe,

8. Entlassung eines Beamten auf Probe oder auf Widerruf oder Entlassung aus einem öffentlich-rechtlichen Ausbildungsverhältnis,

9. vorzeitiger Versetzung in den Ruhestand, Feststellung der begrenzten Dienstfähigkeit,

10. Weiterbeschäftigung von Beamten, Angestellten und Arbeitern über die Altersgrenze hinaus,

11. Anordnungen, welche die Freiheit in der Wahl der Wohnung beschränken,

12. Versagung oder Widerruf der Genehmigung einer Nebentätigkeit,

13. Ablehnung eines Antrags auf Teilzeitbeschäftigung oder Urlaub gemäß § 78 b, 78 d, 78 e oder § 85 a des Landesbeamtengesetzes sowie Ablehnung einer entsprechenden Arbeitsvertragsänderung bei Angestellten und Arbeitern.

Satz 1 gilt für die in § 8 Abs. 1 bis 3 und § 11 Abs. 2 Buchstabe c bezeichneten Beschäftigten, für Beschäftigte mit überwiegend wissenschaftlicher oder und künstlerischer Tätigkeit sowie für wissenschaftliche und künstlerische Mitarbeiter, Dozenten gemäß § 20 FHGöD, Lehrkräfte für besondere Aufgaben, für nach § 119 Abs. 1 UG oder § 79 Abs. 1 FHG nicht übernommene Beamte und entsprechende Angestellte an den Hochschulen, soweit sie nicht nach § 5 Abs. 5 Buchstabe a von der Geltung dieses Gesetzes ausgenommen sind, nur, wenn sie es beantragen; er gilt nicht

1. für die in § 38 des Landesbeamtengesetzes bezeichneten Beamten,

2. für Beamtenstellen von der Besoldungsgruppe B 3 an aufwärts, für Stellen der Abteilungsleiter bei Landesmittelbehörden und Generalstaatsanwaltschaften sowie für Angestellte, die eine über die höchste Vergütungsgruppe des Bundes-Angestelltentarifvertrages hinausgehende Vergütung erhalten,

3. für Beschäftigte an Theatern, die nach dem Bühnennormalvertrag beschäftigt werden,

4. für kommunale Wahlbeamte,

5. für Leiter von öffentlichen Betrieben in den Gemeinden, den Gemeindeverbänden und den sonstigen der Aufsicht des Landes unterstehenden Körperschaften, Anstalten und Stiftungen des öffentlichen Rechts.

Satz 1 Nr. 5 gilt nicht für Beschäftigte in der Berufsausbildung. In den Fällen des Satzes 1 Nr. 8 und 9 wird der Personalrat nur beteiligt, wenn der Beschäftigte die Maßnahme nicht selbst beantragt hat.

(2) Der Personalrat hat mitzubestimmen in sozialen Angelegenheiten bei

1. Gewährung und Versagung von Unterstützungen, Vorschüssen, Darlehen und entsprechenden Zuwendungen,

2. Zuweisung und Kündigung von Wohnungen, über die die Beschäftigungsdienststelle verfügt, und Ausübung eines Vorschlagsrechts sowie der allgemeinen Festsetzung der Nutzungsbedingungen,

3. Zuweisung von Dienst- und Pachtland und Ausübung eines Vorschlagsrechts sowie Festsetzung der Nutzungsbedingungen,

4. Einrichtung, Verwaltung und Auflösung von Sozialeinrichtungen ohne Rücksicht auf ihre Rechtsform,

5. Aufstellung von Sozialplänen einschließlich Plänen für Umschulungen zum Ausgleich von Härtefällen sowie Milderung wirtschaftlicher Nachteile infolge von Rationalisierungsmaßnahmen.

(3) Der Personalrat hat, soweit eine gesetzliche oder tarifliche Regelung nicht besteht, mitzubestimmen in Rationalisierungs-, Technologie- und Organisationsangelegenheiten bei

1. Einführung, Anwendung, wesentlicher Änderung oder wesentlicher Erweiterung von automatisierter Verarbeitung personenbezogener Daten der Beschäftigten außerhalb von Besoldungs-, Gehalts-, Lohn-, Versorgungs- und Beihilfeleistungen sowie Jubiläumszuwendungen,

2. Einführung, Anwendung, wesentlicher Änderung oder wesentlicher Erweiterung von technischen Einrichtungen, die geeignet sind, das Verhalten oder die Leistung der Beschäftigten zu überwachen,

3. Einführung, wesentlicher Änderung oder wesentlicher Ausweitung neuer Arbeitsmethoden, insbesondere Maßnahmen der technischen Rationalisierung,

4. Auslagerung von Arbeitsplätzen zwecks Heimarbeit an technischen Geräten,

5. Maßnahmen zur Hebung der Arbeitsleistung oder zur Erleichterung des Arbeitsablaufs sowie Maßnahmen zur Änderung der Arbeitsorganisation, soweit sie nicht von Nummern 3 und 4 erfaßt sind,

6. Einführung, wesentlicher Änderung oder wesentlicher Ausweitung betrieblicher Informations- und Kommunikationsnetze,

7. Übertragung von Arbeiten der Dienststelle, die üblicherweise von ihren Beschäftigten vorgenommen werden, auf Dauer an Privatpersonen oder wirtschaftliche Unternehmen (Privatisierung).

(4) Der Personalrat hat, soweit eine gesetzliche oder tarifliche Regelung nicht besteht, mitzubestimmen über

1. Beginn und Ende der täglichen Arbeitszeit und der Pausen sowie Verteilung der Arbeitszeit auf die einzelnen Wochentage, Einführung, Ausgestaltung und Aufhebung der gleitenden Arbeitszeit,

2. Anordnung von Überstunden oder Mehrarbeit, soweit sie vorauszusehen oder nicht durch Erfordernisse des Betriebsablaufs oder der öffentlichen Sicherheit und Ordnung bedingt sind, sowie allgemeine Regelung des Ausgleichs von Mehrarbeit,

3. Zeit, Ort und Art der Auszahlung der Dienstbezüge und Arbeitsentgelte,

4. Aufstellung des Urlaubsplans, Festsetzung der zeitlichen Lage des Erholungsurlaubs für einzelne Beschäftigte, wenn zwischen dem Leiter der Dienststelle und dem beteiligten Beschäftigten kein Einverständnis erzielt wird,

5. Fragen der Lohngestaltung innerhalb der Dienststelle, insbesondere die Aufstellung von Entlohnungsgrundsätzen, die Einführung und Anwendung von neuen Entlohnungsmethoden und deren Änderung sowie die Festsetzung der Akkord- und Prämiensätze und vergleichbarer leistungsbezogener Entgelte, einschließlich der Geldfaktoren,

6. Bestellung und Abberufung von Vertrauens- und Betriebsärzten und Sicherheitsfachkräften,

7. Maßnahmen zur Verhütung von Dienst- und Arbeitsunfällen und sonstigen Gesundheitsschädigungen,

8. Grundsätze über die Prämierung von anerkannten Vorschlägen im Rahmen des behördlichen und betrieblichen Vorschlagswesens,

9. Regelung der Ordnung in der Dienststelle und des Verhaltens der Beschäftigten,

10. Gestaltung der Arbeitsplätze,

11. Geltendmachung von Ersatzansprüchen gegen einen Beschäftigten,

12. Maßnahmen nach § 1 Abs. 3,

13. Grundsätze der Arbeitsplatz- und Dienstpostenbewertung in der Dienststelle,

14. Grundsätze über die Durchführung der Berufsausbildung der Angestellten und Arbeiter,

15. Richtlinien für die personelle Auswahl bei Einstellungen, bei Versetzungen, bei Höhergruppierungen und bei Kündigungen,

16. Beurteilungsrichtlinien,

17. allgemeine Fragen der Fortbildung der Beschäftigten, Auswahl der Teilnehmer an Fortbildungsveranstaltungen,

18. Inhalt von Personalfragebogen,

19. Abschluß von Arbeitnehmerüberlassungs- oder Gestellungsverträgen.

In den Fällen des Satzes 1 Nr. 11 bestimmt der Personalrat nur auf Antrag des Beschäftigten mit; dieser ist von der beabsichtigten Maßnahme rechtzeitig vorher in Kenntnis zu setzen. Satz 1 Nr. 18 gilt nicht für den Inhalt von Personalfragebogen, die der Finanzkontrolle durch den Landesrechnungshof dienen. Satz 1 Nr. 19 gilt nicht beim Westdeutschen Rundfunk.

(5) Der Personalrat hat in den Fällen der Absätze 3 und 4 auch mitzubestimmen, wenn eine Maßnahme probeweise oder befristet durchgeführt werden soll.

Vorbemerkung:

1 Die effektivste und am weitesten reichende Beteiligung des Personalrats ist die Ausübung von Mitbestimmungsrechten. Dazu sieht § 72 einen umfangreichen Katalog mitbestimmungspflichtiger Tatbestände vor. Allerdings reicht das Mitbestimmungsrecht bei den verschiedenen Maßnahmen verschieden weit. So endet in personellen Angelegenheiten der Beamten das Einigungsstellenverfahren mit einer Empfehlung an das Letztentscheidungsorgan. Übt der Personalrat in personellen Angelegenheiten des Absatzes 1 sein Initiativmitbestimmungsrecht aus, so trifft die Letztentscheidung der Dienststellenleiter der eigenen bzw. der obersten Dienstbehörde. Die Angelegenheiten des Abs. 3 unterfallen sämtlich nicht der Letztentscheidung der Einigungsstelle (siehe § 66 Abs. 7 letzter Satz).

Mitbestimmung und Beteiligung des Personalrats ist nicht Selbstzweck. Vielmehr dient sie der Richtigkeitskontrolle behördlichen Handelns, der Geltendmachung kollektiver Interessen gegenüber der Dienststelle, der Sicherung sozialer Teilhabe und dem Schutz des einzelnen vor Ungerechtigkeit und Willkür sowie schließlich der Transparenz und Akzeptanz behördlichen Handelns.

2 Das Mitbestimmungsrecht kann sowohl dadurch ausgeübt werden, daß der Personalrat Maßnahmen der Dienststelle ablehnt, sie durch Mitbestimmung beeinflußt und verändert oder ihnen zustimmt als auch durch Ausübung des Initiativmitbestimmungsrechtes, das für sämtliche mitbestimmungspflichtigen Angelegenheiten besteht.

Die Ausübung der Mitbestimmung und das Verfahren richtet sich ausschließlich und abschließend nach §§ 66 bis 68.

Unterbleibt die Beteiligung des Personalrats oder ist sie fehlerhaft, so kann die unter Verletzung des Mitbestimmungsrechtes getroffene Maßnahme unwirksam sein. Das gilt auch dann, wenn die Zustimmung des Personalrats aufgrund unzutreffender Unterrichtung erteilt wurde (OVG Münster vom 22. 3. 1996 – 1 B 353/96.PVL, PersR 1996, 365).

Treffen mehrere Beteiligungstatbestände zusammen, so sind dem Perso- **3**
nalrat sämtliche Rechte nebeneinander einzuräumen und von ihm zu
beachten. Eine Rangordnung, derzufolge das jeweils schwächere Recht
die anderen Rechte verdrängt, ist unzutreffend. Vielmehr hat jedes Beteiligungsrecht verschiedene Zwecke und Absichten, die dem Personalrat
dementsprechend zur differenzierten Geltendmachung einzuräumen sind.
Einheitliche Sachverhalte dürfen nicht in »Mitbestimmungs-Kästchen«
gepreßt werden, die Beteiligung des Personalrats kann von der Dienststelle daher nicht auf bestimmte Mitbestimmungtatbestände beschränkt
werden (siehe dazu Welkoborsky, PersR 89, 220).

Abs. 1: In Satz 1 dieser Vorschrift sind die Mitbestimmungsrechte bei **4**
den personellen Einzelmaßnahmen betreffend Arbeiter, Angestellte und
Beamte zusammengefaßt. Satz 2 schränkt diese Mitbestimmungsrechte
für bestimmte Personenkreise dahin gehend ein, daß der Personalrat nur
auf ihren Antrag hin beteiligt wird.

Abs. 1 Nr. 1: Einstellung

Die Vorschrift befaßt sich mit Vorgängen aus Anlaß der (Wieder-)Ein- **5**
gliederung von Beschäftigten in die Dienststelle.

Die **Einstellung** umfaßt den Gesamtvorgang der Eingliederung eines
Beschäftigten in die Dienststelle. Das ist z. B. der Abschluß eines Arbeits-
oder Ausbildungsvertrages (BVerwG vom 14. 11. 1989, PersR 90, 12),
kann aber auch in der tatsächlichen Eingliederung, also z. B. bei tatsächlicher Arbeitsaufnahme ohne Arbeitsvertrag, liegen.

Eine Einstellung kann auch dann vorliegen, wenn eine Beschäftigung als
freier Mitarbeiter, im faktischen Arbeitsverhältnis oder aufgrund Schein-
werkvertrages vereinbart wird (dazu: BVerwG vom 6. 9. 1995 – 6 P 9.93,
PersR 1990, 118), tatsächlich jedoch eine Einbindung in den arbeits-
organisatorischen Ablauf der Dienststelle – also eine Eingliederung –
erfolgt (siehe OVG Münster vom 5. 4. 1990 – CL 54/87, PersR 90, 335;
zum Einsatz von ehrenamtlichen Angehörigen der Freiwilligen Feuer-
wehr in der Wachbereitschaft der Berufsfeuerwehr: OVG Münster vom
27. 10. 1999 – 1 A 5193/97.PVL, PersR 2000, 117). Auch die Aufnahme
der Tätigkeit aufgrund eines Gestellungsvertrages ist als Eingliederung
anzusehen (OVG Münster vom 23. 10. 1986 – CL 15/85, PersV 1999, 30;
BVerwG vom 18. 6. 2002 – 6 P 12/01, PersR 2002, 467; OVG Münster
vom 21. 6. 2001 – 1 A 280/99.PVL –, PersR 2002, 122). Als Einstellung
ist auch die Übernahme von Leiharbeitnehmern zur Arbeitsleistung anzusehen, die gemäß § 14 Abs. 3 AÜG ausdrücklich der Zustimmung des
Personalrats unterworfen ist. Einstellung ist auch die Vergabe von Arbeiten in Heimarbeit und an Hausgewerbetreibende. Die Arbeitsaufnahme
von Beschäftigten aufgrund einer Arbeitsbeschaffungsmaßnahme nach
dem SGB III (früher: Arbeitsförderungsgesetz) ist ebenfalls eine mitbestimmungspflichtige Einstellung (siehe dazu im einzelnen: OVG Münster

vom 29. 7. 1980 – CL 10/80). Der Wechsel von einer Beschäftigtengruppe in eine andere ist eine Einstellung (OVG Münster vom 14. 2. 1990 – CL 42/87, PersR 1990, 235).

Bei Abrufkräften ist sowohl die Aufnahme in eine sog. Abrufliste wie die nachfolgende Heranziehung zur Tätigkeit als Einstellung anzusehen. »Mitbestimmungspflichtige Maßnahme ist der zusammengehörige Lebensvorgang, der mit der Aufnahme der Bewerber in die Liste beginnt und alle nachfolgenden Arbeitsverhältnisse umfaßt, die auf der Grundlage der Liste für ein und dieselbe Person geschlossen werden« (BVerwG vom 3. 2. 1993 – 6 P 28.91, PersR 1993, 260).

Nur wenn Tätigkeiten verrichtet werden, die ersichtlich zu keiner »betrieblichen und sozialen Bindung« führen, weil sie nur geringfügig und nur vorübergehender Natur sind – längstens zwei Monate Aushilfe, vorübergehende und zugleich geringfügige Beschäftigung in den Grenzen des § 8 Abs. 1 SGB IV – liegt keine Einstellung vor, ansonsten spricht eine Vermutung für die Eingliederung (OVG Münster vom 27. 10. 1999 – 1 A 5193/97.PVL, PersR 2000, 117 unter Hinweis auf BVerwG vom 25. 9. 1995 – 6 P 44.93, PersR 1996, 147). Dementsprechend ist auch die Aufstockung einer Teilzeitbeschäftigung als Einstellung anzusehen (BVerwG vom 23. 3. 1999 – 6 P 10.77, PersR 1999, 395).

6 Keine Einstellung ist

– der Abschluß von Werkverträgen für abgegrenzte Aufgaben;

– eine Maßnahme nach § 613a BGB, durch die Beschäftigte anderer Betriebe durch Betriebsinhaberwechsel zu Beschäftigten der Dienststelle werden;

– die Fortsetzung des Arbeitsverhältnisses nach Rücknahme einer Kündigung oder aufgrund Abschlusses eines gerichtlichen Vergleichs über die Fortsetzung des Arbeitsverhältnisses mit einem gekündigten Arbeitnehmer (BVerwG vom 25. 8. 1988, PersR 1988, 289).

7 Bei Beamten ist unter Einstellung die Ernennung gemäß § 3 LVO NW und § 8 LBG NW unter erstmaliger oder wiederholter Begründung eines Beamtenverhältnisses auf Widerruf, auf Probe, auf Zeit oder auf Lebenszeit zu verstehen. Diese Ernennung erfolgt durch Aushändigung der Urkunde.

Das Mitbestimmungsrecht erstreckt sich gegenständlich auf alle mit der Einstellung im Zusammenhang stehenden Einzelheiten, also auf die Person des Einzustellenden, die von ihr auszuübende Tätigkeit, die Art des Beschäftigungsverhältnisses (Arbeiter, Angestellte, Beamte).

8 Dem Mitbestimmungsrecht bei Einstellungen sind weitere Beteiligungsrechte des Personalrats vor- und nachgeordnet. Der Einstellungsentscheidung voraus geht in der Regel ein Auswahlverfahren, an dem der Personalrat gemäß § 65 Abs. 2 zu beteiligen ist. Zusammen mit der Einstellung ist über die Eingruppierung, eine eventuell beabsichtigte Befristung des

Arbeitsverhältnisses, die Vereinbarung von Nebenabreden sowie die Bestimmung der Fallgruppe oder des Abschnitts innerhalb einer Vergütungs- oder Lohngruppe und schließlich die gleichzeitige oder anschließende Bestellung zum Vertrauens- und Betriebsarzt im Falle der Neueinstellung eines Arztes zu entscheiden.

Der Personalrat kann in allen diesen Fällen sein Mitbestimmungsrecht einzeln und mit verschiedenem Ergebnis ausüben. Bei Zustimmungsverweigerung zu einer Einstellung ist der Personalrat anders als nach dem Bundespersonalvertretungsgesetz nicht an einen bestimmten Katalog von Zustimmungsverweigerungsgründen gebunden. Er kann aus allen sachlichen Gründen seine Zustimmung verweigern, seien es Gründe, die dem kollektiven Schutzauftrag entspringen (z. B. wegen Fehlen einer Ausschreibung: OVG Münster vom 10. 3. 1999 – 1 A 1083/97.PVL, PersR 2000, 78 oder wegen Verletzung von § 62: OVG Münster vom 20. 3. 1997 – 1 A 3677/93.PVL), seien es arbeitsrechtliche, tarifrechtliche oder personalplanerische sowie haushaltsrechtliche Gründe. Die Rechtsprechung des Oberverwaltungsgerichts zur Überprüfbarkeit der Zustimmungsverweigerungsgründe des Personalrats und zur Unbeachtlichkeit von Gründen, die außerhalb des Rahmens des einschlägigen Mitbestimmungstatbestandes liegen, ist mit dem Gesetz nicht vereinbar. Jedoch hat der Personalrat zu beachten, daß dem öffentlichen Dienstherrn ein Auswahlermessen unter Berücksichtigung von Eignung, Leistung und Befähigung sowie Bindung an den Grundsatz der Bestenauslese zusteht. In dieses Ermessen kann der Personalrat nicht eingreifen, so daß er seine Zustimmungsverweigerung nicht auf eine eigene, abweichende Ermessensentscheidung (»der Personalrat lehnt den Bewerber A ab, weil Bewerber B geeigneter ist«) stützen darf (OVG Münster vom 22. 3. 2000 – 1 A 956/98.PVL). Die Überprüfung solcher Ermessensentscheidungen kann vom Betroffenen selbst im Wege der Konkurrentenklage (dazu BVerfG vom 24.9.2002 – BvR 857/02; BAG vom 28. 5. 2002 – 9 AZR 751/00) beim Arbeits- oder Verwaltungsgericht veranlaßt werden. Die Nichtbeachtung von zuvor festgelegten Bedingungen und Kriterien sowie verlangten Voraussetzungen und Fähigkeiten (z.B. in einer Stellenausschreibung gemäß § 73 Nr. 6) kann der Personalrat jedoch zum Anlaß einer Zustimmungsverweigerung (Verstoß gegen die Selbstbindung) nehmen.

Abs. 1 Nr. 1: Nebenabreden

Bei Vereinbarung und Formulierung der Hauptleistungspflichten – also **9** bezüglich der Arbeitspflicht des Arbeitnehmers und der Vergütungspflicht des Arbeitgebers – besteht kein Mitbestimmungsrecht. Nebenabreden, die zwischen Arbeitgeber und Arbeitnehmer aus Anlaß des Abschlusses eines Arbeitsverhältnisses oder später getroffen werden, beziehen sich auf Gegenstände, die weder lebensnotwendig noch von besonderer Bedeutung sind, sondern sekundären, außergewöhnlichen Charakter haben und nicht bereits von den arbeitsvertraglichen Hauptpflichten umfaßt sind (so OVG Münster vom 29. 1. 1996 – 1 A 3027/ 92.PVL, ZTR 1996, 424 zur Rufbereitschaft i. S. d. § 15 Abs. 4 b BAT). Nur solche unterliegen der Mitbestimmung des Personalrats. Inhalt von Nebenabreden können z. b. betriebliche Sozialleistungen, Fahrtkostenzuschüsse, Verpflegungszuschüsse, Aufwandspauschalen, Überlassung einer Dienstmietwohnung, Verpflichtung zur Rückzahlung von Ausbildungs- und Fortbildungskosten, die Abkürzung der Probezeit sowie die Anrechnung von Vordienstzeiten oder die Zuweisung zu den einzelnen Stufen des ärztlichen Bereitschaftsdienstes (OVG Münster vom 29. 1. 1996 – 1 A 3815/92.PVL, PersR 1996, 160) sein.

Nach den Tarifverträgen für den öffentlichen Dienst sind Nebenabreden zum Arbeitsvertrag nur wirksam (§ 4 Abs. 2 des BAT und MTL II), wenn sie schriftlich vereinbart worden sind. Eine solche Vereinbarung darf erst nach Zustimmung des Personalrats getroffen und unterzeichnet werden. Ohne Zustimmung des Personalrats sind sie rechtsunwirksam.

Abs. 1 Nr. 1: Erneute Zuweisung des Arbeitsplatzes gemäß Arbeitssicherungsvorschriften sowie nach Beendigung eines Urlaubs ohne Dienstbezüge gemäß § 78 b oder § 85 a des LBG bzw. den entsprechenden Regelungen für Angestellte und Arbeiter

10 Die erneute Zuweisung eines Arbeitsplatzes nach Arbeitssicherungsvorschriften kommt nach Ableistung des Wehr- oder Zivildienstes gemäß Arbeitsplatzschutzgesetz und Zivildienstgesetz sowie Rückkehr aus der Elternzeit (Bundeserziehungsgeldgesetz) in Betracht.

Wird Beamten nach Beendigung einer Beurlaubung ohne Dienstbezüge gemäß § 78 b oder § 85 a LBG erneut ein Arbeitsplatz zugewiesen, so unterliegt dies der Mitbestimmung des Personalrats. Das Mitbestimmungsrecht bezieht sich lediglich darauf, auf welchem Arbeitsplatz die Arbeit wieder aufgenommen werden soll.

11 Die erneute Zuweisung eines Arbeitsplatzes nach Beendigung einer Beurlaubung ohne Vergütung von Arbeitern und Angestellten, z. B. nach § 50 Abs. 2 BAT, unterliegt ebenfalls der Mitbestimmung des Personalrats.

Abs. 1 Nr. 1: Verlängerung der Probezeit

12 Eine Verlängerung der Probezeit ist bei Angestellten und Arbeitern nach § 5 BAT, BMTG II und MTL möglich, bei Beamten unter den Voraussetzungen des § 7 Abs. 5 LVO.

Keine Verlängerung der Probezeit, sondern eine erneute Einstellung liegt vor, wenn Beschäftigte zur Erprobung befristet eingestellt und sodann zur weiteren Erprobung erneut befristet beschäftigt werden sollen.

Abs. 1 Nr. 1: Anstellung eines Beamten

Die Anstellung eines Beamten ist die Ernennung unter erstmaliger Ver- **13**
leihung eines Amtes, das in einer Besoldungsordnung aufgeführt und
dessen Amtsbezeichnung nach dem LBG festgesetzt ist. Die Anstellung
erfolgt nach Bewährung des Beamten in der Probezeit und unterliegt der
Mitbestimmung.

Abs. 1 Nr. 1:
Umwandlung des Beamtenverhältnisses in ein solches anderer Art

Dieses Mitbestimmungsrecht unterwirft die Umwandlung des Beamten- **14**
verhältnisses in ein anderes der Mitbestimmung, also die Umwandlung
des Beamtenverhältnisses auf Widerruf, Probe und Zeit in ein solches auf
Probe, Zeit oder Lebenszeit.

Abs. 1 Nr. 1: Befristung von Arbeitsverhältnissen

Befristung ist die Vereinbarung, daß das Arbeitsverhältnis zu einem **15**
bestimmten Zeitpunkt mit Erreichen der vereinbarten Frist ohne Kündigung endet. Eine solche Vereinbarung ist nur wirksam, wenn ein sachlicher Grund für die Befristung besteht, wie z. B. Erprobung, Vertretung
eines vorübergehend abwesenden Beschäftigten (z. B. wegen längerer
Krankheit, Zeitrente, Mutterschutz, Elternzeit), Förderung des wissenschaftlichen Nachwuchses. Die Möglichkeit des Teilzeit- und Befri-
stungsgesetzes zur Befristung ohne Vorliegen eines sachlichen Grundes
bei erstmaliger Beschäftigung bis zu einer Dauer von 2 Jahren findet unter
der Geltung der Sonderregelungen SR 2 y zum BAT wegen des Tarifvor-
ranges keine Anwendung. Das gilt auch für die besonderen Befristungs-
möglichkeiten des Hochschulrahmengesetzes.

Ist eine Befristung beabsichtigt, so wird sie der Mitbestimmung des
Personalrats zum Zeitpunkt der Einstellung unterworfen. Auch hier kann
der Personalrat sein Mitbestimmungsrecht bei jedem Tatbestand verschieden ausüben, also z. B. der Einstellung zustimmen und die Befristung
ablehnen. Die Dienststelle hat dem Personalrat die beabsichtigte Dauer
der Befristung mitzuteilen und ihm die Sachgründe der Befristung ihrer
Art nach (»akuter Vertretungsbedarf am G-Gymnasium«) zu erläutern
(BAG vom 20. 2. 2002 –7 AZR 662/00, PersR 2002, 353); eine Erläute-
rung im einzelnen ist nur bei ausdrücklicher Aufforderung des Personalrats gemäß § 66 Abs. 2 Satz 2 erforderlich. Da die Schriftform gemäß § 14
Abs. 3 TzBfG Wirksamkeitserfordernis einer Befristung ist, sollte der
Personalrat stets die Vorlage der beabsichtigten Befristungsabrede ver-
langen. Der Personalrat kann die vorgebrachten Befristungsgründe einer
Inhaltskontrolle unterziehen und nachprüfen, ob der Befristung sachliche
Gründe zugrunde liegen (OVG Münster vom 29. 1. 1997 – 1 A 3151/
93.PVL, PersR 1997, 368). Wird eine Befristung ohne Zustimmung des
Personalrats vereinbart oder weicht die Befristungsdauer von dem Zu-

stimmungsantrag ab, so ist die Befristung wegen Verletzung des Mitbestimmungsrechts unwirksam (BAG vom 8. 7. 1998 – 7 AZR 308/97,
PersR 1998, 483; vom 11. 9. 1997 – 8 AZR 4/96, PersR 1998, 39). Die
Zustimmung des Personalrats muß vor Abschluß der Befristungsvereinbarung vorliegen; sie kann nach Aufnahme der Tätigkeit nicht mehr
wirksam erteilt werden (BAG vom 20. 2. 2002 – 7 AZR 707/00, PersR
2002, 355; LAG Köln vom 1. 8. 2000 – 13 (10) Sa 637/00, PersR 2001,
310; vor Abschluß der Befristungsvereinbarung sowie vor Arbeitsbeginn:
LAG Düsseldorf vom 9. 8. 2001 – 11 Sa 559/01, PersR 2002, 522). In
diesen Fällen besteht das Arbeitsverhältnis fort.

16 Die erneute befristete Beschäftigung eines Arbeitnehmers im zeitlich
unmittelbaren Anschluß an ein vorheriges, befristetes Arbeitsverhältnis
unterliegt sowohl als erneute Einstellung als auch bezüglich der Befristung der erneuten Mitbestimmung des Personalrats (BAG vom 8. 7.
1998, a.a.O.). Die Umwandlung eines unbefristeten in ein befristetes
Arbeitsverhältnis stellt eine wesentliche Änderung des Arbeitsvertrages
im Sinne von Absatz 1 Nr. 4 dar.

Von den Mitbestimmungsrechten des Personalrats unberührt bleibt die
Möglichkeit des Beschäftigten selbst, die Rechtmäßigkeit und Wirksamkeit der Befristung arbeitsgerichtlich überprüfen zu lassen.

Die Festlegung der Befristungsform im Arbeitsvertrag gemäß Nr. 2 1 SR
24 ist keine Nebenabrede im Sinne von § 4 Abs. 2 BAT (BAG v. 20. 2.
1991 – 7 AZR 81/90, AP Nr. 137 zu § 620 BGB »Befristeter Arbeitsvertrag«).

Abs. 1 Nr. 2: Beförderung

17 Beförderung ist die Ernennung eines Beamten unter Verleihung eines
anderen Amtes mit höherem Endgrundgehalt und anderer Amtsbezeichnung. Hierzu ist die Aushändigung einer Urkunde notwendig. Die Mitbestimmung des Personalrats beginnt bei der Übertragung eines höherwertigen Dienstpostens, wenn dies mit dem Ziel der Beförderung bei
Bewährung erfolgt. Als Beförderung anzusehen sind die ihr gleichgestellten Maßnahmen wie

– die Übertragung eines anderen Amtes mit höherem Grundgehalt ohne
  Änderung der Amtsbezeichnung;

– die Verleihung eines anderen Amtes mit gleichem Endgrundgehalt,
  jedoch anderer Amtsbezeichnung beim Wechsel der Laufbahngruppe
  (bei Laufbahnwechsel gilt § 72 Abs. 1 Nr. 3);

– die Übertragung eines Amtes mit Amtszulage.

Kein Mitbestimmungsrecht räumt das OVG Münster bei den – die Be-
förderungsentscheidungen regelmäßig prägenden – Stellenwertverlage-
rungsverfahren (vom 5. 2. 1997 – 1 A 3104/93.PVL, PersR 1998, 33)
sowie der Höherbewertung eines Dienstpostens (vom 26. 2. 1996 – 1 A
4265/92.PVL) ein.

Abs. 1 Nr. 2: Zulassung zum Aufstieg

Die Zulassung zum Aufstieg, also der Übertritt von einer Laufbahn in die **18** nächsthöhere Laufbahn ohne Erfüllung der Eingangsvoraussetzungen (§ 26 LBG) setzt regelmäßig die erfolgreiche Teilnahme an einem Auswahlverfahren voraus und unterliegt nunmehr der gesonderten Mitbestimmung des Personalrats. Der Aufstieg selbst ist eine mitbestimmungspflichtige Beförderung. Die Zulassung zum Aufstieg ist der Mitbestimmung unterworfen worden, weil sie für die berufliche Entwicklung des Beamten von erheblicher Bedeutung ist und unter dem Aspekt der Chancengleichheit vom Personalrat mitbeurteilt werden soll.

Abs. 1 Nr. 2: Übertragung eines anderen Amtes mit niedrigerem Endgrundgehalt

Die Übertragung eines anderen Amtes mit niedrigerem Endgrundgehalt **19** ist nach § 8 LBG möglich. Die dadurch eintretenden beruflichen und sozialen Einschnitte und Nachteile rechtfertigen die Beteiligung des Personalrats. Die Übertragung eines anderen Amtes mit höherem Endgrundgehalt stellt eine Beförderung dar.

Abs. 1 Nr. 3: Laufbahnwechsel

Laufbahnwechsel ist das Ausscheiden aus der bisherigen Laufbahn und **20** das Eintreten in eine neue Laufbahn (z. B. der Wechsel eines Polizeivollzugsbeamten in die Laufbahn der allgemeinen Verwaltung, eines Verwaltungsbeamten in die technische Laufbahn, eines Feuerwehrbeamten vom feuerwehrtechnischen Dienst in den allgemeinen Verwaltungsdienst). Auch die Eingliederung eines Regierungsschuldirektors aus der Laufbahn des Schulaufsichtsdienstes in die Laufbahn des Lehramtes am Gymnasium mit dem Amt eines Studiendirektors ist ein solcher Laufbahnwechsel (OVG Münster vom 6. 12. 1988 – CL 22/86).

Abs. 1 Nr. 3: Wechsel des Dienstzweiges

Wechsel des Dienstzweiges ist ein für den Polizeidienst in Betracht **21** kommendes Mitbestimmungsrecht. Dort entspricht der Wechsel von der Schutzpolizei zur Kriminalpolizei einem Laufbahnwechsel, weshalb dem Personalrat auch bei diesem Vorgang ein Mitbestimmungsrecht eingeräumt worden ist.

Abs. 1 Nr. 4: Eingruppierung

Die Eingruppierung ist die erstmalige Einreihung einer von einem Ar- **22** beitnehmer zu verrichtenden Tätigkeit in ein bestimmtes Vergütungssystem (so OVG Münster vom 25. 2. 1998 – 1 A 2222/96.PVB, PersR 1998, 424 unter Hinweis auf die Rspr. des BVerwG). Das Mitbestimmungsrecht wird regelmäßig im Zusammenhang mit der Einstellung auszuüben sein.

Daneben kommt die Eingruppierung dann in Betracht, wenn ein neuer Tarifvertrag neue Tätigkeitsmerkmale oder neue Vergütungsgruppen geschaffen hat und die Beschäftigten diesen neuen Tätigkeitsmerkmalen und Vergütungsgruppen zuzuordnen sind, damit ihre zutreffende Vergütung festgestellt werden kann. Eine Eingruppierung ist auch dann anzunehmen, wenn die bestehende Eingruppierung aus Anlaß der Übertragung neuer Aufgaben auf einem noch nicht bewerteten Arbeitsplatz überprüft wird – auch dann wenn die Neu-Eingruppierung nicht zu einer veränderten Vergütungsgruppe führt (BVerwG vom 8. 12. 1999 – 6 P 3.98, PersR 2000, 106).

Unerheblich für das Mitbestimmungsrecht ist, ob sich Tätigkeitsmerkmale und Vergütungsgruppen in einem Tarifvertrag oder einer betrieblichen Regelung finden sowie ob Tarifbindung besteht oder der Tarifvertrag aufgrund arbeitsvertraglicher Inbezugnahme Anwendung findet.

Abs. 1 Nr. 4: Höhergruppierung

23 Höhergruppierung ist der Wechsel der Vergütungsgruppe dahin gehend, daß der Arbeitnehmer eine Vergütungsgruppe erhalten soll, die höhere Bezüge vorsieht als die bisher innegehaltene. Ohne Wechsel der Vergütungsgruppe liegt keine Höhergruppierung vor, weshalb z. B. die Bestellung zum Vorarbeiter oder Gewährung und Entzug der Vorarbeiter- und Vorhandwerker-Zulage keine Höhergruppierung darstellt.

Auch in den Fällen der sogenannten Tarifautomatik – also dem Nachvollzug der nach dem Tarifvertrag gebotenen richtigen Eingruppierung – besteht ein Mitbestimmungsrecht des Personalrats (so OVG Münster vom 10. 2. 1993 – CL 11/90, PersR 1994, 43 – LS).

Ein Mitbestimmungsrecht besteht auch bei Höhergruppierungen, die nicht anhand eines Tarifvertrages, sondern aufgrund allgemeiner Grundsätze über die Vergütung und Eingruppierung erfolgen (siehe OVG Münster vom 4. 5. 1987 – CL 25/85), was z. B. auf die vom Geltungsbereich des Bundesangestelltentarifvertrages ausgenommenen angestellten Lehrer zutrifft, die aufgrund von ministeriellen Eingruppierungserlassen eingruppiert und vergütet werden.

Auch die Höhergruppierung im Wege des Bewährungs- und Zeitaufstiegs unterliegt der Mitbestimmung des Personalrats.

Abs. 1 Nr. 4: Rückgruppierung

24 Die Rückgruppierung ist die Einstufung eines Arbeiters oder Angestellten in eine niedrigere Lohn- bzw. Vergütungsgruppe mit geringerer Vergütung. Eine solche Rückgruppierung ist immer im Zusammenhang mit einer Änderungskündigung, die nach § 72 a gesondert der Mitbestimmung des Personalrats unterliegt, möglich. Die Rückgruppierung kommt in Betracht, wenn der Arbeitnehmer mit dieser Maßnahme einverstanden ist, so daß es einer Änderungskündigung nicht bedarf. Gleichwohl verbleibt das Mitbestimmungsrecht bei der Rückgruppierung.

Abs. 1 Nr. 4: Übertragung einer höher oder niedriger zu bewertenden Tätigkeit für eine Dauer von mehr als drei Monaten

Das Mitbestimmungsrecht bei Übertragung einer höher bewerteten Tätig- **25** keit gibt dem Personalrat einen Einfluß im Vorfeld der Höhergruppierung bzw. Beförderung. Ist eine höher bewertete Stelle erst einmal einem Beschäftigten übertragen, so wird er regelmäßig auch die Höhergruppierung oder Beförderung auf dieser Stelle erhalten, die anderen Mitbewerber sind zum Zeitpunkt der Höhergruppierung/Beförderung faktisch ausgeschlossen.

Höher bewertet ist eine Tätigkeit dann, wenn auf sie die Tätigkeitsmerkmale einer höheren Vergütungsgruppe/Lohngruppe oder die zu besetzende Stelle nach einer höheren Besoldungsgruppe ausgewiesen ist (OVG Münster vom 9. 11. 2001 – 1 B 1146/01, PersR 2002, 258). Keine Übertragung einer höher bewerteten Tätigkeit ist daher die Bestellung zum Vorarbeiter oder Vorhandwerker.

Wird eine persönliche Zulage im Sinne des § 24 BAT gezahlt, so setzt dies die vorübergehende Übertragung einer höherwertigen Tätigkeit voraus, die der Mitbestimmung unterliegt, wenn sie mehr als drei Monate dauert (so BVerwG vom 8. 10. 1997 – 6 P 9.95, ZTR 1998, 138).

Gleichgültig ist jedoch, ob sich die Vergütung des Arbeitnehmers auch tatsächlich ändert.

Ein Mitbestimmungsrecht besteht nur bei der Übertragung für eine Dauer **26** von mehr als drei Monaten, so daß auch die vorübergehende, probeweise und befristete Übertragung einer höherwertigen Tätigkeit der Mitbestimmung unterliegt, wenn der Zeitraum von drei Monaten überschritten werden soll oder tatsächlich überschritten wird.

Keine Höhergruppierung liegt vor, wenn eine Tätigkeit übertragen wird, die der bisher innegehaltenen Vergütungsgruppe entspricht, bei der jedoch auf die nächsthöhere Vergütungsgruppe wegen des möglichen Bewährungsaufstieges hingewiesen wird (Beispiel: Vergütungsgruppe IV a/ III BAT).

Bei Beamten ist unter der Übertragung einer höher bewerteten Tätigkeit die Zuweisung eines Dienstpostens zu verstehen, dessen Stelle im Stellenplan höher bewertet ist als die bisher innegehaltene Stelle.

Abs. 1 Nr. 4: Bestimmung der Fallgruppe oder des Abschnitts innerhalb einer Vergütungs- oder Lohngruppe

Die Bestimmung der Fallgruppe unterliegt zunächst bei der erstmaligen Festlegung – z.B. aus Anlaß der Einstellung – der Mitbestimmung. Bedeutsam ist die Festlegung vor allem dann, wenn ein Wechsel der

Fallgruppe bei Angestellten bzw. des Abschnitts bei Arbeitern den Bewährungs- oder Zeitaufstieg eröffnet oder ausschließt. Diese Vorgänge sind in jedem Fall mitbestimmungspflichtig – gleichgültig, ob sie durch Festlegung der Dienststelle oder Anwachsen der Tätigkeit entstehen. Ein Fallgruppenwechsel, der mit einem automatischen Zeitaufstieg verbunden ist, unterliegt bereits als Höhergruppierung der Mitbestimmung (BVerwG vom 8. 10. 1997 – 6. P 9.95, ZTR 1998, 137).

Abs. 1 Nr. 4: Wesentliche Änderungen des Arbeitsvertrages

27 Die Schaffung eines Mitbestimmungsrechtes durch die Novelle 1985 ist insbesondere auf mißbräuchliche Vertragsgestaltungen bei Erhöhung und Ermäßigung der individuellen Arbeitszeit durch arbeitsvertragliche Vereinbarungen zurückzuführen. Das Mitbestimmungsrecht soll dem Personalrat die Möglichkeit geben, derartige »einvernehmliche« Regelungen einer Rechtmäßigkeits- und Billigkeitskontrolle zu unterziehen.

Wesentliche Änderungen des Arbeitsvertrages sind nur solche, die durch eine Änderung der vertraglichen Beziehungen hervorgerufen werden. Bloße Änderungen des Arbeitsverhältnisses genügen nicht. Nach Auffassung des OVG Münster (vom 18. 11. 1993 – CL 49/90 ZTR 94, 261) ist eine Änderung des Arbeitsvertrages zu verneinen, wenn eine bloße Vertragsanpassung nach Wegfall der Geschäftsgrundlage durchgeführt wird.

28 Die Änderungen müssen »wesentlich« sein, das heißt für eine der beiden Vertragsparteien von einigem Gewicht. Das ist stets zu bejahen, wenn der Inhalt der Hauptleistungspflichten aus dem Arbeitsverhältnis – also Inhalt und Umfang der Arbeitsleistung sowie Höhe und Bemessung der Vergütung – verändert werden. Vertragliche Vereinbarungen über »unwesentliche« Nebenleistungen aus dem Arbeitsvertrag sind regelmäßig als Nebenabreden gemäß Nr. 1 mitbestimmungspflichtig. Zu beachten ist, daß aufgrund § 3 Nachweisgesetz spätestens nach einem Monat alle wesentlichen Änderungen dem Arbeitnehmer schriftlich mitzuteilen sind.

Änderungen des Arbeitsvertrages können auch nach weiteren Vorschriften der Beteiligung des Personalrats unterliegen. Es müssen dann sämtliche Beteiligungsrechte nebeneinander beachtet und eingeräumt werden. So unterliegt eine außerordentliche Änderungskündigung der Anhörung des Personalrats nach § 72 a und darüber hinaus wegen der beabsichtigten Änderung der Arbeitsvertragsbedingungen auch der Mitbestimmung.

Solche nebeneinander zu beachtenden Beteiligungsrechte kommen weiter in Betracht bei Änderung von Nebenabreden, Verlängerung der Probezeit und nachträglicher Befristung gemäß Nr. 1 sowie bei der Ablehnung eines Antrags auf Ermäßigung der Arbeitszeit, z.B. bei der Vereinbarung von Altersteilzeit gemäß Absatz 1 Nr. 13 im Sinne der Nr. 13.

Wegen weiterer Beispiele für wesentliche Änderungen des Arbeitsvertrages siehe Orth/Welkoborsky, § 72 LPVG NW, Rn. 65.

Der Widerruf zur Bestellung zum Vorarbeiter/Vorhandwerker ist nach Auffassung des Bundesarbeitsgerichts (Urteil vom 10. 11. 1992 – 1 AZR 185/92, NZA 1993, 331) keine wesentliche Änderung und daher nicht mitbestimmungspflichtig.

Abs. 1 Nr. 5: Versetzung zu einer anderen Dienststelle

Der Begriff der »*Versetzung*« unterscheidet sich im Personalvertretungsrecht sowohl vom beamtenrechtlichen wie vom arbeitsrechtlichen Begriff. **29**

Unter Versetzung ist die auf Dauer angelegte Übertragung einer anderen Aufgabe bzw. eines anderen Amtes bei einer anderen Dienststelle im Sinne des § 1 unter Fortsetzung des bestehenden Dienst- bzw. Arbeitsverhältnisses zu verstehen. Es ist daher nicht maßgeblich, ob die Versetzung dazu führt, daß der Beschäftigte bei einer anderen Behörde tätig zu sein hat.

Versetzungen können mit weiteren – ebenfalls mitbestimmungspflichtigen – Maßnahmen verbunden sein, wie z.B. der Übertragung einer höher oder niedriger bewerteten Tätigkeit, einer Änderungskündigung u.ä.

Von dem Inhalt und Umfang des Mitbestimmungsrechtes zu unterscheiden ist die arbeits- und dienstrechtliche Zulässigkeit einer Versetzung. Dafür sind die gesetzlichen (§ 28 LBG für Beamte) sowie tarifvertraglichen (z.B. § 12 BAT, § 67 Ziffer 41 BMT-G II) sowie die Regeln über die Ausübung des Direktionsrechtes (insbesondere § 315 BGB) maßgebend.

Das Mitbestimmungsrecht ist nicht davon abhängig, ob der Beschäftigte mit der beabsichtigten Versetzung einverstanden ist oder nicht. Auch bei Versetzungen, die der Beschäftigte selbst wünscht, entfällt es nicht (teilweise anders: BAG zu § 99 BetrVG, Beschluß vom 20. 9. 1990 – 1 ABR 37/90, BB 90, 550).

Nach der Rechtsprechung des Bundesverwaltungsgerichtes (Beschlüsse **30**
vom 19. 7. 94 – 6 P 33.92; vom 16. 9. 94 – 4 P 42.92 und – 6 P 33.93, PersR 1995, 16 und 20) hat bei einer Versetzung grundsätzlich der Personalrat sowohl der abgebenden wie der aufnehmenden Dienststelle mitzubestimmen. Bei »horizontalen« Versetzungen zwischen zwei gleichberechtigten Behörden gilt dies sowohl dann, wenn die aufnehmende Behörde ihr stillschweigendes oder ausdrückliches Einverständnis zur Aufnahme des versetzten Beschäftigten zu geben hat oder gibt. Die Feststellung eines bestimmenden Einflusses der aufnehmenden Dienststelle ist nicht mehr erforderlich. Eine Beteiligung des Personalrats der aufnehmenden Dienststelle ist in den Fällen der überwiegenden Betroffenheit der von ihr vertretenen Beschäftigten unabhängig vom Verhalten und Einfluß des Dienststellenleiters geboten.

Kein Mitbestimmungsrecht hat der bei der aufnehmenden Schule bestehende Personalrat bei (Teil-)Versetzung eines Lehrers an eine Schule aufgrund der Sondervorschrift des § 94 Abs. 2 (OVG Münster vom 27. 3. 1998 – 1 A 1/96.PVL, PersR 1998, 528).

Solange die Zustimmung beider Personalräte nicht vorliegt, hat der betroffene Arbeitnehmer einen im Wege der einstweiligen Verfügung durchsetzbaren Anspruch auf Weiterbeschäftigung am bisherigen Arbeitsplatz der abgebenden Dienststelle (LAG Hamm vom 13. 7. 1995 – 17 Sa 101/95, PersR 1995, 393).

Bei vertikalen Versetzungen von »oben nach unten« und umgekehrt besteht ebenfalls ein Mitbestimmungsrecht beider Personalräte. In der Regel wird in solchen Fällen die Stufenvertretung nach § 78 Abs. 1 ersatzzuständig sein. Da es sich aber um eine bloße Ersatzzuständigkeit handelt, bleibt es bei der Zuständigkeit des örtlichen Personalrats einer Dienststelle, »die sowohl über die Versetzung entscheidet als auch gleichzeitig in ihrem Personalbestand betroffen ist«. In diesen Fällen wird die Zuständigkeit des örtlichen Personalrats nicht durch § 78 Abs. 1 verdrängt (BVerwG vom 16. 9. 1994 – 6 P 33.93, a.a.O.).

Mitbestimmungsfrei sind nach Absatz 1 Satz 3 Versetzungen für Beschäftigte in der Berufsausbildung. Für Lehrer gilt ein besonderer Versetzungs-Begriff mit verändertem Mitbestimmungsverfahren (siehe § 94 Abs. 1 und 2).

Abs. 1 Nr. 5: Umsetzung innerhalb der Dienststelle

31 Die Umsetzung ist die Versetzung ohne Dienststellenwechsel.

Sie unterliegt der Mitbestimmung entweder dann, wenn sie länger als drei Monate dauert oder zwar innerhalb der Dienststelle erfolgt, aber mit einem Wechsel des Dienstortes verbunden ist.

Dementsprechend ist unter Umsetzung die Zuweisung einer anderen Aufgabe, eines anderen Arbeitsplatzes bzw. eines anderen Dienstpostens innerhalb der gleichen Dienststelle zu verstehen.

Wird ein für den Dienstposten prägender Teil der Aufgaben entzogen und erhält er dadurch eine neue Prägung, liegt eine mitbestimmungspflichtige Teilumsetzung vor (BVerwG vom 18. 12. 1996 – 6 P 8.95, PersR 1997, 364; OVG Münster vom 24. 11. 1999 – 1 A 4663/97.PVL; eingehend auch VG Aachen vom 28. 8. 1997 – 16 K 1038/97.PVL, PersR 1998, 116). Erschöpft sich die Maßnahme jedoch in einer bloßen Organisations- oder Aufgabenänderung ohne Eingriff in die individuelle Rechtssphäre des Beschäftigten, entfällt ein Mitbestimmungsrecht (zur Einführung eines rollierenden Abteilungswechsels siehe VG Gelsenkirchen vom 23. 4. 1999 – 3 cK 4843/96.PVL).

Wird ein Beschäftigter zum Leiter des Rechnungsprüfungsamtes bestellt, so ist bereits der Ratsbeschluß und nicht erst die nachfolgende Ausführung dieses Beschlusses durch den Dienststellenleiter eine mitbestimmungspflichtige Umsetzung (OVG Münster vom 3. 11. 2001 – 1 B 1146/01, PersR 2002, 257).

Wird einer städtischen Reinigungskraft ein Arbeitsplatz in einem anderen städtischen Gebäude zugewiesen, stellt das in der Regel eine Umsetzung dar (OVG Münster vom 25. 3. 1999 – 1 A 4470/98.PVL, PersR 2000, 80).

Umsetzungen sind nur mitbestimmungspflichtig, wenn sie die Dauer von **32** drei Monaten übersteigen. Wird eine zunächst kürzer befristete Umsetzung über drei Monate hinaus aufrechterhalten, so bedarf das der vorherigen Zustimmung des Personalrats. Das Mitbestimmungsrecht kann nicht durch die Aneinanderreihung mehrerer unter drei Monate befristeter Umsetzungen umgangen werden. Überschreitet die Umsetzung – auch aufgrund mehrerer Umsetzungsverfügungen – die Frist von drei Monaten, entsteht das Mitbestimmungsrecht.

Unabhängig von der beabsichtigten Dauer einer Umsetzung besteht ein Mitbestimmungsrecht dann, wenn die Zuweisung des anderen Arbeitsplatzes zwar innerhalb der Dienststelle erfolgt, aber zu einem Wechsel des Dienstortes führt. Dienstort ist diejenige politische Gemeinde, innerhalb derer sich die Dienststelle bzw. der Dienststellenteil befindet. Bei Umsetzungen, die mit einem Wechsel der Dienststelle im personalvertretungsrechtlichen Sinne ohne Wechsel der Behörde verbunden sind, steht auch dem Personalrat der aufnehmenden Dienststelle ein Mitbestimmungsrecht zu (OVG Münster vom 29. 1. 1999 – 1 A 2617/97.PVL, PersR 1999, 311).

Das Einzugsgebiet nach dem Umzugskostenrecht (§§ 1 LUKG, 2 Abs. 6 BUKG) – das ist der Umkreis von bis zu 10 Kilometern von der Gemeindegrenze entfernt – gehört noch zum gleichen Dienstort. Innerhalb dieser Grenzen löst eine Umsetzung also kein Mitbestimmungsrecht aus.

Abs. 1 Nr. 6: Abordnung für eine Dauer von mehr als drei Monaten und ihre Aufhebung

Abordnung ist die vorübergehende Zuweisung einer dem bisherigen Amt **33** bzw. der innegehaltenen Vergütungs-/Lohngruppe entsprechenden Tätigkeit an einer anderen Dienststelle (siehe § 29 LBG NW sowie OVG Münster vom 3. 7. 1986 – CL 46/84, PersR 1987, 87). Es handelt sich also um eine Versetzung von begrenzter Dauer.

Sie ist erst dann mitbestimmungspflichtig, wenn die Dauer drei Monate überschreitet. Wird die Abordnung jedoch nur formell auf drei Monate begrenzt und besteht die Absicht, sie länger andauern zu lassen, jedoch eine Personalrats-Beteiligung zu vermeiden, so ist die Abordnung von ihrem ersten Tage an mitbestimmungspflichtig (BVerwG vom 18. 9. 1984, PersR 1986, 37). Auch die Teil-Abordnung, also die vorübergehende Zuweisung einer Tätigkeit bei einer anderen Dienststelle unter Aufrechterhaltung der Zugehörigkeit zur bisherigen Stammdienststelle unterliegt der Mitbestimmung (OVG Münster vom 3. 7. 1986 – CL 46/84, PersR 1987, 87).

Auch die Aufhebung einer Abordnung ist mitbestimmungspflichtig. Im Hinblick auf die Rechtsprechung des Bundesverwaltungsgerichtes zur Versetzung (siehe Rn. 30) ist sowohl bei Abordnungen wie bei der Aufhebung einer Abordnung das Mitbestimmungsrecht sowohl des Personalrats der abgebenden wie der aufnehmenden Dienststelle zu beachten (OVG Münster vom 20. 5. 1998 – 1 A 3042/96.PVL, PersR 1999, 24).

Abs. 1 Nr. 6: Zuweisung gemäß § 123 a BRRG oder der entsprechenden tariflichen Vorschriften

34 Mit Einfügung dieses zusätzlichen Beteiligungstatbestandes durch die Novelle 1994 werden – so der Regierungsentwurf (Landtagsdrucksache 11/5258, 43) – Konsequenzen aus der Einführung des dienstrechtlichen Begriffs der Zuweisung in § 123 a BRRG, § 12 Abs. 2 BAT und § 9 Abs. 7 MTL II gezogen. Nur eine Zuweisung für die Dauer von mehr als drei Monaten sowie ihre Aufhebung unterliegt der Mitbestimmung. Zuweisungen erfolgen vermehrt aus Anlaß von Privatisierungen.

Abs. 1 Nr. 7:
Kürzung der Anwärterbezüge oder der Unterhaltsbeihilfe

35 Den Beamten auf Widerruf im Vorbereitungsdienst können gemäß § 66 BBesG die Grundbezüge herabgesetzt werden, wenn die Ausbildung sich aus einem von ihnen zu vertretenden Grund verzögert oder die vorgeschriebene Laufbahnprüfung nicht bestanden wird. Gemäß § 20 Abs. 6 Juristenausbildungsgesetz kann die den Rechtsreferendaren als Unterhaltsbeihilfe zu gewährende Vergütung bei Nichtbestehen des Examens um bis zu 15 % gekürzt werden. Bei dieser Ermessensentscheidung hat der Personalrat ein Mitbestimmungsrecht.

Abs. 1 Nr. 8:
Entlassung eines Beamten auf Probe oder auf Widerruf oder Entlassung aus einem öffentlich-rechtlichen Ausbildungsverhältnis

36 In das Beamtenverhältnis auf Probe kann berufen werden, wer zur späteren Verwendung als Beamter auf Lebenszeit eine Probezeit zurückzulegen hat (§ 5 Abs. 1 Nr. 3 LBG NW).

Neben den allgemeinen Entlassungsgründen (§§ 31 bis 33 LBG) können die Probe-Beamten nach § 34 LBG bei Vorliegen besonderer Entlassungsgründe entlassen werden.

Beamter auf Widerruf kann werden, wer den vorgeschriebenen oder üblichen Vorbereitungsdienst abzuleisten hat oder nur nebenbei oder vorübergehend für bestimmte Aufgaben verwendet werden soll (§ 5 Abs. 1 Nr. 4 LBG). Diesen Beamten kann gemäß § 35 jederzeit der Widerruf erklärt und das Beamtenverhältnis auf diese Weise beendet werden.

Die Rechtsreferendare können aus dem öffentlich-rechtlichen Ausbildungsverhältnis aus wichtigem Grund entlassen werden.

Das Mitbestimmungsrecht besteht gemäß Absatz 1 Satz 4 nicht, wenn der Beamte auf Probe bzw. Widerruf seine Entlassung selbst beantragt hat.

Abs. 1 Nr. 9: Vorzeitige Versetzung in den Ruhestand, Feststellung der begrenzten Dienstfähigkeit

Beamte können bei Dienstunfähigkeit nach den Vorschriften der §§ 45 ff. **37** LBG vorzeitig in den Ruhestand versetzt werden. Der Personalrat ist bereits zu Beginn dieses Verfahrens zu beteiligen und vor Erlaß der Verfügung über die vorzeitige Versetzung in den Ruhestand um seine Zustimmung zu bitten.

Nach Absatz 1 Satz 4 besteht kein Mitbestimmungsrecht bei vorzeitiger Versetzung in den Ruhestand auf Antrag des Beamten.

Begrenzte Dienstfähigkeit liegt vor, wenn eine Beamter das 50. Lebensjahr vollendet hat und er unter Beibehaltung seines Amtes seine Dienstpflichten noch während mindestens der Hälfte der regelmäßigen Arbeitszeit erfüllen kann (§ 45 a Abs. 1 LBG NW).

Für die Feststellung der begrenzten Dienstfähigkeit gelten die Vorschriften über die Feststellung der Dienstunfähigkeit (§§ 46, 47 LBG NW). Sie wird entweder auf Antrag des Beamten oder auf Veranlassung des Dienstvorgesetzten nach Einholung eines amtsärztlichen Gutachtens festgestellt.

Abs. 1 Nr. 10: Weiterbeschäftigung über die Altersgrenze hinaus

Die Erstreckung dieses Mitbestimmungsrechtes auf Beamte durch die **38** Novelle 1994 soll sicherstellen, daß gleiche Sachverhalte auch gleichmäßig der Mitbestimmung unterliegen.

Das Dienst- und Arbeitsverhältnis endet nach den gesetzlichen und tariflichen Vorschriften (§ 44 LBG, § 60 BAT z.B.) mit Erreichen der Altersgrenze von 65 Jahren. Eine Weiterbeschäftigung über diese Altersgrenze hinaus im unmittelbaren Anschluß an die Erreichung dieser Altersgrenze beim gleichen Dienstherrn und auf dem gleichen Arbeitsplatz unterliegt der Mitbestimmung nach dieser Vorschrift. Erfolgt eine solche Weiterbeschäftigung an einem anderen Arbeitsplatz oder in einer anderen Dienststelle bzw. bei einem anderen Dienstherrn, so ist die Maßnahme daneben als Einstellung mitbestimmungspflichtig. Bei Beamten kann eine solche Weiterbeschäftigung gemäß § 44 Abs. 3 Satz 1 LBG nur erfolgen, wenn dringende dienstliche Gründe im Einzelfall die Fortführung der Dienstgeschäfte erfordern. Bei Angestellten kann sie »ausnahmsweise« (§ 60 Abs. 2 BAT) erfolgen. Aufgrund der Arbeitsmarktlage und der Altersteilzeitmöglichkeiten kommt eine solche Weiterbeschäftigung regelmäßig nicht in Frage.

Abs. 1 Nr. 11: Anordnungen, welche die Freiheit in der Wahl der Wohnung beschränken

39 Solche Anordnungen können gemäß § 80 Abs. 2 LBG den Beamten in zweierlei Hinsicht gemacht werden. Zum einen kann der Beamte angewiesen werden, seine (private) Wohnung innerhalb einer bestimmten Entfernung von der Dienststelle zu nehmen, was im Hinblick auf die Mobilität von Arbeitnehmern nur noch selten vorkommen dürfte.

Zum anderen kann der Beamte angewiesen werden, eine Dienstwohnung zu beziehen.

Bei Arbeitnehmern kann der Bezug einer Dienstwohnung (z.B. bei Schulhausmeistern) verlangt werden – also solcher Wohnungen, die ohne Mietvertrag durch arbeitsvertragliche Vereinbarungen überlassen werden. Bei der Zuweisung einer solchen Wohnung – auch wenn die Zuweisung dem Wunsch des Beschäftigten entspricht – besteht ein Mitbestimmungsrecht des Personalrats.

Abs. 1 Nr. 12:
Versagung oder Widerruf der Genehmigung einer Nebentätigkeit

40 Während die Übernahme einer Nebentätigkeit oder Nebenbeschäftigung nicht der Mitbestimmung des Personalrats unterliegt, ist die Versagung oder der Widerruf einer einmal genehmigten Tätigkeit von der Zustimmung des Personalrats abhängig.

Das Mitbestimmungsrecht ist nicht davon abhängig, ob es sich um genehmigungspflichtige oder genehmigungsfreie Nebentätigkeiten handelt, da beide widerrufen bzw. untersagt werden können (siehe §§ 68 Abs. 3, 69 Abs. 2 LBG). Wird die Zuweisung einer auf Verlangen des Dienstherrn ausgeübten Nebentätigkeit widerrufen, so unterliegt dieser Widerruf – weil nicht eine Genehmigung sondern eine Zuweisung widerrufen wird – nicht der Mitbestimmung (OVG Münster vom 28. 2. 2002 – 1 A 149/00.PVL, PersR 2002, 481).

Bei Arbeitern und Angestellten gelten die beamtenrechtlichen Vorschriften durch entsprechende Verweisungen in den Tarifverträgen entsprechend (siehe z.B. § 11 BAT).

Grundsätzlich ist der Arbeitnehmer berechtigt, einer Nebentätigkeit nachzugehen, solange diese keinen nachteiligen Einfluß auf das Arbeitsverhältnis hat oder die Nebentätigkeit wesentliche Belange des Arbeitgebers beeinträchtigt.

Abs. 1 Nr. 13: Ablehnung von Teilzeitbeschäftigung, Urlaub und Arbeitsvertragsänderung

41 Nach §§ 78 b, 78 d, 78 e und 85 a LBG – die Vorschriften gelten für Arbeitnehmer des öffentlichen Dienstes entsprechend – können Arbeitnehmer bei Vorliegen bestimmter Voraussetzungen Teilzeitbeschäftigung, Altersteilzeit oder Urlaub ohne Dienstbezüge beantragen.

Wird der entsprechende Antrag des Beamten auf Teilzeitbeschäftigung oder Urlaub bzw. der Antrag des Arbeitnehmers auf entsprechende Arbeitsvertragsänderung abgelehnt, so besteht ein Mitbestimmungsrecht. Will der Arbeitgeber der beantragten Arbeitsvertragsänderung entsprechen, besteht ein Mitbestimmungsrecht nach Absatz 1 Nr. 4, da es sich um eine wesentliche Änderung des Arbeitsvertrages handelt. Die Umwandlung eines Vollzeit- in ein Altersteilzeitarbeitsverhältnis ist jedoch nicht als Einstellung mitbestimmungspflichtig (BVerwG vom 22. 6. 2001 – 6 P 11.00, PersR 2001, 422).

§ 78 d und die entsprechenden für die Arbeiter und Angestellten geltenden Regelungen betreffen die sog. Altersteilzeit (s. Altersteilzeitgesetz vom 23. 7. 1996, zuletzt geändert durch Gesetz vom 23. 12. 2002 und Tarifvertrag Altersteilzeitarbeit vom 5. 5. 1998 i. d. F. vom 15. 3. 1999).

Altersteilzeit kann entweder als Teilzeitarbeit im Umfang der halben bisherigen wöchentlichen Arbeitszeit für einen bestimmten Zeitraum von maximal zehn Jahren vereinbart werden oder im Blockmodell, demzufolge die erste Zeit vollständig gearbeitet und eine gleich lange, darauffolgende Zeit Arbeitsfreistellung erfolgt – jedoch gleichbleibende Bezüge während des gesamten Altersteilzeit-Zeitraumes zu beanspruchen sind (§§ 78 d Abs. 2 LBG, 3 TV ATZ).

Bei Beamten wie Arbeitern und Angestellten kann Altersteilzeit ab dem 55. Lebensjahr bewilligt werden. Eine Ablehnung kann nur bei dringenden dienstlichen bzw. betrieblichen Belangen (§§ 78 d Abs. 1 Nr. 4 LBG, 2 Abs. 3 Altersteilzeitgesetz) erfolgen. Arbeitnehmer ab dem 60. Lebensjahr haben Anspruch auf Altersteilzeit.

Die Vergütung des Altersteilzeitlers während der abgesenkten Arbeitszeit wird so um 20 % brutto aufgestockt, daß 83 % der zuletzt bezogenen Nettovergütung erreicht werden.

Das Arbeitsamt zahlt Zuschüsse, wenn ein Auszubildender oder ein Arbeitsloser auf den durch Altersfreizeit frei werdenden Arbeitsplatz (-Anteil) übernommen wird (§§ 3, 4 Altersteilzeitgesetz).

Mitbestimmungspflichtig ist die Ablehnung des Antrages auf Altersteilzeit. Dabei kommt es nicht darauf an, ob die Ablehnung nur deshalb erfolgt ist, weil der Arbeitnehmer bestimmte Bedingungen (Umfang und Dauer der Altersteilzeit) wünscht oder ob die Altersteilzeit insgesamt von der Dienststelle abgelehnt worden ist.

§ 78 e LBG regelt den Urlaub aus arbeitsmarktpolitischen Gründen. Beschäftigte können unbezahlten Urlaub nehmen, wenn in ihrem Bereich ein außergewöhnlicher Bewerberüberhang besteht. Wird das abgelehnt, unterliegt die Ablehnung der Mitbestimmung.

§ 72

Abs. 1 Satz 2: Ausnahmen von der Mitbestimmung

42 Die in Absatz 1 Satz 1 Nr. 1 bis 13 aufgeführten Mitbestimmungsrechte gelten nur auf Antrag:

1. für den Dienststellenleiter, seine Vertreter sowie Beschäftigte, die zu selbständigen Entscheidungen von Angelegenheiten im Sinne des Absatzes 1 befugt sind (§ 11 Abs. 2 c);

2. für Beschäftigte mit überwiegend wissenschaftlicher oder künstlerischer Tätigkeit (zum Begriff: OVG Münster vom 22. 1. 1998 – 1 A 1440/96.PVL, PersR 1998, 422; VG Köln vom 10. 12. 1997 – 34 K 3199/97.PVL, PersR 1998, 20);

3. für wissenschaftliche und künstlerische Mitarbeiter (§ 60 UG) sowie Dozenten gemäß § 20 FHGöD, Lehrkräfte für besondere Aufgaben;

4. für nach § 119 UG oder § 79 Abs. 1 FHG nicht übernommene Beamte und entsprechende Angestellte an den Hochschulen – soweit sie nicht bereits durch § 5 Abs. 5 a vom Begriff der Beschäftigten ganz ausgenommen sind.

Beabsichtigt der Arbeitgeber eine Personalmaßnahme nach § 72 Abs. 1 Satz 1 in bezug auf diesen Personenkreis, so besteht eine Hinweispflicht des Arbeitgebers auf das Bestehen des Antragsrechtes – jedenfalls bei solchen Maßnahmen, die dem Arbeitnehmer vollkommen unbekannt sind (siehe die Einschränkungen des BAG im Urteil vom 26. 8. 1993 – 2 AZR 376/93, PersR 1994, 36; vom 3. 11. 1999 – 7 AZR 880/98, PersR 2000, 173 und BVerwG vom 23. 2. 1989 – 2 C 76.86, PersR 1989, 201).

43 Vom Mitbestimmungsrecht in den Angelegenheiten des Absatzes 1 ganz ausgenommen sind

1. Beamte, die gemäß § 38 LBG jederzeit in den einstweiligen Ruhestand versetzt werden können;

2. Personalangelegenheiten betreffend »Beamtenstellen« von der Besoldungsgruppe B 3 an aufwärts – also nicht nur Beamte ab B 3, sondern alle Personalvorgänge des § 72, die Stellen betreffen, die nach B 3 und höher ausgewiesen sind. Entsprechend ausgenommen sind die Stellen der Abteilungsleiter bei Landesmittelbehörden und bei den Generalstaatsanwaltschaften sowie Stellen für Angestellte, die eine außertarifliche Vergütung über der höchsten Vergütungsgruppe des BAT erhalten;

3. Bühnenmitglieder, die nach Normalvertrag Solo beschäftigt werden, also gemäß § 1 Ziffer 2 Normalvertrag Einzeldarsteller, Kapellmeister, Spielleiter, Dramaturgen, Singchordirektoren, Tanzmeister, Repetitoren, Inspizienten, Souffleure sowie Personen in ähnlicher Stellung. Es kommt nur darauf an, ob aufgrund Dienstvertrages eine solche Tätigkeit vereinbart ist; ob tatsächlich eine künstlerische Tätigkeit vorliegt, ist für den Ausschluß der Mitbestimmung nicht maßgeblich (OVG Münster vom 18. 12. 2002 – 1 A 60/98.PVL, PersR 2003, 199).

4. kommunale Wahlbeamte (z.B. Oberstadtdirektor, Stadtdirektor, Ober-
kreisdirektor, Kreisdirektor u.ä.);
Leiter von öffentlichen Betrieben in den Gemeinden, den Gemeinde-
verbänden und den sonstigen der Aufsicht des Landes unterstehenden
Körperschaften, Anstalten und Stiftungen des öffentlichen Rechts. Wer
Leiter ist, ergibt sich aus der jeweiligen Satzung der Einrichtung.

Gemäß § 55 Abs. 4 WDR-Gesetz gilt Abs. 1 Satz 1 nicht für Beschäftigte,
die aufgrund eines Tarifvertrages auf Produktionsdauer beschäftigt sind.
Nach § 55 Abs. 2 WDR-Gesetz ist das Mitbestimmungsrecht für Beschäftigte, die maßgeblich an der Programmgestaltung beteiligt sind, eingeschränkt. In personellen Einzelmaßnahmen des Satzes 1 in bezug auf
diesen Personenkreis entscheidet nicht die Einigungsstelle endgültig,
sondern gemäß § 67 Abs. 7 Satz 4 eine Empfehlung an den zur endgültigen Entscheidung berufenen Intendanten.

Absatz 1 Satz 3 ordnet an, daß für Beschäftigte in der Berufsausbildung **44**
das Mitbestimmungsrecht bei Versetzungen und Umsetzungen nach Absatz 1 Nr. 5 nicht gilt.

Absatz 1 Satz 4 nimmt Entlassungen von Beamten auf Probe und Widerruf sowie die vorzeitige Versetzung in den Ruhestand dann von der
Mitbestimmung des Personalrats aus, wenn der betroffene Beschäftigte
die Maßnahme selbst beantragt hat.

Abs. 2: Mitbestimmung in sozialen Angelegenheiten

Die unter diesem Absatz zusammengefaßten Mitbestimmungstatbestände **45**
sollen als gemeinsames Thema den »sozialen« Bezug haben.

Die Rechtsprechung beschränkt unter Hinweis auf diesen Begriff das
Mitbestimmungsrecht auf solche Angelegenheiten, die aus sozialen Überlegungen gewährt werden und nimmt solche Leistungen von der Mitbestimmung aus, auf die ein Rechtsanspruch besteht oder die aus anderen
Gründen gewährt werden.

Abs. 2 Nr. 1: Gewährung und Versagung von Unterstützungen, Vor-
schüssen, Darlehen und entsprechenden Zuwendungen

Sowohl die Zubilligung einer solchen – finanziellen – Leistung als auch **46**
ihre Versagung unterliegen der Mitbestimmung des Personalrats, damit er
die Anwendung gleichmäßiger Grundsätze bei solchen Leistungen umfassend durch Mitbestimmung beeinflussen kann.

Unterstützungen können nach den sogenannten Unterstützungsgrundsät-
zen – sie gelten für Beamte und durch tarifliche Verweisung auch für
Arbeiter und Angestellte – gewährt werden, wenn der Beschäftigte un-
verschuldet in eine Notlage geraten ist.

Vorschüsse sind sämtliche geldlichen Leistungen, die im Vorgriff und
unter Anrechnung auf Lohn, Gehalt oder Besoldung gewährt werden.

Darlehen sind geldliche Leistungen an Beschäftigte, die für einen besonderen Zweck im Zusammenhang mit dem Arbeitsverhältnis unter der üblichen oder einer günstigeren Verzinsung gewährt werden.

Entsprechende Zuwendungen sind solche, die einen Unterstützungs-Charakter für die Beschäftigten haben und ohne rechtliche Verpflichtungen sowie aufgrund sozialer Überlegungen von der Dienststelle geleistet werden.

Soweit hinsichtlich der Gewährung und der Versagung solcher Leistungen allgemeine Richtlinien aufgestellt werden, unterliegen diese der gesonderten Mitbestimmung des Personalrats nach § 72 Abs. 4 Nr. 5 (dazu: OVG Münster vom 13. 11. 1996 – 1 A 378/93.PVL, PersR 1997, 535).

Abs. 2 Nr. 2:
Zuweisung und Kündigungen von Wohnungen, Ausübung des Vorschlagsrechts, allgemeine Festsetzung der Nutzungsbedingungen

47 In diesem Mitbestimmungsrecht ist nunmehr präzisiert, daß es sich nur auf solche Wohnungen bezieht, über die die »Beschäftigungsdienststelle« verfügt. Dadurch sollte klargestellt werden, daß es sich bei der Wohnungsvergabe um eine innerdienstliche Maßnahme der personalführenden Dienststelle zur Erfüllung ihrer Fürsorgepflicht handelt. Ob die fraglichen Wohnungen im Eigentum der Dienststelle stehen, lediglich ein Belegungsrecht oder eine Mitentscheidung im Rahmen von Belegungsrechten besteht, ist für das Mitbestimmungsrecht ohne Belang. Auch eine Empfehlung oder ein Mitentscheidungsrecht löst das Mitbestimmungsrecht aus. Es erstreckt sich auf die Kündigung bzw. den Widerruf der Zuweisung auch solcher Dienstwohnungen, die zwischenzeitlich entwidmet wurden, also nicht mehr als Dienstwohnung genutzt werden sollen (OVG Münster vom 9. 9. 1999 – 1 A 648/97.PVL, PersR 2000, 115). Als Wohnung ist auch ein Platz in einem Personalwohnheim anzusehen (OVG Münster vom 6. 3. 1997 – 1 A 1094/94.PVL, PersR 1997, 456). Solche Wohnheimanlagen können auch zugleich als Sozialeinrichtung gemäß Nr. 4 mitbestimmungspflichtig sein (OVG Münster vom 6. 2. 2002 – 1 A 144/00.PVL, PersR 2002, 478).

Bei Dienstwohnungen, also solchen Wohnungen, deren Bewohnen zu den dienstlichen oder arbeitsvertraglichen Pflichten gehört, soll die Zuweisung nur dann der Mitbestimmung unterliegen, wenn die Dienststelle unter mehreren Berechtigten und Bewerbern eine Auswahl treffen kann (BVerwG vom 16. 11. 1987 – 6 P 5.86, PersR 1988, 71; OVG Münster vom 20. 1. 2000 – 1 A 207/98.PVC, PersR 2000, 461). Ist nur ein Berechtigter oder Bewerber vorhanden, entfällt das Mitbestimmungsrecht.

Die Ausübung des Vorschlagsrechtes besteht darin, daß die Dienststelle demjenigen, der über die Wohnung verfügt, einen personellen Vorschlag zur Belegung der Wohnung mit einem bestimmten Beschäftigten macht.

Die Kündigung von Wohnungen umfaßt sämtliche Maßnahmen, die zu einer Beendigung des Mietverhältnisses bzw. der Berechtigung zum Bewohnen der fraglichen Wohnung durch den Beschäftigten führen.

Die Festlegung der Grundsätze, die Inhalt des Mietverhältnisses sind, unterliegen ebenfalls der Mitbestimmung.

Für Dienstwohnungen sind solche Nutzungsbedingungen in der Dienst-wohnungsverordnung für Beamte geregelt sowie für Arbeiter und Angestellte in dem Dienstwohnungserlaß des Finanzministers vom 9. 11. 1965. **48**

Für andere Wohnungen, die nicht Dienstwohnungen sind, jedoch mit Rücksicht auf das Beschäftigungsverhältnis überlassen werden, besteht ein uneingeschränktes Mitbestimmungsrecht bei den Nutzungsbedingungen, wenn sie allgemein festgesetzt werden.

Abs. 2 Nr. 3: Zuweisung von Dienst- und Pachtland, Ausübung des Vorschlagsrechts, Festsetzung der Nutzungsbedingungen

Der Personalrat hat auch bei der Zuweisung von Dienst- und Pachtland ein Mitbestimmungsrecht im gleichen Umfang wie bei Wohnungen gemäß Nr. 2. **49**

Abs. 2 Nr. 4:
Einrichtung, Verwaltung und Auflösung von Sozialeinrichtungen

Sozialeinrichtungen sind »auf Dauer errichtete, von der Dienststelle geschaffene Einrichtungen, die dazu dienen, den Beschäftigten Vorteile zukommen zu lassen« (BVerwG vom 24. 4. 1992 – 6 P 33.90, PersR 1992, 308). Sie können von der Dienststelle allein oder zusammen mit dem Personalrat betrieben und verwaltet werden. **50**

Für den Begriff der Sozialeinrichtungen kommt es nicht darauf an, welche Zwecke der Arbeitgeber subjektiv damit verfolgt, die objektiven Zwecke sind maßgebend.

Auch Dienstwohnungen können eine Sozialeinrichtung sein, weshalb sowohl die erhebliche Veränderung der Wohnungsverhältnisse durch Umbau als auch die Umwandlung von Dienstwohnungen zu Mietwohnungen der Mitbestimmung unterliegen (so BVerwG, a.a.O., gegen OVG Münster vom 26. 8. 1994 – CL 94/90, PersR 1995, 26 und vom 1. 4. 1992 – CL 7/89, PersR 1993, 240 – L.S.; bejahend für Personal-Wohnheime OVG Münster vom 6. 2. 2002 – 1 A 144/00.PVL, PersR 2002, 478).

Sozialeinrichtungen können Kantinen (auch die Hochschulmensa für die Beschäftigten: OVG Münster vom 8. 3. 1989 – CL 23/87, PersR 1989, 234; dazu: Beckmann, PersV 1993, 262), Betriebskindergärten und ähnliches sein.

Das Mitbestimmungsrecht des Personalrates bezieht sich nicht auf die Frage, ob derartige Sozialeinrichtungen geschaffen werden. Sind sie jedoch eingerichtet, besteht ein uneingeschränktes Mitbestimmungsrecht **51** bei sämtlichen Einzelheiten (OVG Münster vom 8. 3. 1989 – CL 23/87, PersR 1989, 234), insbesondere bei den Nutzungsbedingungen – also z.b. den Kantinen- und Kindergarten-Preisen, den Benutzungs- und Öffnungszeiten, eventuellen Zuschußregelungen sowie grundlegenden Maßnahmen wie z.b. die Verpachtung solcher Einrichtungen an private Dritte. Dieser Vorgang ist auch nach Abs. 4 Nr. 7 beteiligungspflichtig.

Der Mitbestimmung des Personalrates unterliegen auch eventuelle Satzungsvorschriften über die gemeinsame Verwaltung der Sozialeinrichtungen in Ausschüssen oder ähnlichen Gremien.

Dazu ist zweckmäßigerweise eine Dienstvereinbarung abzuschließen.

Abs. 2 Nr. 5: Sozialpläne

52 Der Begriff des Sozialplans ist im Personalvertretungsrecht nicht definiert. Nach § 112 BetrVG ist darunter die Einigung über den Ausgleich oder die Milderung der wirtschaftlichen Nachteile, die den Arbeitnehmern infolge von Betriebsänderungen entstehen, zu verstehen (siehe dazu Bosch, PersR 1993, 71 sowie Richter, PersR 1992, 43). Sozialpläne können abgeschlossen werden, wenn infolge von organisatorischen oder sonstigen Veränderungen Arbeitsplätze entfallen, Arbeitnehmern anderswertige Tätigkeiten oder andere Arbeitsplätze übertragen werden sollen. Inhalt des Sozialplanes sind Ausgleichsmaßnahmen finanzieller Art durch Zahlung von Abfindungen, Übernahme von Fahrtkosten zum neuen Arbeitsplatz, übergangsweise Garantie des bisherigen Gehalts, Qualifizierungs- und Umschulungshilfen u.ä.

53 Ein Sozialplan kann nur bei Rationalisierungsmaßnahmen verlangt werden. Der Begriff ist in den Tarifverträgen über Rationalisierungsschutz für Angestellte und Arbeiter des Bundes und der Länder dahin gehend definiert, daß es sich um vom Arbeitgeber veranlaßte erhebliche Änderungen der Arbeitstechnik oder wesentliche Änderungen der Arbeitsorganisation mit dem Ziel einer rationelleren Arbeitsweise handeln muß. Als solche Maßnahmen nennt § 1 Abs. 1 des Tarifvertrages über den Rationalisierungsschutz vom 9. 1. 1987:

a) Stillegung oder Auflösung einer Verwaltung/eines Betriebes bzw. eines Verwaltungs-/Betriebsteils,

b) Verlegung oder Ausgliederung einer Verwaltung/eines Betriebes bzw. eines Verwaltungs-/Betriebsteils,

c) Zusammenlegung von Verwaltungen/Betrieben bzw. von Verwaltungs-/Betriebsteilen,

d) Verlagerung von Aufgaben zwischen Verwaltungen/Betrieben,

e) Einführung anderer Arbeitsmethoden und Fertigungsverfahren, auch soweit sie durch Nutzung technischer Veränderungen bedingt sind.

In der Protokollnotiz zu § 1 Abs. 1 werden in Ziffer 3 als wesentliche Änderung der Arbeitsorganisation auch Privatisierungen in Form der Vergabe durch Werkvertrag genannt.

Es handelt sich dabei jedoch nur um Beispiele; die tarifvertraglichen **54** Begriffsdefinitionen sind für das Personalvertretungsrecht nicht bindend und erschöpfend. Es können auch weitere Maßnahmen – z.b. Maßnahmen zum Abbau von Arbeitsbelastungen im Sinne des § 1 Abs. 2 des Tarifvertrages über den Rationalisierungsschutz oder Maßnahmen im Sinne des Absatzes 3 Nr. 5 bzw. im Sinne der §§ 90, 111 BetrVG als Rationalisierungsmaßnahme – den Anspruch auf Herbeiführung eines Sozialplanes auslösen. Allein maßgebend ist, daß eine Rationalisierung beabsichtigt ist, also »die zweckmäßige Gestaltung von Arbeitsabläufen zur Leistungssteigerung und Aufwandssenkung, die Erhöhung der Arbeitsintensität und des Leistungsgrades in allen Zweigen der Wirtschaft und Verwaltung« (siehe OVG Münster vom 9. 8. 1989 – CB 15/86, PersR 1990, 71 f.; zum Initiativrecht des Personalrats bei Aufstellung von Sozialplänen: Beschluß vom 17. 12. 1993 – 1 A 564/92 – PVB, PersR 1994, 427). Durch Dienstvereinbarung können Sozialpläne auch aus anderem Anlaß als Rationalisierungsmaßnahmen abgeschlossen sowie nach dem Vorbild des § 92 a BetrVG Beschäftigungssicherungspläne vereinbart werden. Das schließt auch die Inanspruchnahme von Maßnahmen und Leistungen des SGB III durch die Betriebsparteien ein (z.B. §§ 175 ff. oder Sozialplan-Zuschuß-Maßnahmen gemäß §§ 254 ff. SGB III).

Abs. 3:
Rationalisierungs-, Technologie- und Organisationsangelegenheiten

§ 72 Abs. 3 war das Kernstück der Novelle des LPVG im Jahre 1984. Mit **55** der maßgebenden Erweiterung der Mitbestimmungsrechte hat der Gesetzgeber zum einen die gewachsene Bedeutung sozialer Beteiligung hervorheben wollen und zum anderen die Mitbestimmungsrechte an diejenigen Anforderungen angepaßt, die durch das Volkszählungsurteil des Bundesverfassungsgerichtes entstanden sind.

Die Anordnung im Einleitungssatz des Absatzes 3, daß der Personalrat in »Rationalisierungs-, Technologie- und Organisationsangelegenheiten« mitzubestimmen hat, hebt zugleich hervor, daß dem Personalrat in diesen Angelegenheiten umfassende Mitbestimmungsrechte eingeräumt werden sollen. Diese generalklauselartige Formulierung für die drei Themenbereiche zeigt, daß die anschließenden sieben Mitbestimmungstatbestände nur Beispiele der Beteiligung des Personalrats sind und damit keinen abschließenden Katalog darstellen (so auch der Abgeordnete Reinhard, Plenarprotokoll 9/110, 6863; siehe dazu im einzelnen: Orth/Welkoborsky, § 72 LPVG NW, Rn. 98 ff.). Diese umfassende Formulierung der Mitbestimmungsrechte in den drei Themenkreisen verpflichtet die Dienststelle gleichzeitig, den Personalrat frühzeitig zu unterrichten, ihn zeitgleich an der Planung zu beteiligen und ihn nicht erst mit bereits fertigen Planungsergebnissen zu konfrontieren.

56 Das Mitbestimmungsrecht kann im Einzelfall wie durch Abschluß von Dienstvereinbarungen ausgeübt werden. Insbesondere im Bereich der Personaldatenverarbeitung wird die Rechtmäßigkeit des Datenbetriebes und die Unterlassung nicht beabsichtigter Kontrollmöglichkeiten davon abhängen, daß mit dem Personalrat eine ausdrückliche Dienstvereinbarung abgeschlossen wird. Eine einseitige Erklärung der Dienststelle genügt nicht (siehe dazu BVerwG vom 16. 12. 1987 – 6 P 32.84, PersR 1988, 51; sowie Orth/Welkoborsky, a.a.O., Rn. 103 f.).

57 Die Mitbestimmungsrechte nach den nachfolgenden Nrn. 1 bis 7 können nur ausgeübt werden, soweit eine gesetzliche oder tarifliche Regelung nicht besteht.

Unter einer gesetzlichen Regelung sind formelle und materielle Gesetze, also vom Parlament beschlossene Gesetze, aber auch Rechtsverordnungen zu verstehen, nicht jedoch Erlasse, Verwaltungsanordnungen, innerdienstliche Weisungen etc. Das Mitbestimmungsrecht ist durch solche Gesetze nur dann ausgeschlossen, wenn es sich um zwingendes Recht handelt. Nachgiebiges Recht führt weder zur Einschränkung noch zum Ausschluß des Mitbestimmungsrechtes. Das Mitbestimmungsrecht bleibt auch erhalten, wenn die gesetzlichen Regelungen ausführungsbedürftig sind oder der Dienststelle Gestaltungsmöglichkeiten belassen. Ausgeschlossen ist das Mitbestimmungsrecht auch nur in den ausdrücklich vom Gesetz geregelten Fällen, eine ausdehnende Auslegung ist nicht zulässig (OVG Münster vom 20. 1. 2000 – 1 A 128/98.PVL, PersR 2000, 456) Die Freiheit von Wissenschaft und Forschung gemäß Art. 5 Abs. 3 GG ist im LPVG durch Einschränkung des persönlichen Geltungsbereichs oder die Antragsabhängigkeit der Mitbestimmungsrechte in Personalangelegenheiten berücksichtigt (OVG Münster vom 20. 1. 2000 – 1 A 128/98.PVL, a.a.O.). Die Mitbestimmungsrechte nach Absatz 3 unterliegen unter dem Gesichtspunkt des Artikels 5 Abs. 3 GG keinen Einschränkungen.

Enthält das Gesetz Regelungslücken, so können diese nicht durch Ausübung von Mitbestimmung geschlossen werden. Jedoch bleibt das Mitbestimmungsrecht erhalten, wenn von der Dienststelle Ermessensentscheidungen zu treffen sind, also mehrere Möglichkeiten für das Wie der Maßnahme bestehen (siehe FKHES, § 87 BetrVG Rn. 32).

Tarifliche Regelungen schließen das Mitbestimmungsrecht aus, wenn es sich um eine abschließende Regelung handelt, die aus sich heraus anwendbar ist und die Tarifvertragsparteien zum Ausdruck gebracht haben, daß sie das fragliche Thema abschließend und vollständig geregelt haben. Schweigen der Tarifvertragsparteien läßt das Mitbestimmungsrecht nicht entfallen.

Eine tarifliche Regelung ist jedoch nur dann von Bedeutung, wenn sie für die Dienststelle ausdrücklich gilt.

Die bloße Nachwirkung eines Tarifvertrages reicht nicht aus (BAG vom 24. 2. 1987 – 1 ABR 18/85, AP Nr. 21 zu § 77 BetrVG 1972).

Eine weitergehende Regelungssperre sieht § 70 Abs. 1 Satz 2 für den **58** Abschluß von Dienstvereinbarungen vor. Sie sind dann unzulässig, wenn durch Vereinbarungen Arbeitsentgelte oder sonstige Arbeitsbedingungen geregelt werden sollen, die »üblicherweise« durch Tarifvertrag geregelt werden. Das führt lediglich zu einer formellen Beschränkung der Mitbestimmungsrechte, da der Personalrat in diesen Fällen nicht den Abschluß von Dienstvereinbarungen verlangen und im Rahmen des Mitbestimmungsrechtes durchsetzen kann. Die Mitbestimmungsrechte selbst bleiben auch bei Tarifüblichkeit einer Regelung vollständig unberührt. Will die Dienststelle in diesen tarifüblichen Bereichen Maßnahmen ergreifen, die der Mitbestimmung unterliegen, besteht ein uneingeschränktes Mitbestimmungsrecht. Lediglich Dienstvereinbarungen können nicht erzwungen werden.

Abs. 3 Nr. 1:
Automatisierte Verarbeitung personenbezogener Daten

Mit der Schaffung dieses umfassenden Mitbestimmungsrechtes unterliegt **59** jegliche Personaldatenverarbeitung durch ADV oder EDV der Mitbestimmung des Personalrats. Gleichgültig ist, zu welchem Zweck die Personaldatenverarbeitung erfolgt. Mit der Erstreckung auf Einführung, Anwendung, Änderung und Erweiterung drückt der Gesetzgeber aus, daß er dem Personalrat ein lückenloses Beteiligungsrecht bei sämtlichen denkbaren Vorgängen der Personaldatenverarbeitung, die nicht auf »Papier und Bleistift« beschränkt ist, einräumen will. Die Vorschrift ergänzt den Datenschutz, um den Belangen der Beschäftigten auf dem Gebiet des Datenschutzes im Arbeitsleben mit den Mitteln des Personalvertretungsrechts Rechnung zu tragen (OVG Münster vom 20. 1. 2000 – 1 A 128/ 98.PVL, PersR 2000, 456). Das Mitbestimmungsrecht erstreckt sich auch auf Dateien, die vor Schaffung dieses Mitbestimmungsrechtes eingerichtet wurden (siehe OVG Münster vom 6. 12. 1990 – CL 91/88, PersR 1991, 173).

»Personenbezogene Daten« sind nach § 3 Abs. 1 des Landesdatenschutz- **60** gesetzes »Einzelangaben über persönliche oder sachliche Verhältnisse einer bestimmten oder bestimmbaren natürlichen Person (Betroffener)«. Nach dieser gesetzlichen Begriffsbestimmung sind personenbezogene Daten sowohl diejenigen, die ausdrücklich Einzelangaben über eine ganz bestimmte Person enthalten, als auch sogenannte personenbeziehbare Daten. Das sind solche Sach- oder aggregierten Daten, die mit Zusatzwissen oder durch weitere Datenverarbeitungsschritte einen Hinweis auf eine bestimmte Person geben. Es handelt sich dabei um Einzelangaben

über »bestimmbare« Personen im Sinne des § 3 LDSG (das übersieht das OVG Münster im Beschluß vom 29. 7. 1994 – 1 A 581/91 PVL). Eine mitbestimmungspflichtige Maßnahme ist auch die Bereitstellung personenbezogener Daten auf dem www-Server (OVG Münster vom 20. 1. 2000, a.a.O.).

Das Mitbestimmungsrecht bezieht sich auf sämtliche »Beschäftigten«, gleichgültig, in welchem Zusammenhang ihre Daten verarbeitet werden (unzutreffend daher OVG Münster vom 27. 5. 1998 – 1 B 263/98.PVL und vom 29. 11. 2000 – 1 A 2014/98.PVL, PersR 2001, 30, demzufolge die Daten dienststelleninterner Bewerber nicht erfaßt seien).

61 *Automatisierte Verarbeitung* sind alle Vorgänge im Sinne des § 2 Abs. 2 des Landesdatenschutzgesetzes wie

– Erheben,

– Speichern,

– Verändern,

– Übermitteln,

– Sperren,

– Löschen,

– Nutzen

von personenbezogenen Daten unter Einsatz automatisierter bzw. EDV-technischer Verfahren.

Der Gesetzgeber hat eine umfassende Beteiligung des Personalrats bei Personalinformationssystemen beabsichtigt und dementsprechend das Mitbestimmungsrecht weit und umfassend formuliert. Insbesondere bestand die Absicht, die bestehenden Mitbestimmungsrechte durch Erweiterung an die Rechtsprechung des Bundesverfassungsgerichtes zum Grundrecht auf informationelle Selbstbestimmung anzupassen (Beschluß vom 15. 12. 1983 – 1 BvR 209/83, NJW 1984, 419 ff.).

Mit dieser Absicht ist es unvereinbar, für die Begriffsbestimmung der »automatisierten Verarbeitung« auf diejenige Fassung des Datenschutzgesetzes zurückzugreifen, die vor Anpassung dieses Gesetzes an den Beschluß des Bundesverfassungsgerichtes in Nordrhein-Westfalen galt (so aber OVG Münster vom 29. 7. 1994 – 1 A 581/91; vom 17. 6. 1992 – CL 39/90; vom 6. 12. 1990 – CL 21/88). Dementsprechend unterliegt sowohl die Datenerhebung zum Zwecke der Aufnahme in die EDV (unzutreffend OVG Münster vom 21. 9. 1987 – CL 4/86, PersV 1991, 303) wie das Übersenden von Dateien an Dritte, die aus einer EDV gewonnen und ausgedruckt wurden (so zutreffend OVG Münster vom 6. 12. 1990 – CL 21/88, PersR 1991, 173), der Mitbestimmung des Personalrats, da es sich um das Erheben, Übermitteln und Nutzen von Daten handelt. Es sind im übrigen die Begriffsbestimmungen der EG-Richtlinie 95/46/EG vom 24. 10. 1995 zugrundezulegen.

Die Mitbestimmung bei *Einführung* der automatisierten Personaldaten-   **62**
verarbeitung ist entsprechend den gesetzgeberischen Absichten auf einen
möglichst frühen Zeitpunkt zu verlegen, um einen gestaltenden Einfluß
des Personalrats sicherzustellen. Unter Einführung ist daher die »System-
entscheidung« für automatische Personaldatenverarbeitung zu verstehen.
Der Personalrat ist also zu demjenigen Zeitpunkt zu beteiligen, zu dem die
Entscheidung getroffen wird, ob und in welchem Umfang und zu welchen
Bedingungen welche Aufgabe der Dienststelle durch automatisierte Personaldatenverarbeitung erledigt werden soll. Demgegenüber versteht das
OVG Münster unter »Einführung« die erstmalige Aufnahme der automatisierten Datenverarbeitung (OVG Münster vom 20. 1. 2000, a.a.O.).

Anwendung automatisierter Verarbeitung personenbezogener Daten ist   **63**
der Beginn der Inbetriebnahme der EDV. Aus Anlaß der Anwendung ist
dem Personalrat ein Mitbestimmungsrecht bei allen für den laufenden
Betrieb der Personaldatenverarbeitung maßgeblichen Regeln einzuräumen, insbesondere also hinsichtlich der Gerätekonfiguration (Aufstellung
und Ausstattung mit Einzelgeräten), der Auswahl der benutzten Software,
der Regeln zur Datensicherung und zum technischen wie organisatorischen Datenschutz (Zugriffsverbote, Zugangskontrollen, Paßwortsy-
steme, Verschlüsselungs-Software o. ä.) sowie Regeln zur Sicherung der
Persönlichkeitsrechte der Beschäftigten einschließlich der Regeln zur
Weiter-Nutzung und Weiter-Übermittlung per Datenfernübertragung
o. ä. Das OVG Münster (vom 20. 1. 2000, a.a.O.) betont, daß es sich bei
der »Änderung« nicht um jeden einzelnen Bedienungsschritt, sondern um
die allgemeine Handhabung der automatisierten Verarbeitung personenbezogener Daten handelt – u.a. also um die technischen und organisatorischen Maßnahmen, die gemäß § 10 Abs. 1 Satz 1 DSG NW von öffentlichen Stellen zu treffen sind, um eine den Vorschriften des Datenschutzes
entsprechende Datenverarbeitung zu betreiben.

Änderung der automatisierten Verarbeitung personenbezogener Daten
bezieht sich auf alle Veränderungen von Technik, Software, Daten, Über-
mittlungswegen, die neue Anwendungs- und Auswertungsmöglichkeiten
eröffnen (OVG Münster vom 20. 1. 2000, a.a.O.).

Eine *Erweiterung* liegt vor, wenn zusätzliche Technik, andere oder neue
Software, zusätzliche Daten und Dateien oder Übermittlungstechniken
(Netzbetrieb, externe Anschlüsse wie DATEX-P, DATEX-J, Internet-
oder Intranet-Zugänge o. ä.) in Betrieb genommen werden sollen.

Wesentlich sind solche Änderungen und Erweiterungen, wenn sie in   **64**
irgendeiner Weise in die Rechte eines einzelnen oder Gruppen von Beschäftigten eingreifen und deshalb nicht mehr durch die bisher erteilte
Zustimmung des Personalrats als gedeckt angesehen werden kann (OVG
Münster vom 20. 1. 2000, a.a.O.). Unerheblich für die »Wesentlichkeit«
ist, welche Auswirkungen auf den behördlichen Ablauf die jeweilige
Änderung und Erweiterung hat oder haben kann (so noch OVG Münster
vom 17. 6. 1992 – CL 39/90).

65 Die sogenannte »Bereichsausnahme« entzieht die Personaldatenverarbeitung von Besoldungs-, Gehalts-, Lohn- und Versorgungsleistungen der
Mitbestimmung des Personalrats – seit der Novelle 1994 auch die Personaldatenverarbeitung im Rahmen von Beihilfeleistungen sowie Jubiläumszuwendungen. Es handelt sich dabei um solche Personaldatenverarbeitung, die unmittelbar und unverzichtbar zur Errechnung solcher
Leistungen dient. Nicht überzeugend ist, daß die Novelle 1994 nunmehr
auch die Beihilfeleistungen und Jubiläumszuwendungen von der Mitbestimmung bei automatisierter Personaldatenverarbeitung ausgenommen
hat. Die Rechtsprechung hatte zuvor bezüglich Beihilfeleistungen ein
Mitbestimmungsrecht bejaht (OVG Münster vom 15. 3. 1988 – CL 8/
87, PersV 1990, 28), eine Notwendigkeit zur Abschaffung dieses Mitbestimmungsrechtes ist nicht ersichtlich.

Abs. 3 Nr. 2: Technische Leistungs- und Verhaltenskontrolle

66 Das Mitbestimmungsrecht bei technischen Leistungs- und Verhaltenskon-
trollen erstreckt sich – anders als nach § 75 Abs. 3 Nr. 17 BPersVG – nicht
lediglich auf solche Anlagen, die dazu »bestimmt« sind, die Leistung oder
das Verhalten der Beschäftigten zu überwachen. Vielmehr ist in Nordrhein-Westfalen das Mitbestimmungsrecht bereits bei solchen Anlagen
gegeben, die zu einer solchen Leistungs- und Verhaltensüberwachung
»geeignet« sind. (Zu den Zielen des Mitbestimmungsrechts siehe: OVG
Münster vom 1. 3. 2000 – 1 A 307/98.PVL unter Hinweis auf die frühere
Rspr.).

Nach der Rechtsprechung des Bundesverwaltungsgerichtes (Beschluß
vom 23. 9. 1992 – 6 P 26/90 und vom 16. 12. 1987 – 6 P 34/84, PersR
1993, 29 und 1988, 51) unterliegen diejenigen technischen Einrichtungen
der Mitbestimmung des Personalrats, die nach Konstruktion oder konkreter Verwendungsweise eine Überwachung von Verhalten und Leistung
der Beschäftigten ermöglichen. Diese Eignung haben EDV-Anlagen
dann, wenn sie mit einem entsprechenden Programm versehen sind oder
versehen werden können.

Dementsprechend ist zwischen der Eignung zur Leistungs- und Verhaltensüberwachung einerseits und der Durchführung einzelner Kon-
trollhandlungen andererseits zu entscheiden. Bereits ersteres löst das
Mitbestimmungsrecht aus, z.B. die Erhebung von Leistungs- und Verhaltensdaten der Beschäftigten. Das gilt auch dann, wenn die Verarbeitung
dieser Daten mangels geeignetem Programm (noch) nicht möglich ist. Es
kommt darauf an, was die Beschäftigten vernünftigerweise, durch objek-
tive Umstände veranlaßt, an möglicher und zu erwartender Überwachung
befürchten dürfen oder müssen (OVG Münster vom 1. 3. 2000, a. a. O.).
Die Verarbeitung solcher Daten ist eine erst später nachfolgende Kon-
trollhandlung. Im Hinblick auf die durch die Datenerhebung geschaffene
Gefahrenlage für die Persönlichkeitsrechte der Beschäftigten ist ein Mit-

bestimmungsrecht des Personalrats bereits bei der Datenerhebung und nicht erst bei ihrer Nutzung zu konkreten Kontrollmaßnahmen geboten. Der Mitbestimmung unterliegen sowohl die Regeln bei der Datenerhebung wie diejenigen der Kontroll- und Auswerteschritte. Das schließt die Fragen der Datenverwendung – also die Nutzung solcher Daten für disziplinarische oder arbeitsrechtliche Maßnahmen ein (unzutreffend insoweit: OVG Münster vom 17. 2. 2000 – 1 A 199/98.PVL, PersR 2001, 30).

Weitergehend als das Bundesverwaltungsgericht besteht nach Absatz 3 Nr. 2 ein Mitbestimmungsrecht auch bei solchen technischen Einrichtungen, die die leistungs- und verhaltensbezogenen Daten und Informationen nicht unmittelbar auf technischem Weg durch die Einrichtung selbst, sondern erst durch Eingabe zum Zwecke der Speicherung und Verarbeitung erhalten (Beschluß vom 16. 12. 1987, a. a. O.). Nach dem ausdrücklichen Willen des Gesetzgebers (siehe Landtags-Drucksache 9/3845, S. 66/67) sollen auch Nebenzwecke einer Einrichtung der Mitbestimmung unterworfen werden, wenn sie grundsätzlich die Möglichkeit von Verhaltens- und Leistungskontrollen eröffnen.

67 Das Mitbestimmungsrecht wird nicht etwa ausgeschlossen oder beseitigt, wenn die Dienststelle gegenüber dem Personalrat Zusicherungen abgibt, demzufolge vorhandene Überwachungsmöglichkeiten nicht installiert, nicht genutzt werden o. ä. Darauf kommt es für das Mitbestimmungsrecht nämlich nicht an. Im übrigen sind solche Zusagen nach Auffassung des Bundesverwaltungsgerichtes (Beschluß vom 16. 12. 1987, a. a. O.) nur dann verbindlich, wenn sie Inhalt einer Dienstvereinbarung sind.

Das umfassende Mitbestimmungsrecht wird durch Einräumung der Beteiligung sowohl bei Einführung wie bei Anwendung, wesentlicher Änderung und wesentlicher Erweiterung betont.

Unter Einführung einer technischen Einrichtung zur Verhaltens- oder Leistungskontrolle ist die Entscheidung zu verstehen, eine ganz bestimmte Einrichtung zu erwerben und aufzustellen.

Anwendung ist der Gesamtvorgang der Inbetriebnahme und die durch Dienstvereinbarung zu regelnden und regelbaren Bedingungen des laufenden Betriebes.

Zu den Begriffen Änderung und Erweiterung siehe die Kommentierung zu Absatz 3 Nr. 1.

68 *Wesentlich* ist eine Änderung oder Erweiterung der technischen Überwachungseinrichtung, wenn die Möglichkeiten zur Überwachung in irgendeiner Weise erweitert oder geändert werden, z. B. durch Erhöhung der Zahl der Anwendungsfälle, Erweiterung der erfaßten Daten oder Vorgänge bzw. Schaffung zusätzlicher Überwachungsmöglichkeiten.

Neben der EDV als Hauptanwendungsfall des Mitbestimmungsrechtes (wegen der regelmäßig vorhandenen Leistungs- und Verhaltensdaten über

Krankheit, Urlaub etc.) kommen Bewegungsmelder, Datensicherungssysteme in EDV-Netzen, Film- und Fernsehkameras, Produktionsmeßgeräte (Kienzle-Schreiber) als Gegenstand des Mitbestimmungsrechtes in Betracht.

Abs. 3 Nr. 3: Neue Arbeitsmethoden, Maßnahmen der technischen Rationalisierung

69 Mit dem Begriff der *»Arbeitsmethode«* wird festgelegt, auf welchem Bearbeitungsweg und mit welchen Arbeitsmitteln durch welche Beschäftigten die der jeweiligen Dienststelle vom Gesetz oder auf andere Weise gestellte Aufgabe erfüllt werden soll (BVerwG vom 30. 1. 1986 – 6 P 19.84, PersR 1986, 132; vom 27. 11. 1991 – 6 P 7.90, PersR 1992, 147 f.). Unter Arbeitsmethode sind alle diejenigen Regeln zu verstehen, die die Beteiligung des Arbeitnehmers am Ablauf der Arbeit betreffen. Die Arbeitsmethode ist ein Teilaspekt des Arbeitsablaufs.

Neu ist eine Arbeitsmethode dann, wenn sie vorher noch nicht in der Dienststelle oder in dem Teil der Dienststelle, in dem die Einführung bzw. Änderung vorgenommen werden soll, praktiziert worden ist. Das kann dann der Fall sein, wenn die Gesamtheit der den Arbeitsablauf an einem Arbeitsplatz bestimmenden Regelungen neu gestaltet wird, aber auch dann, wenn sich die neu eingeführte Arbeitsmethode auf bestimmte Abschnitte des Arbeitsablaufs beschränkt (BVerwG vom 27. 11. 1991, a.a.O.).

Im Gegensatz zum alten Recht (»grundlegend« neue Arbeitsmethoden) ist es nicht mehr erforderlich, daß es sich um einschneidende Änderungen handeln muß (OVG Münster vom 10. 2. 1999 – 1 A 411/97.PVL, PersR 1999, 314), jedoch wird eine erhebliche Qualitätsveränderung, eine Maßnahme »von Gewicht« (OVG Münster vom 10. 2. 1999, a.a.O.), verlangt.

Die Einführung eines Mehrplatz-Textsystems zur automatisierten Textverarbeitung von wiederkehrenden, feststehenden Texten stellt eine neue Arbeitsmethode dar (BVerwG vom 27. 11. 1991, a.a.O.).

70 Die *wesentliche Änderung* einer neuen Arbeitsmethode ist der Vorgang, mit dem »der methodische Weg zur praktischen Einführung der Aufgaben neu bestimmt wird« (BVerwG vom 24. 9. 1991 – 6 P 6.90, PersR 1991, 469).

Wesentlich sind die Änderungen dann, wenn sie belangreiche Auswirkungen auf die Beschäftigten haben, z.B. persönliche Belastungen oder Arbeitsumstände verändern.

Beispiele: Umstellung von Teilarbeiten auf EDV- und ADV-Verarbeitung, Verknüpfung von Sachbearbeitung mit Textverarbeitung, Aufbau und Ausbau grafischer Datenverarbeitung für technische Zeichner, CAD-gestütztes Zeichnen und Konstruieren.

Eine Einschränkung des Mitbestimmungsrechtes nimmt das Bundesverwaltungsgericht dann vor, wenn das Mitbestimmungsrecht dem Personalrat einen mittelbaren Einfluß auf die Aufgabenstellung der Dienststelle geben würde. Wird von einem kommunalen Rechenzentrum für die angeschlossenen Kommunen ein neues EDV-Programm entwickelt und eingeführt und führt dies zu einer Änderung der Arbeitsorganisation bei dem kommunalen Rechenzentrum, so soll diese Änderung der Arbeitsorganisation nicht mitbestimmungspflichtig sein (BVerwG vom 24. 9. 1991 – 6 P 6.90, a.a.O.).

Eine **wesentliche Ausweitung** neuer Arbeitsmethoden liegt dann vor, **71** wenn zunächst begrenzt praktizierte Arbeitsmethoden auf die gesamte Dienststelle oder weitere Teile ausgeweitet und auch dort angewandt werden. Die Einräumung dieses Mitbestimmungsrechtes hat der Gesetzgeber mit der Begründung vorgenommen, daß eine solche Ausweitung häufig erheblich folgenreicher ist als die erstmalige Einführung (amtliche Begründung, Landtags-Drucksache 9/3091).

Maßnahmen der technischen Rationalisierung sind als »insbesondere« der Mitbestimmung unterliegend aufgeführt. Damit wird betont, daß sowohl technische Rationalisierungen als auch organisatorische oder andere Rationalisierungen in Betracht kommen und zugleich zum Ausdruck gebracht, daß § 72 Abs. 3 jegliche Rationalisierungsmaßnahmen – gleichgültig, mit welchen Absichten und mit welchen Ergebnissen sie eingeführt und durchgeführt werden – der Mitbestimmung des Personalrats unterliegen sollen.

Das hat zur Folge, daß es technische Rationalisierungsmaßnahmen geben kann, die nicht zugleich als neue Arbeitsmethoden anzusehen sind wie umgekehrt.

So stellen z.B. die Anschaffung leistungsstärkerer EDV-Rechner oder die Ausweitung bestehender EDV-Netze bzw. eine Veränderung ihrer technischen Konfiguration Maßnahmen der technischen Rationalisierung dar, die nicht zwingend einen unmittelbaren Einfluß auf die bestehenden Arbeitsmethoden – insbesondere bei Betrachtung der einzelnen Arbeitsplätze – haben.

Abs. 3 Nr. 4: Auslagerung von Arbeitsplätzen zwecks Heimarbeit an technischen Geräten

Die regelmäßig bei vernetzten EDV-Anlagen vorhandenen Möglichkeiten **72** für Datenfernübertragung haben zur Notwendigkeit der Einräumung dieses Mitbestimmungsrechtes geführt. Eine Auslagerung von Arbeitsplätzen ist nicht nur räumlich, sondern vor allem funktional zu verstehen. Es ist nicht Voraussetzung für dieses Mitbestimmungsrecht, daß in der Dienststelle ein bestimmter Arbeitsplatz wegfällt und dieser in der gleichen Form auf einen Heimarbeitsplatz übertragen wird. Vielmehr ist auf den betreffenden Arbeitnehmer abzustellen, der – anstelle der Arbeit innerhalb der Dienststelle – nach Auslagerung des Arbeitsplatzes künftig per PC und Datenfernübertragung von zu Hause aus seine Arbeitsleistung in Form von Telearbeit erbringt. Vom Mitbestimmungsrecht umfaßt ist der gesamte Vorgang der Auslagerung des Arbeitsplatzes einerseits und die Einrichtung eines Heimarbeits-Arbeitsplatzes mit technischen Geräten andererseits.

Zu regeln ist insbesondere:

– Bereitstellung, Nutzung und Kostentragung hinsichtlich der Arbeitsmittel;

– Arbeitszeit der Telearbeiter;

– Haftungsfragen;

– Beendigung der Telearbeit

– Datenschutz-Fragen.

Das Mitbestimmungsrecht ist wegen der arbeitsrechtlichen Auswirkungen durch Dienstvereinbarung auszuüben (Muster siehe: PersR 2001, 143 f.).

Das Mitbestimmungsrecht kann sich auch auf die vom Heimarbeitsgesetz für gewerbliche Heimarbeits-Arbeitsplätze und -stätten geltenden Themen und Vorschriften erstrecken.

Abs. 3 Nr. 5: Hebung der Arbeitsleistung, Erleichterung des Arbeitsablaufs, Änderung der Arbeitsorganisation

73 *Arbeitsleistung* ist der körperliche Einsatz und der geistige Aufwand, den der Beschäftigte erbringen muß, um das ihm abverlangte Arbeitsergebnis in qualitativer und quantitativer Hinsicht zu erzielen (Beschlüsse des OVG Münster vom 4. 10. 1990 – CL 31/89, vom 13. 12. 1989 – CL 18/87 sowie vom 20. 12. 1989 – CL 53/87). Eine Hebung dieser Arbeitsleistung ist die erhöhte Inanspruchnahme der oder des Beschäftigten als Folge eines geänderten Arbeitstaktes oder eines geänderten Arbeitsablaufs.

Maßnahmen *zur Hebung* der Arbeitsleistung sind solche, »die darauf abzielen, die Effektivität der Arbeit qualitativ oder quantitativ zu fördern, d.h., die Güte und Menge der zu leistenden Arbeit zu steigern« (OVG Münster, a.a.O., sowie BVerwG vom 31. 7. 1992 – 6 P 20.90, PersR 1992, 408). Das trifft regelmäßig auf Rationalisierungsmaßnahmen, jedoch nicht ausschließlich auf sie (OVG Münster vom 10. 2. 1999 – 1A 411/99.PVL, PersR 1999, 314) zu. Es ist also auf die erhöhte Inanspruchnahme des betroffenen Beschäftigten und nicht etwa auf die Steigerung der Menge oder der Qualität der Arbeitsertrages abzustellen (OVG Münster vom 4. 10. 1990, a.a.O.). Der Begriff der Arbeitsleistung – so das OVG (vom 10. 2. 1999, a. a. O.) – »bezeichnet weder die Menge der während der festgelegten Arbeitszeit geleisteten Arbeit noch deren sachlichen Ertrag, das Arbeitsprodukt, sondern den körperlichen Einsatz und geistigen

Aufwand, den der Beschäftigte erbringen muß, um das ihm abverlangte Arbeitsergebnis in qualitativer oder quantitativer Hinsicht zu erzielen«.

Eine solche Maßnahme zur Hebung der Arbeitsleistung soll nur dann der **74** Mitbestimmung unterliegen, wenn sie in der ausdrücklichen Absicht und mit der Zielrichtung erfolgt, eine solche Hebung der Arbeitsleistung bei den Beschäftigten zu bewirken. Maßnahmen, die eine andere Zielrichtung haben und lediglich die weitere Auswirkung einer möglichen Steigerung der Arbeitsleistung mit sich bringen, sollen der Mitbestimmung nicht unterliegen – wie z.B. die Einrichtung eines zweiten Publikumsnachmittages (OVG Münster vom 4. 10. 1990 – CL 31/89; vom 10. 2. 1999, a.a.O.; vom 20. 11. 1997 – 1A 3125/95.PVL, PersR 1998, 336; zu dieser Rechtsprechung kritisch: Peiseler, PersR 1988, 12). Eine Ausnahme soll nur in den Fällen gelten, in denen die erhöhte Inanspruchnahme der Beschäftigten zwar mit der konkreten Regelung nicht beabsichtigt ist, sie aber als ihre zwangsläufige oder unmittelbare Folge anzusehen ist. So hat z.B. die Reduzierung der Besetzung eines Nachtdienstes bei unausweichlich gleichem Umfang der Arbeiten eine erhöhte Aufmerksamkeit und damit eine Hebung der Arbeitsleistung zwangsläufig zur Folge – auch wenn die Dienststelle die Reduzierung der Besetzung im Nachtdienst ausschließlich zur Personaleinsparung vorgenommen haben will (Beschluß vom 13. 12. 1989 – CL 18/87; siehe BVerwG vom 28. 12. 1998 – 6P 1.97 – ZfPR 1999, 52), das dabei allerdings auch vorgesehene oder fehlende Entlastungsmaßnahmen betrachtet.

Die Einführung der Intervallreinigung von Diensträumen dient nicht der Steigerung der Arbeitsleistung, sondern lediglich der Kosteneinsparung und hat auch nicht die unausweichliche Folge der Erhöhung der individuellen Arbeitsleistung (OVG Münster vom 24. 5. 1988 – CL 40/86).

Die Neuregelung der Pflichtstundenentlastung für Lehrer zielt nicht auf Erhöhung der Arbeitsleistung ab, wenn der quantitative Gesamtrahmen für die Entlastungsregeln nicht verändert wird (OVG Münster vom 26. 2. 1987 – CL 29/85, PersR 1988, 112).

Änderungen der Geschäftsverteilung können zwar eine Maßnahme der **75** Hebung der Arbeitsleistung sein. Die Änderung der bisher vorhandenen Art der Stellvertretung durch Organisationsverfügung ist keine Hebung der Arbeitsleistung (OVG Münster vom 9. 12. 1994 – 1 A 2178/92).

Keine Hebung der Arbeitsleistung ist der Wegfall zweier Stellen im Zusammenhang mit der Änderung des Organisations- und Dienstverteilungsplans, weil sich die eventuelle Zunahme der Belastung der verbliebenen Beschäftigten genauer Feststellung entzieht (OVG Münster vom 20. 1. 1993 – CL 42/89, PersR 1993, 520).

Die *Erleichterung des Arbeitsablaufs* ist die Veränderung der zeitlichen **76** und räumlichen Aufeinanderfolge von Arbeitsgängen zur Erzielung eines bestimmten Arbeitsergebnisses. Die Arbeitsabläufe sollen also flüssiger, einfacher oder rationeller gestaltet werden, was zu erhöhten Belastungen der Beschäftigten führen kann. Die »Erleichterung« bezieht sich also nicht auf die Arbeit bzw. auf Erleichterungen zugunsten der Beschäftigten, sondern auf eine effektivere und flüssigere Gestaltung der Arbeitsabläufe, was in der Regel mit einer höheren Beanspruchung der daran beteiligten Beschäftigten verbunden ist (BVerwG vom 15. 12. 1978 – 6 P 13.78, PersV 1980, 145). Solche Maßnahmen unterliegen nur dann der Mitbestimmung, wenn sie »zur« Erleichterung der Arbeitsabläufe vorgenommen werden, also im Hinblick auf den Gesamtzweck und die Zielrichtung der Maßnahme der Erleichterung des Arbeitsablaufs eine mehr als bloß untergeordnete Bedeutung zukommt. Es muß die Absicht der Dienststelle bestehen, die Beschäftigten innerhalb der Arbeitszeit stärker in Anspruch zu nehmen als bisher (OVG Münster vom 26. 2. 1987 – CL 29/85, PersR 1988, 112).

In Betracht kommen neben organisatorischen Maßnahmen insbesondere die Bereitstellung technischer Arbeitshilfen zur Vereinfachung der Arbeitsabläufe, wie z.B. die erstmalige Aufstellung von Bildschirmgeräten oder Geldausgabeautomaten (Beschlüsse des OVG Münster vom 16. 1. 1984 – CL 36/82 und vom 24. 2. 1983 – CL 68/81).

77 Zusätzlich besteht ein Mitbestimmungsrecht bei *Maßnahmen zur Änderung der Arbeitsorganisation,* soweit sie nicht bereits von den Nrn. 3 und 4 erfaßt sind.

Unter der Arbeitsorganisation versteht das OVG Münster (Beschluß vom 25. 10. 1989 – CL 63/86, ZTR 1990, 275 sowie vom 24. 5. 1988 – CL 40/86, PersV 1991, 305) die planmäßige Regelung der Arbeitsausführung zur Erfüllung der Aufgaben der Dienststelle durch deren Beschäftigte im Sinne einer Arbeitsablauforganisation. Maßnahmen zur Änderung dieser so definierten Arbeitsorganisation sind nur dann mitbestimmungspflichtig, wenn sie sich unmittelbar auf die Arbeit auswirken, das heißt auf die bisher von den einzelnen Beschäftigten konkret vorzunehmenden Arbeitsgänge und Arbeitsvorgänge.

78 Bloße Änderungen der Arbeitsverteilung – wie sie z.B. durch die Änderung von Organisations- und Geschäftsverteilungsplänen veranlaßt werden – sollen nicht der Mitbestimmung unterliegen (siehe OVG Münster vom 21. 6. 1989 – CL 3/88, ZBR 1990, 30; vom 5. 7. 1990 – CL 47/88; vom 25. 10. 1990, a. a. O.; vom 9. 12. 1994 – 1 A 2178/92; vom 26. 8. 1994 – CL 98/90; vom 10. 2. 1999 – 1 A 411/97.PVL; vom 6. 2. 2002 – 1 A 3279/00.PVL, PersR 2002, 406).

Entgegen der Ansicht des OVG Münster kann jedoch nicht stets verlangt werden, daß die Änderung der Arbeitsorganisation sich auch unmittelbar auf die einzelnen Beschäftigten auswirkt. Das wird dem Charakter dieses Mitbestimmungsrechtes als Auffang-Tatbestand nicht gerecht. Änderungen der Arbeitsorganisation unterliegen generell und umfassend der Mitbestimmung – soweit sie nicht bereits nach Ziffer 3 und Ziffer 4 der Mitbestimmung unterliegen.

Siehe weiter zum Begriff der Arbeitsorganisation und zu Beispielen für Maßnahmen zur Änderung der Arbeitsorganisation: Orth/Welkoborsky, § 72 LPVG NW, Rn. 124.

Abs. 3 Nr. 6: Informations- und Kommunikationssysteme

Unter einem Informations- und Kommunikationssystem ist ein techni- **79**
sches System, das aus mehreren Endgeräten, einem Transportmedium und gegebenenfalls weiteren Komponenten besteht und dazu dient, Informationen von einem Ort zum anderen zu übermitteln, zu verstehen (so OVG Münster vom 12. 5. 1991 – CL 85/88, PersR 1992, 157; vom 22. 5. 1996 – 1A 530/93.PVL; vom 1. 3. 2000 – 1A 307/98.PVL).»Betrieblich« ist ein solches Netz, wenn es eine Kommunikation innerhalb der Dienststelle ermöglicht – gleichgültig in welchem (technischen) Umfang eine Informationsübermittlung erfolgen kann (zu weitgehend insoweit OVG Münster vom 22. 5. 1996, a. a. O.).

Es kann sich dabei um ein vernetztes PC-System handeln, mit dem die einzelnen Teilnehmer untereinander kommunizieren können bzw. der Nutzer definierte Zugänge zu einem Zentralrechner innerhalb eines Netzes hat. Zu solchen Informations- und Kommunikationsnetzen gehören auch Telefonanlagen, die Einführung und Anwendung von Bildschirmtext – BTX (OVG Münster vom 7. 6. 1988 – CL 10/86 zur Rechtslage nach altem Recht), die Einrichtung und Erweiterung von Datenfernübertragungen (DATEX-J, DATEX-P, Anschaffung und Inbetriebnahme von Modems, Internet- oder Intranet-Anschlüsse), aber auch interne Rufanlagen, Ausrüstung der Beschäftigten mit Funkgeräten oder mobilen Telefonen (Handys), die Ausstattung von Dienstfahrzeugen mit Funkgeräten oder mobilen Telefonen sowie Gegensprechanlagen.

Abs. 3 Nr. 7: Privatisierung

Die Privatisierung von Arbeiten und Leistungen des öffentlichen Dienstes **80**
unterliegt seit der Novelle 1985 der Mitbestimmung des Personalrats. Die Vorschrift erhält eine immer größere Bedeutung, regelt jedoch nur Randbereiche des gesamten Geschehens der Verlagerung von öffentlichen Aufgaben vom bisherigen Dienstherrn auf andere Träger. Es lassen sich verschiedene Formen der Übertragung und Auslagerung unterscheiden:

– Die Verlagerung auf Anstalten oder Körperschaften des öffentlichen Rechts (z.B. die Auslagerungen der Universitätskliniken auf solche Anstalten, siehe § 41 HG sowie die Verordnungen vom 1. 12. 2000 zur Umbildung der Medizinischen Einrichtungen des Landes in Anstalten des öffentlichen Rechts mit dem Namen »Universitätsklinikum«) sind keine Privatisierungen im engeren Sinne des Absatz 3 Nr. 7. Der neue Rechtsträger ist keine »Privatperson«. Die arbeitsrechtlichen Auswirkungen sind gering, da es bei der bisherigen Tarifbindung bleibt. Die personalvertretungsrechtlichen Übergangsprobleme richten sich nach § 44, die Anstalt des öffentlichen Rechts erhält einen eigenen Personalrat.

– Die Auslagerungen in Eigenbetriebe und eigenbetriebsähnliche Einrichtungen sind ebenfalls keine Privatisierungen, da es sich bei diesen Einrichtungen nicht um rechtlich sondern nur um organisatorisch selbständige Gebilde handelt. Nach Auslagerung kann der Eigenbetrieb bzw. die eigenbetriebsähnliche Einrichtung mit Zustimmung des Personalrats nach § 1 Abs. 3 verselbständigt werden und sodann ein eigener Personalrat für diesen verselbständigten Teil und ein Gesamtpersonalrat für die bisher einheitliche Dienststelle mit dem verselbständigten Dienststellenteil gebildet werden. Arbeitsrechtliche Auswirkungen sind mit einer solchen Auslagerung nicht verbunden.

– Die Privatisierung von Betrieben oder Betriebsteilen in eine eigene GmbH (»materielle Privatisierung«) wirft eine Reihe von Problemen für die Arbeitnehmer und die Personalräte auf. Vorschriften über die Interessenvertretung bei Wechsel von Personalvertretungsrecht zur Betriebsverfassung existieren nicht, so daß die betriebsverfassungsrechtlichen Normen über ein Übergangsmandat (§ 21 a BetrVG) zugunsten des Personalrats angewendet werden müssen. Die Rechtsprechung lehnt das jedoch ab (siehe § 44 Rn. 1), weshalb eine ausdrückliche Vereinbarung eines solchen Übergangsmandats nötig ist. Die GmbH – auch wenn sie im 100%-igen Eigenbesitz der öffentlichen Hand verbleibt – ist nicht automatisch tarifgebunden, so daß die Wirkungen des § 613 a Abs. 1 Satz 2 BGB eintreten können. Bei Widerspruch der Arbeitnehmer gegen einen solchen Betriebsübergang sind Gestellungs- und Arbeitnehmerüberlassungs-Modelle denkbar und u.U. erforderlich. Die Arbeitnehmer in der eigenständigen GmbH sind vor betriebsbedingten Kündigungen des neuen Arbeitgebers zu schützen und mit Rückkehrrechten auszustatten. Vorkehrungen für die Veräußerung der vollständigen oder der mehrheitlichen Anteile seitens der öffentlichen Hand sind regelmäßig zu treffen. Zugunsten der Beschäftigten sind Personalüberleitungsverträge erforderlich sowie bezüglich der Beamten Regelungen über die Zuweisung gemäß § 123 a BRRG. In personalvertretungsrechtlicher Hinsicht ist eine Mitbestimmungssicherung bezüglich der Mitbestimmungsrechte, die durch den Wechsel zur Betriebsverfassung verloren gehen, anzustreben. Zu bedenken ist der Verlust der Wählbarkeit im Falle von Arbeitnehmerüberlassung, Gestellung oder Zuweisung in der abgebenden Dienststelle.

– Als nächster Schritt nach einer materiellen Privatisierung erfolgt nicht selten die »Organisationsprivatisierung« im Wege der Übertragung der Anteile an diesen privatisierten Gesellschaften. Diese außerhalb der Personalvertretung stattfindenden Vorgänge sind unter den Gesichtspunkten einer Betriebsänderung im Sinne des § 111 BetrVG und eines Betriebsübergangs im Sinne des § 613 a BGB zu betrachten.

– Schließlich finden Übertragungen, Auslagerungen und Verlagerungen öffentlicher Dienstleistungen in Form der Privatisierung durch Übertragen von Arbeiten auf Private ohne Betriebsübergang statt, z.b. durch Verlagerung einzelner Aufgaben auf andere Firmen (Reinigungsarbeiten). Solche Verlagerungsvorgänge sind das Motiv und Vorbild für die Schaffung des Mitbestimmungsrechts nach Absatz 3 Nr. 7 gewesen. Es dient dem Schutz der vorhandenen Arbeitsplätze (so auch OVG Münster vom 20. 1. 2000 – 1 A 2193/98.PVL, PersR 2000, 460) und dem Bestand der vorhandenen Aufgaben sowie auch dem Schutz vor Verlust von Arbeitsplätzen – ohne daß der eintretende Verlust von Arbeitsplätzen Bedingung für ein Mitbestimmungsrecht wäre.

Das Mitbestimmungsrecht bei Privatisierungen wird häufig zusammenfallen mit dem Mitbestimmungsrecht nach Absatz 2 Nr. 5 bei der Aufstellung von Sozialplänen. Solche Sozialpläne sind bei Verlagerungen von Aufgaben auf private Dritte vor allem im Wege eines Betriebsübergangs nach § 613a BGB – abzuschließen. Ein solcher Sozialplan kann auch im Wege eines Initiativrechtes erstritten werden. Die Formulierung des Absatz 2 Nr. 5 steht dem nicht entgegen. Im Rationalisierungsschutztarifvertrag (dort Ziffer 3 der Protokollnotiz zu § 1 Absatz 1) werden Privatisierungen als mögliche Rationalisierungsmaßnahmen ausdrücklich erwähnt.

Die Vorschrift schützt den Bestand an Arbeitsplätzen (»Blitzlicht-Aufnahme« in Form der sogenannten konkreten Betrachtungsweise, siehe unten). Keinen Schutz gewährt das Mitbestimmungsrecht bei Privatisierungen für den Inhalt des Arbeitsvertrages bestehend aus den Arbeitsvertrags- und den Tarifvertragsrechten sowie gegen die bei einer solchen Privatisierung regelmäßig eintretende Arbeitsplatzunsicherheit bei Übertragung der Arbeitsverhältnisse auf private Dritte durch Verschlechterung der kündigungsrechtlichen Stellung und Eintritt einer Insolvenzgefahr. Auch die Verringerung des Schutzes durch wegfallende Beteiligungsrechte des Personalrats, die nach Privatisierung nicht mehr bestehen, nimmt das LPVG nicht in den Blick.

Das 1985 in Nordrhein-Westfalen geschaffene Mitbestimmungsrecht ist zunächst unter verfassungsrechtlichen Gesichtspunkten äußerst umstritten gewesen. In den Grundsatzentscheidungen vom 9. 11. 1987 (– CL 84/86, PersV 1990, 27; – CL 27/85, PersR 1988, 245; – CL 32/86, PersR 1988, 247; – CL 4/87, PersR 1988, 302; – CL 11/87, ZBR 1989, 93) hat das Oberverwaltungsgericht Münster jedoch verfassungsrechtliche Bedenken, die durch eventuelle Verzögerungen in der Durchführung von Maßnahmen infolge der Einräumung eines Mitbestimmungsrechtes bei solchen Privatisierungen entstehen, als »noch vertretbar« bezeichnet.

Unter *»Arbeiten der Dienststelle«* sind nach dieser Rechtsprechung alle **81** Tätigkeiten zu verstehen, die zum normalen Aufgabengebiet der Dienststelle gehören, wobei unerheblich ist, ob es Hauptaufgaben oder Arbeiten, die bei der Erfüllung der Hauptaufgaben lediglich zusätzlich anfallen (wie z.B. Reinigungsarbeiten), sind. Es kommt auch nicht darauf an, ob es sich um hoheitliche oder nicht-hoheitliche Arbeiten handelt. Im Beschluß des OVG vom 8. 3. 1989 (CL 37/87) ist klargestellt, daß das Mitbestimmungsrecht sich sowohl auf ständig wie auf nur gelegentlich anfallende Arbeiten der Dienststelle erstreckt.

82 Ob die privatisierten Arbeiten *»üblicherweise«* von eigenen Beschäftigten vorgenommen werden, ist anhand eine konkreten Betrachtungsweise zu ermitteln. Maßgebend ist, »ob speziell die zur Übertragung an eine Privatfirma vorgesehenen Arbeiten bisher von verwaltungseigenen Kräften erledigt worden sind und ob dies in regelmäßiger Weise geschehen ist« (OVG Münster vom 9. 11. 1987 – CL 27/85). Es ist also gleichgültig, ob die Arbeiten innerhalb der Dienststelle insgesamt überwiegend von eigenen Kräften erledigt worden sind, ob z.b. bei Reinigungsarbeiten an Schulen die prozentual überwiegende Zahl der Schulen oder überwiegende Reinigungsfläche mit eigenen Kräften gereinigt worden ist. Maßgebend ist allein, ob gerade die zur Privatisierung anstehenden Tätigkeiten – z.b. die von einer pensionierten Reinigungskraft bisher gereinigten Flächen – von eigenen Kräften ausgeführt worden sind oder nicht. Nicht der Mitbestimmung unterliegen dementsprechend solche Arbeiten, die von der Dienststelle bisher konkret überhaupt nicht erledigt worden sind (OVG Münster vom 10. 12. 1993 – CL 103/90; vom 20. 1. 2000 – 1 A 2193/98.PVL, PersR 2000, 460).

83 Die *»Übertragung«* von Arbeiten ist der Vorgang der Weggabe der bisher selbst verrichteten Tätigkeit an einen Dritten. Es genügt die Feststellung, daß die eigentliche Aufgabe nicht mehr selbst und unmittelbar verrichtet wird – gleichgültig, ob die Dienststelle eine öffentliche Kontrolle nach wie vor selbst durchführen kann (Beschluß vom 18. 3. 1991 – CL 75/88, PersR 1991, 348). An der Übertragung fehlt es, wenn die Übernahme der Arbeiten durch einen Dritten durch Rechtsverordnung erfolgt (OVG Münster vom 19. 2. 1997 – 1A 432/94.PVL, PersR 1997, 370).

84 *»Auf Dauer«* liegt eine Übertragung dann vor, wenn sie auf unbestimmte Zeit erfolgt. Kündigungsmöglichkeiten in geschlossenen Verträgen stehen dem nicht entgegen. Dabei kommt es weniger auf die Ausgestaltung des konkreten Vertrages als vielmehr auf die Grundentscheidung selbst an (OVG Münster vom 5. 11. 1992 – CL 41/89, PersR 1993, 177).

85 Unter *»Privatpersonen«* sind alle natürlichen und juristischen Personen im Sinne der §§ 1 ff. und 21 ff. BGB – also auch nicht rechtsfähige Sportvereine – zu verstehen.

Keine Privatisierung liegt bei der bloßen Verschaffung eines eigenen Zugangs – der Übertragung der Schlüsselgewalt einer kommunalen Sportanlage auf Sportvereine – vor, da keine Eigenarbeiten übertragen werden (OVG Münster vom 7. 10. 1992 – CL 62/90).

Die (teilweise) Übertragung von Aufgaben, z.B. des Betriebes eines Nichtseßhaften-Heims oder von Einrichtungen für Jugendliche auf einen

Träger der freien Wohlfahrtspflege, ist eine mitbestimmungspflichtige Privatisierung. Die Vorschriften über die Zusammenarbeit zwischen öffentlicher und freier Wohlfahrtspflege stehen dem nicht entgegen (Beschluß vom 1. 3. 1991 – CL 38/88). Tätigkeiten, die nur kurzfristig anfallen und daher per Einzelauftrag vergeben werden (Untersuchungsaufträge, Erstellung von Katastern und Plänen) unterliegen wegen des Fehlens des Begriffs »auf Dauer« nicht der Mitbestimmung (OVG Münster vom 9. 11. 1987 – CL 11/87, ZBR 1989, 93; vom 5. 4. 1990 – CL 54/87, PersV 91, 314). Die Vergabe von Aufträgen zur Einmessung, die bisher durch eigene Meßtrupps durchgeführt wurden, an öffentlich bestellte Vermessungsingenieure ist dagegen eine Privatisierung (OVG Münster vom 16. 12. 1993 – CL 107/90).

Die Übertragung von Arbeiten zur Reinigung einer öffentlichen Grünanlage unterliegt auch dann der Mitbestimmung des Personalrats, wenn diese nur neben bereits privatisierten Arbeiten durchzuführen sind (OVG Münster vom 16. 12. 1993 – CL 103/90). Nicht erst der Abschluß eines bestimmten Vertrages – z. B. die Übernahme bestimmter Arbeiten durch ein bestimmtes Unternehmen ab einem bestimmten Zeitpunkt – unterliegt der Mitbestimmung, sondern bereits die Grundsatzentscheidung, eine bestimmte Art von Arbeiten künftig zu privatisieren (OVG Münster vom 25. 3. 1999 – 1A 4469/98.PVL, PersR 2000, 81), jedoch muß entgegen dem OVG jeder nachfolgende Privatisierungsschritt gesondert der Mitbestimmung unterworfen werden, damit die jeweils konkreten Gefährdungen für den Bestand an Arbeiten und Ausbildungsplätzen im Einzelfall (»konkrete Betrachtungsweise«) vom Personalrat beurteilt werden können.

Auch die probeweise und befristete Privatisierung unterliegt der Mitbestimmung, wenn die Dienststelle die Verrichtung der Arbeiten mit eigenen Kräften einstellt und überträgt (in Anlehnung an die Grundsätze des Bundesverwaltungsgerichtes im Beschluß vom 15. 12. 1978 – 6 P 13.78, PersV 1980, 145). Ein Widerspruch zwischen dem Begriffsmerkmal »auf Dauer« einerseits und § 72 Abs. 5 andererseits liegt nicht vor. **86**

Abs. 4: Zu dem Vorrang von Gesetz und Tarifvertrag siehe Rn. 57 zu Absatz 3. Die Novelle 1994 hat die Mitbestimmungsrechte nach Absatz 4 im wesentlichen unverändert gelassen, lediglich die Bereichsausnahmen des Satzes 3 sind um Fragebogen, die der Finanzkontrolle des Landesrechnungshofes dienen, erweitert worden. **87**

Abs. 4 Nr. 1: Beginn und Ende der täglichen Arbeitszeit und der Pausen, Verteilung der Arbeitszeit auf die einzelnen Wochentage, gleitende Arbeitszeit

Das Mitbestimmungsrecht bei der Arbeitszeit bezieht sich auf sämtliche Vorgänge, die die zeitliche Lage der dienstrechtlich oder arbeitsvertrag- **88** lich geschuldeten Arbeitszeit sämtlicher oder einzelner Arbeitnehmer regeln.

Beschränkt wird das Mitbestimmungsrecht durch gesetzliche Regelungen im Arbeitszeitgesetz und in der Arbeitszeitverordnung für Beamte des Landes Nordrhein-Westfalen. Das Arbeitszeitgesetz sieht jedoch nur arbeitsschutzrechtliche Obergrenzen und Normen vor, innerhalb derer sich die Ausübung des Mitbestimmungsrechtes zu bewegen hat. Diese einzuhalten ist wegen der sehr weitgehenden Möglichkeiten des Arbeitszeitgesetzes keine tatsächliche Schranke bei der Ausübung von Mitbestimmung.

Die Arbeitszeitverordnung für Beamte des Landes Nordrhein-Westfalen gilt – soweit von der Ermächtigung in § 13 Abs. 2 AZG von der Landesregierung Gebrauch gemacht wird – auch für Arbeiter und Angestellte. Sie sieht in § 2 vor, daß die regelmäßige Arbeitszeit wöchentlich im Durchschnitt 38,5 Stunden beträgt, so daß für eine anderweitige Verteilung nach einer Jahresarbeitszeit oder für eine unterschiedliche Verteilung nach Sommer- und Winterzeiten ein Gestaltungsspielraum durch Mitbestimmung verbleibt. Lediglich für die Dienststellen des Landes sieht § 7 Uhrzeiten über Beginn und Ende der werktäglichen Arbeitszeit vor. Jedoch sind diese Regelungen nur zwingend für Dienststellen des Landes; gemäß § 7 Abs. 5 regeln die Gemeinden, die Gemeindeverbände und die anderen der Aufsicht des Landes unterstehenden Körperschaften, Anstalten und Stiftungen des öffentlichen Rechts die Dienststunden nach den örtlichen Erfordernissen. Für diese Dienststellen besteht das Mitbestimmungsrecht bei der zeitlichen Lage und der täglichen Dauer uneingeschränkt.

Als gesetzliche Regelung, die das Mitbestimmungsrecht beschränkt, ist auch die Arbeitsdauer-Regelung in § 78 Abs. 1 Satz 1 LBG zu erwähnen, wonach die Arbeitszeit von Beamten wöchentlich im Durchschnitt 38,5 Stunden nicht überschreiten darf.

Arbeitsvertragliche Regeln begrenzen das Mitbestimmungsrecht regelmäßig nicht. In der Regel werden Arbeitsdauer-Vereinbarungen getroffen (z. B. eine bestimmte Wochenstundenzahl unterhalb der tariflichen oder gesetzlichen Wochenarbeitszeit), so daß für die zeitliche Lage ein Mitbestimmungsrecht verbleibt.

Tarifvertragliche Regeln über die Arbeitszeit betreffen im wesentlichen die durchschnittliche wöchentliche Arbeitszeit (siehe §§ 15 ff. BAT, §§ 14 ff. BMT-G II, §§ 15 ff. MTL II).

89 Der Mitbestimmung unterliegen kollektive Regeln, also solche, die sich auf die Beschäftigten der Dienststelle ingesamt oder auf eine Gruppe von Beschäftigten erstrecken (siehe OVG Münster vom 3. 7. 1986 – CL 9/84, vom 21. 6. 1989 – CL 55/87, PersR 1991, 216; vom 4. 3. 1994 – 1A 3467/ 91.PVL; vom 5. 2. 1998 – 1A 651/97.PVL, PersR 1999, 28). Ein kollektiver Tatbestand liegt vor – so das BVerwG (vom 12. 8. 2002 – 6 P 17.01, PersR 2002, 473) –, wenn sich eine Regelungsfrage stellt, die die Interessen der Beschäftigten unabhängig von der Person und den individuellen Wünschen des Einzelnen berührt. Unter täglicher Arbeitszeit ist nicht nur die regelmäßige Arbeitszeit, sondern jede aus irgendeinem Grunde verlängerte oder verkürzte tägliche Arbeitszeit für die Beschäftigten der Dienststelle insgesamt oder eine Gruppe von ihnen zu verstehen (OVG ebd.). Unter Gruppe ist ein funktional abgrenzbarer Teil der Beschäftigten zu verstehen, wobei sich die Abgrenzung aus organisatorischen, persönlichen oder aufgabenmäßigen Gesichtspunkten ergeben kann (für Schulhausmeister: OVG Münster v. 5. 2. 1998 – 1A 4363/95.PVL, PersR 1998, 526 und LAG Köln v. 25. 9. 1997 – 10 (4) Sa 507/97, PersR 1998, 435). Daneben besteht jedoch auch ein Mitbestimmungsrecht bei Einzelfall- und Teilregelungen. Es ist auf den Schutzzweck der Regelung abzustellen, die eine Beachtung der Interessen der einzelnen Beschäftigten bei Festlegung der zeitlichen Lage ihrer Arbeitszeit bewirken soll. Insbesondere bei der Vereinbarung von besonderen Arbeitszeiten für einzelne Beschäftigte besteht unter dem Gesichtspunkt des Schutzes dieses Personenkreises Bedarf an der Beteiligung des Personalrats auch in diesen Fällen. Dementsprechend ist ein Mitbestimmungsrecht auch dann zu bejahen, wenn nur Teilregelungen möglich sind oder angestrebt werden (z.B. bei Ende der Probenzeiten für Bühnenangestellte; bejahend: BVerwG vom 12. 8. 2002 – 6 P 17.01, PersR 2002, 473). Ein Mitbestimmungsrecht besteht für Dauer-Regelungen über die dienststellenüblich einzuhaltenden Arbeitszeiten. Mitbestimmungspflichtig sind auch die Regeln zur Erstellung von Dienstplänen und Rahmenplänen einschließlich der Besetzungspläne.

§ 3 Abs. 1 Satz 1 der Verordnung über die Arbeitszeit in Krankenpflegeanstalten vom 13. 2. 1924 steht dem Mitbestimmungsrecht des Personalrats bei der Regelung von Arbeitszeiten in Krankenhäusern nicht entgegen (OVG Münster vom 29. 3. 1990 – CL 34/89, PersR 1990, 186).

90 Der Mitbestimmung unterliegen nur Arbeitszeitregeln und nicht Öffnungs- und Besuchszeiten oder Unterrichtsbeginn und Unterrichtsende. Bei der Einführung von Kurzarbeit, der Einführung eines unterrichtsfreien Tages (BVerwG vom 7. 3. 1983 – 6 P 27.80, ZBR 1983, 306), der Festlegung des Unterrichtsbeginns (OVG Münster vom 5. 2. 1987 – CL 8/86), der Festlegung zusätzlicher freier Tage (Arbeitszeitverkürzungstage) z. B. auf sogenannte Brückentage besteht ein Mitbestimmungsrecht.

91 Mitzubestimmen hat der Personalrat auch bei der Anordnung von Bereitschaftsdienst und von Rufbereitschaft (a.A.: OVG Münster vom 21. 9. 1987 – CL 3/86, PersV 1989, 35; BVerwG vom 1. 6. 1987 – 6 P 8/85, PersR 1987, 244; bejahend dagegen das BAG zum gleichlautenden § 75 Abs. 3 Nr. 1 BPersVG vom 23. 1. 2001 – 1 ABR 36/00, PersR 2001, 350). Rufbereitschaft ist ebenso wie Arbeitsbereitschaft als »Arbeitszeit« anzusehen, da für die Bereitschaftszeiten eine Vergütung gezahlt und damit Arbeitsleistung abgegolten wird, so daß ein Mitbestimmungsrecht mit dieser Begründung nicht abgelehnt werden kann (zur Vergütung von

Arbeitsleistung während des Bereitschaftsdienstes siehe grundlegend: EuGH vom 3. 10. 2000, PersR 2001, 134). Das Mitbestimmungsrecht bei den Pausen bezieht sich sowohl auf ihre Dauer als auch auf ihre zeitliche Lage am Tage. Das Arbeitszeitgesetz nennt Mindestpausen, die durch Ausübung von Mitbestimmung verändert werden können. Die Arbeitszeitverordnung sieht eine Mittagspause bei durchgehender Arbeitszeit von $1/2$ Stunde, bei geteilter Arbeitszeit $1 \, 1/2$ Stunden vor. Außerhalb des Geltungsbereichs dieser Verordnung bestehen gesetzliche und tarifliche Regelungen nur dahin gehend, daß Arbeitspausen in die regelmäßige Arbeitszeit nicht eingerechnet werden.

92 Die *Einführung, Ausgestaltung und Aufhebung der gleitenden Arbeitszeit* unterliegt ebenfalls der Mitbestimmung.

§ 7 a der Verordnung über die Arbeitszeit stellt bestimmte, das Mitbestimmungsrecht beschränkende Regeln auf, die jedoch nur unter Beachtung des Mitbestimmungsrechtes des Personalrats insbesondere bei Anordnung der Herausnahme von bestimmten Gruppen von Beschäftigten aus der Gleitzeit oder dem Einsatz von Zeiterfassungsgeräten durchgeführt und durchgesetzt werden können. Darüber hinaus sind diese Regeln nur für die Dienststellen des Landes verbindlich. Die Gemeinden, die Gemeindeverbände und die anderen der Aufsicht des Landes unterstehenden Körperschaften, Anstalten und Stiftungen des öffentlichen Rechts können nach § 7 a Abs. 9 abweichende Regelungen treffen, so daß in diesen Dienststellen ein uneingeschränktes Mitbestimmungsrecht besteht.

93 Unter gleitender Arbeitszeit ist zu verstehen, daß den Beschäftigten zu Beginn und am Ende des Arbeitstages bestimmte Zeitkorridore eingeräumt werden, innerhalb derer sie frei bestimmen können, wann sie ihre Arbeit aufnehmen und wann sie ihre Arbeit beenden. Die Verpflichtung zur Ableistung der tariflichen und täglichen Arbeitszeit bleibt davon unberührt.

Der Personalrat kann durch Ausübung des Mitbestimmungsrechtes die Einführung von Gleitzeit beantragen, die einzelne Ausgestaltung mitbestimmen und auch ihre Abschaffung verlangen.

Sachlich erstreckt sich das Mitbestimmungsrecht auf

– Bestimmung von Dauer und zeitlicher Lage der Gleitzeiten;

– Bestimmung von Dauer und zeitlicher Lage der Kernzeiten, in denen Anwesenheitspflicht besteht;

– Regeln zur Zeiterfassung;

– Regeln zu Zeitguthaben und Minusstunden, einschließlich Ausgleichszeiträumen;

– Behandlung von Mehrarbeit und Überstunden;

– Pausenregelungen;

Die Einführung von gleitender Arbeitszeit kann nicht mit der Begründung verweigert werden, daß für Zeiterfassungsgeräte keine Haushaltsmittel zur Verfügung stehen und deshalb die Gleitzeit nicht eingeführt werden könne. Die Entscheidung, ob derartige Geräte eingeführt werden, unterliegt der gesonderten Mitbestimmung des Personalrats, im übrigen ist die Gleitzeit nicht davon abhängig, daß solche Geräte angeschafft und in Betrieb genommen werden. Persönliche Handaufzeichnungen ersetzen diese Geräte.

Abs. 4 Nr. 2: Anordnung von Überstunden und Mehrarbeit

Überstunden sind diejenigen Zeiten, die der Arbeitnehmer über die von **94** ihm arbeitsvertraglich oder tarifvertraglich geschuldete tägliche oder wöchentliche Arbeitsdauer hinaus leistet, Mehrarbeit ist diejenige Arbeitsleistung, die über die regelmäßige, gesetzliche Arbeitszeit (§ 3 Satz 1 AZG) hinausgeht.

Eine Anordnung von Überstunden liegt nicht nur bei der ausdrücklichen Weisung des Dienstherrn oder Arbeitgebers zur Ableistung von Mehrarbeit und Überstunden vor. Vielmehr sind darin die Maßnahmen des Dienststellenleiters zu erblicken, die dazu führen, daß eine Mehrzahl von Beschäftigten über die dienstplanmäßig festgesetzten Arbeitsstunden hinaus weitere Arbeitsstunden zu leisten hat. Das kann die konkrete Anordnung für bestimmte Mitarbeiter, Tage und Uhrzeiten sein, aber auch z. B. die Grundsatzentscheidung, bestimmte Arbeiten ohne Rücksicht auf den für die Beschäftigten geltenden Dienstplan (Wochenendvisiten im Krankenhaus) durchzuführen (OVG Münster vom 20. 3. 1997 – 1A 3775/94.PVL, PersR 1997, 253). Es kann sich also sowohl um eine ausdrückliche Anordnung wie um eine Genehmigung der Arbeitsleistung handeln (siehe OVG Münster vom 5. 4. 1990 – CL 58/87, PersR 1991, 219). Eine solche Genehmigung ist sowohl in der Duldung von Überstunden durch nachträgliche Bezahlung als auch darin zu erblicken, daß eine solche Arbeitsmenge übertragen oder abverlangt wird, von der zu erwarten ist, daß sie innerhalb der regelmäßigen, betriebsüblichen Arbeitszeit nicht erledigt werden kann. Auf die Zustimmung der Beschäftigten kommt es für das Mitbestimmungsrecht nicht an (OVG Münster vom 15. 4. 1992 – CL 4/89).

Tarifliche Regelungen, die sich auf die Rechtsbeziehungen zwischen **95** Dienstherrn und den einzelnen Beschäftigten beziehen, wie z. B. §§ 17 BAT, 19 Abs. 2 Ziffer 2 MTL II, schließen das Mitbestimmungsrecht nicht aus (OVG Münster vom 15. 4. 1992 – CL 4/89; vom 5. 4. 1990, a. a. O.). Mitbestimmungspflichtig sind sowohl generelle Regelungen für alle Beschäftigten einer Dienststelle oder einer Gruppe von Beschäftigten (OVG Münster vom 6. 8. 1988 – CL 34/87), wobei solche Regelungen dann vorliegen, wenn die dienstlichen Erfordernisse, die zur Überstundenanordnung führen, die Gruppe gleichmäßig betreffen. Dafür kann die Zahl der betroffenen Beschäftigten ein Indiz sein (OVG Münster vom 29. 3. 1990 – CL 15/87). Mit der Rechtsprechung des Bundesarbeitsgerichtes sind auch Einzelanordnungen bzw. die ausdrückliche oder stillschweigende Entgegennahme von Mehrarbeit und Überstunden durch einzelne Beschäftigte mitbestimmungspflichtig, wenn es sich nicht ganz ausnahmsweise um solche Überstunden handelt, die arbeitsvertraglich im Einzelfall vereinbart sind (siehe die Entscheidung des OVG Münster vom 15. 4. 1993 – CL 4/89, unter Hinweis auf die entsprechende BAG-Rechtsprechung).

Das Mitbestimmungsrecht entfällt nicht, wenn den Betreffenden die zeitliche Einteilung der angeordneten Überstunden freigestellt ist. Werden ihnen bestimmte Zeiten vorgeschrieben, so besteht ein zusätzliches Mitbestimmungsrecht nach Ziffer 1. Kein Mitbestimmungsrecht nach Nr. 2 soll bei Maßnahmen zum Abbau von Überstunden bestehen (OVG Münster vom 5. 2. 1998 – 1A 4363/95.PVL, PersR 1998, 526).

96 An der *Voraussehbarkeit* fehlt es nur dann, wenn wegen der Dringlichkeit der Überstunden für das Mitbestimmungsverfahren nicht genügend Zeit verbleibt. Es genügt nicht, wenn bloß Dauer und Umfang der zu leistenden Überstunden nicht voraussehbar sind (OVG Münster vom 6. 9. 1989 – CL 34/87).

97 *Erfordernisse des Betriebsablaufs* liegen nur ganz ausnahmsweise vor. An den Begriff sind – weil ohnehin die nicht voraussehbaren Überstunden mitbestimmungsfrei sind – strenge Anforderungen zu stellen, das Mitbestimmungsrecht entfällt nur in Ausnahmesituationen (OVG Münster vom 6. 9. 1989, a.a.O.). Es genügt nicht bereits ein gewisser »Sachzwang« und auch nicht, daß der Arbeitsanfall ohne die Anordnung von Überstunden oder Mehrarbeit nicht bewältigt werden kann (OVG Münster vom 15. 9. 1992 – CL 4/89). Das ist nämlich bei der Anordnung von Überstunden regelmäßig der Fall und überhaupt arbeitsrechtliche und dienstrechtliche Voraussetzung (siehe § 78 a LBG, § 3 Abs. 1 AZVO, § 17 Satz 2 und 3 BAT). Vielmehr hat die Dienststelle darzulegen, daß weder durch entsprechende Dienstplangestaltung noch durch bessere Personalausstattung Störungen im Betriebsablauf vermieden werden können und diese daher nur durch Anordnung von Überstunden in dem genehmigten bzw. angeordneten (beabsichtigten) Umfang vermieden und beseitigt werden können (so OVG Münster vom 4. 5. 1994 und vom 15. 4. 1992, a.a.O.; vom 29. 1. 1996 – 1A 3920/92.PVL, PersR 1996, 245; vom 20. 3. 1997 – 1A 3775/94.PVL, PersR 1997, 253). Es genügt die Feststellung, daß die Ursache für die Überstundenanordnung eine zu geringe Personalausstattung ist, dann liegen bereits keine Erfordernisse des Betriebsablaufs vor (OVG Münster vom 29. 3. 1989, a.a.O.).

Gibt es mehrere Umstände, die Überstunden ausgelöst haben, sind sie nur dann mitbestimmungsfrei, wenn die Maßnahme insgesamt dem Ausnahmezustand der Erfordernisse des Betriebsablaufs zugeordnet werden kann (OVG Münster vom 29. 3. 1990 – CL 15/87).

Erfordernisse des Betriebsablaufs liegen z.b. dann vor, wenn für zusätzliche Dienstleistungen an Wahlsonntagen und zur Vorbereitung von Wahlen Überstunden für Beschäftigte angeordnet werden, deren Spezialkenntnisse benötigt werden (OVG Münster vom 26. 4. 1994 – 1 A 1683/91).

Mitbestimmungsfrei sind Anordnungen von Überstunden und Mehrarbeit, **98** soweit sie durch *Erfordernisse der öffentlichen Sicherheit und Ordnung* bedingt sind. Das ist nur dann der Fall, wenn solche Erfordernisse – z.B. eine Polizeirazzia – die Anordnung von Mehrarbeit und Überstunden gerade zu diesem Zeitpunkt und für diesen Anlaß zwingend erfordern. Fraglich dürfte sein, ob diese Voraussetzungen für die Anordnung von Überstunden aus Anlaß sportlicher Ereignisse wie z.B. Bundesliga-Spiele vorliegen.

Gesetzliche und tarifliche Regelungen (§ 17 BAT, § 17 BMT-G II, § 3 **99** AZVO, § 78a LBG) sehen vor, daß im Falle geleisteter Mehrarbeit innerhalb bestimmter Zeiträume Dienstbefreiung in entsprechendem Umfang zu gewähren ist.

Soweit dafür allgemeine Regeln geschaffen werden, besteht ein Mitbestimmungsrecht. Die Gewährung von Dienstbefreiung im Einzelfall unterliegt nicht der Mitbestimmung. Diese allgemeinen Regeln können sich auf das bei Beantragung und Gewährung der Dienstbefreiung zu beachtende Verfahren und die Formalitäten, die Einführung bestimmter Fristen sowie darauf richten, ob die Dienstbefreiung für Mehrarbeit auf bestimmte Wochentage (Montag/Freitag) oder für »Brückentage« angespart werden dürfen und zu Beginn oder am Ende des Erholungsurlaubs genommen werden können.

Der Begriff Mehrarbeit ist untechnisch zu verstehen. Auch soweit nach anderen Vorschriften Dienstbefreiung für geleistete Arbeitsbereitschaften, sonstige Bereitschaftsdienste und Rufbereitschaften zu beanspruchen ist, unterliegen die allgemeinen Regeln zum Ausgleich dieser Mehrbelastung der Mitbestimmung.

Abs. 4 Nr. 4: Zeit, Ort und Art der Auszahlung der Dienstbezüge und Arbeitsentgelte

Die *Zeit der* Auszahlung der Dienstbezüge und Arbeitsentgelte ist gesetz- **100** lich und tariflich dahin gehend geregelt, daß Beamte ihre Dienstbezüge monatlich im voraus und Arbeiter und Angestellte ihre Löhne und Gehälter am 15. des laufenden Monats erhalten. Soweit Arbeitnehmer beschäftigt werden, die nicht Beamte und nicht tarifgebunden sind, kann dieses Mitbestimmungsrecht ausgeübt werden.

Der *Ort der Auszahlung* der Dienstbezüge ist nur bei Barzahlung fest- **101** zulegen, die wegen der verbreiteten bargeldlosen Zahlung keine Rolle spielt.

Jedoch hat der Personalrat ein Mitbestimmungsrecht bei der *Art der Auszahlung* der Dienstbezüge. Vorgreifliche tarifliche Regelungen existieren aber in § 26 a Abs. 1 dahin gehend, daß der Lohn auf ein von dem Arbeiter eingerichtetes Girokonto im Inland zu zahlen ist sowie daß die Kontoführungs-Kosten weitgehend vom Arbeitgeber getragen werden (§ 26 a Abs. 1 Satz 4).

Damit entfällt jedoch das Mitbestimmungsrecht bei der Art der Auszahlung der Dienstbezüge nicht vollständig. Denn die sogenannte »Annex-Kompetenz« umfaßt auch Regelungen über die Dienst- und Arbeitsbefreiung zum Abheben der Bezüge bei dem Geldinstitut (Kontostunde). Dazu finden sich tarifvertragliche Regelungen nicht. Die »Hinweise« der Tarifvertragsparteien zu § 26 a BMT-G II zeigen im Gegenteil, daß Regelungsbedarf und Regelungsspielraum besteht, wenn es heißt: »Zu § 26 a BMT-G besteht Einvernehmen, daß dem Arbeitnehmer, soweit erforderlich, ausreichende Arbeitsbefreiung unter Fortzahlung des Lohnes zum Abheben der Bezüge bei dem Geldinstitut gewährt wird; dabei sind die dienstlichen bzw. betrieblichen Belange zu berücksichtigen.«

Abs. 4 Nr. 4: Urlaubsplan, zeitliche Lage des Erholungsurlaubs

102 Unter Urlaubsplan sind sämtliche Regeln zu verstehen, die für die Urlaubserteilung der Beschäftigten und die Vertretung während der Urlaubszeit, Urlaubssperren aus besonderen Anlässen gelten sollen. Das Mitbestimmungsrecht erstreckt sich also auf die »allgemeinen Urlaubsgrundsätze« i.S.d. § 87 Abs. 1 Nr. 5 BetrVG (OVG Münster vom 17. 2. 2000 – 1 A 697/98.PVL, PersR 2001, 29). Urlaubsplan ist auch der im Umlaufverfahren nach den Wünschen der einzelnen Beschäftigten erstellte Plan über die zeitliche Lage des Urlaubs aller Beschäftigten (siehe dazu OVG Münster vom 29. 3. 1990 – CL 8/88, PersR 1991, 64). Die Anordnung von allgemeinen Urlaubssperren unterliegt nicht der Mitbestimmung (OVG Münster vom 24. 4. 1996 – 1A 4071/93.PVL, PersR 1997, 77 unter Hinweis auf BVerwG vom 19. 1. 1997 – 6 P 19.90, PersR 1993, 167; OVG Münster vom 17. 2. 2000, a.a.O.).

Das Mitbestimmungsrecht bezieht sich nicht auf Regeln über die Gewährung von Sonderurlaub oder Urlaub für Weiterbildung.

Ein Mitbestimmungsrecht bei der zeitlichen Lage des Urlaubs des einzelnen Arbeitnehmers hat der Personalrat nur dann, wenn zwischen Arbeitnehmer und Dienststellenleiter darüber kein Einvernehmen erzielt werden konnte.

Abs. 4 Nr. 5: Fragen der Lohngestaltung, Entlohnungsgrundsätze und Entlohnungsmethoden

103 Unter Lohn sind alle geldwerten Leistungen, alle Formen der Vergütung im Gegenseitigkeitsverhältnis zu verstehen. Das Mitbestimmungsrecht erstreckt sich sowohl auf Arbeiter und Angestellte (BVerwG vom 16. 2.

1988 – 6 P 24.86, PersR 1988, 103) wie – soweit Gestaltungsspielraum besteht – auf Beamte (siehe von Roettken, PersR 1994, 309 ff.).

Lohngestaltung ist die Summe der allgemeinen Regeln, auf deren Grundlage die Vergütung oder Bestandteile und Teile davon im Einzelfall ermittelt werden können und sollen (siehe von Roettken, a.a.O., 314). Der Mitbestimmung unterliegen nach der jüngeren Rspr. des BVerwG sowohl Regelungen bezüglich der formellen wie der materiellen Arbeitsbedingungen (BVerwG vom 9. 12. 1998 – 6 P 6.97, PersR 1999, 265).

Solche Regeln sind wegen der abschließenden gesetzlichen und tariflichen Bestimmungen regelmäßig der Mitbestimmung des Personalrats entzogen. Lediglich ergänzende Regelungen können im Einzelfall der Mitbestimmung des Personalrats unterliegen. Dazu gehören übertarifliche und freiwillige Leistungen sowie solche, deren Gewährung im Gesetz oder Tarifvertrag von der Ausübung eines Ermessens abhängen. In Betracht kommen die Regelung und Abänderung einer zusätzlichen Altersversorgung, soweit eine solche nicht bereits aufgrund Tarifvertrags besteht (BAG vom 23. 9. 1997 – 3 AZR 529/96, PersR 1998, 122).

Fragen der Lohngestaltung können schließlich praktisch bedeutsam werden, wenn Tarifverträge ausdrückliche Öffnungsklauseln vorsehen. Vom Mitbestimmungsrecht sind nur solche Leistungen ausgenommen, die nicht Entgeltcharakter haben und nicht im Hinblick auf die erbrachte Arbeitsleistung gewährt werden, wie z.B. Aufwandsersatz.

»Fragen der Lohngestaltung« ist der Oberbegriff, alle weiteren in diesem Mitbestimmungstatbestand aufgeführten Angelegenheiten sind lediglich Beispiele, wie das Wort »insbesondere« belegt. **104**

Entlohnungsgrundsätze sind die übergeordneten allgemeinen Regeln, nach denen die Vergütung bestimmt werden soll.

Entlohnungsmethode ist demgegenüber der engere Begriff. Sie beschreibt und definiert das Verfahren, die Art und Weise der Lohnfindung – also die Ausführung der aufgestellten Entlohnungsgrundsätze zur Feststellung und Bemessung des Lohnes im Einzelfall. Darunter sind alle technischen Verfahren und sonstigen Bewertungsmethoden zu verstehen, die die Höhe des Lohnes definieren und bestimmen.

Das Mitbestimmungsrecht erstreckt sich weiter auf die Änderung sowie die Festsetzung der **Akkord- und Prämiensätze einschließlich der Geldfaktoren.** **105**

Unter Akkord ist diejenige Vergütungsart zu verstehen, die den Arbeitnehmer nach Arbeitsmenge und nicht mehr nach Arbeitszeit vergütet. Die Festsetzung von Akkordsätzen ist die Festlegung, auf welche Weise die Zeitvorgaben ermittelt, vorgegeben und zur Ermittlung der individuellen Lohnhöhe angewandt werden. Nicht der Mitbestimmung unterliegt die einzelne Lohnhöhe selbst.

Prämienlohn ist ein Vergütungssystem, das ganz bestimmte Arbeitsergebnisse mit zusätzlichen finanziellen Leistungen ausstattet, sei es gleichbleibende Qualität wie gleichbleibende Arbeitsmenge o. ä. (Beispiel: Schreibprämie für Angestellte im zentralen Schreibdienst; BVerwG vom 23. 12. 1982 – 6 P 19.80, PersV 1983, 506).

106 *Vergleichbare leistungsbezogene Entgelte* sind solche, die nach anderen Bemessungsgrößen als aufgrund von Zeitverfahren oder Prämienregelungen die Höhe der Vergütung von ganz bestimmten Leistungen der oder des Arbeitnehmers abhängig machen. Das können z.B. die Zahlung von Zulagen, Anwesenheitsprämien, Pünktlichkeitsprämien o. ä. sein.

Auch in diesen Fällen unterliegen nicht die einzelne Geldleistung an den Arbeitnehmern, sondern lediglich die Grundsätze zur Bemessung solcher Leistungen der Mitbestimmung.

Soweit die Zahlung von Leistungsprämien an Beamte erfolgt, kommt bei der Festlegung der Regeln für ihre Bemessung ein Mitbestimmungsrecht in Betracht. Maßgebend ist, daß ein »Entgelt«, also die Abgeltung einer bestimmten Leistung, gewährt wird. Dabei kommt es nicht darauf an, ob die Zahlung aufgrund Arbeitsvertrages oder öffentlich-rechtlichen Dienstverhältnisses erfolgt. Auch wenn die Verteilung solcher Mittel vom jeweiligen Dienststellenleiter nach vermeintlich »individuellen« Maßstäben erfolgt, gebietet der Grundsatz, daß die maßgebenden Grundlagen der Beamtenbesoldung einer gesetzlichen, objektiven Grundlage bedürfen, bereits die Beachtung und Einhaltung allgemeiner Richtlinien und Maßnahmen. Ein Mitbestimmungsrecht ist auch dann unerläßlich, wenn Gesetz- und Verordnungsgeber Vorgaben und Kriterien für Leistungsstufen, Leistungsprämien und Leistungszulagen zur Vermeidung einer Personalratsbeteiligung formulieren. Mitbestimmungsgegenstand ist die Überwachung der gleichmäßigen wie gerechten Umsetzung solcher abstrakter Merkmale (a.A. OVG Münster vom 20. 9. 2002 – 1 A 1061/ 01.PVB, PersV 2003, 178, das lediglich Unterrichtungsansprüche gewährt). Im übrigen ist auch der Grundsatz, ausschließlich nach »individuellen« Merkmalen zu verteilen, ein mitbestimmungspflichtiger Entlohnungsgrundsatz und unterliegt daher der Mitbestimmung.

Abs. 4 Nr. 6: Bestellung und Abberufung von Vertrauens- und Betriebsärzten und Sicherheitsfachkräften

107 *Betriebsarzt* ist, wer die Aufgaben gemäß § 3 ASiG in der Dienststelle erledigen soll. Das Arbeitssicherheitsgesetz gilt zwar im öffentlichen Dienst nicht unmittelbar, gemäß § 16 ASiG hat jedoch auch der öffentliche Dienst einen den Grundsätzen des Gesetzes gleichwertigen arbeitsmedizinischen und sicherheitstechnischen Arbeitsschutz zu gewährleisten. Mindestens sind also die in § 3 ASiG vorgesehenen Aufgaben an einen Betriebsarzt zu übertragen und Betriebsärzte zu bestellen (siehe im einzelnen: Elzner, PersR 1990, 59). Die Inanspruchnahme eines Betriebsarztes kann auf verschiedene Weise erfolgen. Neben der Anstellung und Einstellung eines solchen Arztes kann sich die Dienststelle einem überörtlichen arbeitsmedizinischen Zentrum anschließen und schließlich einen Werkvertrag mit einem freiberuflichen Betriebsarzt abschließen. Dem Personalrat steht ein Mitbestimmungsrecht bei der Entscheidung darüber zu, welche dieser drei Möglichkeiten von der Dienststelle genutzt wird.

Die Mitbestimmung bei dieser Maßnahme der Organisation des Arbeitsschutzes ergibt sich aus Nr. 7 (so auch BVerwG vom 25. 1. 1995 – 6 P 19.93, PersR 1995, 300 im Anschluß an das BAG). Das Mitbestimmungsrecht bei Bestellung und Abberufung ist ein zusätzliches, personelles Mitbestimmungsrecht. das dem Beteiligungsanspruch aus Nr. 7 nachfolgt (die andere Ansicht des OVG im Beschluß vom 6. 3. 1996 – 1 A 3846/ 95.PVL, NWV Bl. 96,531 übersieht, daß ansonsten die Einräumung des zusätzlichen Mitbestimmungsrechts nach Nr. 6 im Ergebnis zu weniger Mitbestimmung führen würde).

Wird eine Anstellung oder Einstellung eines Betriebsarztes vorgesehen, so steht dem Personalrat daneben ein Mitbestimmungsrecht bei der Einstellung gemäß Absatz 1 Nr. 1 zu.

Vertrauensärzte sind solche Ärzte, die vom Arbeitgeber mit den Untersuchungen gemäß § 7 Abs. 2 BAT, § 10 Abs. 2 BMT-G II beauftragt werden sollen. **108**

Die Arbeitnehmer sind erst dann verpflichtet, sich diesen Untersuchungen bei dem vom Arbeitgeber bestimmten Arzt zu unterziehen, wenn zuvor das Mitbestimmungsverfahren nach Absatz 4 Nr. 6 durchgeführt worden ist. Nicht gemeint sind die von den Sozialversicherungsträgern gestellten Vertrauensärzte.

Der Betriebsarzt kann nicht zugleich Vertrauensarzt sein.

Sicherheitsfachkräfte ist der Sammelbegriff für diejenigen Personen, denen nach den verschiedenen gesetzlichen Vorschriften Aufgaben im Zusammenhang mit der Sicherheit der Dienststelle und ihren Beschäftigten übertragen sind, soweit die Übertragung durch die Dienststelle bewirkt und veranlaßt wird. Es handelt sich z.B. (umfassender Überblick bei Taeger, PersR 2000, 400) um **109**

– Sicherheitsingenieure, Sicherheitstechniker und Sicherheitsmeister gemäß §§ 5 ff. ASiG,

– Sicherheitsbeauftragte gemäß § 22 SGB VII,

– Immissionsschutzbeauftragte gemäß § 55 Abs. 1 BImSchG,

– Abfallbeauftragte gemäß § 11 a Abfallgesetz,

– Gentechnik-Beauftragte,

– Chemikalien-Beauftragte,

– Umweltschutz-Beauftragte gemäß § 53 BImSchG.

Das OVG versteht unter dem Begriff der Sicherheitsfachkraft nur die in §§ 5 ff. ASiG aufgeführten Personen, so daß nur diese der eingeschränkten Mitbestimmung unterworfen sind (OVG Münster vom 15. 12. 1999 – 1 A 5101/97.PVL, PersR 2000, 375). Die Sicherheitsbeauftragten i. S. d. § 22 SGB VII – und damit auch die weiteren o. g. Betriebsbeauftragten – sind daher unter Beachtung des Mitbestimmungsrechts nach Nr. 7 zu bestellen und abzuberufen (OVG Münster vom 15. 12. 1999 – 1A 5201/97.PVL; vom 9. 10. 1996 – 1A 511/95.PVB; VG Gelsenkirchen vom 22. 8. 1997 – 3 c k 7353/95.PVL, PersR 1998, 201).

Abs. 4 Nr. 7: Maßnahmen zur Verhütung von Dienst- und Arbeitsunfällen und sonstigen Gesundheitsschädigungen

110 Das Gesetz räumt dem Personalrat eine umfassende Beteiligung im Zusammenhang mit dem Arbeits-, Unfall- und Gefahrenschutz ein. Gemäß § 64 Nr. 4 hat der Personalrat die Aufgabe, auf die Verhütung von Unfall- und Gesundheitsgefahren zu achten, die für den Arbeitsschutz zuständigen Stellen durch Anregung, Beratung und Auskunft zu unterstützen und sich für die Durchführung gesundheitsfördernder Maßnahmen und des Arbeitsschutzes einzusetzen. Mitbestimmungsrechte bestehen nach Absatz 4 Nr. 6 bei der Bestellung und Abberufung der Vertrauens- und Betriebsärzte sowie Sicherheitsfachkräfte und gemäß Nr. 7 bei Maßnahmen zur Verhütung von Dienst- und Arbeitsunfällen und sonstigen Gesundheitsschädigungen. § 77 räumt dem Personalrat umfassende, weitere Beteiligungsmaßnahmen im Zusammenhang mit dem Arbeits-, Unfall- und Gesundheitsschutz, insbesondere bei der Kooperation mit den dafür zuständigen Behörden und Stellen ein. Die Bedeutung dieser Aufgaben ist durch die Einfügung des § 77 Abs. 1 im Zusammenhang mit der Novelle 1994 nochmals hervorgehoben worden.

111 »Maßnahmen« zur Verhütung von Dienst- und Arbeitsunfällen und sonstigen Gesundheitsbeschädigungen sind generell Maßnahmen des Arbeitsschutzes i.S.d. § 2 ArbSchG, also nicht solche die unmittelbar Dienst- und Arbeitsunfälle oder sonstige Gesundheitsschädigungen verhüten, sondern auch Maßnahmen der menschengerechten Gestaltung der Arbeit (§ 2 Abs. 1 ArbSchG), organisatorische Maßnahmen und darüber hinaus die in § 3 ArbSchG genannten Maßnahmen des vorbeugenden Arbeitsschutzes einschließlich solcher zur Überprüfung der Wirksamkeit getroffener Maßnahmen. Insoweit ist von den Begrifflichkeiten des Arbeitsschutzgesetzes sowie der EU-Richtlinie 89/391 (vom 12. 7. 1989 über die Durchführung von Maßnahmen zur Verbesserung der Sicherheit und des Gesundheitsschutzes der Arbeitnehmer bei der Arbeit, Amtsblatt L 183) auszugehen. Unter Berücksichtigung dieser Definitionen sind Maßnahmen auch solche, die der Arbeitgeber zur Erfüllung seiner allgemeinen Pflichten i.S.d. Art. 6 Abs. 1 der Richtlinie ergreift. Dort sind aufgeführt »alle für die Sicherheit und den Gesundheitsschutz der Arbeitnehmer erforderlichen Maßnahmen, einschließlich der Maßnahmen zur

Verhütung berufsbedingter Gefahren, zur Information und zur Unterweisung sowie der Bereitstellung einer geeigneten Organisation und der erforderlichen Mittel«.

Die bisherige Abgrenzung zwischen »mittelbaren« und »unmittelbaren« Maßnahmen zur Verhütung von Dienst- und Arbeitsunfällen und sonstigen Gesundheitsschädigungen ist daher zur Bestimmung des Begriffs der Maßnahme i.S.d. § 72 Abs. 4 Nr. 7 ungeeignet. Es kommt nicht darauf an, ob die Maßnahme final zur Verhütung solcher Unfälle oder Gesundheitsschädigungen getroffen wird, sondern ob sie thematisch der Erfüllung der Pflichten des Arbeitgebers i.S.d. EG-Richtlinie oder des Arbeitsschutzgesetzes dient. Solche Maßnahmen unterliegen der Mitbestimmung. –

Zu eng ist daher die Entscheidung des BVerwG (vom 14. 10. 2002 – 6 P 7.01, PersR 2003, 113), demzufolge die Durchführung von Gefährdungsbeurteilungen i.S.d. § 5 ArbSchG – z.b. durch die Befragung von Beschäftigten anhand von Prüflisten – als bloß vorbereitende Maßnahme nicht der Mitbestimmung des Personalrats unterliegen soll (insoweit zutreffend: VG Göttingen vom 7. 3. 2001, PersR 2002, 35). Ohne eine Mitbestimmung des Personalrats bei den Gefährdungsbeurteilungen, wie sie auch bei den Verordnungen über die Benutzung persönlicher Schutzausrüstungen oder über die manuelle Handhabung von Lasten und die Arbeit an Bildschirmen durchzuführen sind (siehe z.B. § 3 Bildschirmarbeitsverordnung), tritt eine Verkürzung des Mitbestimmungsrechts ein, weil die nach § 6 ArbSchG anzufertigende Dokumentation nur das »Ergebnis der Gefährdungsbeurteilung« wiedergibt und dementsprechend die daraus folgenden Abhilfemaßnahmen sich nur auf die beurteilten Arbeitsbedingungen beziehen können. Es ist im Zusammenhang mit Arbeitsschutzmaßnahmen unabdingbar, daß der Personalrat bereits bei der Ermittlung des Gefährdungspotentials über den Rahmen, die Art und Weise und den Umfang der Beurteilung mitbestimmt.

Der Mitbestimmung unterliegen nicht nur vorbereitende Schritte, wie die Gefährdungsuntersuchung und die Dokumentation, sondern auch organisatorische Maßnahmen, wie z.B. die Einzelheiten der betrieblichen Unterweisung der Mitarbeiter über Gefahren am Arbeitsplatz (siehe dazu § 81 Abs. 1 Satz 2 BetrVG).

Zu dem Themenkreis der mitbestimmungspflichtigen Arbeitsschutzmaßnahmen gehören dementsprechend auch Maßnahmen der menschengerechten Gestaltung der Arbeit, wie z.B. Maßnahmen zur Software-Ergonomie, und weitere Maßnahmen zur Erleichterung der Arbeit für die Beschäftigten. Insoweit ist § 72 Abs. 4 Nr. 7 ein Auffangtatbestand im Verhältnis zu Absatz 3 Nr. 3 und 5.

Aushänge, die in erster Linie die Verkehrssicherungspflichten des Arbeitgebers als Betreiber einer öffentlichen Einrichtung (Universität) betreffen sowie ein Merkblatt bezüglich »Verhalten bei Hausalarm« sollen nicht der Mitbestimmung unterliegen (OVG Münster vom 5. 4. 2001 – 1 A 5330/

98.PVL, PersR 2001, 525; vom 5. 4. 2001 – 1 A 3033/99.PVL, PersV 2002, 230). Nicht von der Mitbestimmung erfaßt sind z.b. Anordnungen darüber, daß Außenjalousien bei starker Windbelastung einzurollen sind (OVG Münster vom 3. 2. 2000 – 1 A 5029/98.PVL, PersR 2001, 25), weil es sich um eine technische Gebrauchsanweisung und nicht um eine Maßnahme aus dem thematischen Pflichtenkreis des Arbeitsschutzes handelt.

Ärztliche Untersuchungen der Arbeitnehmer aus Anlaß der Einstellung oder im Rahmen von § 7 Abs. 2 BAT bzw. § 10 Abs. 2 BMT-G II zur Feststellung der Dienstfähigkeit durch den Vertrauens- oder den Amtsarzt unterliegen nicht der Mitbestimmung (BVerwG vom 23. 1. 1996 – 6 P 8.83, PersR 1986, 176), jedoch besteht ein Anhörungsrecht gemäß § 75 Abs. 1 Nr. 6. Werden darüber hinausgehende Untersuchungen (»frei von ansteckenden oder ekelerregenden Krankheiten« i.S.d. § 10 Abs. 2 BMT-G) oder bezüglich besonderer Ansteckungsgefahren oder für die Eignung einer Tätigkeit in gesundheitsgefährdenden Betrieben veranlaßt, besteht insoweit ein Mitbestimmungsrecht.

Die Asbestsanierung in dienstlichen Gebäuden (z.b. Schulen, Universitätsgebäuden) unterliegt der Mitbestimmung des Personalrats.

Das BVerwG (vom 23. 8. 2000 6 P 12.99 und vom 23. 8. 2000 – 6 P 5.99, PersR 2001, 20 und 23) hat unter dem Gesichtspunkt des § 104 Satz 3 BPersVG eine Einschränkung des Mitbestimmungsrechtes bei der Sanierung von dienstlichen Gebäuden angenommen, das Mitbestimmungsrecht jedoch nicht so weitgehend eingeschränkt wie das OVG Münster (vom 28.10.1993 – 1 A 3546/92.PVL, PersR 1994, 425; vom 13. 11. 1998 – 1 A 2740/97.PVL; vom 1. 12. 1998 – 1 A 4576/97.PVL). Das Mitbestimmungsrecht bei solchen Asbestsanierungen ist danach nicht bereits deshalb ausgeschlossen, weil die nach außen gerichtete Aufgabenerfüllung der Dienststelle betroffen ist. Dabei schließt zunächst das BVerwG ein Mitbestimmungsrecht an der (Grund-)Entscheidung, für die gesamte Dienststelle (z.B. Universität) eine Asbestsanierung durchzuführen, aus, weil es sich um eine innerdienstliche Entscheidung handele, die schwerpunktmäßig die Erledigung von Arbeitsaufgaben betreffe und die mit der Notwendigkeit verbunden sei, Gebäude oder Gebäudeteile zeitweilig oder auf Dauer zum Zwecke der Asbestsanierung zu schließen (im Anschluss an die Rechtsprechung zur Asbestsanierung von Schulgebäuden zuletzt: BVerwG vom 29.1.1996 – 6 P 1.93 und 6 P 2.93, PersR 1996, 280 und 283). Ein Mitbestimmungsrecht ist daher nur dann ausgeschlossen, wenn eine solche (Grund-)Entscheidung und ein Gesamtkonzept beschlossen werden, und darüber hinaus die Sanierung ohne erhebliche Auswirkungen auf die Erfüllung der jeweiligen Amtsaufgabe – z.B. Unterrichtsausfall, Schließung von Gebäude oder Gebäudeteilen – nicht durchführbar wäre. Hinzukommen muß, daß das Gesamtkonzept sämtliche einzelne Sanierungsmaßnahmen hinsichtlich Zeitpunkt sowie Art und Weise der Ausführung derart vorausplant und festlegt, daß für nachfolgende Ausführungsschritte kein Entscheidungsspielraum mehr verbleibt.

Fehlt ein solches – alle einzelnen Sanierungsschritte festlegendes – Gesamtkonzept bzw. verbleibt ein Entscheidungsspielraum bei den einzelnen Maßnahmen, so verbleibt es bei der uneingeschränkten Mitbestimmung des Personalrats. Eine Einschränkung der Mitbestimmung bei Einzelmaßnahmen kommt nur dann in Betracht, wenn ein konkreter Bezug zur Amtsaufgabe, also eine konkrete Beeinträchtigung der Erledigung der dienstlichen Aufgaben, dem Mitbestimmungsrecht entgegensteht. Das gilt ausdrücklich auch für solche späteren Einzelschritte, die aufgrund eines allgemeinen Konzepts – jedoch ohne vorherige Festlegung von Zeit, Ort und Art der Durchführung – zur Sanierung ergriffen werden (OVG Münster vom 9. 9. 1999 – 1 A 4938/97.PVL, PersR 2000, 24).

Das Mitbestimmungsrecht besteht auch dann, wenn es sich um bloß normvollziehende Maßnahmen ohne eigenes Ermessen handelt. Ein bloßer Hinweis auf die Rechtslage wird regelmäßig noch kein Mitbestimmungsrecht auslösen, es sei denn, er zielt auf die Änderung einer in der Dienststelle geübten Praxis ab und stellt deshalb eine Maßnahme dar, die auf die Verhütung von Dienst- und Arbeitsunfällen oder sonstigen Gesundheitsschädigungen abzielt.

Das Mitbestimmungsrecht erstreckt sich auf allgemeine Regeln wie auf Einzelfälle (OVG Münster vom 30. 4. 1979 – CL 5/79).

Damit erstreckt sich das Mitbestimmungsrecht auf alle betrieblichen Beauftragten im Rahmen des Arbeitsschutzes, soweit ihre Bestellung und Abberufung der Beteiligung des Personalrats unterliegt und soweit nicht bereits nach Absatz 4 Nr. 6 ein Mitbestimmungsrecht besteht.

112 Die Einführung von Alkohol- und Rauchverboten durch die Dienststelle unterliegt der Mitbestimmung ebenfalls, jedoch wird zumeist angenommen, daß es sich um eine Regelung i.S.d. Absatz 4 Nr. 9 handelt (siehe OVG Münster vom 4. 5. 1987 – CL 20/85, PersR 1988, 104). Einen Nichtraucherschutz verlangt § 3 a der Arbeitsstättenverordnung, der sowohl durch technische Maßnahmen (Einbau von Lüftungsanlagen) als auch organisatorische Maßnahmen (Trennung von Rauchern und Nichtrauchern) aber auch durch den Erlaß von Rauchverboten in der Dienststelle bewirkt werden kann.

113 Regeln über die Arbeit an Bildschirmarbeitsplätzen – soweit nicht bereits tarifvertraglich geregelt – unterliegen ebenfalls der Mitbestimmung. Das gilt sowohl für die Anordnung von Höchstarbeitszeiten, die Bereitstellung von Mischarbeitsplätzen, regelmäßige Augenuntersuchungen und Kostentragung der Dienststelle für Brillen. Ebenso der Mitbestimmung unterworfen ist die Regelung über die Gewährung über die Zahl der Kurzpausen während der Tätigkeit an Bildschirmgeräten (BVerwG vom 8. 1. 2001 – 6 P 6.00, PersR 2001, 154) und die nach der Bildschirmarbeitsverordnung vom Arbeitgeber gemäß § 3 Bildschirmarbeitsverordnung vorzunehmenden Beurteilungen der Arbeitsbedingungen an den Bildschirmarbeitsplätzen sowie den Maßnahmen gemäß §§ 4 bis 6 der

Bildschirmarbeitsverordnung einschließlich der Einhaltung der im Anhang zu dieser Verordnung definierten Anforderungen an Bildschirmarbeitsplätze.

Abs. 4 Nr. 8: Betriebliches Vorschlagswesen

114 Grundsätze über die Prämiierung von anerkannten Vorschlägen im Rahmen des behördlichen betrieblichen Vorschlagswesens können sich auf das Verfahren zur Behandlung und Beurteilung von solchen Vorschlägen beziehen, die Einrichtung gemeinsamer, von Dienststelle und Personalrat gebildeter Kommissionen und Regeln für die Ermittlung und Bemessung von Prämien vorsehen.

Das Mitbestimmungsrecht soll dazu dienen, den Beschäftigten einen Anreiz zur Erarbeitung und Abgabe von Verbesserungsvorschlägen zu geben und sicherstellen, daß solche Vorschläge in einem für die Arbeitnehmer durchsichtigen Verfahren behandelt und beurteilt werden und schließlich, daß die Prämiierung gerecht und gleichmäßig erfolgt.

Ausgenommen sind Arbeitnehmererfindungen, für die das Gesetz über Arbeitnehmererfindungen gilt. Für den Bereich der Landesverwaltungen ist ein Vorschlagswesen durch Richtlinie vom 14. 10. 1989 (MBl. 89, 1658) erlassen worden.

Abs. 4 Nr. 9: Regelung der Ordnung in der Dienststelle und des Verhaltens der Beschäftigten

115 Der Mitbestimmung des Personalrats unterliegen alle Maßnahmen, die auf die Gestaltung des Zusammenlebens und des Zusammenwirkens der Arbeitnehmer gerichtet sind.

Es handelt sich um einen einheitlichen Mitbestimmungstatbestand, der sich auf die Gesamtheit der Regelungen bezieht, die einen störungsfreien und reibungslosen Ablauf des Lebens in der Dienststelle gewährleisten sollen. »Jede Regelung des Verhaltens der Beschäftigten (schafft) auch eine bestimmte Ordnung in der Dienststelle, wie umgekehrt jede Regelung der Ordnung ein bestimmtes Verhalten der Beschäftigten verlangt« (OVG Münster vom 27. 10. 1999 – 1 A 5223/97.PVL, PersR 2000, 112).

Nicht gemeint sind Regeln, die sich auf die Arbeitsleistung der Arbeitnehmer beziehen, seien sie auf den Einzelfall gerichtet oder genereller Art. So sind weder Abmahnungen oder Mißbilligungen des Verhaltens einzelner Arbeitnehmer mitbestimmungspflichtig noch z.B. Dienstreiseordnungen, die Anordnung über das Ausfüllen von Tätigkeitslisten, Arbeitsnachweisen und ähnlichem. Steht nach dem Zweck der Regelung »unter Berücksichtigung der objektiven Gegebenheiten« (OVG Münster vom 27. 10. 1999, a.a.O.) die Diensterfüllung im Vordergrund – wie z.B. bei diensttechnischen Regelungen (»Verhalten bei Hausalarm«; OVG Münster vom 5. 4. 2001 – 1 A 5330/98.PVL, PersR 2001, 527) –, besteht kein Mitbestimmungsrecht.

Der Mitbestimmung unterliegen jedoch alle Maßnahmen, die die äußere Ordnung und das Verhältnis der Beschäftigten untereinander im Rahmen des Zusammenlebens und Zusammenwirkens regeln (OVG Münster vom 27. 10. 1999 – 1A 5223/97.PVL, PersR 2000, 112). Dazu gehören Regeln über Radiohören am Arbeitsplatz (BVerwG vom 30. 12. 1987 – 6 P 20.82, PersR 1988, 53), Taschenkontrollen, Eingangs- und Ausgangskontrollen jeder Art einschließlich Passierscheinregelungen, Einführung von Dienstausweisen (VG Gelsenkirchen vom 13. 3. 1998, 3 cK 4787/96.PVL), Maßnahmen im Rahmen der Parkraumbewirtschaftung (OVG Münster vom 20. 11. 1997 – 1A 2731/95.PVL, PersR 1998, 383; nicht jedoch Regeln über einen auch von Beschäftigten nutzbaren und im übrigen öffentlichen Parkplatz: OVG Münster vom 28. 2. 2002 – 1 A 146/00.PVL, PersR 2002, 350), Alkohol- und Rauchverbote am Arbeitsplatz (soweit nicht bereits nach Nr. 7 mitbestimmungspflichtig), Telefonbenutzung zu Privatzwecken (nach OVG Münster vom 26. 2. 1987 – CL 19/85, PersR 1988, 28 und vom 4. 11. 1991 – CL 77/88, PersR 1992, 410 sind diese Regeln nach Absatz 4 Nr. 9 mitbestimmungspflichtig), Benutzungsregeln für Gemeinschaftsräume, einschließlich Sozialräumen, Bekleidungsvorschriften (soweit nicht aufgrund Arbeitsschutznormen vorgesehen), Durchführung von Mitarbeitergesprächen aufgrund Zielvereinbarungen (VGH Baden-Württemberg vom 9. 5. 2000 – PL S 2514/99, PersR 2000, 291), Krankenrückkehrgespräche, Formular für Darlegung der Notwendigkeit eines Arztbesuchs während der Arbeitszeit (OVG Münster vom 3.2.2000 – 1 A 426/98.PVL, PersR 2000, 517), Dienstanweisung über das Tragen farblich abgestimmter Dienstkleidung (OVG Münster vom 12. 2. 2003 – 1 A 5764/00.PVL).

Abs. 4 Nr. 10: Gestaltung der Arbeitsplätze

Der Begriff des Arbeitsplatzes ist nicht funktional im Sinne des Dienst- **116** postens oder der übertragenen Arbeitsaufgabe, sondern räumlich-gegenständlich zu verstehen (siehe BVerwG vom 30. 8. 1985 – 6 P 20.83, PersR 1995, 184). Gegenstand der Mitbestimmung ist der räumliche Bereich, in dem der Beschäftigte tätig ist, sowie seine unmittelbare Arbeitsumgebung. Als Arbeitsplatz im Sinne der Vorschrift kommen alle innerhalb der Räumlichkeiten einer Dienststelle nach deren Aufteilung, der Untergliederung ihrer Räumlichkeiten oder der Zuordnung bestimmter Raumzonen zu einem Arbeitsgerät abgrenzbaren Bereiche in Betracht, in denen von einem oder mehreren Beschäftigten zugleich oder nacheinander einzelne Arbeitsschritte oder ineinander greifende Arbeitsvorgänge verrichtet werden (OVG Münster vom 31. 5. 2001 – 1 A 2277/99.PVL, PersR 2002, 215).

Das Mitbestimmungsrecht ist eingeräumt, damit der Personalrat die Grundsätze einer menschengerechten Gestaltung des Arbeitsplatzes und seiner Umgebung zur Geltung bringen kann. Mitbestimmungspflichtig ist daher insbesondere die Größe und Ausgestaltung der Arbeitsräume, einschließlich Anzahl und Höhe von Trennwänden in Großraumbüros, die Anordnung und Beschaffenheit von Arbeitssitzen, Arbeitsmitteln, die Raumtemperatur (siehe OVG Münster vom 22. 5. 1985 – CL 4/83). Gestaltet wird der Arbeitsplatz durch jegliche Veränderung der räumlichen und technischen Bedingungen (BVerwG vom 25. 8. 1986 – 6 P 16.84, PersR 1986, 235). Das Mitbestimmungsrecht tritt nicht erst dann ein, wenn der Personalrat eine nachteilige Gestaltung behauptet oder irgendeine Belastung für den Beschäftigten geltend macht. Vielmehr hat der Personalrat Anspruch darauf, durch Ausübung von Mitbestimmung die Ausgestaltung der jeweiligen Arbeitsplätze aus Anlaß einer Umgestaltung umfassend auf zweckmäßige Einrichtung, Einhaltung von Arbeitsschutzbestimmungen und Berücksichtigung arbeitswissenschaftlicher oder anderer Erkenntnisse oder Umgebungseinflüsse durch Temperierung, Befeuchtung, Belüftung oder z.b. Lärm zu überprüfen und zu beeinflussen (siehe BVerwG vom 30. 8. 1985 - 6 P 20.83, PersR 1985, 184 gegen die Rechtsprechung des OVG Münster).

Abs. 4 Nr. 11: Geltendmachung von Ersatzansprüchen

117 Nach dem Urteil des Bundesverfassungsgerichtes vom 19. 10. 1982 (– 2 BvF 1/81, NJW 1983, 25) haften Beamte für Schäden, die sie bei hoheitlicher Tätigkeit verursacht haben, für Vorsatz und grobe Fahrlässigkeit im Rahmen des § 46 BRRG, § 84 LBG.

Aufgrund der tariflichen Verweisungen in § 14 BAT, § 9 a BMT-G II ist die Haftung von Arbeitern und Angestellten entsprechend beschränkt.

Im übrigen gelten die vom Großen Senat des Bundesarbeitsgerichtes im Beschluß vom 27. 9. 1994 (GS 1/89 (A), PersR 1995, 39) entwickelten Grundsätze zur Haftung von Arbeitnehmern.

Gegenstand der Mitbestimmung sind solche Ansprüche, die der Dienstherr bzw. Arbeitgeber gegenüber den Beschäftigten stellt, nicht solche von Dritten gegenüber den Beschäftigten.

Das Mitbestimmungsrecht ist nach Absatz 4 Satz 2 davon abhängig, daß der Beschäftigte einen entsprechenden Antrag stellt. Es erstreckt sich auch auf ehemalige Beschäftigte, soweit die Ersatzansprüche sich auf den Zeitraum vor Ausscheiden bzw. Pensionierung beziehen.

Abs. 4 Nr. 12: Verselbständigung von Nebenstellen oder Teilen einer Dienststelle

118 Nach § 1 Abs. 3 können Nebenstellen oder Teile einer Dienststelle von der obersten Dienstbehörde zu selbständigen Dienststellen erklärt werden. Das hat zur Folge, daß diese sodann personalratsfähig werden und diese Personalräte der Nebenstellen- und Dienststellenteile zusammen mit dem Personalrat der bisher einheitlichen Dienststelle einen Gesamtpersonalrat zu bilden haben (zu den Auswirkungen im übrigen siehe OVG Münster vom 2. 12. 1993 – CL 91.90, PersR 1994, 428).

Vor Beschlußfassung der obersten Dienstbehörde über diese Verselbständigung ist dem Personalrat ein Mitbestimmungsrecht einzuräumen. Das gleiche gilt auch, wenn die Dienststelle diese Erklärung durch Widerruf rückgängig machen will.

Abs. 4 Nr. 13: Grundsätze der Arbeitsplatz- und Dienstpostenbewertung in der Dienststelle

Die Bewertung eines Arbeitsplatzes oder eines Dienstpostens besteht in **119** der Zuordnung der auf dem jeweiligen Arbeitsplatz wahrzunehmenden Tätigkeiten zu einer bestimmten Besoldungs-, Vergütungs- oder Lohngruppe. Mitbestimmungspflichtig ist dabei »die Auswahl der Bewertungsmerkmale, die Festlegung der Bewertungsmaßstäbe und die Entscheidung für ein bestimmtes Bewertungsverfahren« (OVG Münster vom 4. 10. 1990 – CL 13/88). Nach dieser Entscheidung sollen jedoch Regelungen, die sich nur auf die Erfassung der Tätigkeit beziehen, noch nicht der Mitbestimmung unterliegen.

Siehe im übrigen Orth/Welkoborsky, § 72 LPVG, Rn. 154.

Abs. 4 Nr. 14: Grundsätze über die Durchführung der Berufsausbildung der Angestellten und Arbeiter

Berufsausbildung ist in § 1 Abs. 2 BBiG die breit angelegte berufliche **120** Grundbildung sowie die Vermittlung der für die Ausübung einer qualifizierten beruflichen Tätigkeit notwendigen fachlichen Fertigkeiten und Kenntnisse in einem geordneten Ausbildungsgang sowie der Erwerb der erforderlichen Berufserfahrungen.

Das Mitbestimmungsrecht bei Grundsätzen der Berufsausbildung erstreckt sich auf alle Arbeitnehmer – auch auf diejenigen, deren späteres Ziel die Übernahme in das Beamtenverhältnis ist – und auf »alle Maßnahmen, die den Gesamtverlauf oder die Einzelheiten der Berufsausbildung lenken oder regeln und die darauf gerichtet sind, unmittelbar in die Gestaltung oder Durchführung der Berufsausbildung einzugreifen« (BVerwG vom 28. 12. 1984 – 6 P 5.84, PersR 1986, 79, LS).

Der Mitbestimmung des Personalrats unterliegen also sämtliche Maßnahmen im Rahmen der praktischen Durchführung der Berufsausbildung, soweit es sich um allgemeine Grundsätze handelt. Nicht der Mitbestimmung unterliegen zum einen Einzelanordnungen und Einzelmaßnahmen im Rahmen der Berufsausbildung – wie z.B. die Zuordnung eines Auszubildenden zu einem bestimmten Ausbilder oder in eine bestimmte Ausbildungsgruppe.

Nicht von der Mitbestimmung erfaßt sind ferner die Teile der Berufsausbildung, die nicht innerhalb der Dienststelle stattfinden und von ihr dementsprechend nicht beeinflußt werden können.

122 Der Mitbestimmung unterliegen jedoch Festlegung der Anzahl und personelle Auswahl von Ausbildern bzw. zusätzlich mit Ausbildungsaufgaben betreuter Beschäftigter, die Errichtung und Ausgestaltung von Ausbildungsplätzen, die zeitliche und sachliche Gliederung der Ausbildungsgänge – soweit nicht bereits durch Gesetz, Tarifvertrag oder Ausbildungsordnungen geregelt –, die Festlegung, in welchen Berufen ausgebildet wird, die Ausgestaltung und das Angebot zusätzlichen internen Unterrichts, Grundsätze für die Abnahme dienststelleninterner Prüfungen, Festlegung von Ausbildungsdienststellen sowie die Anzahl der auf diese Ausbildungsdienststellen entfallenden Auszubildenden (OVG Münster vom 29. 10. 1978 – CB 19/78). Auch die Errichtung oder Schließung von Ausbildungsstätten unterliegt der Mitbestimmung. Wie das Mitwirkungsrecht gemäß § 73 Nr. 4 betreffend die Grundsätze über die Durchführung der Berufsausbildung der Beamten zeigt, besteht vorliegend ein Mitbestimmungsrecht auch bei der Gestaltung von (dienststelleninternen) Lehrveranstaltungen und der Auswahl der Lehrpersonen – also der Ausbilder.

Der Personalrat hat im Zusammenhang mit der Ausübung dieses Mitbestimmungsrechtes die Rechte der Jugend- und Auszubildendenvertretung – soweit sie in der Dienststelle besteht – insbesondere gemäß § 61 zu beachten.

Die Mitteilung an Auszubildende, sie nach beendeter Ausbildung nicht zu übernehmen, ist gesondert nach § 75 Ziffer 5 anhörungspflichtig.

Abs. 4 Nr. 15: Richtlinien für die personelle Auswahl

123 Eine Auswahlrichtlinie enthält allgemeine Regeln, die bei den genannten personellen Einzelmaßnahmen zu berücksichtigen sind, insbesondere in bezug auf persönliche Merkmale des einbezogenen Personenkreises (fachliche und persönliche Voraussetzungen, soziale Erwägungen sowie beruflicher Werdegang, berufliche Ausbildung, abgelegte Prüfungen, vorhandene Spezialkenntnisse, Alter, Gesundheit, Familienverhältnisse oder dergleichen – siehe OVG Münster vom 29. 10. 1979 – CB 19/78).

Solche Auswahlrichtlinien können sich auch auf Verfahrensregeln aus Anlaß der personellen Auswahl beziehen, wie z.B. auf die Veranstaltung und die Einzelheiten von Eignungs- und Auswahltests.

Bei Einstellungen kann in Richtlinien z.B. auch die Anzahl der in jedem Jahr einzustellenden Auszubildenden festgelegt werden.

Dienststelle und Personalrat sind bei solchen Auswahlrichtlinien insgesamt an die Grundsätze der Gleichbehandlung und die Vorschrift des § 62 gebunden.

124 Unter Auswahlrichtlinien bei Versetzungen sind allgemeine Regelungen zu verstehen, die bei Versetzungen zu beachten sind, insbesondere fachliche und persönliche Merkmale sowie die Methode, nach der ein Bewerber aus dem jeweiligen, die allgemeinen Voraussetzungen erfüllenden Bewerberkreis auszuwählen ist (siehe im einzelnen OVG Münster vom 8. 11. 1988 – CL 43.86, PersR 1989, 330; vom 28. 8. 1995 – 1A 3709/91.PVL, PersR 1996, 159).

Personalauswahl-Richtlinien bei Kündigungen werden nur in den seltensten Fällen zustande kommen. Sie bieten sich ohnehin für personen- oder verhaltensbedingte sowie außerordentliche Kündigungen nicht an, weil diese nur bei Vorliegen ganz bestimmter, individueller Voraussetzungen in Betracht kommen und rechtmäßig sind.

Für betriebsbedingte Kündigungen können Auswahlrichtlinien die Rechtsprechung des Bundesarbeitsgerichtes zu § 1 KSchG nicht ändern oder abbedingen. Es kann sich allenfalls um Richtlinien im Zusammenhang mit einem Sozialplan (Abs. 2 Nr. 5) handeln, die das zwischen Dienststelle und Personalrat einzuhaltende Verfahren bei einer Massenentlassung, die Möglichkeiten des Verzichts auf Kündigungen bei Abschluß von Aufhebungsverträgen, die Reduzierung der Personenzahl der zu Kündigenden bei der Eröffnung von anderen personalwirtschaftlichen Möglichkeiten etc. handeln. Jedoch scheiden Punktsysteme u. ä., nach denen aus einem bestimmten Personenkreis die zu Kündigenden ausgewählt werden, aus.

Abs. 4 Nr. 16: Beurteilungsrichtlinien

Beurteilungsrichtlinien sind allgemeine Regeln, in denen Maßstäbe für **125** die Beurteilung von Arbeitsleistungen der Arbeitnehmer aufgestellt werden, indem die Bewertungsmethode »im Hinblick auf eine Objektivierung der Beurteilung zur Gewährleistung des Gleichheitsgrundsatzes im einzelnen festgelegt« wird (BVerwG vom 11. 12. 1991 – 6 P 20.89, PersR 1992, 202) und bestimmt, auf welche Weise dienstliche Beurteilungen zu erstellen sind bzw. das anzuwendende Verfahren bei ihrer Erstellung zum Gegenstand haben (OVG Münster vom 5. 7. 1990 – CL 17/88).

Beurteilungsrichtlinien sind nicht erst dann anzunehmen, wenn es sich um ein vollständiges und lückenloses System der Beurteilung handelt, auch Teilregelungen für ergänzende oder Teil-Beurteilungen unterliegen der Mitbestimmung (OVG Münster vom 5. 7. 1990 – CL 17/88). Allerdings stellt eine bloße – wenn auch einheitlich gehandhabte – Beurteilungspraxis noch keine Richtlinie dar (zu »Binnendifferenzierungen« bei Beurteilungen: OVG Münster vom 20. 5. 1998 – 1A 3522/96.PVL, PersR 1999, 171; vom 7. 12. 1998 – 6 B 2305/98, PersR 1999, 500).

Das Mitbestimmungsrecht erstreckt sich auf Beurteilungsrichtlinien für Arbeiter, Angestellte und Beamte – soweit nicht gesetzliche Regelungen vorgreiflich sind. Es umfaßt die Aufstellung, Änderung und Ergänzung solcher Richtlinien und Grundsätze.

Inhalt der Beurteilungsrichtlinien können das System der Auswertung von Bewertungsmerkmalen, die Festlegung periodischer Zeiträume sowie der materiellen Merkmale für die Beurteilung – z.b. die Ermittlung der Arbeitsleistung nach Qualität und Quantität des Arbeitsergebnisses, die Prüfung der Eignung für bestimmte Aufgaben durch Festlegung des individuellen Leistungsprofils, Vergleiche mit den für die Aufgabe erforderlichen persönlichen Voraussetzungen, Festlegung der zu berücksichtigenden Merkmale, Einhaltung objektiver Verfahren und bestimmter Beurteilungsbögen und -blätter sowie z.B. das Verbot anonymer Beurteilungen – sein. Ein Programm zur Einarbeitung neuer Mitarbeiter, mit dem die Überprüfung ihres Einarbeitungserfolgs und der Güte ihrer Leistungen vorgenommen wird, ist eine solche Richtlinie (OVG vom 20. 11. 1995 – 1A 15/92.PVL, PersR 1996, 364).

Abs. 4 Nr. 17: Allgemeine Fragen der Fortbildung der Beschäftigten, Auswahl der Teilnehmer an Fortbildungsveranstaltungen

126 Fortbildung soll nach § 1 Abs. 3 BBiG die beruflichen Kenntnisse und Fertigkeiten erhalten, erweitern sowie den technischen Entwicklungen anpassen und den beruflichen Aufstieg ermöglichen.

Fortbildung knüpft an einer bereits durchlaufenden Grundausbildung an und baut darauf auf. Erstausbildung ist Gegenstand des Mitbestimmungsrechtes nach § 72 Abs. 4 Nr. 14 und des Mitwirkungsrechtes nach § 73 Nr. 4.

Allgemeine Fragen der Fortbildung sind sämtliche Angelegenheiten und Maßnahmen, die im Zusammenhang mit der Fortbildung der Beschäftigten auftreten. Nicht darunter fallen jedoch bloße fachliche Unterrichtungen zur Aufrechterhaltung des beruflichen Wissens und der praktischen Fertigkeiten im Interesse eines geordneten Dienstbetriebes (siehe BVerwG vom 27. 11. 1991 – 6 P 7.90, PersR 1992, 147). Mögliche Themen des Mitbestimmungsrechtes sind die Entscheidung, für welche Gruppen von Beschäftigten Fortbildungsmaßnahmen angeboten und durchgeführt werden sollen, die Anzahl und Dauer der Veranstaltungen, die Festlegung ihrer Inhalte, Lernziele und Methoden, Gestaltung des Programmes und Bereitstellung der entsprechenden Lehrmittel seitens der Dienststelle sowie die Entscheidung, ob die Fortbildung während oder außerhalb der Arbeitszeit mit oder ohne Gewährung von Dienstbefreiung stattzufinden hat, die Einführung einer Prüfung oder abschließenden Beurteilung oder auch die Entscheidung über die Anwendung von Regelungen Dritter, z.B. der Richtlinien des Kommunalen Arbeitgeberverbandes für die Durchführung des Angestelltenlehrgangs II (OVG Münster vom 3. 7. 1986 – CL 23/85, ZBR 1987, 58). Von der Mitbestimmung sollen Fragen der Kostenübernahme für Fortbildungsveranstaltungen ausgenommen sein (OVG Münster vom 27. 10. 1999 – 1 A 5100/97.PVL, PersR 2000, 169).

Die Mitbestimmung bezieht sich auf die Angestelltenlehrgänge I und II und ihre Durchführung, die Vorbereitungskurse zur Ablegung der Werkprüfung nach dem BMT-G II, die ärztliche Weiterbildung, die berufliche Weiterbildung im Sinne des § 5 Abs. 2 AWbG.

Der Personalrat hat darüber hinaus ein Mitbestimmungsrecht bei der **127** Auswahl der Teilnehmer an Fortbildungsveranstaltungen. Dazu zählen sowohl allgemeine Regeln zur Auswahl unter verschiedenen Bewerbern wie die Auswahlentscheidung selbst. Hat sich jedoch nur ein Beschäftigter beworben oder will die Dienststelle alle oder keinen zu einer Fortbildungsveranstaltung entsenden, so besteht kein Mitbestimmungsrecht.

Abs. 4 Nr. 18: Personalfragebogen

Personalfragebogen sind formularmäßige Zusammenstellungen oder Auf- **128** zeichnungen von Fragen und Darstellungen, die der Ermittlung von Angaben über die persönlichen Verhältnisse, den beruflichen Werdegang und die fachlichen Kenntnisse eines Bewerbers oder eines Beschäftigten dienen. »Er ist seiner Natur nach personenbezogen und vorzugsweise ein Mittel, die Eignung des Bewerbers oder Beschäftigten für bestimmte Aufgaben festzustellen« (OVG Münster vom 4. 10. 1990 – CL 13/88). Im Gegensatz dazu sind Arbeitsplatzbeschreibungen nicht personenbezogen, da sie sich nicht auf den Arbeitsplatzinhaber, sondern nur auf Inhalt, Umfang und Bedeutung der auf einem bestimmten Arbeitsplatz zu verrichtenden Tätigkeiten beziehen (BVerwG vom 2. 8. 1989 – 6 P 5.88, PersR 1989, 303). Werden allerdings in einer Arbeitsplatzbeschreibung zugleich personenbezogene Daten des jeweiligen Arbeitsplatzinhabers erhoben und muß der Beschäftigte zusammen mit Angaben über seine Tätigkeit auch persönliche Angaben über sich selbst machen, so sind auch Arbeitsplatzbeschreibungen mitbestimmungspflichtig. Dabei kann es entgegen der Rechtsprechung (OVG Münster vom 4. 10. 1990, a.a.O.; vom 26. 6. 1998 – 1A 3874/95.PVL, PersR 1999, 306) nicht darauf ankommen, ob die darauf zu machenden Angaben der Dienststelle bereits bekannt sind oder nicht sowie ob der Zweck des Fragebogens die Beurteilung der Eignung des Bewerbers oder Beschäftigten ist.

Zweck des Mitbestimmungsrechtes ist zum einen der Schutz des Persön- **129** lichkeitsrechts insbesondere von Bewerbern vor Fragen, die keinen Bezug zum Arbeitsverhältnis haben. Insbesondere Bewerber sind praktisch gezwungen, solche Fragebogen auszufüllen, weil die Verweigerung von Antworten die Erfolgsaussichten der Bewerbung in Frage stellt. Der Personalrat hat daher darauf zu achten, daß keine Fragen nach Parteioder Gewerkschaftszugehörigkeit gestellt werden oder politische sowie religiöse Einstellungen abgefragt werden. Auch Fragen nach Familienund Verwandtschaftsverhältnissen – mit Ausnahme der für die Bemessung und Abrechnung der Vergütung erforderlichen Angaben – sind nicht erforderlich und daher nicht zulässig. Das gilt auch für allgemeine Fragen nach Vermögensverhältnissen, nach Krankheiten und ärztlichen Untersuchungen.

Die allgemeine Frage nach Vorstrafen ist nicht zulässig. Es dürfen nur Erkundigungen über solche Straftaten eingezogen werden, deren Kenntnisse aufgrund der vorgesehenen Tätigkeit unverzichtbar sind (z.b. nach Vermögensdelikten bei Kassierern, Verkehrsstraftaten bei Kraftfahrern). Zu beachten ist jedoch, daß die fehlende Zustimmung des Personalrats zu einem Personalfragebogen dem Arbeitnehmer nicht das Recht gibt, eine individualrechtlich zulässige Frage wahrheitswidrig zu beantworten (BAG vom 2. 12. 1999 – 2 AZR 724/98, PersR 2000, 336).

130 Neben dem Schutz der Persönlichkeitsrechte von Bewerbern und Beschäftigten ist das Grundrecht auf informationelle Selbstbestimmung der Bewerber und Beschäftigten Gegenstand und Zweck des Mitbestimmungsrechtes. Der Personalrat hat darauf zu achten, daß Daten nur in dem Umfang erhoben werden, wie sie unmittelbar zur Durchführung des bestehenden oder beabsichtigten Arbeitsverhältnisses erforderlich sind. Das Mitbestimmungsrecht muß sich daher jedenfalls auf solche Erhebungsbogen beziehen, die Daten abfragen, um sie anschließend per EDV zu erheben und darin zu speichern. Das muß auch dann gelten, wenn die darin gemachten Angaben zwar der Dienststelle bekannt sind, sie ihr jedoch bisher nicht in dieser Zusammenstellung vorliegen.

131 Nach Absatz 4 Satz 3 soll dieses Mitbestimmungsrecht nicht für Personalfragebogen gelten, die der Finanzkontrolle durch den Landesrechnungshof dienen. Diese durch die Novelle 1994 eingefügte Vorschrift ist nach dem Regierungsentwurf (a.a.O., S. 4) wegen der besonderen Aufgabenstellung des Landesrechnungshofes und der ihm gegenüber bestehenden Auskunftspflicht gemäß § 95 LHO gerechtfertigt. Die Vorschrift ist unverständlich und wohl verfassungswidrig. § 95 LHO sieht vor, daß dem Landesrechnungshof Unterlagen, die er zur Erfüllung seiner Aufgaben für erforderlich hält, auf Verlangen innerhalb einer bestimmten Frist zu übersenden oder seinen Beauftragten vorzulegen sind. Das Bundesverwaltungsgericht sowie der Verwaltungsgerichtshof Baden-Württemberg (BVerwG vom 2. 8. 1989 – 6 P 5.88, PersR 1989, 303; VGH Baden-Württemberg vom 8. 12. 1987 – 15 S 1890/87, PersR 1988, 189) haben ein Mitbestimmungsrecht bei Personalfragebögen bejaht, die der Landesrechnungshof entworfen hatte und an Dienststellen zur Weitergabe an Beschäftigte mit der Weisung zum Ausfüllen weitergegeben hatte. Die Auskunftspflicht in § 95 LHO entbindet nicht von der Beachtung allgemein geltender Gesetze, einschließlich von Mitbestimmungsrechten.

Der VGH Baden-Württemberg hat das Mitbestimmungsrecht gerade wegen des erforderlichen Schutzes des Persönlichkeitsrechtes und des Rechtes auf informationelle Selbstbestimmung des einzelnen Beschäftigten eingeräumt. Eine gesetzgeberische Anordnung, mit dem dieses Recht zugunsten des Landesrechnungshofes ohne erforderlichen Grund außer Kraft gesetzt wird, dürfte wohl nicht dem Verfassungsrecht entsprechen.

Es ist darüber hinaus zu beachten, daß auch nach Beseitigung dieses Mitbestimmungsrechtes bei Personalfragebogen des Landesrechnungshofes keine Verpflichtung einzelner Beschäftigter besteht, diese Fragebögen auszufüllen oder dem Landesrechnungshof unmittelbar Auskünfte zu geben. Auskunftspflichtig sind nur diejenigen Stellen, bei denen der Rechnungshof prüft, nicht jedoch deren Beschäftigte. Der Rechnungshof hat auch keine Weisungsbefugnis gegenüber einzelnen Beschäftigten der seiner Prüfung unterliegenden Stellen (VGH Baden-Württemberg, a.a.O.). Die hinter der Gesetzesänderung stehende Absicht, dem Landesrechnungshof künftig im Wege der »Ferndiagnose« die Möglichkeit zur Überprüfung von Eingruppierungen einzelner Beschäftigter anhand von Fragebogen zu geben, die diese Beschäftigten selbst ausgefüllt haben, wird daher auch zukünftig nicht möglich sein.

Abs. 4 Nr. 19: Abschluß von Arbeitnehmerüberlassungs- und Gestellungsverträgen

Arbeitnehmerüberlassung ist die Übernahme von Arbeitnehmern eines **132** Verleih-Unternehmens zur Arbeitsleistung (siehe AÜG).

Der Abschluß eines Vertrages zwischen Dienststelle und einem solchen Verleih-Unternehmen bedarf der Mitbestimmung des Personalrats. Die Übernahme der Arbeitnehmer zur Arbeitsleistung aufgrund eines solchen Vertrages unterliegt gesondert der Mitbestimmung nach § 14 AÜG. Der Personalrat hat sich im Rahmen seines Mitbestimmungsrechtes darüber zu vergewissern, daß der Verleiher über eine entsprechende Erlaubnis des Landesarbeitsamtes verfügt und die erforderliche Gewähr für das Verleihen von Arbeitnehmern besitzt, was in der Regel durch Unbedenklichkeitsbescheinigungen der AOK und des zuständigen Finanzamtes zu belegen ist. Der nach § 12 Abs. 1 Satz 1 AÜG schriftlich abzuschließende Arbeitnehmerüberlassungsvertrag zwischen Dienststelle und Verleiher ist vor seiner Unterzeichnung dem Personalrat im vollständigen Wortlaut vorzulegen.

Das Mitbestimmungsrecht ist nicht auf Arbeitnehmerüberlassungsverträge im Sinne des AÜG beschränkt, sondern erstreckt sich auf alle Verträge, mit denen Personal überlassen wird. Es kann sich also auch auf Werkverträge beziehen, mit denen der Werkunternehmer der Dienststelle Personal im Rahmen eines bestimmten Werkvertrages zur Verfügung stellt.

Ein *Gestellungsvertrag* ist ein besonderer Werkvertrag, der ursprünglich **133** zwischen karitativen Einrichtungen (Orden, DRK) und Trägern von Krankenhäusern abgeschlossen wurde. Die Aufnahme einer Tätigkeit aufgrund Gestellung ist eine Einstellung (BVerwG vom 18. 6. 2002 – 6 P 12.01, PersR 2002, 467). Mittlerweile werden solche Gestellungsverträge aus Anlaß von Betriebsübernahmen und Privatisierungen regelmäßig bezüglich der Arbeitnehmer abgeschlossen, die einem Betriebsübergang i.S.d. § 613 a BGB widersprochen haben. Er beinhaltet, daß der Gesteller Personal in bestimmter Anzahl und mit definierter Qualifikation zur Verfügung stellt und für Einsatz, Überwachung und Vergütung dieses Personals

selbst sorgt. Die Gestellung erfolgt häufig nicht aus erwerbswirtschaft-
lichen, sondern aus karitativen oder sonstigen ethischen Gründen.

Nach Absatz 4 Satz 3 gilt dieses Mitbestimmungsrecht insgesamt nicht
beim Westdeutschen Rundfunk.

Abs. 5: Probeweise oder befristet durchgeführte Maßnahmen

134 In allen Angelegenheiten des Absatzes 3 Nr. 1 bis 7 und des Absatzes 4
Nr. 1 bis 19 hat der Personalrat auch dann mitzubestimmen, wenn die
Maßnahme lediglich probeweise oder befristet durchgeführt werden soll.

Bereits vor Schaffung dieser Regelung mit der Novelle 1985 hat das
Bundesverwaltungsgericht das Mitbestimmungsrecht bei probeweisen
oder zeitlich befristeten Maßnahmen für den Fall bejaht, daß die betreffende Maßnahme den Tatbestand des einschlägigen Mitbestimmungsrechtes vollständig erfüllt (BVerwG vom 15. 12. 1978 – 6 P 13.78, PersV
1980, 145). Nunmehr unterliegen der Mitbestimmung jedoch auch solche
Maßnahmen, die den Mitbestimmungstatbestand nur deshalb nicht vollständig erfüllen, weil sie noch nicht auf Dauer oder unbefristet angelegt
sind. Das gilt z.B. für die probeweise Personaldatenverarbeitung ohne
»Echtdaten«, die zur Erprobung oder zur Befristung vorgenommene
Privatisierung, die deshalb noch nicht »auf Dauer« vorgenommen wird,
sämtliche Änderungen oder Erweiterungen nach Absatz 3 Ziffern 1, 2, 3
und 6, die wegen ihrer befristeten oder probeweisen Einführung noch
keine »wesentliche« Änderung oder Erweiterung sind, oder etwa der
Abschluß eines Werkvertrages zur Vorbereitung und Erprobung eines
Arbeitnehmerüberlassungs- oder Gestellungsvertrages.

Die probeweise bzw. befristete Maßnahme unterliegt auch dann der
Mitbestimmung, wenn den Beschäftigten der Dienststelle die Teilnahme
an der Erprobung freigestellt ist (OVG Münster vom 30. 10. 1996 – 1A
2348/93.PVL, PersR 1997, 212).

§ 72 a

(1) Der Personalrat bestimmt mit bei ordentlichen Kündigungen.

§ 72 Abs. 1 Satz 2 gilt entsprechend.

**(2) Der Personalrat ist vor Kündigungen in der Probezeit und bei
außerordentlichen Kündigungen sowie bei Aufhebungs- oder Beendigungsverträgen anzuhören. Hierbei sind die Gründe, auf die sich die
beabsichtigte Kündigung stützen soll, vollständig anzugeben.**

**(3) Eine ohne Beteiligung des Personalrates ausgesprochene Kündi-
gung oder ein ohne Beteiligung des Personalrates geschlossener Auf-
hebungs- oder Beendigungsvertrag ist unwirksam.**

**(4) Der Personalrat kann vor einer Stellungnahme den betroffenen
Arbeitnehmer anhören. Erhebt der Personalrat Einwendungen gegen**

die beabsichtigte Maßnahme oder Vereinbarung, hat er dem betroffenen Arbeitnehmer eine Abschrift seiner Stellungnahme zuzuleiten.

(5) Stimmt der Personalrat einer beabsichtigten ordentlichen Kündigung nicht zu, gilt § 66 Abs. 2 und 3 sinngemäß. Das weitere Verfahren regelt sich nach § 66 Abs. 5 und Abs. 7 Satz 1 und 2.

(6) Hat der Personalrat gegen eine beabsichtigte Kündigung in der Probezeit oder gegen eine außerordentliche Kündigung Einwendungen, gibt er diese binnen einer Woche dem Leiter der Dienststelle schriftlich zur Kenntnis. Absatz 4 gilt entsprechend.

(7) Will der Personalrat gegen einen Aufhebungs- oder Beendigungsvertrag Einwände erheben, gibt er diese binnen einer Woche schriftlich dem Leiter der Dienststelle zur Kenntnis. Absatz 4 gilt entsprechend.

(8) Bei Initiativanträgen des Personalrats gilt § 66 Abs. 4 und 6 entsprechend.

In § 72 a sind durch die Novelle 1994 nunmehr sämtliche Beteiligungs- **1** tatbestände des Personalrates bei Kündigungen zusammengefaßt, die bisher in § 72 Abs. 1 Nr. 9 sowie § 74 enthalten waren. Durch die Neuregelung hat der Personalrat jetzt eine Beteiligung bei folgenden Beendigungstatbeständen:

– Bei sämtlichen ordentlichen Kündigungen gemäß Absatz 1,

– bei Kündigungen in der Probezeit – als vor Geltung des Kündigungsschutzgesetzes anstelle der bisher formulierten Beteiligung bei »Beendigung des Arbeitsverhältnisses während der Probezeit« (§ 74 a.F.),

– bei außerordentlichen Kündigungen nach Absatz 2,

– bei Aufhebungs- und Beendigungsverträgen nach Absatz 2.

Lediglich die Entlassungen ohne Einhaltung einer Frist – ein Sondertatbestand für Beamte auf Probe und auf Widerruf sowie für den Fall der Anfechtung des Arbeitsverhältnisses – ist in § 74 verblieben.

Abs. 1: Bei ordentlichen Kündigungen ist das Mitbestimmungsrecht des **2** Personalrates unverändert geblieben. Dem Personalrat steht also ein Mitbestimmungsrecht bei allen ordentlichen Kündigungen unter Einhaltung der jeweils vertraglichen Fristen zu. Es kann sich dabei um betriebsbedingte, verhaltensbedingte und personenbedingte Beendigungskündigungen im Sinne des § 1 KSchG handeln sowie um solche Beendigungskündigungen, die außerhalb der Geltung des Kündigungsschutzgesetzes ausgesprochen werden. Auch Änderungskündigungen (§ 2 KSchG), also die Kündigung des Arbeitsverhältnisses mit gleichzeitigem Angebot einer Fortsetzung zu veränderten Bedingungen, stellen eine ordentliche Kündigung dar (siehe zum Verhältnis zwischen Mitbestimmung bei Änderungskündigung und Fragen der betrieblichen Lohngestaltung: BVerwG vom 9. 12. 1998 – 6 P 9.97, PersR 1999, 265).

§ 72a

3 **Abs. 2:** Die Vorschrift faßt die bisher in § 74 enthaltene Beteiligung des Personalrates bei Probezeit-Kündigungen und bei außerordentlichen Kündigungen zusammen und erweitert das Beteiligungsrecht auf Aufhebungs- und Beendigungsverträge.

»Kündigung in der Probezeit« dürfte sachlich das gleiche sein wie die früher in § 74 aufgeführte »Beendigung des Arbeitsverhältnisses während der Probezeit«. Während einer Probezeit längstens für die Dauer von sechs Monaten kommt in der Regel nur die Kündigung des Arbeitsverhältnisses mit den verkürzten Kündigungsfristen nach Tarifvertrag, Vereinbarung oder Gesetz (§ 622 Abs. 3 BGB) in Betracht.

Außerordentliche Kündigungen sind solche, bei denen die gesetzliche, tarifvertragliche oder arbeitsvertragliche Kündigungsfrist nicht eingehalten wird. Sie sind gemäß § 626 Abs. 1 BGB regelmäßig nur bei Vorliegen eines wichtigen Grundes zulässig und können gemäß § 626 Abs. 2 BGB nur innerhalb von zwei Wochen nach Kenntnis des Kündigungsgrundes ausgesprochen werden. Ein wichtiger Grund ist gemäß § 626 Abs. 1 BGB gegeben, wenn Tatsachen vorliegen, aufgrund derer dem Arbeitgeber unter Berücksichtigung aller Umstände des Einzelfalles und unter Abwägung der Interessen beider Parteien die Fortsetzung des Arbeitsverhältnisses auch nur bis zum Ablauf der Kündigungsfrist nicht zugemutet werden kann. Ob dies der Fall ist, haben die Arbeitsgerichte zu überprüfen, die tarifvertragliche oder arbeitsvertragliche Vereinbarung von »wichtigen Gründen« ist nicht möglich. Ausnahmsweise kann die außerordentliche Kündigung eines nach Tarifvertrag unkündbaren Mitarbeiters, z.B. wegen Wegfalls des Arbeitsplatzes und Unmöglichkeit einer anderweitigen Beschäftigung oder wegen langandauernder Krankheit zulässig sein. In diesen Fällen nimmt das BAG an, daß eine außerordentliche Kündigung mit einer »notwendigen« Auslauffrist ausgesprochen werden kann. Diese Auslauffrist muß der ordentlichen Kündigungsfrist entsprechen, die der Arbeitnehmer ohne die Unkündbarkeit zu beanspruchen hätte. Der Personalrat ist dabei jedoch nach den für die ordentliche Kündigung geltenden Bestimmungen zu beteiligen, es ist die Zustimmung nach Absatz 1 erforderlich. Eine Umdeutung einer außerordentlichen, fristlosen Kündigung in eine außerordentliche Kündigung mit Auslauffrist kommt daher regelmäßig nicht in Betracht, weil für die außerordentliche Kündigung die einwöchige Anhörungsfrist des Absatz 6 zu beachten ist, die außerordentliche Kündigung mit notwendiger Auslauffrist eines Unkündbaren jedoch die Zustimmung des Personalrats nach Absatz 1 voraussetzt (siehe dazu BAG vom 18. 10. 2000 – 2 AZR 627/99, PersR 2001, 125).

4 Die Anhörung des Personalrats bei Aufhebungs- oder Beendigungsverträgen ist seit der Novelle 1994 vorgesehen. Damit wird im Interesse der Beschäftigten ein weiterer Beendigungstatbestand der Beteiligung des Personalrates unterworfen. Nicht selten wird ein Aufhebungsvertrag zur Vermeidung oder unter Androhung einer Kündigung seitens des Arbeitgebers vorgeschlagen und dem Arbeitnehmer zur Unterzeichnung vorgelegt. Die Beteiligung des Personalrats stellt nunmehr sicher, daß der Beschäftigte nicht zum Abschluß gedrängt wird oder ungünstige Beendigungsbedingungen aus (ungerechtfertigter) Furcht vor einer Kündigung und deren Folgen akzeptiert. Ein bedeutsamer sachlicher Unterschied zwischen einem Aufhebungsvertrag und einem Beendigungsvertrag besteht nicht. Beide haben zum Inhalt und zum Ergebnis, daß das zwischen den Parteien bestehende Arbeitsverhältnis zu einem vereinbarten Zeitpunkt endet. Aufhebungsverträge werden häufig bei unangefochten bestehenden Arbeitsverhältnissen geschlossen, Beendigungsverträge stellen häufig die Einigung darüber dar, daß das Arbeitsverhältnis aufgrund einer arbeitgeberseitig ausgesprochenen Kündigung endet (auch Abwicklungsverträge genannt). Der Arbeitgeber ist verpflichtet, den Arbeitnehmer aus Anlaß von solchen Beendigungsvereinbarungen über sozialrechtliche Auswirkungen und Nachteile umfassend zu unterrichten und zu belehren. Unterbleibt eine Belehrung z.b. über ungewöhnlich hohe Versorgungseinbußen oder über die Verpflichtung zur unverzüglichen Meldung beim Arbeitsamt (§ 37 b SGB III), so haftet der Arbeitgeber dem Arbeitnehmer wegen der Aufklärungsversäumnisse auf Schadensersatz (siehe BAG vom 18. 10. 2000 3 AZR 605/99, PersR 2001, 270).

»Vollständig« ist mehr als umfassend i.S.d. § 65 Abs. 1 Satz 1. Der Arbeitgeber muß alles, worauf er sich zur Stützung der Kündigung z.B. in einem nachfolgenden Kündigungsschutzprozeß stützen will, dem Personalrat lückenlos vortragen (zu eng daher: LAG Köln vom 19. 11. 1999 – 11 Sa 768/99, PersR 2000, 474). Auch die Mitteilung nur der »wesentlichen Gründe« reicht nicht aus.

Zunächst besteht Anspruch auf Mitteilung der vollständigen Sozialdaten des Arbeitnehmers, bestehend aus Alter, Betriebszugehörigkeit, Familienstand, Unterhaltsverpflichtungen und sonstigen Umständen, wie z.B. Schwerbehinderteneigenschaft u.ä. Die Mitteilung ist auch dann unverzichtbar, wenn der Arbeitgeber vermutet, daß der Personalrat eine ungefähre Kenntnis von diesen Daten hat. Das ersetzt nicht die Unterrichtung aus Anlaß einer Kündigung. Weiter gehört dazu, daß der Personalrat die maßgeblichen Umstände, die für den Kündigungsentschluß entscheidend sind und sein sollen im einzelnen mitteilt. Das sind bei einer betriebsbedingten Kündigung i.S.d. § 1 Abs. 2 Nr. 2 KSchG die internen bzw. externen Ursachen der Kündigung, die Auswirkung des Kündigungsgrundes auf den Arbeitsplatz des zu Kündigenden, die Darstellung der Sozialauswahl sowie die Einhaltung eventueller Richtlinien über die soziale Auswahl und schließlich die Darlegung, daß der Arbeitnehmer nicht an einem anderen Arbeitsplatz derselben Dienststelle oder in einer anderen Dienststelle desselben Verwaltungszweiges weiterbeschäftigt werden kann. Bei einer verhaltensbedingten Kündigung zählen dazu auch die tatsächlichen Umstände der Erklärungs-, Entschuldigungs- oder Rechtfertigungsversuche des Arbeitnehmers, die dieser im Rahmen einer Stellungnahme zu den Kündigungsvorwürfen dem Arbeitgeber mitteilt und die der Arbeitgeber in seiner abwägenden Bewertung bei der Kündigungsentscheidung hat einfließen lassen (so zutreffend: LAG Köln vom 5. 6. 2000 – 8 (11) Sa 1545/99, PersR 2001, 224). Satz 2 ordnet ausdrücklich an, daß dem Personalrat die Gründe, auf die sich die beabsichtigte Kündigung stützen soll, vollständig anzugeben sind. Es sind dem Personalrat daher auch dann die Gründe mitzuteilen, wenn arbeitsrechtlich solche Gründe nicht genannt werden müssen – insbesondere bei einer Kündigung innerhalb der Probezeit. Vollständig werden die Gründe dann angegeben, wenn diejenigen Gründe, die der Arbeitgeber zur Kündigung heranzuziehen beabsichtigt, mitgeteilt werden. Dabei genügen nicht bloße Wertungen, es sind die die Kündigung begründenden Tatsachen und Umstände anzugeben. Schlägt der Arbeitgeber dem Arbeitnehmer einen Aufhebungs- oder Beendigungsvertrag zur Vermeidung einer Kündigung vor, so besteht eine entsprechend umfangreiche Unterrichtungs- und Begründungspflicht.

5 **Abs. 3:** Umfassend ordnet der Gesetzgeber nunmehr an, daß eine ohne Beteiligung des Personalrates ausgesprochene Kündigung bzw. ein ohne Beteiligung des Personalrates geschlossener Aufhebungs- oder Beendigungsvertrag unwirksam ist. Die ordnungsgemäße Beteiligung des Personalrates ist damit Wirksamkeitsvoraussetzung jeglicher Kündigung oder Beendigung eines Arbeitsverhältnisses durch Vertrag. Ein Nachholen des Mitbestimmungsrechtes – etwa im Verlaufe des Kündigungsschutzverfahrens – ist nicht möglich (siehe LAG Köln vom 7. 7. 1999 – 10 (2) Sa 889/98, PersR 2000, 31). Kündigungen, die ohne gehörige Beteiligung des Personalrates ausgesprochen worden sind, sind unheilbar unwirksam.

Die Vorschrift entspricht § 102 Abs. 1 Satz 1 BetrVG.

Der Personalrat ist vor dem Zustandekommen eines Aufhebungs- oder Beendigungsvertrages zu beteiligen, in dem er über den Inhalt des beabsichtigten Vertrages und die Ursachen für sein Zustandekommen unterrichtet wird. Die Einschränkung des Durchführungserlasses (Ziff. 21, siehe oben, S. 57) ist mit der gesteigerten Unterrichtungspflicht (Abs. 1: »vollständig anzugeben«) unvereinbar. Ab vollständiger Unterrichtung besteht gemäß Abs. 7 eine Woche Gelegenheit zur Formulierung von Einwänden.

Eine Verletzung des Beteiligungsrechtes mit der Folge der Unwirksamkeit des Vertrages stellt es dar, wenn dem Personalrat im Rahmen der Beteiligung der bereits vom Arbeitnehmer unterschriebene Auflösungsvertrag vorgelegt wird (ArbG Wuppertal vom 17. 3. 1998 – 8 Ca 160/98, PersR 1998, 532).

6 **Abs. 4:** Der Personalrat hat nunmehr das ausdrückliche Recht, den betroffenen Arbeitnehmer anzuhören. Bereits nach altem Recht war es ihm gestattet, Beschäftigte im Zusammenhang mit einer Kündigung oder Entlassung anzuhören, ohne dem Dienststellenleiter vor seiner Entscheidung die Möglichkeit zur nochmaligen Stellungnahme einzuräumen (OVG Münster vom 4. 3. 1993 – CL 25/89, PersR 1993, 400).

In Anlehnung an § 102 Abs. 4 BetrVG ist nunmehr die Verpflichtung des **7** Personalrats vorgesehen, dem betroffenen Arbeitnehmer eine Abschrift seiner Stellungnahme zuzuleiten, wenn er Einwendungen gegen die beabsichtigte Kündigung oder den beabsichtigten Aufhebungs-/Beendigungsvertrag hat. Die Wirksamkeit der anschließend getroffenen Maßnahme ist jedoch durch die Beachtung oder Nichtbeachtung dieser Verpflichtung nicht berührt. Jedoch wird dem gekündigten Arbeitnehmer die Rechtsverfolgung und die Prüfung der Erfolgsaussichten einer Kündigungsschutzklage erleichtert, wenn ihm bekannt ist, welche Stellungnahme der Personalrat im Rahmen des Mitbestimmungsverfahrens abgegeben hat.

Abs. 5: Die Vorschrift verweist auf das bisher bereits für ordentliche **8** Kündigungen geltende Mitbestimmungsverfahren und ordnet an, daß die Zustimmungsverweigerung des Personalrats § 66 Abs. 2 und 3 sinngemäß gilt und sich das weitere Verfahren nach § 65 Abs. 5 und Abs. 7 Sätze 1 und 2 richtet. Siehe die Kommentierung dort.

Abs. 6: Einwendungen des Personalrats gegen eine Probezeit- oder eine **9** außerordentliche Kündigung hat der Personalrat nunmehr innerhalb einer Woche dem Dienststellenleiter schriftlich zur Kenntnis zu bringen und dem betroffenen Arbeitnehmer in Abschrift zuzuleiten.

Bisher konnte der Personalrat nur innerhalb von drei Arbeitstagen Bedenken erheben. Dem Personalrat ist nicht vorgeschrieben, auf welche Tatsachen und Umstände er solche Einwendungen stützt.

Abs. 7: Für Aufhebungs- oder Beendigungsverträge ist nunmehr – wie für **10** Probezeit- und außerordentliche Kündigungen auch – vorgesehen, daß der Personalrat etwaige Einwendungen innerhalb von einer Woche schriftlich zu formulieren hat und dem Arbeitnehmer eine Abschrift seiner Stellungnahme zuzuleiten hat. Da nach Absatz 2 die Wirksamkeit von Aufhebungs- und Beendigungsverträgen von der Beteiligung des Personalrats abhängt, besteht innerhalb dieser Frist für den Personalrat die Möglichkeit, die Angaben des Arbeitgebers zur »Freiwilligkeit« solcher Aufhebungsverträge zu überprüfen und Einfluß auf eine zweckmäßige, die Interessen des ausscheidenden Arbeitnehmers wahrende Gestaltung der Vereinbarung (z.B. zu Formulierungen zur Vermeidung von Sperrfristen seitens des Arbeitsamtes, Zeugnisinhalt etc.) zu nehmen.

Abs. 8: Für Initiativanträge des Personalrats weist Absatz 8 auf § 66 **11** Abs. 4 und 6 hin. Wie bereits nach altem Recht besteht die – soweit ersichtlich nie genutzte – Möglichkeit für den Personalrat, die ordentliche Kündigung eines Arbeitnehmers zu verlangen. Der Personalrat wird von dieser Möglichkeit nur unter den Voraussetzungen des § 104 BetrVG Gebrauch machen können.

Andere Initiativanträge auf Ausspruch einer außerordentlichen oder Probezeitkündigung oder auf Abschluß eines Aufhebungs- oder Beendigungsvertrages sind nicht nach § 66 Abs. 4 und Abs. 6 zu behandeln, da dem Personalrat bei diesen Maßnahmen kein Mitbestimmungsrecht zusteht, sondern nur die Möglichkeit, Einwendungen zu erheben.

§ 73
Der Personalrat wirkt mit bei

1. **Verwaltungsanordnungen einer Dienststelle für die innerdienstlichen, sozialen oder persönlichen Angelegenheiten der Beschäftigten ihres Geschäftsbereichs,**

2. **Aufstellung von Förderplänen zur Gleichstellung von Frauen und Männern,**

3. **behördlichen oder betrieblichen Grundsätzen der Personalplanung,**

4. **Grundsätzen über die Durchführung der Berufsausbildung der Beamten mit Ausnahme der Gestaltung von Lehrveranstaltungen und der Auswahl von Lehrpersonen,**

5. **Maßnahmen zur Arbeitsbeschaffung nach dem Arbeitsförderungsgesetz,**

6. **Stellenausschreibungen,**

7. **Auflösung, Einschränkung, Verlegung oder Zusammenlegung von Dienststellen oder wesentlichen Teilen von ihnen,**

8. **Aufträgen zur Überprüfung der Organisation oder Wirtschaftlichkeit einer Dienststelle durch Dritte,**

9. **grundlegenden Änderungen von Arbeitsabläufen bei Wirtschaftsbetrieben.**

Mitwirkungsangelegenheiten

1 Mitwirkung ist das gegenüber der Mitbestimmung schwächere Beteiligungsrecht des Personalrates. Während mitbestimmungspflichtige Maßnahmen von der Zustimmung des Personalrates abhängen, können in mitwirkungspflichtigen Angelegenheiten lediglich Einwendungen erhoben werden, über die das verfassungsmäßig oberste Organ abschließend und ohne Beteiligung einer paritätischen Einigungsstelle entscheidet.

Das Mitwirkungsverfahren bestimmt sich nach § 69.

2 **Nr. 1:** *Verwaltungsanordnungen* sind sämtliche Regelungen der Dienststelle, die sie in Wahrnehmung ihrer Aufgaben und Rechte als Dienstherr und Arbeitgeber gegenüber ihren Beschäftigten bzw. einer Gruppe von Beschäftigten trifft und die »gestaltend in die innerdienstlichen, sozialen oder persönlichen Belange der Bediensteten eingreifen« (BVerwG vom

6. 2. 1987 – 6 P 9.85, PersR 1987, 165). Auf die Rechtsform kommt es nicht an, beteiligungspflichtig können auch allgemeine Weisungen und Anordnungen sein. Jedoch erstreckt sich die Mitwirkung des Personalrates nur auf solche Verwaltungsanordnungen, deren ausdrücklicher und alleiniger Zweck es ist, Angelegenheiten aus den genannten Bereichen (innerdienstlich, sozial oder persönlich) zu regeln (BVerwG vom 6. 2. 1987, a.a.O.).

Nicht der Beteiligung unterliegen Einzelmaßnahmen im Rahmen der Ausübung des Direktionsrechtes, sondern nur allgemeine Regelungen, das heißt solche Anordnungen, die wenigstens eine unbestimmte Anzahl von Beschäftigten betreffen (BVerwG vom 23. 7. 1985 – 6 P 13.82, PersR 1986, 57).

Innerdienstliche Angelegenheiten, auf die sich Verwaltungsanordnun- **3** gen beziehen, können z.B. sein: Regelungen zur Vertretungs-, Zeichnungs- oder Anweisungsbefugnis; Behandlung der Arbeitsmittel, Verwendung von Dienstbezeichnungen, Zugangsregelungen zu bestimmten Diensträumen (wenn nicht bereits nach § 72 Abs. 4 Nr. 9 mitbestimmungspflichtig), Regeln über die Gewährung von Bildungsurlaub oder Sonderurlaub, die Benutzung des privaten Pkw zu Dienstzwecken, über die Erteilung von Dienstbefreiung oder Arbeitszeitregelungen an Vorfesttagen oder Rosenmontag.

Soziale Angelegenheiten sind unter anderem Regelungen zu: Zuschüssen **4** zur Verpflegung, Essensmarken, Beihilfen – soweit diese über die bestehenden Beihilfevorschriften hinaus gewährt werden –, Zuwendungen bei persönlichen Anlässen – soweit nicht bereits nach § 72 Abs. 2 Ziffer 1 mitbestimmungspflichtig –, verbilligter Erhalt von Waren, verbilligter Besuch kultureller Veranstaltungen, kostenlose Parkmöglichkeiten für den Pkw etc.

Persönliche Angelegenheiten sind solche, die vorrangig ein Verhalten **5** des einzelnen Beschäftigten betreffen wie z.B. Regelungen zu Bekleidungsvorschriften, Verhaltensvorschriften gegenüber Kunden und Antragstellern, Verhalten am Arbeitsplatz sowie z.B. über Annahme von Geschenken oder Belohnungen.

Nr. 2: Aufstellung von Förderplänen zur Gleichstellung von Frauen und Männern

Die stärkere Betonung der Gleichstellung von Frau und Mann im Beruf **6** sowie des Grundsatzes der Frauenförderung ist eines der Ziele der Novelle 1994 gewesen. Gleichstellung von Mann und Frau und Frauenförderung finden sich als allgemeine Aufgabe des Personalrats im neu geschaffenen § 64 Nr. 10 sowie in dem Mitwirkungsrecht bei Aufstellung von Förderplänen zur Gleichstellung von Frauen und Männern.

Seit Anfang der 80er Jahre sind zahlreiche Initiativen und Gesetzgebungsvorhaben gegen die anhaltende Benachteiligung und Unterrepräsentanz

von Frauen im Berufsleben zu verzeichnen, wie z.b. die EG-Gleichbe-
handlungsrichtlinie zur Änderung der Richtlinie zur Verwirklichung des
Grundsatzes der Gleichbehandlung von Männern und Frauen in Beschäftigung und Beruf (76/207/EWG), die §§ 611a, 611b, 612 Abs. 3, 612a
BGB, vereinzelte tarifvertragliche Regelungen und vor allem die Gleich-
stellungs-, Gleichberechtigungs- und Frauenfördergesetze (in Nordrhein-
Westfalen vom 9. 11. 1999; zum Frauengesetz des Bundes siehe PersR
1994, 541).

Das Landesgleichstellungsgesetz hat in §§ 15 ff. allgemein für alle Dienststellen, in §§ 5 GrO, 3 KrO für Kreise und Gemeinden sowie ihre Verbände Gleichstellungsbeauftragte geschaffen und durch Neufassung des
§ 25 Abs. 5 LBG vorgesehen, daß Frauen bei gleicher Eignung, Befähigung und fachlicher Leistung bevorzugt einzustellen sind, wenn in der
jeweiligen Laufbahngruppe oder Arbeitnehmergruppe weniger Frauen als
Männer tätig sind.

Der EuGH (vom 17. 10. 1995 – C-450/93, DB 95, 2172f.) hält zwar eine
Förderung der Chancengleichheit durch nationale Regelungen für zulässig. Alles, was über eine solche bloße »Förderung« hinausgeht, sei jedoch
– so der EugH – mit der Richtlinie des EG-Rates zur Verwirklichung des
Grundsatzes der Gleichbehandlung von Männern und Frauen vom 9. 2.
1976 unvereinbar. Eine nationale Regelung, wonach Frauen, die die
gleiche Qualifikation wie ihre männlichen Mitbewerber besitzen, in Bereichen, in denen die Frauen unterrepräsentiert sind, bei einer Beförderung automatisch der Vorrang eingeräumt wird, bewirkt eine Diskriminierung der Männer aufgrund des Geschlechts« (a.a.O., S. 2173). Eine
solche Automatik sieht das Landesgleichstellungsgesetz nicht vor, so daß
insoweit von der Vereinbarkeit der NRW-Regelung mit der EG-Richtlinie
auszugehen ist.

Gesetzliche Definitionen dessen, was ein Frauenförderplan beinhalten
kann, gibt es nicht. Jedoch kann auf zahlreiche Beispiele (siehe Degen,
PersR 1987, 115 und PersR 1992, 50), den Frauenförderplan des Hessi-
schen Ministeriums für Umwelt und Energie (PersR 1987, 123) und das
Frauenförderungskonzept des Ministeriums für die Gleichstellung von
Mann und Frau vom 9. 11. 1993 (MBl. 1993, 1857) verwiesen werden.

Nr. 3:
Behördliche oder betriebliche Grundsätze der Personalplanung

7 Ähnliche Beteiligungsrechte, wenn auch mit anderem Inhalt und anderer
Reichweite sieht § 78 Abs. 3 Satz 3 BPersVG sowie § 92 Abs. 1 BetrVG
vor.

Personalplanung ist die Gesamtheit der Maßnahmen, die zur Ermittlung
und zur Deckung des künftigen Personalbedarfs entsprechend den jeweiligen Bedingungen der Verwaltung dienen. Die Personalbemessung ist
dabei Teil der Personalplanung (OVG Münster vom 27. 5. 1982 – CB 11/
81).

Soweit überhaupt eine behördliche oder betriebliche Personalplanung gemacht wird, ist der Personalrat im Rahmen der Mitwirkung daran zu beteiligen. Es stellt keine Einschränkung dar, daß der Personalrat nur an den »Grundsätzen« dieser Personalplanung mitzuwirken hat. Personalplanung besteht ohnehin aus allgemeinen, vorausschauenden Überlegungen, auf welche Weise der künftige Personalbedarf ermittelt werden kann, welche Maßnahmen zur Deckung dieses Bedarfs z. B. durch Ausbildung, Fortbildung, berufliche Förderung zu treffen sind und wie die Planung der künftigen Personaleinstellung und die Nachwuchsplanung zu geschehen hat. All dies sind – da es sich nicht um die einzelnen Ausführungshandlungen, sondern um vorausschauende Überlegungen handelt –, »Grundsätze«; zugleich handelt es sich aber auch um »Personalplanung«.

Für die Auslegung des Mitwirkungsrechtes kann ergänzend auf die ansonsten inhaltsgleiche Vorschrift des § 92 BetrVG zurückgegriffen werden.

Nr. 4: Berufsausbildung der Beamten

Nach § 72 Abs. 4 Nr. 14 hat der Personalrat bei Grundsätzen über die Durchführung der Berufsausbildung der Angestellten und Arbeiter mitzubestimmen. Die Beteiligung an den Grundsätzen der Berufsausbildung der Beamten ist zum einen dadurch abgeschwächt, daß statt eines Mitbestimmungsrechtes lediglich eine Mitwirkung eingeräumt wurde sowie, daß die Gestaltung von Lehrveranstaltungen durch die Auswahl von Lehrpersonen von diesem Mitwirkungsrecht ausgenommen worden ist. **8**

Die Mitwirkung bei der Durchführung der Berufsausbildung entzieht dem Personalrat die Planung und Gestaltung der Berufsausbildung selbst. Ein Gestaltungsspielraum besteht dabei ohnehin wegen der weitgehenden Vorgaben des Gesetz- und Verordnungsgebers nicht. Lehrveranstaltungen, deren Gestaltung der Personalrat nicht durch Mitwirkung beeinflussen kann, sind alle Unterweisungen, Anleitungen und Einweisungen im Rahmen der Ausbildung (siehe BVerwG vom 7. 12. 1978 – 6 P 12.78, ZBR 1979, 7).

Unter Gestaltung von Lehrveranstaltungen sind die inhaltliche und methodisch-pädagogische Ausgestaltung und die entsprechenden organisatorischen Maßnahmen zu verstehen.

Ebenfalls der Mitwirkung entzogen ist die Auswahl von Lehrpersonen, also derjenigen Lehrkräfte, die von der Dienststelle im Rahmen der Durchführung der Berufsausbildung der Beamten herangezogen werden. Die Vorschrift gilt nach § 118 nicht für Laufbahnbewerber für den höheren und gehobenen Bibliotheks- und Dokumentationsdienst sowie Aufstiegsbeamte des 7. Abschnitts.

Nr. 5: Arbeitsbeschaffungsmaßnahmen

9 Seit der Novelle 1984 unterliegen Maßnahmen zur Arbeitsbeschaffung nach §§ 260 ff. SGB III der Mitwirkung des Personalrats. Das Mitwirkungsrecht bezieht sich auf sämtliche Maßnahmen zur Arbeitsbeschaffung, unabhängig davon, für welche Zeitdauer und für welche Gruppen von Arbeitslosen bzw. nach welchen Programmen diese durchgeführt werden sollen.

Die Beteiligung des Personalrats bei Maßnahmen zur Arbeitsbeschaffung hat vor Antragstellung zu erfolgen, das Mitwirkungsverfahren muß abgeschlossen sein, bevor der Antrag an das Arbeitsamt gesandt wird (OVG Münster vom 5. 8. 1991 – CL 52/88, PersR 1992, 67).

Dem Personalrat soll zum einen Gelegenheit gegeben werden, die Beschäftigten auf die vorübergehende Eingliederung bisher arbeitsloser Arbeitnehmer vorzubereiten, im Rahmen seiner allgemeinen Aufgaben nach § 74 Nr. 6 (Eingliederung sonstiger Schutzbedürftiger) auf die sachgerechte und zweckmäßige Beschäftigung Arbeitsloser hinzuwirken und schließlich, ihm eine Nachprüfung dahin gehend zu ermöglichen, ob die gesetzlichen Voraussetzungen der §§ 260 ff. SGB III vorliegen. Dabei wird es dem Personalrat insbesondere darauf ankommen, daß durch solche Arbeitsbeschaffungsmaßnahmen keine Daueraufgaben der Verwaltung verrichtet werden sowie daß die ABM-Kräfte die Möglichkeit haben, später eine Dauerbeschäftigung eingehen zu können.

Der Personalrat hat Anspruch darauf, daß ihm die dem Arbeitsamt zuzuleitenden Anträge vorgelegt werden.

Nr. 6: Stellenausschreibungen

10 Mit der Einräumung eines Mitwirkungsrechtes bei Stellenausschreibungen ist dem Personalrat neben dem – durch die Novelle 1994 modifizierten – Recht auf Teilnahme an Auswahlgesprächen eine weitere Beteiligung im Vorfeld einer Personalauswahlentscheidung eingeräumt worden. »Stellenausschreibungen gehen regelmäßig einem späteren mitbestimmungspflichtigen Tatbestand nach § 72 Abs. 1 LPVG NW voran und bereiten diesen vor«.

Das Mitwirkungsrecht des Personalrats bei Stellenausschreibungen umfaßt die »Grundentscheidung«, ob die Stelle ggfs. auch erneut ausgeschrieben oder davon abgesehen werden soll sowie die weitere Gestaltung des Ausschreibungsverfahrens (OVG Münster vom 18. 9. 1995 – 1A 1471/92.PVL, PersR 1996, 363), ob die Stellen intern und/oder extern – gegebenenfalls in welchen Veröffentlichungsorganen – ausgeschrieben werden soll. Die Mitwirkung erstreckt sich zwar nicht auf die Bewertung der auszuschreibenden Stelle (so OVG Münster vom 20. 11. 1995 – 1A 4692/94.PVL), jedoch auf den übrigen Inhalt der Stellenausschreibung, wie z.B. die Festlegung der von den Bewerbern zu erfüllenden Anforderungen.

Auf das Fehlen einer Ausschreibung kann der Personalrat die Ablehnung der nachfolgenden Stellenbesetzungsmaßnahme dann stützen, wenn er darlegt, aus welchen Gründen er eine Ausschreibung für erforderlich hält (OVG Münster vom 10. 3. 1999 – 1A 1083/97.PVL, PersR 2000, 78).

Zu beachten ist, daß in einigen Fällen die öffentliche Ausschreibung von Stellen vorgeschrieben ist (§ 7 Abs. 3 LBG, siehe auch z.b. § 49 Abs. 1 GO, § 38 Abs. 4 KrO).

Nach Auffassung des Oberverwaltungsgerichts ist das Absehen von der Stellenausschreibung dann nicht mitwirkungspflichtig, wenn eine dienststelleninterne Auswahl unter den Beschäftigten von vornherein nicht in Betracht kommt und keine Verpflichtung zur Stellenausschreibung seitens des Arbeitgebers oder Dienstherrn besteht (OVG Münster vom 14. 10. 1994 – 1 A 1917/91.PVL).

Entgegen der Ansicht des Oberverwaltungsgerichts Münster ist der Personalrat bei Einwendungen gegen beabsichtigte Stellenausschreibungen nicht darauf beschränkt, die Einwendungen auf die Stellenausschreibung selbst und auf den späteren mitbestimmungspflichtigen Tatbestand nach § 72 Abs. 1 zu beschränken (so aber Beschluß vom 24. 2. 1995 – 1 A 302/92 PVL sowie vom 18. 10. 2000 – 1A 5334/98.PVL, PersR 2001, 163). Die Mitwirkung bei der Stellenausschreibung ist nicht Teil des Mitbestimmungsverfahrens, dem Personalrat ist zum Zeitpunkt dieser Mitwirkung die konkrete, spätere Maßnahme nicht bekannt. Deshalb unterliegen auch solche Stellenausschreibungen der Beteiligung des Personalrats, die mit Beschäftigten i.S.d. § 72 Abs. 1 Satz 2 besetzt werden. Die dort geregelten Ausnahmen von der Mitbestimmung bei personellen Angelegenheiten gelten nicht im Mitwirkungsverfahren.

Nr. 7: Auflösung, Einschränkung, Verlegung oder Zusammenlegen von Dienststellen oder wesentlichen Teilen

Das Mitwirkungsrecht beschränkt sich auf die Mitbeurteilung der rein **11** organisatorischen Entscheidungen der Dienststelle, die sich daraus ergebenden Folgemaßnahmen für die Beschäftigten unterliegen gesondert der Mitbestimmung. Ihnen ist unter Umständen ein Mitbestimmungsverfahren zur Herbeiführung eines Sozialplanes oder wegen der mit einer solchen organisatorischen Maßnahme einhergehenden Änderung der Arbeitsorganisation vorgeschaltet.

Auflösung einer Dienststelle liegt nur dann vor, wenn die Dienststelle im **12** Sinne des § 1 oder der »wesentliche« Teil aufhört zu bestehen.

Eine *Einschränkung* liegt vor, wenn zwar die Dienststelle bestehenbleibt, jedoch verkleinert wird. Auf das Maß der Verkleinerung kommt es nicht an. Sie kann auf einer Verringerung der Aufgaben, Veränderung des räumlichen Wirkungskreises beruhen oder dadurch eintreten, daß der Arbeitsanfall geringer wird oder die Zahl der Beschäftigten verringert werden soll.

Bei einer *Verlegung* der Dienststelle bleibt diese in vollem Umfang bestehen, wird jedoch an einem anderen Ort angesiedelt. Ihre organisatorische Einheit bleibt erhalten. Für die Verlegung kommt es nicht darauf an, ob der Ortswechsel zu einem Wechsel des Dienstortes im Sinne des Reisekostenrechtes führt.

Die *Zusammenlegung* von Dienststellen ist das Zusammenfügen verschiedener Aufgabenbereiche verschiedener Dienststellen in einer (neuen) Dienststelle oder die Aufnahme einer Dienststelle oder eines Teiles davon in eine bestehende Dienststelle.

Teile einer Dienststelle sind alle abgrenzbaren Einheiten einer Dienststelle, die organisatorisch und personell eine gewisse Selbständigkeit besitzen und abgegrenzt werden können. Wesentlich sind sie entweder dann, wenn sie die maßgeblichen und charakteristischen Aufgaben der Dienststelle erfüllen oder zu diesen Kernaufgaben maßgeblich beitragen. Wesentlich ist ein Teil einer Dienststelle stets dann, wenn in ihr der größere Teil des Personals beschäftigt ist.

Nr. 8: Aufträge zur Überprüfung der Organisation oder Wirtschaftlichkeit einer Dienststelle durch Dritte

13 »Die Überprüfung der Organisation und der Wirtschaftlichkeit führt in aller Regel zu einer Personalbedarfsberechnung, und deshalb sollten beide Tatbestände der Mitbestimmung unterworfen sein« (Landtags-Drucksache 9/3031).

Solche Überprüfungen sind meist Vorbereitungshandlungen für Rationalisierungsmaßnahmen, Umorganisationen, Maßnahmen zur Änderung der Arbeitsorganisation u.ä.

Sie sind darüber hinaus häufig belastend für die Beschäftigten, da von diesen Angaben verlangt werden, sie befragt werden oder umfangreiche Aufzeichnungen abverlangt werden.

Die Mitwirkung hängt nicht davon ab, daß die Organisation oder die Wirtschaftlichkeit einer gesamten Dienststelle überprüft wird, es genügen Aufträge zur Überprüfung von Teilen der Dienststelle (so nunmehr auch: OVG vom 10. 3. 1999 – 1A 1190/97.PVL, PersR 1999, 362).

Dritte können sowohl private Unternehmen wie Unternehmensberatungsgesellschaften als auch Einzelpersonen wie Rationalisierungsbeauftragte, aber auch übergeordnete Dienststellen und schließlich der Landesrechnungshof sein. In allen Fällen ist dem Personalrat der beabsichtigte Auftrag zur Mitwirkung vorzulegen. Ihm sind die Auswirkungen des Auftrages auf die Beschäftigten während der Überprüfung und die von der Dienststelle vorgegebenen Untersuchungsziele darzulegen. Keine Dritte sind Beschäftigte der Dienststelle, die mit der Ermittlung von Kosten der Tätigkeit von Beschäftigten beauftragt sind (OVG Münster vom 29. 1. 1999 – 1 A 6323/98.PVL, PersR 1999, 310).

Keine Mitwirkung gestattet das OVG Münster bei der Durchführung eines einmal erteilten Auftrages (Beschluß vom 29. 1. 1992 – 1 A 2505/91.PVL).

Nr. 9: Grundlegende Änderung von Arbeitsabläufen bei Wirtschaftsbetrieben

Dem Personalrat steht bei der Einführung neuer Arbeitsmethoden, insbe- **14** sondere bei Maßnahmen der technischen Rationalisierung sowie bei Maßnahmen zur Änderung der Arbeitsorganisation, ein Mitbestimmungsrecht nach § 72 Abs. 3 Nr. 3 und Nr. 5 zu. Soweit die Änderungen von Arbeitsabläufen in Wirtschaftsbetrieben vorgenommen werden, die nicht zugleich mitbestimmungspflichtig sind, besteht ein besonderes Mitwirkungsrecht. Der Beteiligungstatbestand dürfte sich auf die seltenen »grundlegenden« Änderungen von Arbeitsverfahren beschränken, die nicht zugleich der Mitbestimmung nach § 72 Abs. 3 unterliegen.

Wirtschaftsbetriebe sind identisch mit den »öffentlichen Betrieben« in § 72 Abs. 1 Satz 2 Nr. 5. Gemeint sind damit die Eigenbetriebe, die – ohne rechtlich verselbständigt zu sein – eine eigene Organisationsstruktur haben und nach kaufmännischen Gesichtspunkten geführt werden können (OVG Münster vom 13. 12. 1989 – CL 52/87).

§ 74

Vor Entlassungen ohne Einhaltung einer Frist sowie vor Abmahnungen ist dem Personalrat Gelegenheit zur Stellungnahme zu geben. Der Leiter der Dienststelle hat die beabsichtigte Maßnahme zu begründen. Hat der Personalrat Bedenken, so hat er sie unter Angabe der Gründe dem Leiter der Dienststelle unverzüglich, spätestens innerhalb von drei Arbeitstagen nach seiner Unterrichtung, schriftlich mitzuteilen.

Beamte auf Probe und auf Widerruf können gemäß § 34 Abs. 4 LBG **1** wegen eines Verhaltens, das bei Lebenszeit-Beamten eine Disziplinarmaßnahme zur Folge gehabt hätte, die nur im förmlichen Disziplinarverfahren verhängt werden kann, entlassen werden.

Die Entlassung eines Beamten auf Probe oder auf Widerruf unter Einhaltung der Fristen der § 34 Abs. 3 und 4 LBG unterliegt ansonsten der Mitbestimmung des Personalrats nach § 72 Abs. 1 Nr. 8.

Ist die Entlassung eines Beamten auf Probe ohne Einhaltung einer Frist beabsichtigt, so ist dem Personalrat Kenntnis vom wesentlichen Sachverhalt und der geltend gemachten Entlassungsgründe zu geben. Es genügt nicht, daß dem Personalrat mitgeteilt wird, nach dem Ergebnis des Untersuchungsverfahrens habe der Beamte ein Verhalten gezeigt, das bei einem Beamten auf Lebenszeit zu einem förmlichen Disziplinarverfahren geführt hätte (OVG Münster vom 21. 3. 1991 – 12 A 642/90, PersR 1991, 301).

2 Auch gegenüber Arbeitnehmern kommen Entlassungen ohne Einhaltung einer Frist in Betracht. Soweit es sich um außerordentliche Kündigungen handelt, besteht ein besonderes Beteiligungsrecht nach § 72 a. Es kann jedoch auch Entlassungstatbestände geben, die ohne Einhaltung einer Frist wirken und keine außerordentlichen Kündigungen sind. Der Anhörung des Personalrats unterliegen solche – seltenen – Entlassungen wie z.b. das Berufen auf die Nichtigkeit des Arbeitsverhältnisses oder Arbeitsvertrages, die Beendigung eines faktischen Arbeitsverhältnisses, die Anfechtung wegen Irrtums oder Täuschung seitens des Arbeitgebers.

3 Dem Personalrat steht weiterhin ein Anhörungsrecht bei Abmahnungen zu.

Die Abmahnung ist ein im Recht der Dauerschuldverhältnisse und insbesondere im Arbeitsrecht allgemein verwandter Begriff, er bezieht sich auf die Geltendmachung der Gläubigerrechte des Gläubigers gegenüber dem Schuldner – in der Regel des Arbeitgebers gegenüber dem Arbeitnehmer – und beinhaltet die Behauptung, daß das gerügte Verhalten die arbeitsvertraglichen Verpflichtungen verletzt. Nach Auffassung des OVG Münster liegt eine arbeitsrechtliche Abmahnung vor, »wenn der Arbeitgeber in einer für den Arbeitnehmer hinreichend deutlich erkennbaren Art und Weise Leistungsmängel beanstandet und damit den Hinweis verbindet, daß er im Wiederholungsfalle individualrechtliche Konsequenzen ziehen werde. Die Warnfunktion gehört zu den unverzichtbaren Voraussetzungen einer wirksamen Abmahnung«. »Von der Abmahnung sind die Mahnung, Ermahnung oder Mißbilligung des Arbeitnehmers zu unterscheiden«. Fehlt es an einer Androhung von Rechtsfolgen für die Zukunft, liegt keine Abmahnung vor. Im Falle einer bloßen Mißbilligung kommt – so das OVG Münster – eine Beteiligung des Personalrats nach § 74 nicht in Betracht, jedoch kann der Personalrat, »falls die Mißbilligung unberechtigt ist und sich der Betroffene an ihn wendet, gemäß § 64 Nr. 5 durch Verhandlungen mit dem Leiter der Dienststelle auf eine Erledigung der Angelegenheit hinwirken« (OVG Münster vom 11. 3. 1992 – 1 A 621/91 PVL; siehe auch Beschluß vom 12. 6. 1995 – 1 A 2179/92 PVL).

Wird jedoch z.b. einem Beamten auf Probe oder auf Widerruf eine Mißbilligung erteilt und ihm darin ausdrücklich oder sinngemäß eine fristlose Entlassung angedroht, so kann das eine Abmahnung sein (offengelassen: OVG Münster vom 5. 8. 1991 – CL 53/89).

4 Bei den beabsichtigten Entlassungen ohne Einhaltung einer Frist und bei der Abmahnung hat die Dienststelle dem Personalrat die Maßnahme zu begründen. Die Begründung muß die beabsichtigte Maßnahme vollständig darlegen und mitteilen, zu wann sie beabsichtigt ist bzw. wirken soll. Bei Abmahnungen genügt es nicht, daß dem Personalrat die bloße Abmahnungs-Absicht mitgeteilt wird. Der Abmahnungssachverhalt ist darzulegen und darüber hinaus eine Begründung anzugeben, warum der Arbeitgeber eine Abmahnung für erforderlich, geboten und zweckmäßig hält.

Hat der Personalrat gegen die beabsichtigte Maßnahme Bedenken, so hat **5** er diese unter Angabe von Gründen dem Dienststellenleiter schriftlich mitzuteilen, und zwar innerhalb von drei Arbeitstagen nach seiner Unterrichtung. Die Frist wird bei unvollständiger Unterrichtung nicht in Lauf gesetzt, so daß die Entlassung ohne Einhaltung einer Frist oder die Abmahnung rechtsunwirksam sind, wenn sie nach unvollständiger Unterrichtung und Zeitablauf ohne gehörige Beteiligung des Personalrates durchgeführt werden.

Der Personalrat hat innerhalb von drei Arbeitstagen Stellung zu nehmen. Es sind die dienststellenüblichen Arbeitstage zugrunde zu legen, wobei gemäß § 187 Abs. 1 BGB der Tag, an dem die Unterrichtung des Personalrats erfolgt ist, bei der Fristberechnung nicht mitrechnet. Es wäre zweckmäßig gewesen, diese für die praktische Arbeit des Personalrats viel zu kurz bemessene Frist an die in § 72 a neu geschaffene Wochenfrist anzupassen.

Die Bedenken des Personalrats sind innerhalb der genannten Frist schriftlich mitzuteilen und zu begründen. Die Begründung soll beinhalten, welche Bedenken und Einwendungen der Personalrat hat und auf welche Tatsachen und Überlegungen er diese stützt. Formelhafte Wendungen genügen nicht.

§ 75

(1) Der Personalrat ist anzuhören bei

1. **der Vorbereitung der Entwürfe von Organisationsplänen, Stellenplänen, Bewertungsplänen und Stellenbesetzungsplänen,**
2. **grundlegenden Änderungen von Arbeitsverfahren und Arbeitsabläufen in anderen als den in § 73 Nr. 9 bezeichneten Fällen,**
3. **der Planung von Neu-, Um- und Erweiterungsbauten sowie der Anmietung von Diensträumen,**
4. **wesentlicher Änderung oder Verlagerung von Arbeitsplätzen,**
5. **Mitteilung an Auszubildende, deren Einstellung nach beendeter Ausbildung nicht beabsichtigt ist,**
6. **Anordnung von amts- oder vertrauensärztlichen Untersuchungen zur Feststellung der Arbeits- oder Dienstfähigkeit.**

(2) Die Anhörung hat so rechtzeitig zu erfolgen, daß die Äußerung des Personalrats noch Einfluß auf die Willensbildung der Dienststelle nehmen kann.

Für anhörungspflichtige Angelegenheiten sieht das Gesetz anders als für **1** mitbestimmungspflichtige und mitwirkungspflichtige Angelegenheiten keine besonderen Verfahrensvorschriften vor. Eine den §§ 66 ff., 69 entsprechende Vorschrift fehlt. Die Anhörung wird dadurch begonnen, daß der Personalrat über die beabsichtigte Maßnahme entsprechend § 65 rechtzeitig und umfassend unterrichtet wird. Regelmäßig wird der Dienststellenleiter gehalten sein, auf Verlangen die Angelegenheit mit dem Personalrat zu besprechen,»Anhörung« ist ein akustischer Vorgang. Eine Verpflichtung, in jedem Fall eine mündliche Anhörung durchzuführen, soll jedoch nicht bestehen (so OVG Münster vom 18. 2. 1998 – 1A 5728/95.PVL, PersR 1998, 479). Für die Unterrichtung ist eine Formvorschrift nicht vorgesehen. Im Falle der Ziffer 1 ist eine Vorlage der Entwürfe für eine Ausübung dieses Beteiligungsrechtes durch den Personalrat jedoch zwingend.

Sowohl die Unterrichtung des Personalrates wie die Anhörung kann in mündlicher und in schriftlicher Form erfolgen.

Abs. 1 Nr. 1: Entwürfe von Organisationsplänen, Stellenplänen, Bewertungsplänen und Stellenbesetzungsplänen

2 »Während Organisationspläne den inneren Aufbau einer Dienststelle durch ihre Gliederung in bestimmte Funktions- oder Organisationseinheiten (Abteilungen, Referate, Abschnitte usw.) festlegen, konkretisiert auf dieser Grundlage der Geschäftsverteilungsplan die innere Behördenorganisation dadurch, daß er die wahrzunehmenden Aufgaben den einzelnen Gliederungen und den in der Dienststelle Beschäftigten zuordnet. Zwischen Organisationsplan und Geschäftsverteilungsplan besteht darum kein qualitativer Unterschied« (OVG Bremen vom 17. 10. 1989 – OVG PV-B 7/89, ZBR 1990, 402). Organisations- sowie Geschäftsverteilungspläne unterliegen daher der Anhörung des Personalrates.

Stellenpläne sind nach § 14 Abs. 1 Nr. 3 LHO Übersichten über die Planstellen der Beamten und die Stellen der Angestellten und Arbeiter (siehe auch § 78 Abs. 2 Satz 2, 2. Halbsatz GO sowie § 6 GemeindehaushaltsVO). Sie sind Bestandteil und Anlagen der jährlichen Haushaltspläne.

Der Entwurf des Haushaltsplanes wird vom Finanzminister erstellt, von der Landesregierung beschlossen und dem Landtag zur Beschlußfassung vorgelegt.

3 Voranschläge und Unterlagen für diesen Haushaltsplan und für die fünfjährige Finanzplanung sind von den für die jeweiligen Einzelpläne zuständigen Stellen dem Finanzminister zu übersenden. Im Bereich der Landesverwaltung besteht daher ein Anhörungsrecht für die Personalräte derjenigen Dienststellen, die für die Erstellung eines solchen Einzelplanes zuständig sind, wie z.B. die einzelnen Minister sowie die sämtlichen landesunmittelbaren juristischen Personen. In den Gemeinden und Kreisen und sonstigen Anstalten, Stiftungen und Körperschaften des öffentlichen Rechts steht das Anhörungsrecht dem jeweiligen Personalrat der Dienststelle zu, deren Leiter dem verfassungsmäßig zuständigen Organ

einen Haushaltsplan nebst Anlagen zur Beschlußfassung zuleitet. Auch die Änderung der Stellenpläne unterliegt der erneuten Anhörung des Personalrates (OVG Münster vom 28. 12. 1977 – CL 17/77). Eine Vorlage der im Stellenplan-Entwurf nicht berücksichtigten Stellenanforderungen nachgeordneter Ämter und Dienststellen kann nicht verlangt werden (OVG Münster vom 5. 7. 1990 – CL 20/88, PersR 1991, 219).

Bewertungspläne sind Verzeichnisse über den Wert von Dienstposten und Stellen.

Stellenbesetzungspläne sind Listen, aus denen die unbesetzten und besetzten Stellen hervorgehen und sonstige Listen, die im Rahmen der Personalplanung geführt werden.

Abs. 1 Nr. 2: Grundlegende Änderungen von Arbeitsverfahren und Arbeitsabläufen

Die Vorschrift hat kaum praktische Bedeutung, da die Einführung neuer **4** Arbeitsmethoden nach § 72 Abs. 3 Nr. 3 der Mitbestimmung unterliegt. Arbeitsverfahren und Arbeitsabläufe sind Teil der Arbeitsmethode, so daß das Mitbestimmungsrecht als die speziellere Norm vorgeht.

Abs. 1 Nr. 3: Planung von Neu-, Um- und Erweiterungsbauten, Anmietung von Diensträumen

Das Anhörungsrecht bezieht sich auf sämtliche von der Dienststelle **5** genutzten Räumlichkeiten, die für die Verrichtung dienstlicher Obliegenheiten genutzt werden (z. B. Rathaus, Verwaltungsgebäude, Bezirksstellen, Jugendzentren, Krankenhäuser, Hallenbäder). Dienen solche Gebäude gleichzeitig der Benutzung durch Dritte (Bevölkerung, Patienten, Jugendgruppen, Rat), so bezieht sich das Anhörungsrecht auf denjenigen Teil der Bauten, die von den Beschäftigten dienstlich genutzt werden.

Neubau ist die Neuerrichtung eines Dienstgebäudes, unter Umbau ist eine Umgestaltung zu verstehen, die Erweiterung meint die Vergrößerung der vorhandenen Bauten. Der Personalrat hat bereits im Planungsstadium ein Anhörungsrecht, das nur bei Vorlage der für die Durchführung der Bauten in der Regel erforderlichen Pläne, Bauanträge und sonstigen für die Beurteilung maßgeblichen Unterlagen möglich ist. Sie sind dem Personalrat vorzulegen, bevor die Anträge auf Baugenehmigung eingereicht und mit den Bauten begonnen wird.

Ist die Anmietung von Diensträumen beabsichtigt, so sind dem Personalrat die gleichen Unterlagen, insbesondere die technischen Pläne und Ausstattungspläne der anzumietenden Räume, vorzulegen. Der Mietvertrag ist für den Personalrat insbesondere hinsichtlich der Kündigungsmöglichkeiten und der vereinbarten Dauer von Bedeutung.

Neben diesem Beteiligungsrecht im Rahmen der Planung von Bauten und Anmietung von Diensträumen steht dem Personalrat ein Mitbestimmungsrecht nach § 72 Abs. 4 Nr. 7 und Nr. 10 bei Maßnahmen zur Verhütung von Dienst- und Arbeitsunfällen und sonstigen Gesundheitsschädigungen sowie der Gestaltung der Arbeitsplätze zu.

Abs. 1 Nr. 4: Wesentliche Änderung oder Verlagerung von Arbeitsplätzen

6 Das Anhörungsrecht steht in engem Zusammenhang mit den Mitbestimmungsrechten nach § 72 Abs. 4 Nr. 7 und Nr. 10 bei Maßnahmen zur Verhütung von Dienst- und Arbeitsunfällen und sonstigen Gesundheitsschädigungen sowie der Gestaltung von Arbeitsplätzen.

Das Anhörungsrecht geht über das zuletzt genannte Mitbestimmungsrecht nach § 72 Abs. 4 Nr. 10 insofern hinaus, als nicht nur räumlich-gegenständliche Änderungen des Arbeitsplatzes der Beteiligung des Personalrats unterliegen, sondern auch der Einsatz neuer Technologien ohne Neugestaltung des Arbeitsplatzes erfaßt wird.

Eine wesentliche Änderung des Arbeitsplatzes können auch organisatorische Änderungen – Beschäftigung in einem Mehrplatz-Arbeitszimmer oder Großraumbüro – sein.

Die Verlagerung des Arbeitsplatzes ist der räumliche oder örtliche Wechsel eines Arbeitsplatzes. Nicht dazu gehört der Aufgabenbereich. Wird dieser verlagert, so kann eine Umsetzung, Versetzung oder Abordnung vorliegen, die gesondert nach § 72 Abs. 1 der Mitbestimmung unterliegt.

Abs. 1 Nr. 5: Mitteilung an Auszubildende, deren Einstellung nach beendeter Ausbildung nicht beabsichtigt ist

7 § 22 Abs. 1 Satz 3 Manteltarifvertrag für Auszubildende v. 6. 12. 1974 sieht vor, daß der Ausbildende dem Auszubildenden drei Monate vor dem voraussichtlichen Ende der Ausbildungszeit eine schriftliche Mitteilung zu machen hat, wenn keine Übernahme in ein Arbeitsverhältnis im Anschluß an die Beendigung des Ausbildungsverhältnisses beabsichtigt ist.

Die vor dieser Mitteilung vorgeschriebene Anhörung des Personalrates soll dem Auszubildenden eine bessere Zukunftsplanung ermöglichen.

Die Jugend- und Auszubildendenvertretung ist vom Personalrat im Zusammenhang mit dieser Anhörung zu beteiligen.

Abs. 1 Nr. 6:
Anordnung von amts- oder vertrauensärztlichen Untersuchungen

8 Ärztliche Untersuchungen der Arbeitnehmer aus Anlaß der Einstellung sowie aus besonderen Anlässen gemäß § 7 Abs. 2 BAT bzw. § 10 Abs. 2 BMT-G II zur Feststellung der Dienstfähigkeit unterliegen der Anhörung des Personalrates. Veranlaßt der Arbeitgeber jedoch die vertrauensärztliche Feststellung, ob der Angestellte »frei von ansteckenden oder ekelerregenden Krankheiten« ist oder verlangt er die in § 10 Abs. 2 Satz 2 BMT-G II vorgesehene Untersuchung für Arbeiter, die besonderen Ansteckungsgefahren ausgesetzt oder in gesundheitsgefährdenden Betrieben beschäftigt sind, so besteht ein Mitbestimmungsrecht gemäß § 72 Abs. 4 Nr. 7. Vertrauensarzt kann ein vom Arbeitgeber beauftragter Mediziner oder der personalärztliche Dienst der Behörde sein (BAG vom 7. 11. 2002 – 2 AZR 475/01).

Der Anhörung unterliegen weiter die nach § 45 LBG im Zusammenhang **9** mit der beabsichtigten oder beantragten Versetzung in den Ruhestand eines Beamten erforderlichen amtsärztlichen Untersuchungen sowie diejenige Untersuchung, die zur Überprüfung der Wiederherstellung der Dienstfähigkeit nach § 48 Abs. 3 LBG verlangt werden kann.

Die nachfolgenden Maßnahmen der vorzeitigen Versetzung in den Ruhestand unterliegen der Mitbestimmung des Personalrats nach § 72 Abs. 1 Nr. 10, wenn der Beamte dies beantragt.

Das Anhörungsrecht bei den vorausgehenden amtsärztlichen Untersuchungen ist vom Antragsrecht des Beamten nicht abhängig.

Abs. 2: Die durch die Novelle 1994 geschaffene Vorschrift soll (so der **10** Regierungsentwurf Seite 46) ermöglichen, daß die Stellungnahme des Personalrats in die Überlegungen der Dienststelle Eingang finden kann. Damit wird die bestehende Rechtslage verdeutlicht. Ohnehin ist die Dienststelle im Falle einer Verpflichtung zur Anhörung gehalten, dem Personalrat Gelegenheit zu einer Stellungnahme zu geben und offen für die Argumente und Anregungen des Personalrates im Rahmen dieser Stellungnahme zu sein. Eine bloß formelle Anhörung ohne den Willen, auf die Überlegungen des Personalrates ernstlich einzugehen, wäre mit dem Grundsatz der vertrauensvollen Zusammenarbeit nicht zu vereinbaren.

§ 76

An Prüfungen, die eine Dienststelle von den Beschäftigten ihres Bereichs abnimmt, kann ein Mitglied des für diesen Bereich zuständigen Personalrats, das von diesem benannt ist, beratend teilnehmen; Teilnahme und Beratung beschränken sich auf den Ablauf der mündlichen Prüfung. Mitglieder des Personalrats dürfen bei Prüfungen, die sie noch abzulegen haben, nicht nach Satz 1 tätig werden.

An Prüfungen, die eine Dienststelle von den Beschäftigten ihres Berei- **1** ches abnimmt, kann ein Mitglied des Personalrates beratend teilnehmen. Zu den Beschäftigten, die eine Prüfung ablegen, gehören sowohl die bereits ausgebildeten Arbeiter, Angestellten oder Beamten wie die zur Berufsausbildung Beschäftigten.

Unter Prüfungen sind sämtliche Feststellungen von persönlichen und fachlichen Fähigkeiten und Eigenschaften der Beschäftigten in einem formell geregelten Verfahren zu verstehen, das die Dienststelle selbst durchführt bzw. von einer außenstehenden Dienststelle (Institut, Zweckverband) durchführen läßt. Dazu zählen Lehrabschlußprüfungen der Auszubildenden, Prüfungen für Angestellte nach Besuch der Lehrgänge, Prüfungen schreibtechnischer Art für Bürogehilfinnen oder Sekretärinnen, Laufbahnprüfungen der Beamtenanwärter (BVerwG vom 23. 10. 1970 – VI P 4.70, PersV 1971, 183), Werkprüfungen für Arbeiter nach den tariflichen Vorstellungen. Einstellungsprüfungen fallen nicht darunter.

2 Ein Mitglied des für den Bereich der Dienststelle zuständigen Personalrats, das von diesem benannt wird, kann an den Prüfungen beratend teilnehmen. Zuständig für die Benennung ist der entsendende Personalrat.

Da sich Teilnahme und Beratung auf den Ablauf der mündlichen Prüfung und nicht auf den Inhalt der Prüfung selbst beziehen, besteht zunächst ein Recht zur Anwesenheit während der gesamten Zeit der Prüfung und das Recht, in die Prüfung dann einzugreifen, wenn der korrekte Hergang der mündlichen Prüfung nicht gewährleistet oder gefährdet ist. Es kann also bei unsachlichem Verhalten, Bevorzugung oder Benachteiligung von Prüflingen eingegriffen werden und der Vorsitzende der Prüfungskommission um Abhilfe gebeten werden. Zu dem äußeren Ablauf der Prüfung gehört auch die Frage nach dem Gesundheitszustand der Prüflinge und die Intervention, wenn die Prüfung zu lange dauert oder so belastende Umstände eintreten, daß eine Fortsetzung der Prüfung den Prüflingen nicht zugemutet werden kann. Soweit eine Beschränkung auf den äußeren Verfahrensgang eingehalten wird, hat das teilnehmende Personalratsmitglied auch das Recht, sich Kenntnis von bisher unbekannten Mängeln des äußeren Prüfungsablaufes zu verschaffen, die Prüflinge gegebenenfalls in Vorbesprechungen oder nach der mündlichen Prüfung und vor der eigentlichen Leistungsbewertung mit dem Prüfungsausschuß zu befragen (OVG Münster vom 24. 8. 1977 – CL 20/76).

Nach Auffassung des Bundesverwaltungsgerichtes soll jedoch keine Berechtigung zur Teilnahme an der anschließenden Beratung über das Prüfungsergebnis bestehen (BVerwG vom 31. 1. 1979, a.a.O.).

§ 77

(1) Der Personalrat hat bei der Bekämpfung von Unfall- und Gesundheitsgefahren die für den Arbeitsschutz zuständigen Behörden, die Träger der gesetzlichen Unfallversicherung und die übrigen in Betracht kommenden Stellen durch Anregung, Beratung und Auskunft zu unterstützen und sich für die Durchführung der Vorschriften über den Arbeitsschutz und die Unfallverhütung in der Dienststelle einzusetzen.

(2) Der Leiter der Dienststelle und die für den Arbeitsschutz zuständigen Stellen sind verpflichtet, den Personalrat oder die von ihm

bestimmten Mitglieder des Personalrats bei allen im Zusammenhang mit dem Arbeitsschutz oder der Unfallverhütung stehenden Besichtigungen und Fragen und bei Unfalluntersuchungen hinzuzuziehen. Der Leiter der Dienststelle hat dem Personalrat unverzüglich die den Arbeitsschutz und die Unfallverhütung betreffenden Auflagen und Anordnungen der in Satz 1 genannten Stellen mitzuteilen.

(3) An den Besprechungen des Leiters der Dienststelle mit den Sicherheitsbeauftragten oder dem Sicherheitsausschuß nach § 719 Abs. 4 der Reichsversicherungsordnung nehmen vom Personalrat beauftragte Personalratsmitglieder teil.

(4) Der Personalrat erhält die Niederschriften über Untersuchungen, Besichtigungen und Besprechungen, zu denen er nach den Absätzen 1 und 2 hinzuzuziehen ist.

(5) Der Leiter der Dienststelle hat dem Personalrat eine Durchschrift der nach § 1552 der Reichsversicherungsordnung vom Personalrat zu unterschreibenden oder der nach beamtenrechtlichen Vorschriften zu erstattenden Unfallanzeige auszuhändigen.

Beim Arbeitsschutz, Unfallschutz und Gesundheitsschutz hat der Personalrat nach mehreren Vorschriften umfangreiche Aufgaben und Kompetenzen. **1**

Nach § 64 Nr. 1 obliegt ihm, auf die Verhütung von Unfall- und Gesundheitsgefahren zu achten, die für den Arbeitsschutz zuständigen Stellen durch Anregung, Beratung und Auskunft zu unterstützen und sich für die Durchführung gesundheitsfördernder Maßnahmen sowie des Arbeitsschutzes einzusetzen. In § 72 Abs. 4 Nr. 6 und Nr. 7 ist dem Personalrat ein Mitbestimmungsrecht bei Bestellung und Abberufung von Vertrauens- und Betriebsärzten und Sicherheitsfachkräften sowie bei Maßnahmen zur Verhütung von Dienst- und Arbeitsunfällen und sonstigen Gesundheitsschädigungen eingeräumt. § 77 schließlich schafft umfangreiche Hinzuziehungs-, Unterrichtungs- und Beteiligungsrechte.

Auch außerhalb des Landespersonalvertretungsgesetzes finden sich in zahlreichen Vorschriften weitere Beteiligungsrechte des Personalrats in Angelegenheiten des Arbeitsschutzes und der Unfallverhütung. Zahlreiche Betriebsbeauftragte haben Aufgaben, die in diesem Zusammenhang stehen. Die Anzeige der Bestellung solcher Beauftragten ist auch dem Personalrat anzuzeigen, regelmäßig besteht ein Beteiligungsrecht bei dem Vorgang der Bestellung. Die Betriebsärzte, Sicherheitsingenieure und -beauftragten sowie Sicherheitsfachkräfte nach dem Arbeitssicherheitsgesetz, der Immissionsschutz-Beauftragte, Störfall-Beauftragte, Strahlenschutz-Beauftragte und Gentechnik-Beauftragte sind Sicherheitsfachkräfte im Sinne des § 72 Abs. 4 Nr. 6. Ihre Bestellung unterliegt der Mitbestimmung des Personalrats. Daneben ist der Personalrat gesondert über die Bestellung des Immissionsschutz-Beauftragten (§§ 53 Abs. 2, 55 Abs. 1 a BImschG), des Störfall-Beauftragten, des Strahlenschutz-Beauf- **2** tragten zu unterrichten. Der Gentechnik-Beauftragte kann erst nach vorheriger Anhörung des Personalrats bestellt werden.

Sämtliche Betriebsbeauftragte, die mit Arbeits-, Gesundheits- und Gefahrenschutz zu tun haben, sind zur Kooperation mit dem Personalrat verpflichtet und haben diesen auf Verlangen zu beraten und ihn bei seiner Arbeit zu unterstützen.

3 **Abs. 1:** Mit der Hinzufügung des Absatzes 1 durch die Novelle 1994 soll »entsprechend der bundesgesetzlichen Regelung dem gestiegenen Stellenwert des Arbeitsschutzes und der Unfallverhütung in der Arbeit der Personalräte Rechnung getragen werden« (Landtags-Drucksache 11/7130 Nr. 150, S. 56).

Es handelt sich um eine Gesetzesänderung, die verunglückt ist und weit hinter den Anforderungen zurückbleibt. Sachlich stand und steht das gleiche in § 64 Ziffer 4 – wenn man davon absieht, daß nach dieser Vorschrift der Personalrat auf die »Verhütung« solcher Gefahren »zu achten« hat, während ihm nunmehr »bei der Bekämpfung« Unterstützungsaufgaben zugewiesen sind. Weder der Grund für die doppelte Erwähnung dieses Themas im Gesetz noch die Bedeutung der (geringfügigen) sprachlichen Unterschiede sind im Gesetzgebungsverfahren deutlich geworden. Bedeutsamer ist jedoch, daß der Antrag der Fraktion Bündnis 90/Die Grünen, in diese Vorschrift die Umweltgefahren sowie die »für den Arbeits- und Umweltschutz« zuständigen Behörden aufzunehmen, abgelehnt worden ist (siehe Kommentierung zu § 64 Nr. 4). Daneben wäre es zweckmäßig gewesen, die in verstreuten Gesetzen liegenden Kompetenzen des Personalrats im Zusammenhang mit dem Arbeits-, Unfall-, Gefahren- und Umweltschutz zu bündeln und die Beteiligungsrechte zu präzisieren sowie gegebenenfalls zu weiteren Mitbestimmungsrechten aufzuwerten.

4 Der neu geschaffene Absatz 1 hat eine sachliche Änderung bewirkt: Die dem Personalrat danach übertragenen Aufgaben sowie Kommunikationsrechte und -pflichten können nunmehr nach dem Wortlaut sowohl des § 64 Nr. 4 als auch nach § 77 Abs. 1 ausgeübt werden, ohne daß § 2 Abs. 3 (»Anrufung außenstehender Stellen«) zuvor einzuhalten ist. Gerade die Verstärkung und doppelte Betonung der Kommunikationsrechte rechtfertigt die Annahme (zu § 64 Nr. 4 siehe bereits: Orth/Welkoborsky, § 64 LPVG NW, Rn. 3), daß wegen der gestiegenen Bedeutung der Schutzrechte der Beschäftigten der Personalrat sofort handeln kann und nicht erst langwierige dienststelleninterne Verhandlungen und Gespräche führen muß – wenn Unfall- und Gesundheitsgefahren drohen.

5 **Abs. 2:** Die Dienststelle hat *Hinzuziehungspflichten und Mitteilungspflichten.* Bei allen im Zusammenhang mit dem Arbeitsschutz oder der Unfallverhütung stehenden Besichtigungen und Fragen sowie bei Unfalluntersuchungen ist der Personalrat hinzuzuziehen. Diese Verpflichtung richtet sich sowohl an die Dienststelle (so für die Verpflichtung zur

Hinzuziehung bei Untersuchungen von Gefahrstoffbelastungen in Diensträumen: OVG Münster vom 29. 1. 1999 – 1A 2762/97.PVL, PersR 1999,
360) wie an die für den Arbeitsschutz zuständigen Stellen. Damit sind
sowohl interne Stellen als auch externe Stellen gemeint, soweit diese
innerhalb der Dienststelle tätig werden. Regelmäßig werden diese
Einrichtungen und Stellen den Personalrat vor Tätigwerden innerhalb
der Dienststelle unterrichten. Gemeint sind damit insbesondere die Ämter
für Arbeitsschutz, die Berufsgenossenschaften und Gemeindeunfall-
versicherungsverbände, die Umweltbehörden und schließlich die Betriebsärzte, Sicherheitsingenieure, Sicherheitsbeauftragte und die betrieblichen Beauftragten (z. B. gemäß §§ 13 ArbSchG, 22 SGB VII) sowie der
TÜV.

»Fragen«, die mit dem Arbeitsschutz oder der Unfallverhütung im
Zusammenhang stehen, sind ganz allgemein alle thematisch diesem Bereich zuzuordnenden Themen, Angelegenheiten, Probleme, Vorkommnisse etc.

Bei Unfalluntersuchungen ist der Personalrat ebenfalls hinzuzuziehen.

Mitteilungspflichten treffen den Dienststellenleiter bezüglich Auflagen **6**
und Anordnungen seitens der für den Arbeitsschutz zuständigen Behörden. Der Personalrat soll damit in die Lage versetzt werden, die Einhaltung solcher Auflagen und die Durchführung von Anforderungen gemäß § 64 Nr. 4 zu überwachen. Der Dienststellenleiter ist gehalten, solche
Auflagen und Anordnungen dem Personalrat unverzüglich – also ohne
schuldhaftes Zögern – mitzuteilen, weil sich solche Anordnungen und
Auflagen regelmäßig mit aktuellen Gefahren für die Beschäftigten und
ihrer Beseitigung befassen.

Dienststelle und Sicherheitsbeauftragte bzw. Arbeitsschutzausschuß ha- **7**
ben nach §§ 11, 16 ASiG mindestens vierteljährlich zu einer Besprechung
zusammenzukommen. Bei diesen Besprechungen hat der Personalrat ein
Teilnahmerecht, das auch zur Beratung innerhalb dieser Besprechung
berechtigt.

Abs. 4: Niederschriften über Untersuchungen, Besichtigungen und Be- **8**
sprechungen, an denen der Personalrat nach den Absätzen 2 und 3 ein
Teilnahmerecht hat, sind dem Personalrat zu übergeben. Diese Verpflichtung ist nicht davon abhängig, daß der Personalrat an den entsprechenden
Veranstaltungen tatsächlich teilgenommen hat, sondern nur davon abhängig, daß ein Teilnahmerecht bestand.

Die **Unfallanzeigen** nach § 193 Abs. 5 SGB VII sind vom Personalrat mit **9**
zu unterzeichnen. Absatz 5 ordnet an, daß der Personalrat von allen diesen
Unfallanzeigen eine Durchschrift erhält. Es besteht Anspruch auf Durch-
schriften sämtlicher Unfallanzeigen und nicht etwa nur derjenigen, die
dem Personalrat zur Unterschrift vorgelegt worden sind.

Vierter Abschnitt
Beteiligung der Stufenvertretung und des Gesamtpersonalrats

§ 78

(1) In Angelegenheiten, in denen die Dienststelle nicht zur Entscheidung befugt ist, ist an Stelle des Personalrats die bei der zuständigen übergeordneten Dienststelle gebildete Stufenvertretung zu beteiligen. In mitbestimmungs- und mitwirkungspflichtigen Angelegenheiten, in denen die Landesregierung auf Vorschlag einer obersten Landesbehörde entscheidet oder eine oberste Landesbehörde eine Entscheidung mit Wirkung über ihren Geschäftsbereich hinaus trifft, ist die Stufenvertretung am Vorschlag oder der Entscheidung der obersten Landesbehörde zu beteiligen. Betrifft der Vorschlag oder die Entscheidung nur Beschäftigte oberster Landesbehörden, tritt an die Stelle der Stufenvertretung der bei der obersten Landesbehörde gebildete Personalrat.

(2) Vor einem Beschluß in Angelegenheiten, die einzelne Beschäftigte oder Dienststellen betreffen, gibt die Stufenvertretung den Personalräten Gelegenheit zur Äußerung. In diesem Fall verdoppeln sich die Fristen der §§ 66 und 69.

(3) Werden im Geschäftsbereich mehrstufiger Verwaltungen Maßnahmen von einer Dienststelle beabsichtigt, bei der keine für eine Beteiligung an diesen Maßnahmen zuständige Personalvertretung besteht, ist an ihrer Stelle die Stufenvertretung bei der nächsthöheren Dienststelle zu beteiligen. Sofern in Fällen des § 66 Abs. 5 oder des § 69 Abs. 3 eine Stufenvertretung zu beteiligen ist und diese nicht besteht, ist an ihrer Stelle die Personalvertretung bei der nächstniedrigeren Dienststelle zu beteiligen.

(4) Absatz 1 Satz 1 und die Absätze 2 und 3 gelten entsprechend für die Verteilung der Zuständigkeit zwischen Personalrat und Gesamtpersonalrat.

(5) Für die Beteiligung der Stufenvertretungen und des Gesamtpersonalrats gelten die §§ 62 bis 66 und 68 bis 77 entsprechend.

1 Stufenvertretungen sind gemäß § 50 in den Landesverwaltungen für den Geschäftsbereich mehrstufiger Verwaltungen zu bilden. Im dreistufigen Verwaltungsaufbau werden neben den örtlichen Personalräten in den Mittelbehörden Bezirkspersonalräte und bei der obersten Landesbehörde ein Hauptpersonalrat gebildet. Im zweistufigen Verwaltungsaufbau werden neben den örtlichen Personalräten Hauptpersonalräte gebildet.

Stufenvertretungen werden für Dienststellen auf verschiedenen Hierarchieebenen gebildet, Gesamtpersonalräte dagegen für an sich einheitliche Dienststellen, von denen Teile oder Nebenstellen nach § 1 Abs. 3 verselbständigt sind. Die Aufgaben der Stufenvertretungen sind einmal im

Rahmen der Mitbestimmungsverfahren definiert und zum anderen in Absatz 5.

Ihnen obliegt zunächst die Ausübung der Mitbestimmung in den Verfah- **2** ren nach § 66 Abs. 5 und 6 sowie der Mitwirkung im Verfahren nach § 69 Abs. 3, wenn sich in der nächstniedrigeren Dienststelle zwischen dem dortigen Personalrat und dem Dienststellenleiter keine Einigung ergeben hat. Erst nach Vorbehandlung einer mitbestimmungspflichtigen Angelegenheit im örtlichen Personalrat, gegebenenfalls im Bezirkspersonalrat und sodann im Hauptpersonalrat kann die Einigungsstelle angerufen werden.

Die zweite Aufgabe der Stufenvertretungen ergibt sich aus § 78, nämlich **3** alle in §§ 62 bis 66 und 68 bis 77 genannten Aufgaben und Beteiligungsrechte in Ersatzkompetenz wahrzunehmen.

Abs. 1: In Angelegenheiten, in denen die Dienststelle nicht zur Entschei- **4** dung befugt ist, tritt anstelle des Personalrates dieser Dienststelle die bei der zuständigen übergeordneten Dienststelle gebildete Stufenvertretung ein. Diese Regelung gilt nicht nur für Mitbestimmungsangelegenheiten, sondern für alle in Absatz 5 aufgeführten Beteiligungsrechte.

Für die Frage, welche Personalvertretung zu beteiligen ist, kommt es nur darauf an, welche Dienststelle zur Entscheidung befugt ist und die Entscheidung trifft. Zuständig ist der Personalrat derjenigen Dienststelle, die die endgültige Entscheidung trifft, auch wenn sie die Maßnahme nicht selbst vorbereitet hat. Satz 1 meint den Fall, in dem eine nur auf den oder die Beschäftigten einer Dienststelle bezogene und wirkende Maßnahme mangels Entscheidungsbefugnis vom Leiter dieser Dienststelle nicht getroffen werden kann und darf, sondern vom Dienststellenleiter der nächsthöheren Dienststelle getroffen wird. In diesem Fall tritt die dort gebildete Stufenvertretung an die Stelle des Personalrats. Es ist jedoch zu beachten, daß es sich um eine Ersatzzuständigkeit handelt, die nur dann die Zuständigkeit der Stufenvertretung begründet, wenn eine Beteiligung des örtlichen Personalrats ausgeschlossen ist. Nicht in allen Fällen, in denen nach der Rechtsprechung des Bundesverwaltungsgerichtes z.B. bei Versetzungen sowohl der abgebende wie der aufnehmende Personalrat zu beteiligen ist, tritt an die Stelle dieser oder eines der beiden Personalräte die Stufenvertretung (siehe im einzelnen: BVerwG vom 19. 7. 1994 – 6 P 33.92 und vom 16. 9. 1994 – 6 P 32.92, PersR 1995, 16 und 20).

Eine Sonderregelung trifft § 78 Abs. 1 Satz 2 in den Angelegenheiten, in **5** denen die Landesregierung auf Vorschlag einer obersten Landesbehörde entscheidet. Betroffen sind nur mitbestimmungs- und mitwirkungspflichtige Angelegenheiten. In diesen Fällen ist die Stufenvertretung dieser obersten Landesbehörde vor Abgabe des Vorschlages an die Landesregierung zu beteiligen.

Satz 2 trifft sodann eine Regelung für die Fälle, in denen eine oberste **6** Landesbehörde in mitbestimmungs- und mitwirkungspflichtigen Angelegenheiten mit Wirkung über ihren Geschäftsbereich hinaus entscheidet. In diesen Fällen ist die bei dieser obersten Landesbehörde bestehende Stufenvertretung – also der Hauptpersonalrat – zu beteiligen. Das gilt sowohl in den Fällen, in denen er eine Entscheidung treffen kann – etwa der Finanzminister mit Wirkung für andere Ressorts –, als auch für die Fälle, in denen er lediglich einen Vorschlag machen kann.

Betrifft der Vorschlag oder die Entscheidung nur Beschäftigte oberster Landesbehörden, so ist nicht die Stufenvertretung zu beteiligen, sondern der örtliche Personalrat, der bei der obersten Landesbehörde gebildet ist, die den Vorschlag oder die Entscheidung verantwortet.

7 **Abs. 2:** Ist eine Stufenvertretung anstelle des Personalrats gemäß Absatz 1 zuständig und bezieht sich ihre Zuständigkeit auf Angelegenheiten, die einzelne Beschäftigte oder einzelne Dienststellen betreffen, so ist den dortigen örtlichen Personalräten vor einer Entscheidung der Stufenvertretung Gelegenheit zur Stellungnahme zu geben. In diesen Fällen verdoppeln sich für die Stufenvertretungen die Fristen der §§ 66 und 69, damit die Äußerung der örtlichen Personalräte eingeholt werden kann. Die Gelegenheit zur Äußerung ist dem oder den Personalräten zu geben, deren Dienststelle nicht zur Entscheidung befugt ist (BVerwG vom 8. 7. 1977, PersV 1978, 278).

8 Die Stufenvertretung hat den örtlichen Personalrat über die Angelegenheit so zu unterrichten, wie sie selbst von der Dienststelle unterrichtet worden ist. Andernfalls kann der örtliche Personalrat eine sachgerechte Stellungnahme auf der Grundlage seiner Kenntnisse der Interessen der Beschäftigten nicht abgeben. Allerdings besteht keine Verpflichtung, sämtliche im Laufe des Mitbestimmungsverfahrens beim Dienststellenleiter beschafften Informationen an die örtliche Personalvertretung weiterzuleiten (BVerwG vom 2. 10. 2000 – 6 P 11.99, PersR 2001, 80).

Der Äußerung des örtlichen Personalrats ist dort zu beschließen und der Stufenvertretung zuzuleiten. Eine formelle Bindung der Stufenvertretung an die Äußerung des örtlichen Personalrats besteht zwar nicht, jedoch wird der Äußerung des örtlichen Personalrats wegen der größeren Sachnähe ein maßgeblicher Stellenwert zukommen.

9 **Abs. 3:** Im Bereich mehrstufiger Verwaltungen kann die Stufenvertretung auch die Kompetenzen des Personalrats für nachgeordnete Dienststellen ausüben, bei denen kein zuständige Personalvertretung besteht. Es ist gleichgültig, warum dies so ist. Das Nichtbestehen eines Personalrats kann auf eine erfolgreiche Wahlanfechtung, auf die Neugründung der Dienststelle, aber auch darauf zurückzuführen sein, daß die Beschäftigten sich zu einer Wahl bisher nicht entschlossen haben. In allen Fällen besteht die Ersatzzuständigkeit des § 80 Abs. 3.

10 Satz 2 trifft eine Regelung für den Fall, daß eine Stufenvertretung nicht besteht. In diesen Fällen ist im Mitbestimmungs- und Mitwirkungsverfahren die bei der nächstniedrigeren Dienststelle gebildete Personalvertretung zu beteiligen. Das Mitbestimmungsverfahren muß deshalb aber nicht in der gleichen Stufe zweimal stattfinden. Fehlt z. B. bei der Mittelbehörde ein Bezirkspersonalrat, so können der örtliche Personalrat und die Dienststelle im Falle der Nichteinigung sogleich den Hauptpersonalrat bzw. die oberste Dienstbehörde anrufen.

Abs. 4: Ist für eine Dienststelle und verselbständigte Teildienststelle ein **11** Gesamtpersonalrat gebildet worden, so gelten Absatz 1 Satz 1 und Absätze 2 und 3 für das Verhältnis zwischen Gesamtpersonalrat und örtlichen Personalräten entsprechend.

Zumeist wird der Leiter der Gesamtdienststelle in doppelter Eigenschaft tätig werden, nämlich als Leiter der Gesamtdienststelle und als Leiter eines Teils der Dienststelle. Das ist z.b. regelmäßig dann der Fall, wenn eine Stadt einzelne Teile wie Krankenhäuser, Fuhrparks oder Dezernate verselbständigt und sich dort örtliche Personalräte bilden. Der Leiter der Gesamtdienststelle wird dann in aller Regel in einer Doppelfunktion als Leiter der Gesamtdienststelle und als örtlicher Dienststellenleiter tätig.

In diesen Fällen ist nach dem Grundsatz zu verfahren, daß der Dienststellenleiter diejenige Personalvertretung beteiligen muß, »die ihm in bezug auf die zu treffende Maßnahme am unmittelbarsten gegenübersteht« (OVG Münster vom 22. 5. 1986 – CL 26/84). Es gilt auch hier der in Absatz 1 Satz 1 zum Ausdruck kommende Grundsatz, daß der Gesamtpersonalrat – wie die Stufenvertretung – nur eine Ersatzzuständigkeit hat. Diese tritt nur ein, wenn die Ausübung des Mitbestimmungsrechtes durch den örtlichen Personalrat nicht möglich ist.

Der Gesamtpersonalrat ist deshalb nur an denjenigen Entscheidungen des **12** (Gesamt-)Dienststellenleiters zu beteiligen, die dieser im Rahmen seiner verwaltungsinternen Zuständigkeit trifft und die sich auf die Gesamtdienststelle der doch auf mehrere personalvertretungsrechtlich verselbständigte Dienststellen bezieht (OVG Münster vom 22. 5. 1986, a.a.O.; vom 7. 6. 1990 – CL 86/88, PersR 1991, 94).

NEUNTES KAPITEL
Gerichtliche Entscheidung

§ 79

(1) Die Verwaltungsgerichte, im dritten Rechtszug das Bundesverwaltungsgericht, entscheiden in den Fällen der §§ 22, 25 und § 108 des Bundespersonalvertretungsgesetzes sowie über

1. Wahlberechtigung und Wählbarkeit,

2. Wahl, Zusammensetzung und Amtszeit der Personalvertretungen und der in den §§ 54, 60, 85 und 86 genannten Vertretungen,

3. Zuständigkeit und Geschäftsführung der Personalvertretungen und der in den §§ 54, 60, 85 und 86 genannten Vertretungen,

4. Rechtsstellung der Mitglieder von Personalvertretungen und der in den §§ 54, 60, 85 und 86 genannten Vertretungen,

5. Bestehen oder Nichtbestehen von Dienstvereinbarungen,

6. Streitigkeiten aus § 67.

(2) Die Vorschriften des Arbeitsgerichtsgesetzes über das Beschlußverfahren gelten entsprechend. § 36 der Verwaltungsgerichtsordnung findet Anwendung.

1 Entsprechend der rahmenrechtlichen Festlegung in § 106 BPersVG sind die Verwaltungsgerichte dafür zuständig, in Streitigkeiten aus und in Verbindung mit Angelegenheiten der Personalvertretung zu entscheiden. Betriebsverfassungsrechtliche Streitigkeiten sind gemäß § 2a Abs. 1 Nr. 1 ArbGG von den Arbeitsgerichten zu entscheiden. Wegen der Sachnähe der Personalvertretung zum Arbeitsrecht und zur Betriebsverfassung sowie wegen der Einheitlichkeit der Materie ist die Zuweisung der Streitigkeiten an verschiedene Gerichte nicht zweckmäßig. Jedoch besteht eine rahmenrechtliche Bindung, so daß der Landesgesetzgeber eine anderweitige Regelung nicht treffen kann.

2 **Abs. 1:** Für die Streitigkeiten nach dem Landespersonalvertretungsgesetz sind die Verwaltungsgerichte, im dritten Rechtszug das Bundesverwaltungsgericht zuständig. Verwaltungsgerichte bestehen in Nordrhein-Westfalen in Aachen, Arnsberg, Gelsenkirchen, Köln, Minden und Münster. Bei ihnen sind Fachkammern für Landespersonalvertretungssachen eingerichtet.

Für den Beschwerde-Rechtszug ist das Oberverwaltungsgericht für das Land Nordrhein-Westfalen – dort der Fachsenat für Landespersonalvertretungssachen –, ansässig in Münster, zuständig. Im Rechtsbeschwerdeverfahren entscheidet das Bundesverwaltungsgericht – gegenwärtig zuständig der 6. Senat – mit Sitz in Berlin.

Zuständig sind die Verwaltungsgerichte zur Entscheidung der Angelegen- **3**
heiten, die in § 79 Abs. 1 aufgeführt sind:

a) Auf Antrag von drei wahlberechtigten Beschäftigten, einer in der
   Dienststelle vertretenen Gewerkschaft oder dem Leiter der Dienststelle kann innerhalb von zwei Wochen nach dem Tag der Bekanntgabe des Wahlergebnisses die Wahl angefochten werden. Für die
   Entscheidung über die Gültigkeit und Ungültigkeit dieser Wahl, auch
   im Falle einer geltend gemachten Nichtigkeit, sind die Verwaltungsgerichte zuständig.

b) Auf Antrag eines Viertels der wahlberechtigten Beschäftigten oder
   einer in der Dienststelle vertretenen Gewerkschaft kann der Personalrat aufgelöst werden oder eines seiner Mitglieder ausgeschlossen
   werden, wenn eine grobe Vernachlässigung der gesetzlichen Befugnisse oder eine grobe Verletzung der Pflichten vorliegt. Auflösung
   oder Ausschluß können nur vom Verwaltungsgericht beschlossen
   werden.
   Aus den gleichen Gründen kann der Personalrat beim Verwaltungsgericht den Ausschluß eines seiner Mitglieder beantragen.

c) § 108 BPersVG gehört zu den unmittelbar für die Länder geltenden
   Vorschriften. Für Arbeiter und Angestellte ist ein besonderer Kündigungsschutz vor außerordentlichen Kündigungen aller Amtsträger –
   Mitglieder der Personalvertretungen, der Jugendvertretungen oder der
   Jugend- und Auszubildendenvertretungen, der Wahlvorstände sowie
   von Wahlbewerbern, die in einem Arbeitsverhältnis stehen, vorgesehen. Ist die außerordentliche Kündigung von solchen Amtsträgern
   beabsichtigt, bedarf sie der Zustimmung des zuständigen Personalrats
   und – wenn dieser die Zustimmung nicht innerhalb von drei Tagen
   erklärt – der Einleitung eines Zustimmungsersetzungsverfahrens vor
   dem Verwaltungsgericht. Die Kündigung kann nur ausgesprochen
   werden, wenn das Verwaltungsgericht rechtskräftig zustimmt.
   Der betroffene Arbeitnehmer ist in diesem Verfahren beteiligt. Von
   § 108 werden auch Mitglieder von Personalkommissionen geschützt.

d) Nach § 79 Abs. 1 Nr. 1 haben die Verwaltungsgerichte über alle
   Fragen im Zusammenhang mit Wahlberechtigung und Wählbarkeit
   zu entscheiden, insbesondere über die damit im Zusammenhang stehenden Fragen, die sich aus § 10 und § 11 und dem aktiven Wahlrecht
   ergeben.

e) Gemäß Nr. 2 haben die Gerichte über Wahl, Zusammensetzung und
   Amtszeit der Personalvertretungen, der Jugend- und Auszubildendenvertretungen, der Stufenvertretungen und der Vertrauenspersonen bei
   den Polizeivollzugsbeamten zu entscheiden. Alle Streitigkeiten aus
   und im Zusammenhang mit dem Wahlgeschehen obliegen daher der
   Zuständigkeit des Personalrats. Die Zusammensetzung der Personalvertretungen bezieht sich auf Streitigkeiten über das Nachrücken von

Ersatzmitgliedern und über das zahlenmäßige Verhältnis der einzelnen Gruppen im Personalrat untereinander.

f) Nr. 3 weist den Verwaltungsgerichten alle Streitigkeiten über Zuständigkeit und Geschäftsführung zu. Es handelt sich um die Generalklausel, die eine Zuständigkeit der Verwaltungsgerichte für praktisch alle im Zusammenhang mit der Aufgabenstellung der Personalräte stehenden Streitigkeiten eröffnet.

g) Nr. 4: Die Rechtsstellung der Personalvertretungen und der anderen Vertretungen und ihrer Mitglieder ist betroffen, wenn Streitigkeiten z.b. über Freistellung, Teilnahme an Schulungs- und Bildungsveranstaltungen, die Versetzung und Abordnung von Personalratsmitgliedern nach § 43, Kostenerstattung u.ä. entstehen.

h) Nach Nr. 5 besteht eine Zuständigkeit der Verwaltungsgerichte über das Bestehen oder Nichtbestehen von Dienstvereinbarungen, also Streitigkeiten im Zusammenhang mit den §§ 4 und 70.

i) Das Verwaltungsgericht entscheidet schließlich über Streitigkeiten, die mit der Bildung, Zusammensetzung und Geschäftsführung der Einigungsstelle im Zusammenhang stehen. Es kann sich um Streitigkeiten handeln, die mit der Geschäftsführung und Tätigkeit der Einigungsstelle im Zusammenhang stehen sowie über die Kosten der Einigungsstelle und schließlich über die Wirksamkeit und Unwirksamkeit ihrer Beschlüsse. Rechtswidrige Einigungsstellenbeschlüsse können auf Antrag aufgehoben (»kassatorisch beseitigt«: BVerwG vom 28. 6. 2000 – 6 P 1.00, PersR 2000, 507) werden. Nicht zuständig sind die Verwaltungsgerichte bei Nichteinigung über die Person des Vorsitzenden und seines Stellvertreters sowie die Zahl der Beisitzer. Darüber entscheidet gemäß § 67 Abs. 1 der Präsident des Oberverwaltungsgerichtes für das Land Nordrhein-Westfalen.

Rechtsstreitigkeiten über Rechte und Pflichten der Schwerbehindertenvertretung (§§ 94 ff. SGB IX) sind ebenfalls im Beschlußverfahren von den Fachkammern zu entscheiden (OVG Münster vom 6. 8. 2002 – 1 E 141/02.PVL, PersR 2003, 83).

4 **Abs. 2:** Die Verwaltungsgerichte haben über die in Absatz 1 genannten Streitigkeiten nicht nach der Verwaltungsgerichtsordnung, sondern nach den Vorschriften des Arbeitsgerichtsgesetzes über das Beschlußverfahren zu entscheiden. Sie finden sich ab § 80 ff.

Die Novelle 1994 hat eine Änderung dieser Verfahrensvorschriften nur dahin gehend vorgenommen, daß der – nur in der Verwaltungsgerichtsordnung – vorgesehene Vertreter des öffentlichen Interesses (§ 36 VwGO) an den Beschlußverfahren beteiligt wird. Das ist nach Auffassung des Regierungsentwurfs (Begründung S. 49) erforderlich geworden, weil der Fachsenat des OVG Münster die Meinung vertritt, daß es im personalvertretungsrechtlichen Beschlußverfahren nicht zur Einschaltung des Vertreters des öffentlichen Interesses kommen könne. Daran – so der

Regierungsentwurf – bestehe jedoch ein Interesse, damit die Auffassung der Landesregierung in anhängigen Verfahren, an denen sie nicht beteiligt ist (z. B. bei Verfahren aus dem kommunalen Bereich), zur Geltung gebracht werden kann.

Antragsbefugt im Beschlußverfahren sind alle diejenigen, denen ein ausdrückliches Antragsrecht im Gesetz zugebilligt ist (siehe z.b. §§ 22, 25) sowie jeder, der eine personalvertretungsrechtliche Funktion oder Beteiligung geltend machen kann (dazu OVG Münster vom 18. 9. 1995 – 1A 1833/91.PVL, ZBR 1996, 99, LS). **5**

Dazu zählen die Personalvertretungen selbst, der Dienststellenleiter, in der Dienststelle oder im Personalrat vertretene Gewerkschaften, Beschäftigte – soweit sie personalvertretungsrechtliche Rechte (z.B. Wahlrecht) geltend machen –, die einzelnen Mitglieder der Personalvertretungen, Gruppen von Beschäftigten (drei Wahlberechtigte gemäß § 22), Sachverständige.

Anders als im Klageverfahren stellt das Gericht von Amts wegen fest, wer richtigerweise neben den Antragstellern an den Verfahren beteiligt ist. Gegebenenfalls werden vom Antragsteller nicht aufgeführte Beteiligte vom Gericht von Amts wegen an den Verfahren beteiligt. **6**

Im Unterschied zur arbeitsgerichtlichen Rechtsprechung betont das Bundesverwaltungsgericht stets, daß es sich bei den personalvertretungsrechtlichen Beschlußverfahren um ein sogenanntes »objektives« Verfahren handle, das »weniger der richterlichen Feststellung streitiger Ansprüche als vielmehr in der Regel der Abgrenzung gegenseitiger Kompetenzen im Bereich der Personalverfassung dient« (BVerwG vom 28. 4. 1967 – PersV 1967, 268). Wegen dieses objektiven Charakters, aber auch wegen der Bindung des Staates und seiner Verwaltungen an Recht und Gesetz hält das Bundesverwaltungsgericht Feststellungsanträge für ausreichend. Sie sind daher die Regel und die häufigste Rechtsschutzform in der Personalvertretung.

Ein solcher Feststellungsantrag ist unproblematisch, wenn er sich auf Dauerzustände richtet, wie z.B. die Geltendmachung von Mitbestimmungsrechten bei einem laufend genutzten EDV-Programm, einer von der Dienststelle einseitig veränderten Arbeitszeit oder von Beurteilungsrichtlinien, die ohne Beteiligung des Personalrats in Kraft gesetzt sind.

Werden Angelegenheiten zum Gegenstand eines Feststellungsantrags gemacht, die abgeschlossen sind und in der Vergangenheit liegen, so ist das sogenannte Rechtsschutzinteresse besonders darzulegen. »Es ist dann zu bejahen, wenn der konkrete Anlaß, aus dem sich der rechtliche Streit entwickelt hat, nicht mehr besteht, die Streitfrage aber gleichwohl der Klärung bedarf, weil sie sich jederzeit wieder stellen kann und die zu ihr bestehenden Meinungsverschiedenheiten das Verhältnis von Personalvertretung und Dienststelle beeinträchtigen können« (OVG Münster vom 4. 10. 1990 - CL 31/89). Es besteht auch bei fortwirkenden und abänderbaren oder rückgängig zu machenden Maßnahmen trotz deren Umsetzung (OVG Münster vom 18. 10. 2000 – 1 A 4961/98.PVL, PersR 2001, 158).

7 Das Bundesverwaltungsgericht verlangt in solchen Fällen seit den Beschlüssen vom 2. 6. 1993 (– 6 P 23.91, PersR 1993, 444 und – 6 P 3.92, PersR 1993, 450), daß das Rechtsschutzbedürfnis und das Feststellungsinteresse an einer vom Einzelfall losgelösten, aber entscheidungserheblich gewesenen Rechtsfrage dargelegt wird. Das Gericht verlangt deshalb, daß der jeweilige Antragsteller »eine Entscheidung nicht nur über einen bestimmten konkreten Vorgang, sondern außerdem über die dahinterstehende personalvertretungsrechtliche Frage begehrt« (a.a.O.; siehe dazu Welkoborsky, PersR 1994, 197 ff.; OVG Münster vom 22. 5. 1996 – 1A 3651/92.PVL; vom 20. 1. 2000 – 1A 128/98.PVL; vom 1. 3. 2000 – 1A 307/98.PVL). Das Antragsrecht kann verwirken, wenn der Personalrat längere Zeit untätig bleibt und die Dienststelle darauf vertrauen darf, daß der Personalrat seine Rechte nicht mehr ausüben will (OVG vom 28. 9. 1995 – 1A 4061/92.PVL, PersR 1997, 23; vom 15. 12. 1999 – 1 A 4258/97.PVL, PersR 2000, 517; vom 29. 11. 2000 – 1 A 4383/98.PVL, PersR 2001, 304).

8 Neben Feststellungsanträgen sind Leistungs- und Unterlassungsanträge zulässig. Dazu gehört der vom Bundesverwaltungsgericht in Übereinstimmung mit der Rechtsprechung des Oberverwaltungsgerichts Münster anerkannte Anspruch auf Verpflichtung des Dienststellenleiters, das mißachtete Mitbestimmungsrecht nach rechtskräftigem Abschluß eines Verfahrens nachzuholen und nachträglich zu gewähren (siehe OVG Münster vom 17. 6. 1993 – CL 45/90 und vom 4. 3. 1994 – 1A 3468/91.PVL; vom 8. 5. 1995 – 1 A 144/92.PVL, PersR 1995, 305; BVerwG vom 15. 3. 1995 – 6 P 28.93). Schließlich kann zur Sicherung von Beteiligungsrechten des Personalrats ein Antrag auf Verpflichtung des Dienststellenleiters, entweder das gar nicht eingeleitete Beteiligungsverfahren einzuleiten und durchzuführen oder das abgebrochene Beteiligungsverfahren fortzusetzen, sofern die getroffene Maßnahme überhaupt rückgängig gemacht werden kann, gestellt werden (siehe dazu BVerwG vom 16. 9. 1994 – 6 P 32.92, PersR 1995, 16; anderer Ansicht: OVG Münster vom 17. 11. 1992 – 1A 2600/92.PVL).

9 Auch der Erlaß von einstweiligen Verfügungen kommt in Betracht. Das OVG Münster lehnt zwar in ständiger Rechtsprechung den Erlaß von einstweiligen Verfügungen auf Unterlassung der Durchführung einer mitbestimmungspflichtigen Maßnahme vor Durchlaufen des Mitbestimmungsverfahrens ab. Das Bundesverwaltungsgericht hält eine einstweilige Verfügung für zulässig, mit der der Dienststelle die Verpflichtung zur Einleitung oder Fortführung eines Beteiligungsverfahrens aufgegeben wird (BVerwG vom 27. 7. 1990 – PB 12.89, PersR 1990, 297. Dem hat sich das OVG Münster nunmehr angeschlossen (vom 17. 2. 2003 – 1 B 2544/02.PVL, PersR 2003, 199; siehe auch vom 14. 1. 2003 – 1 B 1907/02.PVL, PersR 2003, 243 zur Feststellung der Voraussetzungen des § 66

Abs. 8 im Eilverfahren). Auch bejaht das OVG ausdrücklich (vom 2. 12. 1997 – 1 B 2189/87, PersV 1998, 523) die Möglichkeit einer das streitige Rechtsverhältnis feststellenden Verfügung.

Das Verfahren wird durch eine Antragsschrift eingeleitet, die den Betei- **10** ligten mit der Bitte um Stellungnahme zugeleitet wird. Streiten Personalrat und Dienststelle über die Mitbestimmungspflichtigkeit einer Maßnahme, so ist der betroffene Beschäftigte am Verfahren nicht zu beteiligen (OVG Münster vom 6. 3. 1998 – 1A 127/98.PVL, PersR 1998, 527). Das Gericht führt sodann eine Anhörung durch, bei der den Verfahrensbeteiligten – anders als im Klageverfahren – das Erscheinen und die Teilnahme freigestellt ist. Auch ohne Erscheinen kann eine Entscheidung ergehen (§ 83 Abs. 4). Das Gericht kann von Amts wegen den Sachverhalt erforschen, Urkunden einsehen, Auskünfte einholen, Zeugen, Sachverständige und auch sämtliche Verfahrensbeteiligten vernehmen und Augenschein einnehmen (§ 83 Abs. 2 ArbGG).

Gegen erstinstanzliche Beschlüsse des Verwaltungsgerichts ist die Beschwerde zum OVG Münster zulässig. Die Rechtsbeschwerde gegen Beschlüsse des OVG Münster kann zum Bundesverwaltungsgericht nur dann eingelegt werden, wenn sie vom OVG Münster ausdrücklich zugelassen worden ist (§ 92 ArbGG). Hat das Gericht die Rechtsbeschwerde nicht zugelassen, so kann dagegen wiederum die Nichtzulassungsbeschwerde eingelegt werden (§ 92 a ArbGG). Während mit der Rechtsbeschwerde die Verletzung materiellen Rechts gerügt werden kann, ist die Nichtzulassungsbeschwerde darauf beschränkt, eine sogenannte Divergenz – also ein Abweichen der angefochtenen Entscheidung von den tragenden Gründen einer Entscheidung des Bundesverwaltungsgerichtes – darzulegen.

Das Beschlußverfahren ist kostenfrei, es werden Gerichtskosten nicht **11** erstattet und deswegen Kostenentscheidungen nicht getroffen.

Die dem Personalrat durch Hinzuziehung eines Rechtsanwalts entstandenen Kosten sind nicht aufgrund des Prozeßverhältnisses, sondern aufgrund der Kostenerstattungspflicht des § 40 zu erstatten (siehe die Kommentierung dort).

§ 80

(1) Für die nach diesem Gesetz zu treffenden Entscheidungen sind bei den Verwaltungsgerichten des ersten und zweiten Rechtszuges Fachkammern (Fachsenate) zu bilden.

(2) Die Fachkammern (der Fachsenat) besteht aus Richtern und ehrenamtlichen Richtern. Ein Richter ist Vorsitzender. Die ehrenamtlichen Richter müssen Beschäftigte des Landes, einer Gemeinde, eines Gemeindeverbandes oder einer sonstigen der Aufsicht des Landes unterstehenden Körperschaft, Anstalt oder Stiftung des öffent-

lichen Rechts sein. Sie werden durch die Landesregierung oder eine von ihr bestimmte Stelle je zur Hälfte auf Vorschlag

1. der unter den genannten Beschäftigten vertretenen gewerkschaftlichen Spitzenorganisationen und

2. der obersten Landesbehörden

berufen. Für die Berufung und Stellung der ehrenamtlichen Richter und ihre Heranziehung zu den Sitzungen gelten die Vorschriften des Arbeitsgerichtsgesetzes über ehrenamtliche Richter entsprechend.

(3) Die Fachkammern (der Fachsenat) wird tätig in der Besetzung mit einem Vorsitzenden, zwei weiteren Richtern und zwei ehrenamtlichen Richtern, von denen je einer nach Absatz 2 Satz 4 Nr. 1 und 2 berufen worden ist.

1 Die Verwaltungsgerichte sind in dieser Vorschrift zur Entscheidung über die in § 79 erwähnten Streitigkeiten zuständig. Wegen der Sachnähe zum Betriebsverfassungsgesetz und zum Arbeitsrecht wäre eine Zuweisung dieser Streitigkeit an die Arbeitsgerichte zweckmäßiger, jedoch sind die Landesgesetzgeber aufgrund der rahmenrechtlichen Kompetenz des Bundesgesetzgebers an diesen Rechtsweg gebunden.

Bei den Verwaltungsgerichten werden Fachkammern gebildet, die aus einem Vorsitzenden, zwei beisitzenden Berufsrichtern und zwei ehrenamtlichen Richtern bestehen.

Der Fachsenat beim Oberverwaltungsgericht ist entsprechend besetzt. Die ehrenamtlichen Richter müssen Beschäftigte des öffentlichen Dienstes sein. Sie werden nach dem Vorbild der Arbeitsgerichtsbarkeit je zur Hälfte auf Vorschlag der gewerkschaftlichen Spitzenorganisationen und der obersten Landesbehörden berufen (siehe Verordnung über die Berufung der ehrenamtlichen Richter vom 21. 10. 1985 – GV 75, 589).

2 Fachkammern und Fachsenat werden in mündlicher Anhörung tätig in der Besetzung mit einem Vorsitzenden, zwei beisitzenden Richtern und zwei ehrenamtlichen Richtern, von denen je einer aus dem Vorschlag der gewerkschaftlichen Spitzenorganisationen und dem Vorschlag der obersten Landesbehörden zu entnehmen ist.

ZEHNTES KAPITEL
Sondervorschriften für besondere Verwaltungszweige und die Behandlung von Verschlußsachen

Erster Abschnitt
Polizei

§ 81

(1) Für die Beschäftigten der Polizei bei den in § 82 bezeichneten Polizeidienststellen gelten die Vorschriften der Kapitel 1 bis 9 und 11 insoweit, als in diesem Abschnitt nichts anderes bestimmt ist.

Die rahmenrechtliche Vorschrift des § 95 Abs. 1, 2. Halbsatz BPersVG stellt dem Landesgesetzgeber frei, unter anderem für Polizeibeamte besondere Regelungen zu treffen.

Nach dem Wortlaut des § 81 erstrecken sich die Sondervorschriften für die Polizei der §§ 81 bis 86 zwar darüber hinaus auf alle »Beschäftigten der Polizei« – also auch auf die bei der Polizei beschäftigten Arbeiter und Angestellten.

Es werden jedoch für Arbeiter und Angestellte keine materiell abweichenden Regelungen geschaffen. Ihre Zuordnung zu den bei den Polizeidienststellen zu bildenden Personalräten durch § 82 ist rahmenrechtlich unbedenklich. Die übrigen Vorschriften der §§ 81 bis 86 betreffen nur Sonderregelungen für Polizeibeamte sowie Beamtenanwärter.

§ 82

(1) Dienststellen im Sinne dieses Gesetzes sind die Kreispolizeibehörden, das Landeskriminalamt und die Polizeieinrichtungen.

(2) Die Polizeivollzugsbeamten bei den Regierungspräsidenten bilden mit den Beschäftigten der diesen zugehörigen Sonderdienste jeweils eine Dienststelle im Sinne dieses Gesetzes.

Abs. 1: Abweichend von § 1 werden als Dienststellen für die Beschäftigten der Polizei die Kreispolizeibehörden, das Landeskriminalamt und die Polizeieinrichtungen festgelegt. Kreispolizeibehörden sind nach dem Polizeiorganisationsgesetz vom 13. 7. 1982 (GV.NW., S. 339/SGV.NW, S. 205) die Polizeipräsidenten, der Polizeipräsident der Wasserschutzpolizei NW in Duisburg sowie die Oberkreisdirektoren als Kreispolizeibehörde.

Das Landeskriminalamt ist die in § 13 des Polizeiorganisationsgesetzes erwähnte und definierte Behörde.

Zu den Polizeieinrichtungen siehe Orth/Welkoborsky, § 82 LPVG, Rn. 6 f.

Abs. 2: Abweichend von der Regelung in § 1 Abs. 2 bilden die Polizeivollzugsbeamten bei den Regierungspräsidenten zusammen mit den Beschäftigten der diesen zugehörenden Sonderdienste (Verkehrsüberwachungsbereitschaften, Kraftfahrt- und Fernmeldedienste, Funkstreifenzentralen, Hubschrauberstaffeln, Waffenwerkstätten, polizeiärztlicher Dienst und Sanitätsdienste sowie die Bekleidungsstelle in Detmold) eine gesonderte Dienststelle innerhalb des Regierungspräsidenten. Dazu zählen auch die in den Sonderdiensten beschäftigten Arbeiter und Angestellten.

Dienststellenleiter dieser aus Polizeivollzugsbeamten und Beschäftigten der Sonderdienststellen zusammengefaßten Dienststelle ist der Regierungspräsident.

§ 83

Abgeordnete Polizeivollzugsbeamte sind nur bei ihrer Stammdienststelle wahlberechtigt und wählbar; § 10 Abs. 2 und § 26 Abs. 2 finden keine Anwendung.

1 Die Vorschrift regelt besondere Voraussetzungen für die Wahlberechtigung und Wählbarkeit abgeordneter Polizeivollzugsbeamten.

Solche abgeordneten Polizeivollzugsbeamten sind stets nur bei ihrer Stammdienststelle wahlberechtigt und wählbar – und zwar unabhängig von der Dauer der Abordnung. Durch den Ausschluß von § 10 Abs. 2 geht die Wahlberechtigung also nicht verloren, wenn die Abordnung länger als sechs Monate gedauert hat. Dementsprechend kann eine Wahlberechtigung in der aufnehmenden Dienststelle, in die abgeordnet wurde, nicht erworben werden.

Auch die Möglichkeit, in den Personalrat gewählt zu werden, besteht für diese abgeordneten Polizeivollzugsbeamten nur in ihrer abgebenden Stammdienststelle.

2 Der Ausschluß des § 26 Abs. 2 betrifft abgeordnete Polizeivollzugsbeamte, die Mitglied eines Personalrats sind. Ihre Mitgliedschaft im Personalrat erlischt auch dann nicht, wenn die Abordnung länger als sechs Monate andauert. Unabhängig von der Dauer einer Abordnung bleibt ihnen die Mitgliedschaft im Personalrat ihrer Stammdienststelle erhalten.

Die Vorschrift gilt nur für Abordnungen, nicht jedoch für Versetzungen und Beurlaubungen ohne Dienstbezüge. In diesen Fällen gelten die allgemeinen Vorschriften über die Wahlberechtigung und Wählbarkeit im ersten Abschnitt des zweiten Kapitels.

§ 84

(1) Polizei-Bezirkspersonalräte werden gebildet

1. bei den Regierungspräsidenten für Kreispolizeibehörden und die in § 82 Abs. 2 bezeichneten Dienststellen,

2. bei der Direktion der Bereitschaftspolizei für die ihr unterstehenden Polizeieinrichtungen.

Die Mitglieder der Polizei-Bezirkspersonalräte bei den Regierungspräsidenten werden von den Beschäftigten der Kreispolizeibehörden und der in § 82 Abs. 2 bezeichneten Dienststellen, die des Polizei-Bezirkspersonalrates bei der Direktion der Bereitschaftspolizei von den Beschäftigten der ihr unterstehenden Polizeieinrichtungen und der Direktion der Bereitschaftspolizei gewählt.

(2) Beim Innenministerium wird ein Polizei-Hauptpersonalrat gebildet, dessen Mitglieder von den Beschäftigten der in § 82 bezeichneten Dienststellen gewählt werden.

Abs. 1: Die Vorschrift legt den Bereich, für den Polizei-Bezirkspersonalräte zu bilden sind, abweichend von § 50 Abs. 1 fest. **1**

Bei den Regierungspräsidenten sind für die ihnen unterstellten Kreispolizeibehörden einschließlich der bei den Regierungspräsidenten gebildeten besonderen Dienststellen für Polizeivollzugsbeamte besondere Polizei- und Bezirkspersonalräte zu bilden.

Besondere Polizei-Bezirkspersonalräte sind auch bei der Direktion der Bereitschaftspolizei, für die ihr unterstehenden Bereitschaftspolizei-Abteilungen und Polizeischulen zu bilden.

Sitz der Polizei-Bezirkspersonalräte ist jeweils der Regierungspräsident, bei dem sie gebildet worden sind.

Wahlberechtigt zum Polizei-Bezirkspersonalrat bei den Regierungspräsidenten sind die Beschäftigten der jeweiligen Kreispolizeibehörden und die Beschäftigten der für die Polizeivollzugsbeamten bei den Regierungspräsidenten zusammen mit den Beschäftigten der Sonderdienste gebildeten Personalräte. **2**

Wahlberechtigt zu dem Polizei-Bezirkspersonalrat bei der Direktion der Bereitschaftspolizei sind die Beschäftigten der ihr unterstehenden Polizeieinrichtungen (siehe § 82 Abs. 1) und der Beschäftigten der Direktion selbst.

Abs. 2: Neben dem Hauptpersonalrat für die Beschäftigten aus dem Geschäftsbereich des Innenministers wird ein besonderer Polizei-Hauptpersonalrat gebildet. Wahlberechtigt sind die Beschäftigten, die in § 82 aufgeführt sind, also alle Beschäftigten der Kreispolizeibehörden, des Landeskriminalamtes und der Polizeieinrichtungen sowie der besonderen Dienststellen im Sinne des § 82 Abs. 2. **3**

§ 85

(1) Die Polizeivollzugsbeamten im Bereich der Direktion der Bereitschaftspolizei sind bis zum Bestehen der I. Fachprüfung zur Wahl des Personalrats nicht wahlberechtigt; sie wählen für jede Lehrgruppe eine Vertrauensperson. Wählbar sind alle der Lehrgruppe angehörenden Polizeivollzugsbeamten. Der Personalrat der Dienststelle bestimmt drei Wahlberechtigte als Wahlvorstand und einen von ihnen als Vorsitzenden. Im übrigen gelten für die Wahl der Vertrauensleute § 16 Abs. 1, 3, Satz 3, Abs. 4 Satz 2 und 3; Abs. 5, 6 und 8 sowie § 20 Abs. 2 und die §§ 21 und 22 entsprechend. Zur Wahl der Vertrauensperson können die dazu wahlberechtigten Polizeivollzugsbeamten Wahlvorschläge machen.

(2) Die Wahlperiode der Vertrauensleute umfaßt die Zeit der Ausbildung bei der Lehrgruppe. § 23 Abs. 2 Satz 1 und 2, § 24 Abs. 1 Satz 1 Buchstaben c, d und e und Abs. 2, §§ 25 bis 28 gelten entsprechend.

(3) Die Vertrauensleute nehmen an den Sitzungen des Personalrats mit Stimmrecht teil; das Stimmrecht steht ihnen nicht zu bei den in § 72 Abs. 1 Satz 1 und § 72a bezeichneten Maßnahmen, soweit diese Beschäftigte betreffen, die sich nicht in der Ausbildung für den mittleren Polizeivollzugsdienst befinden. Die Vertrauensleute können Angelegenheiten, die die Interessen der in der Ausbildung befindlichen Polizeivollzugsbeamten berühren, in der Sitzung des Personalrats zur Erörterung stellen. Beschlüsse des Personalrats dazu werden von dem Vorsitzenden des Personalrats zusammen mit den zuständigen Vertrauensleuten gegenüber dem Leiter der Dienststelle vertreten.

(4) Auf die in Absatz 1 Satz 1 Halbsatz 1 genannten Beamten findet § 72 Abs. 1 Satz 1 Nr. 1 bei Einstellungen und § 72 Abs. 1 Satz 1 Nr. 11 keine Anwendung.

1   Die Vorschrift sieht für die in der Ausbildung befindlichen Polizeivollzugsbeamten bis zum Bestehen der ersten Fachprüfung eine besondere Vertretung in Form einer Vertrauensperson vor.

Abs. 1: Polizeivollzugsbeamte, die im Bereich der Direktion der Bereitschaftspolizei (siehe § 84 Abs. 1 Nr. 2) eingesetzt sind, haben bis zum Bestehen der ersten Fachprüfung kein Wahlrecht zur Wahl des Polizei-Personalrats. Scheiden diese Beamten aus der Einsatzhundertschaft aus und verbringen ihre weitere Ausbildung in einer Hundertschaft der Bereitschaftspolizei bei einer der Kreispolizeibehörden, so scheiden sie aus dem in § 85 genannten Personenkreis aus.

Soweit kein Wahlrecht zu einem Personalrat besteht, wählen die der Hundertschaft oder der entsprechenden Ausbildungseinheit angehörenden Polizeivollzugsbeamten vor Bestehen der ersten Fachprüfung je Hundertschaft/Ausbildungseinheit eine Vertrauensperson.

Zur Wahl dieser Vertrauensperson bestimmt der Polizei-Personalrat der **2**
Dienststelle einen aus drei Wahlberechtigten bestehenden Wahlvorstand –
für jede Hundertschaft getrennt. Es ist davon auszugehen, daß dieser
Wahlvorstand sowohl aus Wahlberechtigten bestehen kann, die zur Wahl
des Personalrats der Dienststelle wie zur Wahl der Vertrauensperson
berechtigt sind.

Dieser Wahlvorstand führt die Wahl unter Beachtung der allgemeinen
Vorschriften, die gemäß Satz 4 gelten (siehe dazu Orth/Welkoborsky,
§ 85 LPVG NW, Rn. 8) durch.

Wahlvorschläge können nur von den zur Wahl der Vertrauenspersonen
wahlberechtigten Polizeivollzugsbeamten (Satz 1) gemacht werden.

Abs. 2: Die Amtszeit der Vertrauenspersonen beginnt mit dem Tage der **3**
Wahl. Die Wahlperiode umfaßt nicht einen fest umrissenen Zeitraum,
sondern die Dauer des Ausbildungsabschnitts in der Hundertschaft bzw.
der entsprechenden Ausbildungseinheit gemäß Laufbahnverordnung.

Neuwahl der Vertrauensperson hat stattzufinden, wenn er/sie den Rücktritt erklärt, eine Wahlanfechtung Erfolg hat oder die gerichtliche Auflösung rechtskräftig beschlossen ist (§ 24 Abs. 1 Satz 1 Buchstaben c, d
und e).

Durch den Verweis auf die allgemeinen Vorschriften der §§ 25 bis 28 ist **4**
klargestellt, daß bei grober Vernachlässigung ihrer gesetzlichen Befug-
nisse oder grober Verletzung ihrer Pflichten die Vertrauensperson auf
Antrag eines Viertels der wahlberechtigten Beschäftigten oder einer in der
Dienststelle vertretenen Gewerkschaft amtsenthoben werden kann, das
Amt der Vertrauensperson unter den Voraussetzungen des § 26 Abs. 1
Buchstaben a bis h erlischt, ferner bei Abordnung oder Beurlaubung ohne
Besoldung für mehr als sechs Monate, sowie daß das Amt der Vertrau-
ensperson bei Verbot der Führung der Dienstgeschäfte oder für die Dauer
eines Disziplinarverfahrens ruht.

Abs. 3: Die Vertrauensleute haben eine ähnliche Rechtsstellung wie die **5**
Jugend- und Auszubildendenvertretungen. Ihre Rechte und Interessen
haben sie daher gegenüber dem Personalrat zur Geltung zu bringen und
können sich nicht unmittelbar an die Dienststelle wenden.

Sie haben das Recht zur Teilnahme an sämtlichen Sitzungen des Personalrats.

Der Umfang des Stimmrechtes der Vertrauensleute im Personalrat ist
folgender:

a) Absatz 5 schränkt dieses Recht in bezug auf den von ihnen vertretenen
   Personenkreis ein. Kein Stimmrecht haben die Vertrauenspersonen im
   Personalrat daher bei der Behandlung von Einstellungen der von ihnen
   vertretenen Polizeivollzugsbeamten sowie bei der Entscheidung über
   Anordnungen, die die Freiheit in der Wahl der Wohnung beschränken;
   letzteres wegen der regelmäßigen Verpflichtung, in einer Gemein-

schaftsunterkunft zu wohnen und an der Gemeinschaftsverpflegung teilzunehmen.

6 b) In Angelegenheiten des § 72 Abs. 1 Satz 1, die Beschäftigte betreffen, die sich nicht in der Ausbildung für den mittleren Polizeivollzugsdienst befinden, haben die Vertrauensleute ebenfalls kein Stimmrecht.

Der erweiterte Ausschluß dieses Stimmrechtes – er betraf bisher nur Angelegenheiten der Beamten des Stammpersonals – ist darin begründet, daß nunmehr in § 85 a eine zweite Sondervertretung der jugendlichen Beschäftigten in den Bereitschaftspolizei-Abteilungen gebildet worden ist. Das ist auch der Grund dafür, daß die Übertragung der Aufgaben der Jugend- und Auszubildendenvertretung an die Vertrauensleute im früheren Absatz 4 entfallen ist.

In allen übrigen Angelegenheiten besteht ein vollständiges Stimmrecht der Vertrauensleute.

§ 85 a

(1) Bei den Bereitschaftspolizei-Abteilungen werden Jugend- und Auszubildendenvertretungen gebildet, die aus je sieben Mitgliedern bestehen.

(2) Wahlberechtigt und wählbar sind die in § 85 Abs. 1 Satz 1 genannten Beamten der jeweiligen Bereitschaftspolizei-Abteilungen. Für die Wahl der Jugend- und Auszubildendenvertretungen gelten § 14 Abs. 7, § 85 Abs. 1 Satz 3 und § 57 Abs. 1 Satz 2 entsprechend.

(3) Die regelmäßige Amtszeit der Jugend- und Auszubildendenvertretung beginnt und endet mit der jeweiligen Wahlperiode. Sie beträgt zwei Jahre. Die Mitgliedschaft in der Jugend- und Auszubildendenvertretung erlischt mit dem Bestehen der I. Fachprüfung. § 57 Abs. 2 Satz 3 gilt entsprechend.

(4) Die Jugend- und Auszubildendenvertretung wählt aus ihrer Mitte einen Vorsitzenden und dessen Stellvertreter. Für die Geschäftsführung gilt § 57 Abs. 3 Satz 2 und 3 entsprechend.

(5) Im übrigen gelten die §§ 58, 59 und 61 entsprechend.

(6) Bei der Direktion der Bereitschaftspolizei wird eine aus fünf Mitgliedern bestehende Bezirksjugend- und Auszubildendenvertretung gewählt. Wahlberechtigt und wählbar sind die in § 85 Abs. 1 Satz 1 genannten Beamten. § 50 Abs. 4 und die Vorschriften über die Jugend- und Auszubildendenvertretungen bei den Bereitschaftspolizei-Abteilungen gelten entsprechend mit der Maßgabe, daß die Einrichtung von Sprechstunden entfällt.

1 Mit der Schaffung von Jugend- und Auszubildendenvertretungen für den Bereich der Bereitschaftspolizei-Abteilungen entspricht der Gesetzgeber einer Entwicklung im Bereich der freien Wirtschaft, aber auch in mitt-

lerweile sieben der Landespersonalvertretungsgesetze der alten Bundes-
länder. Mit Schaffung dieser eigenständigen Jugend- und Auszubildendenvertretung soll erreicht werden, daß die jungen Beamten ihre Belange
besser vertreten können als bisher (so Regierungsentwurf, Begründung
S. 50). Soweit abweichende Regelungen zu den §§ 54 ff. getroffen worden
sind, liegen Gründe dafür in der Eigenart der polizeilichen Ausbildung
und in der Besonderheit der Polizeiorganisation. Die Bildung einer Haupt-
jugend- und Auszubildendenvertretung ist entbehrlich, da es Polizeibeamte, die in der Ausbildung befindlich sind, nur im Aufsichtsbereich der
Direktionen der Bereitschaftspolizei gibt. Die der Hauptjugend- und Auszubildendenvertretung obliegenden Aufgaben sollen von der Bezirksju-
gend- und Auszubildendenvertretung bei der Direktion der Bereitschaftspolizei übernommen werden.

Abs. 1: Bei den Bereitschaftspolizei-Abteilungen – es sind Polizeiein- **2**
richtungen im Sinne von § 82 Abs. 1 – werden siebenköpfige Jugend- und
Auszubildendenvertretungen gebildet.

Abs. 2: Wahlberechtigt und wählbar sind diejenigen Polizeivollzugsbe- **3**
amten bis zum Bestehen der ersten Fachprüfungen, die in die jeweiligen
Bereitschaftspolizei-Abteilungen im Rahmen des zweiten Ausbildungs-
abschnittes versetzt worden sind.

Für die Wahl gelten die allgemeinen Vorschriften:

Gemäß § 14 Abs. 7 sollen Frauen und Männer ihrem zahlenmäßigen
Anteil in der Dienststelle auch in der Jugend- und Auszubildendenvertretung entsprechend vertreten sein.

Wahlvorschläge können nur von den zur Jugend- und Auszubildendenvertretung wahlberechtigten Polizeivollzugsbeamten gemacht werden
(§ 85 Abs. 1 Satz 3).

Durch die Inbezugnahme des § 57 Abs. 1 Satz 2 gelten die allgemeinen
Vorschriften für die Durchführung einer Wahl über § 16 – mit Ausnahme
der Vorschriften über die Gruppenwahl in Absatz 2 und Absatz 6 Satz 2 –
sowie die allgemeinen Regeln über das Behinderungs- und Beeinflus-
sungsverbot der Wahl, die Kostentragung seitens der Dienststelle und die
Wahlanfechtung der §§ 21 und 22 entsprechend.

Die Vorschrift sieht keine Regelung darüber vor, wie der Wahlvorstand **4**
für die Wahl der Jugend- und Auszubildendenvertretung bei den Bereitschaftspolizei-Abteilungen zustande kommt. Obwohl die Vorschrift § 57
Abs. 1 Satz 1 ausdrücklich ausnimmt, hat der für die jeweilige Bereit-
schaftspolizei-Abteilung gewählte Personalrat einen Wahlvorstand zu
bestimmen, der aus Beschäftigten zu bestehen hat, die zur Wahl der
Jugend- und Auszubildendenvertretung wahlberechtigt sind.

Abs. 3: Die Amtszeit der Jugend- und Auszubildendenvertretungen bei **5**
den Bereitschaftspolizei-Abteilungen beginnt und endet mit der jeweiligen Wahlperiode und beträgt zwei Jahre – entsprechend den allgemeinen

Regeln für die Jugend- und Auszubildendenvertretung gemäß § 57 Abs. 2. Die Mitgliedschaft in der Jugend- und Auszubildendenvertretung erlischt auf jeden Fall mit Bestehen der ersten Fachprüfung – unabhängig von dem Erlöschen des Amtes durch die allgemeinen Vorschriften des § 26.

Eine Neuwahl der Jugend- und Auszubildendenvertretung hat gemäß §§ 57 Abs. 2 Satz 3, 24 Abs. 1 Satz 1 Buchstaben b bis e stattzufinden, wenn ihre Gesamtzahl nach Eintritt sämtlicher Ersatzmitglieder um mehr als zwei absinkt, das Gremium mit Mehrheit seiner Mitglieder den Rücktritt beschlossen hat, die Wahl angefochten oder die Jugend- und Auszubildendenvertretung durch gerichtliche Entscheidung aufgelöst ist.

6 Abs. 4: Für die Wahl des Vorsitzenden und des Stellvertreters sowie für die Geschäftsführung der Jugend- und Auszubildendenvertretung gelten die Vorschriften des § 57 Abs. 3 (siehe die Kommentierung dort sowie Orth/Welkoborsky, § 57 LPVG NW, Rn. 4).

7 Abs. 5: Für die Rechtsstellung der Mitglieder der Jugend- und Auszubildendenvertretung gilt § 58 entsprechend, die Jugend- und Auszubildendenversammlung ist gemäß § 59 durchzuführen, die allgemeinen Aufgaben und die Befugnisse der Jugend- und Auszubildendenvertretung gegenüber dem Personalrat sowie das Recht, zu Besprechungen zwischen Dienststellenleiter und Personalrat hinzugezogen zu werden, regeln sich nach § 61 (siehe die Kommentierung dort).

8 Abs. 6: Bei der Direktion der Bereitschaftspolizei wird eine fünfköpfige Bezirksjugend- und Auszubildendenvertretung gewählt. Eine Hauptjugend- und Auszubildendenvertretung ist aus den oben erwähnten Gründen nicht vorgesehen.

Zur Bezirksjugend- und Auszubildendenvertretung sind wahlberechtigt und wählbar die Polizeivollzugsbeamten im Sinne des § 85 Abs. 1 Satz 1 bis zum Bestehen der ersten Fachprüfung. Die Wahlen zur Bezirksjugend- und Auszubildendenvertretung sollen gleichzeitig mit den örtlichen Jugend- und Auszubildendenvertretungs-Wahlen durchgeführt werden.

Für die Rechtsstellung und die Betätigung der Bezirksjugend- und Auszubildendenvertretung gelten die oben genannten Vorschriften für die örtlichen Vertretungen. Lediglich die Möglichkeit zur Einrichtung von Sprechstunden besteht für die Bezirksjugend- und Auszubildendenvertretung nicht.

§ 86

Polizeivollzugsbeamte, die zu Lehrgängen abgeordnet sind, wählen aus ihrer Mitte für je angefangene 50 Lehrgangsteilnehmer eine Vertrauensperson. Wählbar sind alle Lehrgangsteilnehmer. Im übrigen gilt für die Vertrauensleute § 85 Abs. 1 Satz 3, 4 und 5, Abs. 2 und 3 entsprechend.

1 Lehrgänge im Rahmen der Laufbahnverordnung oder bei sonstigen Fortbildungsmaßnahmen dauern für Polizeivollzugsbeamte oftmals längere

Zeit, so daß eine angemessene Vertretung unter der Geltung des § 83 durch ein Wahlrecht allein in der Stammdienststelle nicht mehr gewährleistet ist.

Dementsprechend sieht die Vorschrift vor, daß zu Lehrgängen abgeordnete Polizeivollzugsbeamte für je angefangene 50 Lehrgangsteilnehmer eine Vertrauensperson (der frühere Begriff des Vertrauensmannes ist durch die neutralere Formulierung durch die Novelle 1994 ersetzt worden) wählen.

Wählbar sind alle Lehrgangsteilnehmer.

Der Wahlvorstand für diese Wahl wird vom Personalrat der Dienststelle **2** bestimmt. Die in § 85 Abs. 1 Satz 4 aufgestellten – allgemeinen – Regeln für die Wahl der Vertrauensleute im Bereich der Direktion der Bereitschaftspolizei gelten für die Wahl dieser Vertrauenspersonen entsprechend.

Die Wahlperiode entspricht der Dauer des Lehrgangs.

Die Vertrauensleute können unter den Voraussetzungen des § 85 Abs. 3 mit Stimmrecht an den Personalratssitzungen teilnehmen (siehe die Kommentierung dort).

Zweiter Abschnitt
Lehrer

§ 87

(1) Für Lehrer gelten die Vorschriften der Kapitel 1 bis 6, 8, 9 und 11 insoweit, als in diesem Abschnitt nichts anderes bestimmt ist.

(2) Abweichend von § 8 Abs. 1 handelt für das Kultusministerium *(jetzt: Ministerium für Schule und Weiterbildung)* noch ein anderer den Hauptpersonalräten benannter Vertreter mit Entscheidungsbefugnis.

(3) Die Vorschriften über die Gruppen gelten nicht. Als Lehrer im Sinne dieses Abschnitts gelten auch die in der Ausbildung zum Lehrerberuf stehenden Beschäftigten. Lehrkräfte im Dienst der Landwirtschaftskammern gelten nicht als Lehrer im Sinne dieses Abschnitts.

(4) Abweichend von § 63 treten der Leiter der Dienststelle (§ 95 Satz 1 Nr. 2) und der Personalrat einmal im Schulhalbjahr zu einer gemeinschaftlichen Besprechung zusammen.

(5) Auf Verlangen können allgemeine schulformübergreifende Angelegenheiten zwischen dem Leiter der Dienststelle (§ 95 Satz 1 Nr. 2) und Vertretern aller betroffenen Personalräte gleichzeitig erörtert

werden (Sammelerörterung). Dazu entsendet jeder betroffene Personalrat bis zu fünf Vertreter. Die im Personalrat vertretenen Listen sind dabei entsprechend ihrer Mandate anteilig zu berücksichtigen; jede Liste entsendet mindestens einen Vertreter. Alle Vertreter wählen vor Beginn der Besprechung aus ihrer Mitte einen Vorsitzenden.

(6) Die Absätze 4 und 5 gelten für das Kultusministerium *(jetzt: Ministerium für Schule und Weiterbildung)* und die bei diesem gebildeten Lehrer-Hauptpersonalräte entsprechend.

1 § 87 ist durch die Novelle 1994 wesentlich neu formuliert worden. Absatz 1 entspricht dem bisherigen § 87 Satz 1. Im übrigen ist der bisherige § 87 »zur Verdeutlichung der Regelungsinhalte« (Regierungsentwurf, S. 51) in Absätze gegliedert worden, und es sind in den Absätzen 4 bis 6 Sonderregelungen für Lehrerpersonalräte getroffen worden.

2 **Abs. 2:** Absatz 2 sieht vor, daß abweichend von § 8 Abs. 1 – Dienststellenleiterbegriff – für den Kultusminister ein den Hauptpersonalräten »benannter Vertreter mit Entscheidungsbefugnis« handeln kann. Es handelt sich um eine von mehreren Gesetzesänderungen innerhalb der Novelle 1994, die das Prinzip der unmittelbaren Verantwortlichkeit des Dienststellenleiters gegenüber dem Personalrat verwässert (siehe auch die Änderungen in §§ 8 Abs. 4, 63, 66 Abs. 2 Satz 4 und nachfolgend Absatz 5). Die Vorschrift ermöglicht nunmehr, daß der Kultusminister einen besonderen Vertreter außerhalb des § 8 benennen kann, der nicht ständiger Vertreter oder der für Personalangelegenheiten zuständige Abteilungsleiter sein muß. Es kann sich also um einen Vertreter für Personalvertretungsangelegenheiten handeln. Jedoch kann nur ein Vertreter bestellt werden, dieser muß in den Personalvertretungs-Angelegenheiten *insgesamt* Entscheidungsbefugnis haben. Nicht möglich ist die Benennung eines Vertreters, der nur in bestimmten Angelegenheiten Entscheidungsbefugnis hat. Soweit ein solcher Vertreter benannt wird, müssen ihm zugleich in allen personalvertretungsrechtlichen Angelegenheiten – nicht nur in denjenigen, in denen er gegenüber den Hauptpersonalräten konkret handeln soll – Entscheidungsbefugnisse übertragen werden. Die Übertragung ist den Hauptpersonalräten nachzuweisen.

3 **Abs. 3:** Absatz 3 entspricht der bisherigen Regelung des § 87 Sätze 2 bis 4. Siehe dazu Orth/Welkoborsky, § 87 LPVG NW, Rn. 5–7.

4 **Abs. 4:** In Absatz 4 ist die nach § 63 vierteljährlich abzuhaltende gemeinschaftliche Besprechung auf eine Besprechung im Schulhalbjahr reduziert worden. Eine Begründung dafür läßt sich weder dem Regierungsentwurf noch den Beratungen des zuständigen Ausschusses und des Landtagsplenums entnehmen.

5 **Abs. 5:** Allgemeine schulformübergreifende Angelegenheiten können künftig auf Verlangen zwischen dem Leiter der Dienststelle und den Vertretern aller betroffenen Personalräte gleichzeitig erörtert werden. Solche Angelegenheiten sollen beispielsweise Lehrerzuweisungsverfahren, Lehrerversetzungsverfahren und allgemeine pädagogische Fragen sein (Regierungsentwurf S. 51). Die Sammelerörterung soll der Verfahrensvereinfachung, der Konzentration und Effizienzsteigerung dienen. Sie findet zwischen dem Leiter der Dienststelle einerseits und bis zu fünf Vertretern aller betroffenen Personalräte der verschiedenen Schulformen statt.

Sie hat auf Verlangen stattzufinden, das sowohl von einem der betroffenen Personalräte als auch vom Dienststellenleiter gestellt werden kann. Eine Sammelerörterung ist jedoch nur möglich, wenn allgemeine schulformübergreifende Angelegenheiten erörtert werden sollen. Ausgeschlossen ist daher die Behandlung von personellen Einzelmaßnahmen oder von Angelegenheiten, die nur die Beschäftigten oder einzelne Beschäftigte einer Schulform, für die ein Personalrat gebildet ist, betreffen.

Der Begriff der Erörterung weist auf § 66 Abs. 2, 69 Abs. 1 LPVG NW **6** hin. Der Gesetzgeber beabsichtigt offenbar, auch in mitbestimmungs- und mitwirkungspflichtigen Angelegenheiten solche Sammelerörterungen zuzulassen. Es heißt dazu in der Regierungsbegründung: »Die Entscheidung selbst verbleibt im Plenum des einzelnen Personalrats« (Regierungsentwurf, S. 51). Daraus ist zu schließen, daß verschiedene Mitbestimmungsanträge gegenüber Personalräten mehrerer Schulformen anstelle der einzelnen Erörterung mit jedem Personalrat in einer Sammelerörterung behandelt werden können. Diese Sammelerörterung ersetzt sodann die in §§ 66 Abs. 2, 69 Abs. 1 vorgesehene Erörterung zwischen dem Leiter der Dienststelle und dem Personalrat. Der Beschluß des Personalrats über die beantragte Zustimmung gemäß § 66 Abs. 3 bzw. die Erhebung von Einwendungen gemäß § 69 Abs. 2 ist jedoch in jedem Personalrat einzeln zu fassen. Eine gemeinsame Beschlußfassung ist nicht vorgesehen.

Die Vorschrift gilt auch für die Erörterung mitwirkungspflichtiger Angelegenheiten im Sinne des § 69 Abs. 2.

Abs. 6: Im neuen Absatz 6 sind die Einschränkungen des Vierteljahres- **7** gespräches und die Möglichkeiten einer Sammelerörterung auch für die sieben Lehrer-Hauptpersonalräte, die beim Kultusminister gebildet sind, angeordnet.

§ 88

Im Bereich der Schulen und der Studienseminare werden für Lehrer besondere gemeinsame Personalvertretungen gebildet.

Die Vorschrift gibt die Grundsätze für die Errichtung besonderer Personalvertretungen für Lehrer wieder.

Sie weisen drei Besonderheiten auf:

(1) Sie werden für den Bereich der öffentlichen Schulen (zum Begriff siehe § 3 Abs. 1 bis 3 SchVG) und für die Studienseminare (zum

Begriff siehe § 3 LABG) zwar gemeinsam, aber getrennt nach Schulformen gebildet;

(2) sie werden für »Lehrer« gebildet (siehe die Definitionen in § 90);

(3) es werden gemeinsame Personalvertretungen für den Bereich mehrerer Schulen sowie unabhängig von dem Begriff der Dienststelle in § 1 und dem dienstrechtlichen Status (Beamte, Angestellte) gebildet.

§ 89

Lehrer sind nicht wählbar, wenn sie weniger als zwei Fünftel der für sie jeweils festgesetzten Pflichtstunden leisten.

1 Es handelt sich um eine lehrerspezifische Regelung der Wählbarkeit, die ihre Entsprechung in § 11 Abs. 2 Buchstabe b hat.

2 Pflichtstunden sind die wöchentlichen Unterrichtsstunden, die von den Lehrern des Landes nach § 2 der Verordnung zur Ausführung des § 5 Schulfinanzgesetz vom 19. 4. 1993 (GVBl.NW. 1993, 150; siehe dazu: Runderlaß des Kultusministeriums des Landes NW) zu leisten sind. Die Festlegung der Pflichtstundenzahl ist die Konkretisierung der gesetzlich oder tariflich vorgegebenen Arbeitszeit des Lehrers durch den Dienstherrn. Mit Erbringung der Pflichtstundenzahl ist die jeweils vorgegebene Arbeitszeit als erfüllt anzusehen (siehe dazu BVerwG vom 29. 1. 1992 – 2 B 5.92, ZTR 92, 215 f.).

§ 90

(1) Für die im Landesdienst beschäftigten Lehrer an Schulen und an Studienseminaren werden Personalvertretungen – getrennt nach Schulformen und besonderen Einrichtungen des Schulwesens – gebildet.

(2) Für nicht im Landesdienst beschäftigte Lehrer kann die oberste Dienstbehörde bestimmen, daß getrennte Personalvertretungen entsprechend Absatz 1 gebildet werden. Werden getrennte Personalvertretungen nicht gebildet, bilden die Lehrer der verschiedenen Schulformen je eine Lehrergruppe. Für diese Lehrergruppen gelten die Vorschriften dieses Gesetzes über die Gruppenwahl und die Rechte der Gruppen entsprechend, jedoch findet in den Fällen des § 34 Abs. 2 eine gemeinsame Beratung nicht statt.

1 Schulträger sind nach § 10 SchVG das Land, die Gemeinden und die Gemeindeträger. Für die Lehrer an Schulen dieser Schulträger ordnet § 22 SchVG an, daß sie »Bedienstete des Landes« sind.

Keine Landesbediensteten sind Lehrer an öffentlichen Schulen, deren Schulträger eine Innung, eine Handwerkskammer, eine Industrie- und Handelskammer oder eine Landwirtschaftskammer ist (§ 3 Abs. 2 SchVG).

Die Lehrer an Schulen der Landschaftsverbände sind – mit Ausnahme der Lehrer an Sonderschulen, die der Landschaftsverband betreibt – Bedienstete des Landschaftsverbandes bzw. des jeweiligen Schulträgers.

Abs. 1: Absatz 1 ordnet an, daß für sämtliche Lehrer des Landes, der **2** Gemeinden und der Gemeindeverbände als Schulträger getrennt nach Schulformen (zum Begriff der Schulformen siehe § 95 und die Verordnung über die Errichtung von Personalvertretungen für die im Landesdienst beschäftigten Lehrer vom 1. 10. 1984 und zum Begriff der besonderen Einrichtungen des Schulwesens siehe die Kommentierung zu § 94 Abs. 3 bis 5) Personalvertretungen gebildet werden.

Abs. 2: Für nicht im Landesdienst beschäftigte Lehrer (an öffentlichen **3** Schulen) kann die oberste Dienstbehörde bestimmen, daß für sie besondere Personalvertretungen – ebenfalls getrennt nach Schulformen – gebildet werden.

Geschieht das nicht, bilden die Lehrer der verschiedenen Schulformen »je eine Lehrergruppe«. Sie wird vom Gesetz als Gruppe im Sinne des § 14 Abs. 1 angesehen. Es ist also ein Personalrat für die nicht im Landesdienst beschäftigten Lehrer zu wählen. Für diese Wahl haben jeweils sämtliche Lehrer einer Schulform die Rechte einer Gruppe im Sinne des § 14. Diese Rechte beziehen sich sowohl auf das Zustandekommen dieses Personalrats hinsichtlich des Einreichens von Wahlvorschlägen sowie der getrennten und gemeinsamen Wahl als auch auf ihre Stellung im Personalrat insbesondere hinsichtlich der § 29 ff.

Ausgenommen ist nur die Vorschrift des § 34 Abs. 2, demzufolge in Angelegenheiten, die lediglich die Angehörigen einer Gruppe – also die Lehrer einer Schulform – betreffen, vor Beschlußfassung des Personalrats eine gemeinsame Beratung stattzufinden hat. Diese gemeinsame Beratung entfällt nach Absatz 2 Satz 2.

§ 91

(1) Für die im Landesdienst beschäftigten Lehrer sind die Schulen und die Studienseminare nicht Dienststellen im Sinne dieses Gesetzes.

(2) Dienststellen im Sinne dieses Gesetzes für nicht im Landesdienst beschäftigte Lehrer sind die Verwaltungen der Gemeinden, Gemeindeverbände und sonstigen der Aufsicht des Landes unterstehenden Körperschaften, Anstalten und Stiftungen des öffentlichen Rechts, bei denen die Lehrer beschäftigt sind.

(3) § 1 Abs. 3 findet keine Anwendung.

Abs. 1: Absatz 1 ordnet an, daß für die im Landesdienst beschäftigten **1** Lehrer (§ 22 SchVG) nicht die jeweilige Schule bzw. das Studienseminar für Lehrerausbildung als Dienststelle anzusehen ist. § 1 gilt also für diesen Personenkreis nicht.

2 **Abs. 2:** Für die nicht im Landesdienst beschäftigten Lehrer – also der Personenkreis gemäß § 90 Abs. 2 – sind die »Verwaltungen« des jeweiligen Schulträgers als Dienststellen anzusehen (zum Begriff der Verwaltung siehe § 1, Rn. 2).

3 **Abs. 3:** Nach Absatz 3 ist die Möglichkeit ausgeschlossen, Nebenstellen oder Teile einer Dienststelle zu verselbständigen, so daß einzelne Schulen der Seminare nicht zu personalratsfähigen Dienststellen erklärt werden können.

§ 92

(1) Bei den auf Grund von § 95 Satz 1 Nr. 2 bestimmten Dienststellen und bei den in § 91 Abs. 2 genannten Dienststellen werden Personalräte gebildet. Für die im Landesdienst beschäftigten Lehrer werden außerdem – getrennt nach Schulformen und besonderen Einrichtungen des Schulwesens –

1. bei den Mittelbehörden Lehrer-Bezirkspersonalräte und

2. beim Kultusministerium *(jetzt: Ministerium für Schule und Weiterbildung)* **Lehrer-Hauptpersonalräte gebildet.**

Die Bezirkspersonalräte für Lehrer an Sonderschulen sind zugleich Personalräte für Lehrer an denjenigen Sonderschulen, die nicht der Schulaufsicht durch die Schulämter unterliegen. § 50 Abs. 3 Satz 4 findet keine Anwendung.

(2) Die in der Ausbildung zum Lehrerberuf stehenden Beschäftigten gelten als Lehrer der Schulform, für die sie ausgebildet werden oder auf die sich der Schwerpunkt ihrer Ausbildung gemäß § 3 Abs. 4 LABG bezieht. Ausbilder an Studienseminaren gelten als Lehrer der Schulform, für die sie die Lehrbefähigung besitzen oder in der sie vor der Tätigkeit am Studienseminar gemäß § 5 LABG verwendet worden sind.

Abs. 1: Die bei den Regierungspräsidenten gebildeten Bezirkspersonalräte für Lehrer an Sonderschulen sind gemäß Satz 3 zugleich (örtliche) Personalräte für die Lehrer an denjenigen Sonderschulen, die nicht der Schulaufsicht durch die Schulämter unterliegen (z.B. Schulen der Landschaftsverbände).

Für diese Stufenvertretungen bei den Mittelbehörden und beim Kultusminister gilt die Vorschrift des § 50 Abs. 3 Satz 4, demzufolge sie höchstens aus 15 Mitgliedern bestehen dürfen, nicht.

Abs. 2: Abs. 2 ordnet die in der Ausbildung zum Lehrerberuf stehenden Beschäftigten dem Personalrat derjenigen Schulform zu, für die sie ausgebildet werden bzw. auf die sich der Schwerpunkt ihrer Ausbildung gemäß § 3 Abs. 4 Lehrerausbildungsgesetz bezieht.

Die Ausbilder an Studienseminaren gelten als Lehrer der Schulform, für die sie entweder die Lehrbefähigung besitzen oder in der sie vor Tätigkeit am Studienseminar verwendet worden sind.

§ 93

Soweit für die Anstellung und die Beförderung der im Landesdienst beschäftigten Lehrer den Schulträgern ein Vorschlagsrecht zusteht, ist von ihnen der nach § 95 Satz 1 Nr. 2 in Verbindung mit § 92 Abs. 1 Satz 1 zuständige Personalrat anzuhören.

Nach § 21 a SchVG steht den Gemeinden oder Gemeindeverbänden, die Schulträger sind, bei Besetzung der Stellen der Schulleiter und deren ständigen Vertretern ein Vorschlagsrecht zu. Es ist innerhalb von drei Monaten nach Aufforderung durch die Schulaufsichtsbehörde durch Vorlage eines Vorschlags an diese auszuüben (§ 21 a Abs. 2 SchVG).

Das Entscheidungsrecht über die Stellenbesetzung verbleibt jedoch bei der Schulaufsichtsbehörde. Diese hat lediglich unter »Würdigung des Vorschlags des Schulträgers« zu entscheiden und bei Abweichen von dem Vorschlag die Entscheidung dem Schulträger schriftlich zu begründen. In diesem Falle kann der Schulträger innerhalb von zwei Monaten einen erneuten Vorschlag vorlegen.

Nach § 21 a Abs. 4 SchVG ist das Vorschlagsrecht dann ausgeschlossen, wenn die Schulaufsichtsbehörde die Stelle aus »zwingenden dienstlichen Gründen in Anspruch nimmt«.

Die bisherigen Vorschriften über weitere Vorschlagsrechte der Schulträger in §§ 23 und 24 SchVG sind durch das Gesetz zur Änderung des Schulverwaltungsgesetzes vom 9. 2. 1993 aufgehoben worden.

§ 94

(1) Bei Lehrern gilt als Versetzung oder Abordnung im Sinne des § 72 Abs. 1 Nrn. 5 und 6 die Versetzung oder Abordnung an eine Schule oder ein Studienseminar.

(2) Bei Versetzungen von Lehrern an eine Schule oder ein Studienseminar gibt der bei der abgebenden Dienststelle gebildete Personalrat dem bei der aufnehmenden Dienststelle gebildeten Personalrat Gelegenheit zur Äußerung. Die Frist zur Äußerung gemäß § 66 Abs. 2 Satz 3 beträgt vier Wochen.

(3) Abordnungen von Lehrerinnen und Lehrern nach § 72 Abs. 1 Satz 1 Nr. 6 unterliegen nur dann der Mitbestimmung, wenn sie länger als bis zum Ende des laufenden Schuljahres andauern.

(4) Einstellungen in befristete Arbeitsverhältnisse gemäß § 72 Abs. 1 Satz 1 Nr. 1 zur Sicherung eines unvorhersehbaren Vertretungsunterrichts unterliegen nur dann der Zustimmung, wenn sie über das

Ende des laufenden Schuljahres andauern. § 8 Abs. 4 SchMG bleibt unberührt.

(5) Einstellungen gemäß § 72 Abs. 1 Satz 1 Nr. 1, Beförderungen gemäß § 72 Abs. 1 Satz 1 Nr. 2 und Eingruppierungen und Höhergruppierungen gemäß § 72 Abs. 1 Satz 1 Nr. 4 unterliegen für die Dauer des Modellvorhabens nach Artikel 1 des Schulentwicklungsgesetzes und für die an diesem Modellvorhaben teilnehmenden Schulen nur dann der Mitbestimmung, wenn hiermit nicht die Ernennung zur Schulleiterin oder zum Schulleiter oder die Übertragung der Tätigkeiten einer Schulleiterin oder eines Schulleiters verbunden ist.

1 **Abs. 1:** Absatz 1 sieht wie bisher den besonderen Versetzungs- und Abordnungs-Begriff im Lehrerbereich vor. Es ist nicht auf den Wechsel der Dienststelle, sondern auf den Wechsel zu einer anderen Schule oder an ein Studienseminar abzustellen.

2 **Abs. 2:** Diese durch die Novelle 1994 neu geschaffene Vorschrift sieht vor, daß bei Versetzungen von Lehrern an eine Schule oder ein Studienseminar der Personalrat der abgebenden Dienststelle zu beteiligen ist. Vor einer Entscheidung ist er jedoch dem bei der aufnehmenden Dienststelle gebildeten Personalrat Gelegenheit zur Äußerung zu geben. Wegen der Notwendigkeit, den Personalrat der aufnehmenden Dienststelle zu hören, beträgt die Frist zur Abgabe der Erklärung gemäß § 66 Abs. 2 Satz 2 vier statt wie bisher zwei Wochen. Jedoch ist nur die Frist zur Erklärung, daß beabsichtigt sei, nicht zuzustimmen, verdoppelt. Die Frist zur Abgabe der endgültigen Zustimmung oder Zustimmungsverweigerung gemäß § 66 Abs. 3 beträgt nach wie vor zwei Wochen. Um also die eigenen wie die Rechte des aufnehmenden Personalrates zu wahren, ist es zweckmäßig, die Stellungnahme unmittelbar nach Eingang des Zustimmungsantrags sowie unter Hinweis auf den Ablauf der eigenen Frist zu erbitten.

3 Der Regierungsentwurf begründet diese Änderung mit der ansonsten aufgrund der Rechtsprechung entstehenden Notwendigkeit, beide Personalräte beteiligen zu müssen: »Angesichts des Aufbaus und der Gliederung des Schulwesens gemäß § 4 des Schulverwaltungsgesetzes und der Unterbeteiligung der Personalvertretungen nach Schulformen gemäß § 92 ist es angemessen, dem Personalrat der aufnehmenden Dienststelle über den Personalrat der abgebenden Dienststelle Gelegenheit zur Äußerung zu geben« (Regierungsentwurf, S. 52).

Die Regelung hat zugleich zur Folge, daß an die Stelle des von der Rspr. anerkannten Mitbestimmungsrechts auch des aufnehmenden Personalrats (siehe Rn. 30 zu § 72) die bloße Gelegenheit zur Äußerung tritt. Werden jedoch Beschäftigte, also nicht Lehrer i. S. d. § 87 Abs. 1 sind, an eine Schule oder ein Studienseminar versetzt, steht dem aufnehmenden Personalrat das uneingeschränkte Mitbestimmungsrecht gemäß § 72 Abs. 1 Nr. 5 zu (BVerwG vom 18. 6. 1999 – 6 P 7.98, PersR 1999, 534). Die Übertragung der Tätigkeit eines Koordinators im Rahmen der Verordnung über die Feststellung des sozialpädagogischen Sonderbedarfs stellt eine mitbestimmungspflichtige Teil-Umsetzung dar (VG Gelsenkirchen vom 6. 11. 1998 – 3 cK 1856/97.PVL).

Die Absätze 3 bis 5 sind durch das Schulentwicklungsgesetz (vom **4** 27. 11. 2001, GV.NRW 2001, S. 811) eingefügt worden. Das gleiche Gesetz hat auch zur Aufnahme der »besonderen Einrichtungen des Schulwesens« in §§ 90 Abs. 1, 92 Abs. 1 und 95 Abs. 1 Nr. 1 geführt.

Das Schulentwicklungsgesetz dient der Umsetzung des Modellvorhabens »Selbständige Schule« (siehe dazu auch die Verordnung zur Durchführung des Modellvorhabens »Selbständige Schule« – VOSS vom 12. 4. 2001) und ermöglicht für die Dauer von bis zu sechs Jahren eine abweichende Organisation, Führung und Personalverwaltung der Schulen. Das beinhaltet u. a.:

– Die am Modellvorhaben teilnehmenden Schulen werden abweichend von § 90 personalvertretungsrechtlich selbständige Dienststellen (damit dürften die »besonderen Einrichtungen des Schulwesens« gemeint sein);

– dem Schulleiter können umfangreiche Dienstvorgesetzten-Befugnisse – sie sind dann in der verselbständigten Schule mitbestimmungspflichtig – übertragen werden;

– anstelle des Personalrats nimmt der Lehrerrat (§ 8 Schulmitwirkungsgesetz) die Beteiligungs- und Mitwirkungsbefugnisse nach dem LPVG wahr;

– einige Mitbestimmungsrechte werden aus Anlaß des Gesetzes – zum Teil dauerhaft, zum Teil nur für die Dauer des Modellvorhabens – eingeschränkt.

Abs. 3: Während das Mitbestimmungsrecht bei Abordnungen nach § 72 **5** Abs. 1 Satz 1 Nr. 6 allgemein eingreift, wenn diese Abordnungen für eine Dauer von mehr als sechs Monaten beabsichtigt sind, soll ein Mitbestimmungsrecht bei Abordnungen von Lehrerinnen und Lehrern nur noch dann eingreifen, wenn die Abordnungen länger als bis zum Ende des laufenden Schuljahres andauern. Das Mitbestimmungsrecht greift nicht erst dann, wenn die Abordnung diesen Zeitpunkt erreicht oder überschritten hat, sondern bereits bei Abordnungen, die für diese Dauer geplant und beabsichtigt sind – unabhängig davon, ob es zu einer solchen das Schuljahr überschreitenden Dauer kommt.

Abs. 4: Das Mitbestimmungsrecht bei Befristungen nach § 72 Abs. 1 **6** Satz 1 Nr. 1 letzte Alternative wird – ohne Beschränkung auf »Lehrerinnen und Lehrer« wie in Absatz 3 – eingeschränkt. Die Einschränkung betrifft »Einstellungen in befristete Arbeitsverhältnisse«, worunter nur die erstmalige Einstellung bei gleichzeitiger Befristung, nicht jedoch die erneute Befristung im unmittelbaren Anschluß an ein bestehendes, befristetes Arbeitsverhältnis zu verstehen ist. Ansonsten würde es sich nicht um eine Einstellung »in« ein befristetes Arbeitsverhältnis handeln.

Einstellung *und* Befristung müssen zur Sicherung eines »unvorhersehbaren Vertretungsunterrichts« erfolgen. Die Maßstäbe des § 66 Abs. 8
sind auf den Begriff der Unvorhersehbarkeit anzuwenden. Die Mitbestim-
mungsbeschränkung greift nur ein, wenn die Ursache der Unvorhersehbarkeit gerade die gewählte Befristungsdauer begründet. Für andere
befristete Arbeitsverhältnisse findet diese Einschränkung keine Anwendung.

§ 8 Abs. 4 des Schulmitwirkungsgesetzes sieht die Zustimmung des Leh-
rerrats für solche Einstellungen in befristete Arbeitsverhältnisse zur Sicherung eines unvorhersehbaren Vertretungsunterrichts vor. Die Billigungsfiktion tritt ein, wenn der Lehrerrat der Maßnahme nicht
innerhalb von einer Woche nach Mitteilung unter Angabe der Gründe
schriftlich widersprochen hat. Widerspricht der Lehrerrat, so gilt dies als
Zustimmungsverweigerung – mit der Folge, daß dem Personalrat das
Mitbestimmungsrecht wieder zuwächst. In diesen Fällen ist dann ein
neuerliches Mitbestimmungsverfahren mit dem Personalrat durchzuführen.

7   Abs. 5 läßt in Bezug auf Schulleiterinnen/Schulleiter die Mitbestimmungsrechte bei Einstellungen, Beförderungen, Ein- und Höhergruppierungen unter bestimmten Voraussetzungen entfallen. Die Ausnahme gilt
nur für die Dauer des Modellvorhabens »Selbständige Schule« und nur für
die an diesem Modellvorhaben teilnehmenden Schulen. Für diese sollen
die Mitbestimmungsrechte bei Einstellungen, Beförderungen, Eingruppierungen und Höhergruppierungen nur bestehen, wenn damit nicht zugleich die Ernennung zur Schulleiterin/zum Schulleiter verbunden oder
die Übertragung dieser Tätigkeiten verbunden ist. Es ist fraglich, ob die
vom Gesetzgeber gewünschte Ausnahme von der Mitbestimmung durch
den Gesetzeswortlaut erreicht wurde. Mit einer Einstellung allein ist
regelmäßig weder eine Ernennung zur Schulleiterin/zum Schulleiter
verbunden, noch die Übertragung dieser Tätigkeit. Dazu bedarf es weiterer – ebenfalls mitbestimmungspflichtiger – von der Mitbestimmung nicht
ausgenommener Schritte. Beförderungen, Ein- und Höhergruppierungen
folgen in aller Regel erst auf eine vorher erfolgte Übertragung einer
anderswertigen Tätigkeit. Dieser Vorgang ist nach § 72 Abs. 1 Satz 1
Nr. 4 gesondert mitbestimmungspflichtig, von der Ausnahme des Absatz 5 jedoch nicht betroffen.

§ 95

Das Kultusministerium *(jetzt: Ministerium für Schule und Weiterbildung)* **bestimmt durch Rechtsverordnung**

1. **die Schulformen und besonderen Einrichtungen des Schulwesens,
   für die getrennte Personalvertretungen nach § 90 Abs. 1 und § 92
   Abs. 1 Satz 2 zu bilden sind,**

2. **die Stellen, die für die im Landesdienst beschäftigten Lehrer
   Dienststellen nach § 91 Abs. 1 sind.**

Es hat dabei die Schulstruktur und die Organisation der Schulverwaltung zu berücksichtigen. Schulformübergreifende Versuchsschulen können als besondere Schulform behandelt werden, wenn sie voraussichtlich länger als die Wahlperiode der Personalvertretungen bestehen werden.

Verordnung über die Errichtung von Personalvertretungen für die im Landesdienst beschäftigten Lehrer vom 1. 10. 1984

§ 1

(1) Für die im Landesdienst beschäftigten Lehrer sind Schulformen im Sinne des § 90 Abs. 1 des Landespersonalvertretungsgesetzes

1. die Grund- und Hauptschule,

2. die Sonderschule,

3. die Realschule,

4. das Gymnasium,

5. die berufsbildenden Schulen,

6. die Gesamtschule,

7. die Kollegschule.

(2) Im Sinne dieser Verordnung gelten Beschäftigte in der Ausbildung

1. für das Lehramt für die Primarstufe als Lehrer der Schulform Grundschule,

2. für das Lehramt für die Sekundarstufe I und für das Lehramt für die Sekundarstufe II als Lehrer der Schulform, in der der Schwerpunkt ihrer Ausbildung gemäß § 3 Abs. 4 des Lehrerausbildungsgesetzes liegt,

3. für das Lehramt für Sonderpädagogik als Lehrer der Schulform Sonderschulen.

§ 2

Für die im Landesdienst beschäftigten Lehrer sind Dienststellen im Sinne des § 91 Abs. 1 des Landespersonalvertretungsgesetzes

*1. für Lehrer an der Grundschule und der Hauptschule sowie an denjenigen Sonderschulen, die der Schulaufsicht durch die Schulämter unterliegen,
die Schulämter,*

2. für Lehrer an den Sonderschulen, die nicht der Schulaufsicht durch die Schulämter unterliegen, an der Realschule, am Gymnasium, an den berufsbildenden Schulen, an der Gesamtschule sowie an der Kollegschule die Regierungspräsidenten: (jetzt: Bezirksregierung).

§ 3

(Inkrafttreten)

Dritter Abschnitt
Staatsanwälte

§ 96

Für die Staatsanwälte gelten die Vorschriften der Kapitel 1 bis 9 und 11 insoweit, als in diesem Abschnitt nichts anderes bestimmt ist.

1 Nach § 142 Abs. 1 Nrn. 2 und 3 GVG wird das Amt der Staatsanwaltschaft bei den Oberlandesgerichten und Landgerichten durch Staatsanwälte ausgeübt, bei den Amtsgerichten durch Staatsanwälte oder Amtsanwälte.

Zum Staatsanwalt kann nach § 122 DRiG nur ernannt werden, wer die Befähigung zum Richteramt besitzt, also die Qualifikation eines Volljuristen mit zwei Staatsexamen hat.

2 Die Sondervorschriften der §§ 96, 97 gelten daher nur für den Personenkreis, der Staatsanwalt im Sinne des § 122 DRiG ist. Die Amtsanwälte sind nicht Staatsanwälte, sondern lediglich berechtigt, das Amt der Staatsanwaltschaft in begrenztem Umfang auszuüben.

Nach §§ 142 Abs. 2, 145 Abs. 2 GVG sind sie für staatsanwaltliche Tätigkeiten bei den Amtsgerichten zuständig – nicht jedoch für die Vorbereitung von Anklagen, die an anderen Gerichten als den Amtsgerichten zu verhandeln sind. Sie sind daher nicht »Staatsanwälte«.

§ 97

Für die Staatsanwälte werden besondere Personalvertretungen gebildet, und zwar

1. bei den Generalstaatsanwälten Personalräte und

2. beim Justizministerium ein Hauptpersonalrat.

Die Staatsanwälte sind nur zu diesen Personalvertretungen wahlberechtigt.

Abweichend von § 1 wird bestimmt, daß für die Staatsanwälte – zum Begriff siehe Anmerkungen zu § 96 – besondere Personalvertretungen gebildet werden.

Die Staatsanwälte im Sinne des § 122 DRiG können nur an der Wahl zu diesen Personalvertretungen teilnehmen, sie sind – obwohl Beamte im Sinne des § 5 Abs. 2 – nicht zu den bei den Gerichten stattfindenden Personalratswahlen wahlberechtigt.

Dienststelle für die Staatsanwälte in Nordrhein-Westfalen sind die Generalstaatsanwaltschaften Düsseldorf, Hamm und Köln für sämtliche in ihrem Bereich tätigen Staatsanwälte. Es können daher nicht bei den einzelnen Amts- oder Landgerichten besondere Personalvertretungen für Staatsanwälte gebildet werden.

Beim Justizminister wird ein Hauptpersonalrat »Staatsanwälte« gebildet, zu dem die wahlberechtigten Staatsanwälte wahlberechtigt sind.

Vierter Abschnitt
Referendare im juristischen Vorbereitungsdienst

§ 98

Für Referendare im juristischen Vorbereitungsdienst gelten die Vorschriften der Kapitel 1 bis 6, 8, 9 und 11 insoweit, als in diesem Abschnitt nichts anderes bestimmt ist.

Für Referendare im juristischen Vorbereitungsdienst werden besondere **1** Personalvertretungen gebildet, für deren Zustandekommen, Rechtsstellung, Geschäftsführung und Beteiligungsrechte die Sondervorschriften der §§ 98 bis 106 gelten und im übrigen die Vorschriften des Gesetzes mit Ausnahme des 7. Kapitels über die Jugend- und Auszubildendenvertretung.

§ 20 Abs. 1 JAG sieht vor, daß nach Bestehen der ersten juristischen Staatsprüfung die Aufnahme in den Vorbereitungsdienst unter Berufung in das Beamtenverhältnis auf Widerruf erfolgen kann und gleichzeitig die Ernennung zur Rechtsreferendarin bzw. zum Rechtsreferendar erfolgt.

Referendare im juristischen Vorbereitungsdienst ist daher der in § 20 Abs. 1 JAG genannte Personenkreis.

Rechtspraktikanten im Sinne von § 5 Abs. 5 Buchstabe d) sind von einer **2** Beteiligung an der Personalvertretung ganz ausgeschlossen und nicht wahlberechtigt. Sie sind auch nicht als Referendare im juristischen Vorbereitungsdienst anzusehen.

§ 99

(1) Für Referendare im juristischen Vorbereitungsdienst werden besondere Personalvertretungen gebildet, und zwar bei den

1. zu Stammdienststellen bestimmten Landgerichten Personalräte und

2. Oberlandesgerichten Bezirkspersonalräte.

(2) Dienststellen im Sinne dieses Gesetzes sind für Referendare im juristischen Vorbereitungsdienst die zu Stammdienststellen bestimmten Landgerichte.

1 **Abs. 1:** Nach § 33 Abs. 2 JAO ist Dienstvorgesetzter und als solcher zuständig für die beamtenrechtlichen Entscheidungen über die persönlichen Angelegenheiten der Referendarinnen und Referendare der Präsident desjenigen Landgerichtes, dem die Referendarin/der Referendar als Stammdienststelle zugewiesen ist. Diese Zuweisung erfolgt bei Beginn des Vorbereitungsdienstes durch den Oberlandesgerichtspräsidenten als Leiter der Gesamtausbildung (§ 21 JAG).

2 Bei denjenigen Landgerichten des Landes, die zu Stammdienststellen bestimmt sind, werden besondere Personalräte für Referendare im juristischen Vorbereitungsdienst gebildet.

Ein Bezirkspersonalrat wird bei den drei Oberlandesgerichten gebildet. Wahlberechtigt sind alle Rechtsreferendare, der im Bezirk des jeweiligen Oberlandesgerichtes gelegenen Landgerichte.

3 **Abs. 2:** Abweichend von § 1 sind Dienststellen für die Referendare im juristischen Vorbereitungsdienst die zu Stammdienststellen bestimmten Landgerichte, denen die Referendare zugewiesen sind.

§ 100

(1) Referendare im juristischen Vorbereitungsdienst sind nur zum Personalrat der Referendare beim Landgericht wahlberechtigt, das zu ihrer Stammdienststelle bestimmt ist.

(2) Nicht wahlberechtigt sind Referendare im juristischen Vorbereitungsdienst, die am Wahltage

a) unter Wegfall der Unterhaltsbeihilfe beurlaubt oder

b) einer Ausbildungsstelle außerhalb des Landes Nordrhein-Westfalen zugewiesen sind.

(3) Wählbar sind nur wahlberechtigte Referendare im juristischen Vorbereitungsdienst, die am Wahltage

1. sich mindestens seit drei Monaten im Vorbereitungsdienst befinden und

2. noch mindestens vier Monate der vorgeschriebenen Ausbildung zu durchlaufen haben.

1 **Abs. 1:** Die Referendare im juristischen Vorbereitungsdienst können nur bei ihrer Stammdienststelle und nur den besonderen Personalrat für Referendare wählen. Zu den allgemeinen Wahlen der Personalräte der Beschäftigten eines Landgerichtes sind sie nicht wahlberechtigt.

Der Oberlandesgerichtspräsident als Leiter der Gesamtausbildung bestimmt Landgerichte zu Stammdienststellen und weist die Referendare einem Landgericht zu, das die Stammdienststelle bildet.

2 **Abs. 2:** Nicht wahlberechtigt sind Referendare, die am (letzten) Tag der Wahl

– unter Wegfall der Bezüge beurlaubt sind

oder

– einer Ausbildungsstelle außerhalb des Landes Nordrhein-Westfalen zugewiesen werden (z.B. nach § 23 Abs. 4 JAG).

Abs. 3: Das Recht, gewählt zu werden, setzt voraus, daß am (letzten) Tage **3** der Wahl die Kandidaten wahlberechtigt und seit mindestens drei Monaten im Vorbereitungsdienst sind sowie noch mindestens vier Monate der vorgeschriebenen Ausbildung zu durchlaufen haben.

§ 101

Wahlvorschläge müssen abweichend von § 16 Abs. 5 und 6 nur von mindestens fünf vom Hundert der wahlberechtigten Referendare, jedoch von mindestens drei wahlberechtigten Referendaren unterzeichnet werden.

Wahlvorschläge können nach § 16 Abs. 4 und 7 von wahlberechtigten Beschäftigten sowie von der Dienststelle (zum Begriff § 99 Abs. 2) vertretenen Gewerkschaften gemacht werden.

Sie müssen jedoch abweichend von § 16 Abs. 5 und 6 nur von $\frac{1}{20}$ der wahlberechtigten Beschäftigten, mindestens jedoch von drei wahlberechtigten Referendaren unterzeichnet sein.

§ 102

Die Wahlperiode beträgt achtzehn Monate.

Der Vorbereitungsdienst dauert nach § 23 Abs. 1 JAG 24 Monate und kann unter den Voraussetzungen des § 23 Abs. 3 und 6 JAG um drei Monate verlängert werden.

Die Amtszeit und Wahlperiode der besonderen Personalvertretung für Rechtsreferendare beträgt 18 Monate, so daß die Gewählten Gelegenheit haben, eine gesamte Wahlperiode zu amtieren.

§ 103

(1) Der Bezirkspersonalrat beim Oberlandesgericht besteht aus Referendaren, die von den Personalräten der Referendare bei den Landgerichten des Oberlandesgerichtsbezirks gewählt werden.

(2) In den Bezirkspersonalrat wird für jeweils bis zu 150 Referendare, für die das Landgericht zur Stammdienststelle bestimmt ist, ein Referendar gewählt. Wählbar sind Referendare, die dem Personalrat beim Landgericht als Mitglied oder als Ersatzmitglied angehören.

(3) Die §§ 17, 18, 50 Abs. 3 Satz 5 und 6 gelten entsprechend. Im übrigen ist § 50 auf den Bezirkspersonalrat der Referendare beim

Oberlandesgericht nicht anzuwenden. Scheidet ein Mitglied aus dem Bezirkspersonalrat aus, so wählt der Personalrat beim Landgericht, von dem das ausscheidende Mitglied entsandt worden ist, ein neues Mitglied.

1 **Abs. 1:** Der Bezirkspersonalrat wird nicht unmittelbar von den wahlberechtigten Referendaren, sondern nur von den Personalräten für die Referendare bei den einzelnen Landgerichten gewählt. Damit soll sichergestellt werden, daß die regionalen unterschiedlichen Interessen im Bezirkspersonalrat angemessen repräsentiert werden.

2 **Abs. 2:** Für jeweils bis zu 150 Referendare der Stammdienststelle – unabhängig davon, ob sie wählbar oder wahlberechtigt sind – ist ein Vertreter in den Bezirkspersonalrat zu wählen. Von den Personalräten der Referendare bei den Landgerichten können nur solche Referendare in den Bezirkspersonalrat gewählt werden, die ihrerseits Personalratsmitglied oder Ersatzmitglied sind.

Das hat zur Folge, daß bei Ausscheiden aus dem Landgerichts-Personalrat die Mitgliedschaft im Bezirkspersonalrat zugleich erlischt (§ 26 Abs. 1 Buchstabe f).

3 **Abs. 3:** Die Vorschriften über die Bestellung des (Bezirks-)Wahlvorstandes gelten für die Wahl des Bezirkspersonalrates beim Oberlandesgericht entsprechend. Im übrigen ist jedoch § 50 durch die Sonderregelung des § 103 ersetzt. Für die Wahl des Bezirkspersonalrates ist schließlich § 47 der Wahlordnung zu beachten.

§ 104

(1) Auf die Mitglieder der Personalvertretungen der Referendare finden § 40 Abs. 2 und § 42 Abs. 3 bis 5 keine Anwendung.

(2) Mitglieder der Personalvertretungen der Referendare dürfen gegen ihren Willen einer Ausbildungsstelle außerhalb des Bezirks ihrer Stammdienststelle nur zugewiesen werden, wenn dies auch unter Berücksichtigung der Mitgliedschaft in der Personalvertretung aus dienstlichen oder ausbildungsmäßigen Gründen unvermeidbar ist. Im übrigen soll bei der Zuweisung zu einer Ausbildungsstelle Rücksicht auf die Mitgliedschaft in der Personalvertretung genommen werden. § 43 findet keine Anwendung.

1 **Abs. 1:** Die Mitglieder der Personalvertretungen der Referendare erhalten nicht die in § 40 Abs. 2 vorgesehenen Mittel zur Aufwandsdeckung. Die Personalräte der Referendare können ebenfalls von den Freistellungsregeln und den Bestimmungen über die Teilnahme an Schulungs- und Bildungsveranstaltungen des § 42 Abs. 3 bis 5 keinen Gebrauch machen. Offenbar ist der Gesetzgeber der Auffassung, daß bei längerer oder umfangreicherer Freistellung und Abwesenheit für die Teilnahme an Schulungs- und Bildungsveranstaltungen die Ausbildung leiden könnte.

Abs. 2: § 20 Abs. 6 JAG läßt es zu, daß Referendarinnen und Referendare **2** für einzelne Ausbildungsabschnitte in einen anderen Oberlandesgerichtsbezirk überwiesen werden. Mitglieder der Personalvertretungen sind gegen die Zuweisung einer Ausbildungsstelle außerhalb des Bezirks ihrer Stammdienststelle – also des vom OLG-Präsidenten dazu bestimmten Landgerichts – durch Absatz 2 geschützt. Die Zuweisung einer solchen außerhalb des Bezirks liegenden Ausbildungsstelle ist nur zulässig, wenn dies unter Berücksichtigung der Mitgliedschaft in der Personalvertretung aus dienstlichen oder ausbildungsmäßigen Gründen unvermeidbar ist. An diese Gründe ist ein strenger Maßstab zu stellen, da eine solche Maßnahme den gewählten Referendar praktisch an der Ausübung seiner Personalrats-Tätigkeit hindert.

Der Versetzungs-, Umsetzungs- und Abordnungsschutz des § 43 findet jedoch auf die Referendare keine Anwendung.

Allgemein gilt (Satz 2), daß bei der Zuweisung zu einer Ausbildungsstelle auf die Mitgliedschaft in der Personalvertretung Rücksicht zu nehmen ist. Es ist daher eine möglichst in der Nähe der Stammdienststelle befindliche Ausbildungsstelle zuzuweisen.

§ 105

(1) Bei Grundsätzen über die Durchführung des juristischen Vorbereitungsdienstes (§ 73 Nr. 4) sowie bei den anderen in den §§ 62 bis 65 und 72 bis 74 bezeichneten Angelegenheiten, soweit diese ausschließlich Referendare im juristischen Vorbereitungsdienst betreffen, sind an Stelle der nach den allgemeinen Vorschriften gebildeten Personalvertretungen die Personalvertretungen der Referendare zuständig. § 72 Abs. 1 Satz 1 Nr. 1 ist für die Aufnahme in den juristischen Vorbereitungsdienst nicht anzuwenden.

(2) In Angelegenheiten, die nicht ausschließlich Referendare im juristischen Vorbereitungsdienst betreffen, haben die Personalvertretungen der Referendare die Befugnisse einer Jugend- und Auszubildendenvertretung.

(3) In den zur Zuständigkeit des Regierungspräsidenten gehörenden Angelegenheiten ist nach Maßgabe von Absatz 1 und 2 der Bezirkspersonalrat der Referendare bei dem Oberlandesgericht zu beteiligen, in dessen Bezirk der Regierungspräsident seinen Sitz hat. In diesen Angelegenheiten nimmt im Rahmen von § 30 Abs. 4 auch ein Vertreter des Regierungspräsidenten an der Sitzung teil.

(4) Im Anschluß an das Verfahren nach § 66 Abs. 1 bis 5 können der Präsident des Oberlandesgerichts oder der Bezirkspersonalrat der Referendare beim Oberlandesgericht eine Angelegenheit dem Justizministerium vorlegen, welches nach Verhandlung mit dem Bezirkspersonalrat endgültig entscheidet.

1 Für die Personalräte der Rechtsreferendare gelten die Beteiligungsrechte des 8. Kapitels. Die Vorschrift verändert diese in einigen Fällen.

2 **Abs. 1:** Die Personalvertretungen der Rechtsreferendare sind anstelle der nach den allgemeinen Vorschriften gebildeten Personalvertretungen bei den Landgerichten und Oberlandesgerichten für die Ausübung von Beteiligungsrechten zuständig bei

– Grundsätzen über die Durchführung des juristischen Vorbereitungsdienstes gem. § 73 Nr. 4,

– allen in §§ 62 bis 65 und 72 bis 74 genannten Angelegenheiten, soweit diese ausschließlich Referendare im juristischen Vorbereitungsdienst betreffen.

Jedoch stellt die Aufnahme der Rechtsreferendare in den juristischen Vorbereitungsdienst keine mitbestimmungspflichtige Einstellung im Sinne des § 72 Abs. 1 Satz 1 Nr. 1 dar.

3 **Abs. 2:** Beteiligungspflichtige Angelegenheiten, die nicht ausschließlich die Referendare im juristischen Vorbereitungsdienst betreffen, können dennoch ihrer Beteiligung unterliegen. Für diese Angelegenheit sieht das Gesetz vor, daß die Personalvertretungen der Rechtsreferendare die Stellung und Befugnisse einer Jugend- und Auszubildendenvertretung haben.

Die §§ 30 Abs. 3, 35 Abs. 1 und 2, 36 finden entsprechende Anwendung. Im übrigen siehe Orth/Welkoborsky, § 105 LPVG NW, Rn. 1 ff.

4 **Abs. 3:** Der Regierungspräsident leitet gem. § 31 Abs. 2 JAO für die Dauer der Verwaltungsstation bzw. Wahlstation die Ausbildung. Er hat in diesem Rahmen auch das Recht (§ 32 Abs. 2 JAO), die Ausbildungsstelle, die Arbeitsgemeinschaft sowie die Ausbilderin oder den Ausbilder für die Ausbildung in der Praxis zu bestimmen. In diesen Fällen ist der Bezirkspersonalrat der Referendare beim jeweiligen Oberlandesgericht zu beteiligen, in dessen Bezirk der Regierungspräsident seinen Sitz hat. Werden Referendarangelegenheiten, für die der Regierungspräsident zuständig ist, in der Sitzung des allgemeinen Personalrates behandelt, so nimmt an der entsprechenden Personalratssitzung – neben einem Nebenvertreter des Bezirkspersonalrates – ein Vertreter des Regierungspräsidenten an der Sitzung teil. Der Hinweis auf § 30 Abs. 4 macht deutlich, daß dieser Vertreter in bezug auf die Referendare Dienststellenleiterfunktionen wahrzunehmen berechtigt ist.

5 **Abs. 4:** Ein Hauptpersonalrat sowie die Anrufung der Einigungsstelle ist bei Streitigkeiten zwischen den Personalräten der Rechtsreferendare und dem OLG-Präsidenten nicht vorgesehen. Vielmehr bestimmt Absatz 4, daß in mitbestimmungspflichtigen Angelegenheiten bei Nichteinigung zwischen Bezirkspersonalrat und Präsident des Oberlandesgerichtes die Angelegenheit dem Justizminister vorzulegen ist. Dieser entscheidet nach Verhandlung mit dem Bezirkspersonalrat endgültig und abschließend.

§ 106

Der Präsident des Oberlandesgerichts oder des Landgerichts kann sich über § 8 Abs. 1 hinaus auch durch seinen Ausbildungsleiter vertreten lassen.

Gem. § 31 Abs. 1 JAO hat der Präsident oder die Präsidentin des Oberlandesgerichtes die gesamte Referendarausbildung zu leiten. Zur Unterstützung bei der Leitung der Ausbildung wird bei den Oberlandesgerichten, den Landgerichten und den Regierungspräsidien eine Richterin/ein Richter bzw. eine Beamtin/ein Beamter des höheren Verwaltungsdienstes zur Ausbildungsleiterin oder zum Ausbildungsleiter bestellt.

Dieser kann abweichend von § 8 Abs. 1 gegenüber den Personalräten der Rechtsreferendare die Vertretung des Präsidenten des Oberlandesgerichtes oder des Landgerichtes übernehmen und damit Dienststellenleiterfunktionen.

Fünfter Abschnitt
Forstverwaltung

§ 107

Für die Forstverwaltung gelten die Vorschriften der Kapitel 1 bis 9 und 11 insoweit, als in diesem Abschnitt nichts anderes bestimmt ist.

Für die Forstverwaltung des Landes Nordrhein-Westfalen sind aufgrund ihres besonderen Verwaltungsaufbaus (siehe Forstgesetz für das Land Nordrhein-Westfalen vom 24. 4. 1980, zuletzt geändert durch Gesetz vom 29. 4. 1992) besondere Vorschriften aufgenommen. Es wird der Dienststellenbegriff geändert und die Bildung der Stufenvertretungen und Gesamtpersonalräte abweichend von allgemeinen Vorschriften vorgenommen.

Das gesamte übrige LPVG gilt jedoch unverändert.

§ 108

(1) Dienststellen im Sinne dieses Gesetzes sind die Forstämter des Landes und der Landwirtschaftskammern sowie die Höheren Forstbehörden. § 1 Abs. 3 findet keine Anwendung.

(2) Abweichend von § 5 Abs. 6 wird der Personalrat bei der Höheren Forstbehörde sowie bei den Forstämtern des Landes und der Landwirtschaftskammern für die Beschäftigten des Landes und die Beschäftigten der Landwirtschaftskammern gemeinsam gebildet.

Abs. 1: Abweichend von § 1 sind Dienststellen die gem. § 59 LFoG je Forstamtsbezirk zu errichtenden Forstämter sowie die Landwirtschaftskammern als höhere Forstbehörde im Sinne des § 56 LFoG.

Dienststellenteile der Forstämter und Landwirtschaftskammern können nicht verselbständigt werden, da die Anwendung von § 1 Abs. 3 ausgeschlossen ist.

§ 109

(1) Für die Beschäftigten des Landes bei den in § 108 Abs. 1 bezeichneten Dienststellen werden bei den Höheren Forstbehörden Bezirkspersonalräte gebildet. Zuständiger Hauptpersonalrat ist für diese Beschäftigten die beim Ministerium für Umwelt, Raumordnung und Landwirtschaft gebildete Stufenvertretung.

(2) Soweit bei den Landwirtschaftskammern Gesamtpersonalräte bestehen, sind diese auch für die Beschäftigten der Landwirtschaftskammern bei den in § 108 Abs. 1 bezeichneten Dienststellen zuständig. Andernfalls werden ihre Aufgaben für die genannten Beschäftigten von den bei den Landwirtschaftskammern gebildeten Personalräten wahrgenommen.

Abs. 1: Für die Beschäftigten bei den Forstämtern und den Landwirtschaftskammern werden bei den Höheren Forstbehörden – also den beiden Landwirtschaftskammern – Bezirkspersonalräte gebildet.

Der zuständige Hauptpersonalrat für die Beschäftigten der Forstämter und der Landwirtschaftskammern ist der beim Minister für Umwelt, Raumordnung und Landwirtschaft bestellte Hauptpersonalrat.

Abs. 2: Die Landwirtschaftskammern haben eigene Beschäftigte und Dienststellen, bei denen Gesamtpersonalräte gebildet sein können.

Zusätzlich haben die Landwirtschaftskammern auch gem. § 56 Abs. 1 LFoG die vom Land beliehene Aufgabe als Höhere Forstbehörde. Soweit der Landwirtschaftskammer als Höherer Forstbehörde Beschäftigte zugewiesen sind, sind die bei ihr errichteten Gesamtpersonalräte zuständig. Sind dort keine Gesamtpersonalräte gebildet, so werden ihre Aufgaben von den örtlichen Personalräten, die bei den Landwirtschaftskammern gebildet sind, zusätzlich wahrgenommen.

Sechster Abschnitt
Wissenschaftliches und künstlerisches Personal
an den Hochschulen

§ 110

Für Dozenten nach § 20 FHGöD, wissenschaftliche und künstlerische Mitarbeiter, Mitarbeiter in Lehre und Forschung mit Hochschulabschluß, Lehrkräfte für besondere Aufgaben sowie nach § 119 Abs. 1 UG oder § 79 Abs. 1 FHG nicht übernommene Beamte und entsprechende Angestellte an den Hochschulen, soweit sie nicht nach § 5 Abs. 5 Buchstabe a von der Geltung dieses Gesetzes ausgenommen sind, gelten die Vorschriften der Kapitel 1 bis 9 und 11 insoweit, als in diesem Abschnitt nichts anderes bestimmt ist. Die Vorschriften über die Gruppen gelten nicht.

Für das wissenschaftliche und künstlerische Personal an Hochschulen **1** gelten die Sondervorschriften der §§ 110 und 111. Sie bestehen zum einen darin, daß für sie die Vorschriften über die Gruppen nicht gelten (Satz 2), und zum anderen, daß für sie besondere Personalvertretungen gebildet werden (§ 111).

Dieser Personalrat ist nur für den in § 110 aufgeführten Personenkreis zuständig, nämlich:

1) Dozenten nach § 20 des Fachhochschulgesetzes für den öffentlichen Dienst;

2) wissenschaftliche und künstlerische Mitarbeiter im Sinne des § 60 Abs. 1 und 5 UG;

3) Mitarbeiter in Lehre und Forschung mit Hochschulabschluß im Sinne des § 40 FHG;

4) Lehrkräfte für besondere Aufgaben gemäß §§ 55 UG, 38 FHG, 6 Ziffer 3 FHGöD;

5) nach § 119 UG oder § 79 FHG nicht übernommene Beamte und entsprechende Angestellte an den Hochschulen (soweit sie nicht bereits nach § 5 Abs. 5a vom Geltungsbereich des LPVG ausgenommen sind).

Wer zu dem vorstehend Ziffer 1) bis 5) genannten Personenkreis gehört, **2** ist anhand der Legaldefinition in den Hochschulgesetzen zu entscheiden. Nur diese sind maßgebend (OVG Münster vom 14. 2. 1990 – CL 10/88, PersV 1991, 181). Ärzte im Praktikum an Universitätskliniken sind (entgegen OVG Münster vom 30. 7. 2003 – 1 A 1038/01) Beschäftigte i.S.d. § 5 Abs. 3.

Nicht erfaßt sind die Personen, die nach § 5 Abs. 5a nicht als Beschäftigte **3** gelten und daher vom Personalvertretungsgeschehen vollständig ausgeschlossen sind. Es handelt sich dabei um die Professoren, Hochschuldozenten, Hochschulassistenten, wissenschaftliche und künstlerische Assistenten, Oberassistenten, Oberingenieure, wissenschaftliche, künstlerische oder studentische Hilfskräfte, Lehrbeauftragte sowie nach § 119 Abs. 1 UG oder § 79 Abs. 1 FHG nicht übernommene Hochschullehrer, Fachhochschullehrer und wissenschaftliche Assistenten und entsprechende Angestellte an den Hochschulen. Keine Beschäftigten im Sinne des Personalvertretungsgesetzes sind also diejenigen Wissenschaftler, die Beamte oder Professoren sind oder bzw. als Studenten vorübergehend ohne Hochschulabschluß tätig werden.

§ 111

(1) Für die Beschäftigten nach § 110 werden besondere Personalvertretungen gebildet, und zwar

1. jeweils ein Personalrat bei den Hochschulen und bei den medizinischen Einrichtungen der Hochschulen,

2. ein Hauptpersonalrat beim Ministerium für Wissenschaft und Forschung; ausgenommen sind die Dozenten und die Lehrkräfte für besondere Aufgaben nach dem FHGöD, für die jeweils der Hauptpersonalrat bei den in § 29 Abs. 2 FHGöD genannten Ministerien zuständig ist.

Die Beschäftigten nach § 110 sind nur für die Wahl zu diesen Personalvertretungen wahlberechtigt. § 8 Abs. 3 gilt nicht; für die Hochschule handelt der Rektor.

(2) Werden Medizinische Einrichtungen in der Rechtsform einer Anstalt des öffentlichen Rechts geführt, so handelt für diese die Ärztliche Direktorin oder der Ärztliche Direktor. Beschäftigte nach § 110, die Aufgaben in der Anstalt nach Satz 1 wahrnehmen, gelten personalvertretungsrechtlich auch als Beschäftigte dieser Anstalt; die Beschäftigteneigenschaft bei der Universität bleibt unberührt. Sie sind für die Wahl zu den nach Absatz 1 Satz 1 gebildeten Personalvertretungen wahlberechtigt.

1 **Abs. 1:** Für die Beschäftigten nach § 110 werden besondere Personalvertretungen gebildet.

Jeweils ein Personalrat wird bei den Hochschulen und bei den medizinischen Einrichtungen für das wissenschaftliche Personal gebildet. Beim Minister für Wissenschaft und Forschung wird ein Hauptpersonalrat für das wissenschaftliche Personal gebildet. Für die Dozenten und Lehrkräfte für besondere Aufgaben nach dem Fachhochschulgesetz des öffentlichen Dienstes ist der Hauptpersonalrat des Ministeriums zuständig, der jeweils die Fachaufsicht über die Fachhochschule hat, also

– für die Fachhochschule für Finanzen der Hauptpersonalrat beim Finanzministerium,

– für die Fachhochschule für Rechtspflege der Hauptpersonalrat beim Justizministerium,

– für die Fachhochschule für öffentliche Verwaltung der Hauptpersonalrat beim Innenministerium.

Wer zur Wahl dieser besonderen Personalvertretungen für das wissen- **2**
schaftliche Personal wahlberechtigt ist, hat keine Wahlberechtigung für
den Personalrat für das übrige Personal der Hochschule.

Abweichend von § 8 Abs. 3 ist nicht der Kanzler, sondern der Rektor der
Hochschule Dienststellenleiter für die Beschäftigten gemäß § 110 und den
besonderen Personalrat für dieses wissenschaftliche Personal.

Zwar werden für das wissenschaftliche und nichtwissenschaftliche Personal getrennte Personalräte gebildet und diesen mit Kanzler und Rektor
verschiedene »Dienststellenleiter« zugeordnet. Es läßt sich gleichwohl
nicht übersehen, daß die jeweilige Hochschule eine organisatorische Einheit ist, die den gleichen Dienstherrn hat.

Das wirkt sich etwa dadurch aus, daß es zulässig – nicht jedoch verpflichtend – ist, wenn beide Personalräte eine gemeinsame Personalversammlung für die wissenschaftlichen und nichtwissenschaftlichen Beschäftigten abhalten (VG Düsseldorf vom 29. 9. 1979 – 34 K 13091/96.PVL,
PersR 1998, 203), und diese auch berechtigt sind, die schriftliche Information gemäß § 40 Abs. 4 gemeinsam durchzuführen und die Kosten
gemeinsam gelten lassen (siehe Rn. 14 zu § 40). Jedoch bedeutet der
Wechsel z. B. von der Universität zur medizinischen Einrichtung der
Universität eine Umsetzung mit der Verpflichtung, den aufnehmenden
und abgebenden Personalrat zu beteiligen (siehe Rn. 32 zu § 72).

Abs. 2: Im Zuge der Änderung des Universitätsgesetzes im Jahr 1999 ist **3**
die Wahlberechtigung der wissenschaftlichen Mitarbeiter und die Dienst-
stellenleitereigenschaft in den medizinischen Einrichtungen der Universität neu geregelt worden.

Soweit die in § 1 Abs. 2 aufgeführten Einrichtungen der Universitäten
rechtlich verselbständigt und in Form einer Anstalt des öffentlichen
Rechts geführt werden, gilt als Dienststellenleiter i. S. d. § 8 die Ärztliche
Direktorin bzw. der Ärztliche Direktor (§ 40 UG). Diese personalvertretungsrechtliche Befugnis ändert nichts an der Leitungsstruktur gemäß
§§ 39 ff. UG.

Wissenschaftliche Mitarbeiter i. S. d. § 110, die Aufgaben in einer als
Anstalt des öffentlichen Rechts geführten medizinischen Einrichtung
wahrnehmen, sind abweichend von Abs. 1 Satz 2 sowohl bei der medizinischen Einrichtung als auch in der Universität wahlberechtigt.

Siebter Abschnitt
Laufbahnbewerber für den höheren und den gehobenen Biblio-
theks- und Dokumentationsdienst sowie Aufstiegsbeamte

§ 112

**Für Laufbahnbewerber für den höheren und den gehobenen Biblio-
theks- und Dokumentationsdienst sowie für Aufstiegsbeamte gelten
die Vorschriften der Kapitel 1 bis 4, 8, 9 und 11 insoweit, als in diesem
Abschnitt nichts anderes bestimmt ist.**

§ 113

(1) Für Laufbahnbewerber für den höheren und den gehobenen Bibliotheks- und Dokumentationsdienst sowie für Aufstiegsbeamte wird bei der Fachhochschule Köln ein besonderer Personalrat gebildet. Zu den Beamten nach Satz 1 zählen auch die zum Zweck der Ausbildung von anderen Körperschaften, Anstalten und Stiftungen des öffentlichen Rechts der Fachhochschule Köln zugewiesenen oder an sie abgeordneten Laufbahnbewerber und Aufstiegsbeamten.

(2) Die Beamten nach Absatz 1 bilden eine besondere Personalversammlung.

(3) Die Laufbahnbewerber für den höheren und den gehobenen Dienst einschließlich der jeweiligen Aufstiegsbeamten bilden im Personalrat je eine Gruppe.

§ 114

(1) Abgeordnete Beamte sind vom Tage des Wirksamwerdens der Abordnung an wahlberechtigt; zum gleichen Zeitpunkt verlieren sie das Wahlrecht bei ihrer bisherigen Dienststelle. Vorschriften über den Verlust des Wahlrechts bei der bisherigen Dienststelle in den Personalvertretungsgesetzen anderer Dienstherren bleiben unberührt.

(2) Nicht wahlberechtigt sind Beamte, die am Wahltag unter Wegfall der Bezüge beurlaubt oder einer Ausbildungsstelle außerhalb des Landes Nordrhein-Westfalen zugewiesen sind.

(3) Wählbar sind wahlberechtigte Beamte, die am Wahltage

1. sich seit mindestens drei Monaten in der Ausbildung befinden und

2. noch mindestens vier Monate der vorgeschriebenen Ausbildung zu durchlaufen haben.

(4) Wahlvorschläge müssen abweichend von § 16 Abs. 5 und 6 nur von mindestens fünf vom Hundert der wahlberechtigten Beamten, jedoch von mindestens drei wahlberechtigten Beamten unterzeichnet werden.

§ 115

Die Wahlperiode beträgt ein Jahr; sie beginnt am 1. Februar eines jeden Jahres.

§ 116

(1) § 42 Abs. 3 und 4 findet keine Anwendung.

(2) § 43 findet nur bei solchen Maßnahmen Anwendung, die nicht auf Grund von Ausbildungsvorschriften erforderlich sind.

§ 117

(1) Die Vorlage nach § 66 Abs. 5 oder der Antrag des Personalrats nach § 69 Abs. 3 Satz 1 ist an das Ministerium für Wissenschaft und Forschung zu richten, welches endgültig entscheidet.

(2) Das Ministerium für Wissenschaft und Forschung unterrichtet den Personalrat von der beabsichtigten Entscheidung und ihrer Begründung und gibt ihm Gelegenheit zur Stellungnahme hierzu. Sofern der Personalrat Bedenken gegen die Maßnahme hat, hat er diese innerhalb von zwei Wochen nach Zugang der Aufforderung zur Stellungnahme dem Ministerium für Wissenschaft und Forschung mitzuteilen; eine Abschrift seiner Stellungnahme leitet der Personalrat dem Rektor als dem Leiter seiner Dienststelle zu.

(3) Die §§ 66 Abs. 7 und 78 finden keine Anwendung.

§ 118

§ 72 Abs. 1 Satz 1 Nrn. 1 und 6, Abs. 4 Nrn. 1 und 15 sowie § 73 Nr. 4 finden keine Anwendung.

§ 119

In Angelegenheiten, die nicht ausschließlich Laufbahnbewerber für den höheren und den gehobenen Bibliotheks- und Dokumentationsdienst einschließlich der Aufstiegsbeamten betreffen, hat der gemäß § 113 gebildete Personalrat gegenüber dem Personalrat der Hochschule die Stellung einer Jugend- und Auszubildendenvertretung.

Gemeinsame Anmerkung zu §§ 112–119:

Gem. § 73a Abs. 1 Satz 2 FHG bietet die Fachhochschule für Bibliotheks- und Dokumentationswesen auch Studiengänge für Laufbahnbewerberinnen, Laufbahnbewerber, Aufstiegsbeamtinnen und Aufstiegsbeamte für die Laufbahn des gehobenen Bibliotheks- und Dokumentationsdienstes im Lande Nordrhein-Westfalen an. **1**

Für diesen Personenkreis ordnen die §§ 112ff. die Bildung eines besonderen Personalrats bei der Fachhochschule für Bibliotheks- und Dokumentationswesen an.

Wahlberechtigt zu diesem Personalrat sind zum einen die vorbezeichneten Laufbahnbewerber und Aufstiegsbeamte sowie zum anderen diejenigen Beamten, die zum Zweck der Ausbildung von anderen Körperschaften, Anstalten und Stiftungen des öffentlichen Rechts der Fachhochschule zugewiesen sind sowie Laufbahnbewerber und Aufstiegsbeamte, die an die Fachhochschule abgeordnet sind.

Die Laufbahnbewerber für den höheren Dienst und die Laufbahnbewerber für den gehobenen Dienst – jeweils einschließlich der Aufstiegsbeamten – bilden im Personalrat jeweils eine Gruppe.

§ 119

Soweit Beamte an die Fachhochschule abgeordnet sind, sind sie abweichend von § 10 Abs. 2 vom Tage des Wirksamwerdens der Abordnung an bereits wahlberechtigt.

Wählbar sind wahlberechtigte Beamte, die am Wahltage zum einen seit mindestens drei Monaten in der Ausbildung sind und zum anderen noch mindestens vier Monate der vorgeschriebenen Ausbildung zu durchlaufen haben.

Für Wahlvorschläge zur Wahl dieses Personalrates genügen abweichend von § 16 Abs. 5 und 6 die Unterzeichnung von 5 % der wahlberechtigten Beamten.

2 Die Wahlperiode des besonderen Personalrats für die Laufbahnbewerber zum höheren und gehobenen Bibliotheks- und Dokumentationsdienst beträgt ein Jahr, beginnend am 1. Februar eines jeden Jahres.

Für die Tätigkeit der Personalratsmitglieder gelten die Freistellungsregeln des § 42 Abs. 3 und 4 nicht, weil durch sie Ausbildungszeit verlorenginge.

Der Versetzungsschutz des § 43 ist nur auf solche Maßnahmen anwendbar, die nicht aufgrund von – ausdrücklichen – Ausbildungsvorschriften erforderlich sind.

3 Das Mitbestimmungs- und Beteiligungsverfahren wird durch die §§ 117 bis 119 modifiziert:

a) Einige Mitbestimmungsrechte werden dem Personalrat überhaupt nicht eingeräumt, nämlich

- § 72 Abs. 1 Satz 1 Nr. 1 (Einstellungen, Nebenabreden etc.),
- § 72 Abs. 1 Satz 1 Nr. 6 (Abordnung und Zuweisung),
- § 72 Abs. 4 Nr. 1 (Beginn und Ende der täglichen Arbeitszeit sowie der Pausen, gleitende Arbeitszeit),
- § 72 Abs. 4 Nr. 15 (Beurteilungsrichtlinien).

Keine Anwendung findet das Mitwirkungsrecht bei Grundsätzen über die Durchführung der Berufsausbildung der Beamten gem. § 73 Nr. 4.

Bei Streitigkeiten über eine von der Dienststelle beabsichtigte Maßnahme oder eine vom Personalrat im Wege seines Initiativantrags beantragte Maßnahme ist der Antrag auf Entscheidung an den Minister für Wissenschaft und Forschung zu richten. Dieser entscheidet endgültig, ein Einigungsstellenverfahren findet nicht statt. Vor einer Entscheidung des Ministers unterrichtet dieser den Personalrat von der beabsichtigten Entscheidung und ihrer Begründung und gibt ihm Gelegenheit zur Stellungnahme dazu. Bedenken sind innerhalb von zwei Wochen nach Zugang der Aufforderung mitzuteilen. Der Personalrat hat in diesem Fall eine Abschrift seiner Stellungnahme dem Rektor der Fachhochschule zuzuleiten. Wegen dieser Regelungen, die das Einigungsstellenverfahren und die Beteiligung einer Stufenvertretung ausschließen, finden die §§ 66 Abs. 7 und 78 keine Anwendung.

b) Behandelt der bei der Fachhochschule für Bibliotheks- und Dokumentationswesen gebildete Personalrat Angelegenheiten, die nicht ausschließlich, aber auch Laufbahnbewerber für den höheren oder den gehobenen Bibliotheks- und Dokumentationsdienst einschließlich der Aufstiegsbeamten betreffen, so kann dieser nach § 113 gebildete Sonderpersonalrat die Rechte der Jugend- und Auszubildendenvertretung gegenüber dem Personalrat geltend machen.

Dem Personalrat stehen dann gegenüber dem Verwaltungspersonalrat die Rechte aus §§ 30 Abs. 3, 35 Abs. 1, 36 Abs. 1 und 2 zu. Sie beinhalten Antrags-, Teilnahme- und Abstimmungsrechte in Angelegenheiten, die den vom Personalrat nach § 113 vertretenen Personenkreis betreffen bzw. (§ 26 Abs. 2) besonders betreffen.

Achter Abschnitt
Behandlung von Verschlußsachen

§ 119 a

(1) Die Beteiligung eines Personalrats in beteiligungspflichtigen Angelegenheiten nach diesem Gesetz, die als Verschlußsache mindestens des Geheimhaltungsgrades »VS-Vertraulich« eingestuft sind, setzt voraus, daß die mitwirkenden Personalratsmitglieder nach den dafür geltenden Bestimmungen ermächtigt sind, Kenntnis von Verschlußsachen des in Betracht kommenden Geheimhaltungsgrades zu erhalten.

(2) In Angelegenheiten nach Absatz 1 sind die §§ 30 Abs. 3, 4. Alternative, 31 Abs. 2 Satz 2, 32, 35 und 36 nicht anzuwenden. Diese Angelegenheiten werden in der Personalversammlung nicht behandelt.

§ 119 b

Ein Personalrat, dessen Mitglieder sämtlich im Sinne des § 119 a Abs. 1 ermächtigt sind, ist in beteiligungspflichtigen Angelegenheiten mindestens des Geheimhaltungsgrades »VS-Vertraulich« insgesamt zu beteiligen. Er kann für die Beteiligung einen Ausschuß bilden, der aus dem Vorsitzenden und den beiden Stellvertretern besteht; er hat diesen Ausschuß zu bilden, wenn die Ermächtigung aller Mitglieder nicht zustande kommt.

§ 119 c

(1) Für das Verfahren in der Einigungsstelle und die Beteiligten nach § 67 gilt § 119 a Abs. 1 sinngemäß. § 67 Abs. 4 Satz 2 Halbsatz 2 und Satz 3 sind nicht anzuwenden.

(2) **Kommt die Ermächtigung aller Mitglieder der Einigungsstelle nicht zustande, tritt an ihre Stelle ein Gremium, das aus dem Vorsitzenden der Einigungsstelle und je einem von der obersten Dienstbehörde und der Personalvertretung vorgeschlagenen Beisitzer besteht.**

§ 119d

Die oberste Dienstbehörde kann anordnen, daß in Angelegenheiten nach § 119a Abs. 1 den Beteiligten nach §§ 119b und 119c Unterlagen nicht vorgelegt und Auskünfte nicht erteilt werden dürfen, soweit dies zur Vermeidung von Nachteilen für das Wohl der Bundesrepublik Deutschland oder eines ihrer Länder oder aufgrund internationaler Verpflichtungen geboten ist. Im Verfahren nach § 79 sind die Voraussetzungen für die Anordnung glaubhaft zu machen.

§§ 119a–d: Die §§ 119a bis 119d sind durch die Novelle 1994 neu geschaffen worden. Sie regeln den personalvertretungsrechtlichen Umgang mit Verschlußsachen. Soweit mitbestimmungspflichtige Angelegenheiten mindestens »VS-Vertraulich« sind, kommt eine Beteiligung des Personalrates nur in Betracht, wenn seine Mitglieder oder diejenigen des nach § 119b zu bildenden Ausschusses selber Zugang zu solchen Angelegenheiten haben dürfen. Bei Behandlung solcher Angelegenheiten können die ansonsten zu Personalratssitzungen zugelassenen Gewerkschaftsvertreter, Gewerkschaftsbeauftragte, Mitglieder der Stufenvertretung, Mitglieder der Jugend- und Auszubildendenvertretung sowie die Schwerbehindertenvertrauensperson nicht teilnehmen, eine Aussetzung von Beschlüssen des Personalrats über diese Angelegenheiten ist ebenfalls nicht möglich. Die Unterrichtungsansprüche des Personalrats können durch Anordnung der obersten Dienstbehörde eingeschränkt werden.

ELFTES KAPITEL
Schlußvorschriften

§ 120

Dieses Gesetz findet keine Anwendung auf Kirchen, Religionsgemeinschaften und ihre karitativen und erzieherischen Einrichtungen ohne Rücksicht auf ihre Rechtsform; ihnen bleibt die selbständige Ordnung eines Personalvertretungsrechts überlassen.

§ 121

– nicht abgedruckt –

(betrifft Änderung des Landesrichtergesetzes)

§ 122

– nicht abgedruckt –

(betrifft Änderung des Sparkassengesetzes)

§ 123

Vertretungen und Vertrauensleute nach diesem Gesetz werden im Juni 1975 gewählt. Ihre Wahlperiode beginnt am 1. Juli 1975.

Der eigentliche Regelungsgehalt dieser durch das Personalvertretungsgesetz vom 3. 12. 1974 (damals § 113) in das Gesetz aufgenommenen Vorschrift hat sich mit Durchführung der Wahlen im Jahre 1975 erledigt.

Gleichwohl ist die Vorschrift – sie gilt unverändert – nicht gegenstandslos. Vielmehr dient sie zur Bestimmung des Datums des Beginns der »Wahlperiode« i.S.d. § 23 Abs. 1. Im Gesetz fehlt eine § 27 Abs. 1 BPersVG entsprechende Vorschrift.

§ 124

Zur Regelung der nach den §§ 10 bis 22, 50, 53, 55 bis 57, 60, 85, 86, 100, 101, 111, 113 und 114 erforderlichen Wahlen erläßt die Landesregierung durch Rechtsverordnung Vorschriften über

a) die Vorbereitung der Wahl, insbesondere die Aufstellung der Wählerlisten und die Berechnung der Vertreterzahl,

b) die Frist für die Einsichtnahme in die Wählerlisten und die Erhebung von Einsprüchen,

c) die Wahlvorschlagslisten und die Frist für ihre Einreichung,

d) das Wahlausschreiben und die Fristen für seine Bekanntmachung,

e) die Stimmabgabe,

f) die Feststellung des Wahlergebnisses und die Fristen für seine Bekanntmachung,

g) die Aufbewahrung der Wahlakten.

§ 125

Die nach § 3 Abs. 4, § 16 Abs. 4 und 7, § 17 Abs. 2, §§ 19, 20, 22 Abs. 1, § 25 Abs. 1, § 32 Abs. 1, §§ 35, 37 Abs. 2, § 46 Abs. 3 und § 49 den Gewerkschaften zustehenden Rechte haben auch die in der Dienststelle vertretenen Berufsverbände, die einer gewerkschaftlichen Spitzenorganisation angeschlossen sind.

§ 126

Soweit in Rechts- oder Verwaltungsvorschriften auf Vorschriften verwiesen wird oder Bezeichnungen verwendet werden, die durch dieses Gesetz aufgehoben oder geändert werden, treten an ihre Stelle die entsprechenden Vorschriften oder Bezeichnungen dieses Gesetzes.

§ 126a

§ 70 Abs. 4 Satz 2 findet keine Anwendung auf Dienstvereinbarungen, die vor Inkrafttreten dieses Gesetzes beschlossen worden sind.

§ 127

(1) Dieses Gesetz tritt am 1. Juli 1975 in Kraft. Gleichzeitig treten außer Kraft:

1. das Landespersonalvertretungsgesetz vom 28. Mai 1958 (GV NW S. 209), zuletzt geändert durch Gesetz vom 16. Dezember 1969 (GV NW 1970 S. 22),

2. das Gesetz über die Verlängerung der Amtszeit der Personalräte vom 19. Juni 1973 (GV NW S. 358), geändert durch Gesetz vom 31. Juli 1974 (GV NW S. 768),

3. die Verordnung über die Berufung der ehrenamtlichen Beisitzer für die nach dem Personalvertretungsgesetz für das Land Nordrhein-Westfalen zu bildenden Fachkammern vom 24. Juni 1958 (GV NW S. 299),

4. die Verordnung über die Bestimmung der Dienststellen im Sinne des Landespersonalvertretungsgesetzes für Staatsanwälte vom 11. Juli 1958 (GV NW S. 321),

5. die Wahlordnung zum Landespersonalvertretungsgesetz vom 15. Juli 1958 (GV NW S. 311),

6. die Verordnung über die Bestimmung der Dienststellen im Sinne des Landespersonalvertretungsgesetzes für die im Landesdienst beschäftigten Lehrer vom 16. Juli 1958 (GV NW S. 321),

7. die Verordnung über die Erklärung von Polizeidienststellen zu Dienststellen im Sinne des Landespersonalvertretungsgesetzes vom 31. Juli 1958 (GV NW S. 339), geändert durch Verordnung vom 18. April 1963 (GV NW S. 182).

(2) Abweichend von Absatz 1 treten die Vorschriften dieses Gesetzes zur Regelung der in § 124 bezeichneten Wahlen, die Vorschriften, die zum Erlaß von Rechtsverordnungen ermächtigen, sowie die §§ 123 bis 125 am Tage nach der Verkündung dieses Gesetzes in Kraft.

Artikel II

Dieses Gesetz tritt am Tage nach der Verkündung in Kraft. § 23 Abs. 1 und § 24 Abs. 1 Buchstabe a in der durch dieses Gesetz geänderten Fassung finden erstmals Anwendung auf Personalräte, die nach Inkrafttreten dieses Gesetzes gewählt werden.

Entscheidungen des OVG Münster zum LPVG NW ab 1985

– zeitlich geordnetes Register –

Lfd. Nr.	Entscheidung v.	AZ	Stichwort	Fundstelle
			1985	
1.	29. 1. 1985	CL 40/83	Unterrichtung der Personalvertretung	–
2.	29. 1. 1985	CL 44/83	Mitbestimmung bei Umsetzung	–
3.	27. 3. 1985	CL 34/84	Weiterbeschäftigung eines Mitglieds der Jugendvertretung	–
4.	22. 5. 1985	CL 4/83	Mitbestimmung des Personalrats bei Arbeitsplatzgestaltung	–
5.	22. 5. 1985	CL 14/83	Mitbestimmung des Personalrats bei Arbeitszeitänderung	–
6.	22. 5. 1985	CL 14/84	Wahlanfechtung	DÖD 86, 72
7.	12. 9. 1985	CL 20/84	Mitbestimmung des Personalrats bei Umsetzung	PersR 86, 80 (LS)
8.	11. 9. 1985	CL 51/84	Mitbestimmung des Personalrats bei der Umsetzung von Beamten auf Probe	PersR 86, 80 (LS); ZBR 86, 178
9.	2. 10. 1985	CL 58/84	Erzwingbarkeit einer Dienstvereinbarung	–
10.	2. 10. 1985	CL 19/84	Anhörung des Personalrats bei Stellenplanentwürfen	PersR 87, 43; ZBR 86, 377; PersV 86, 472
11.	2. 10. 1985	CL 12/85	Erlöschen der Mitgliedschaft im Personalrat	–
12.	6. 11. 1985	CL 17/84	Mitbestimmung des Personalrats bei Umsetzung	PersR 87, 43; RiA 86, 184
13.	6. 11. 1985	CL 21/84	Fahrtkostenzuschüsse	PersR 87, 43 (LS); RiA 86, 88

Lfd. Nr.	Entschei- dung v.	AZ	Stichwort	Fundstelle
14.	4. 12. 1985	CL 41/84	Mitbestimmung des Personalrats bei Änderung der Pflichtstunden von Lehrern	–
15.	22. 1. 1985	CL 28/93	Informationspflicht zu Arbeitsverhältnissen sämtlicher Beschäftigter	PersV 87, 161; ZBR 87, 26

1986

Lfd. Nr.	Entschei- dung v.	AZ	Stichwort	Fundstelle
16.	22. 1. 1986	CL 42/83	Teilnahmeberechtigung Dritter an Erörterungs- gesprächen	PersV 87, 162
17.	22. 1. 1986	CL 54/83	Auftragsbefugnis des Personalrats/Gesamtpersonalrats bei verschiedenen eigenständigen Teildienststellen	–
18.	19. 2. 1986	CL 28/84	ADV-Anlage (Pilotprojekt)	PersR 87, 156; RiA 86, 288
19.	19. 2. 1986	CL 35/84	Gerichtliche Feststellung von Pflichtverstößen eines Personalrats	PersV 91, 32
20.	19. 2. 1986	CL 46/83	Weiterbeschäftigung eines Ersatzmitgliedes der Jugendvertretung	–
21.	13. 3. 1986	CL 04/84	Mitbestimmung des Personalrats bei Stellenplänen	–
22.	13. 3. 1986	CL 16/84	Mitbestimmung des Personalrats bei Stellenplänen	–
23.	13. 3. 1986	CL 38/84	Billigungsfiktion bei nicht ordnungsgemäßer Zustimmung des Personalrats bei Einstellung	–
24.	13. 3. 1986	CL 57/83	Mitbestimmung des Personalrats bei Arbeitsplatzgestaltung	PersR 87, 64
25.	13. 3. 1986	CL 42/84	Mitbestimmung des Personalrats bei Arbeitsplatzgestaltung/Bildschirmarbeitsplätze	PersR 87, 44 (LS)
26.	15. 4. 1986	12 A 226/85	Beteiligung eines Richterrates in Personalangelegenheiten	PersR 87, 44
27.	22. 5. 1986	CL 24/84	Mitbestimmung des Personalrats bei Arbeitsplatzgestaltung	PersR 87, 136; PersV 89, 167

Entscheidungen des OVG Münster ab 1985

Lfd. Nr.	Entschei- dung v.	AZ	Stichwort	Fundstelle
28.	22. 5. 1986	CL 4/85	Mitbestimmung des Personalrats bei vorläufiger Abordnung eines Lehrers	PersV 91, 34
29.	22. 5. 1986	CL 14/85	Mitbestimmung bei Änderung des Personalfragebogens	PersV 88, 534; RiA 87, 68
30.	22. 5. 1986	CL 26/84	Abgrenzung der Zuständigkeit Gesamtpersonalrat/ Personalrat	–
31.	18. 6. 1986	CL 29/86	Voraussetzungen für einstweilige Verfügungen; hier: Zeitpunkt einer Personalversammmlung (Lehrer)	–
32.	21. 6. 1986	CL 2/86	Gruppenprinzip, hier: Wahl des Vorsitzenden	PersV 88, 537
33.	3. 7. 1986	CL 9/84	Mitbestimmung des Personalrats bei Maßnahmen zur Hebung der Arbeitsleistung	–
34.	3. 7. 1986	CL 36/84	Übertragung einer höherwertigen Tätigkeit	PersV 88, 536 ZBR 87, 61; RiA 87, 47
35.	3. 7. 1986	CL 46/84	Mitbestimmung des Personalrats bei Teilabordnung eines Lehrers	PersR 87, 87; ZBR 87, 59; PersV 88, 536
36.	3. 7. 1986	CL 23/85	Begriff der Maßnahme	PersR 87, 176 (LS); ZBR 87, 58; PersV 89, 28; RiA 87, 71
37.	23. 10. 1986	CL 51/84	Teilnahme an Fortbildungsveranstaltungen	PersR 87, 112; PersV 89, 29
38.	23. 10. 1986	CL 10/85	Außerordentliche Kündigung eines Personalratmitglieds, Zustimmungsersetzung	–
39.	23. 10. 1986	CL 15/85	Mitbestimmung des Personalrats bei Einstellung aufgrund eines Gestellungsvertrages	PersV 89, 30
40.	23. 10. 1986	CL 27/86	Antrag auf Erlaß einer einstweiligen Verfügung bei Sozialeinrichtungen	PersV 87, 382; RiA 87, 263; ZBR 87, 381
41.	20. 11. 1986	CL 5/85	Mitbestimmung des Personalrats bei Einstellung eines technischen Angestellten	ZTR 87, 154

Lfd. Nr.	Entschei- dung v.	AZ	Stichwort	Fundstelle
42.	20. 11. 1986	CL 3/85	Zu § 73 Nr. 7 LPVG	–

1987

43.	5. 2. 1987	CL 8/86	Mitbestimmung des Personalrats bei Festlegung des Unterrichtsbeginns für Lehrer, Nichtzulassung der Rechtsbeschwerde	–
44.	5. 2. 1987	CL 21/85	Mitbestimmung des Personalrats bei einer Abordnung, § 66 Abs. 3 Satz 4 LPVG, hier: Zustimmungsverweigerung	–
45.	19. 2. 1987	CL 32/85	Entfristung	PersV 87, 293
46.	26. 2. 1987	CL 19/85	Gesprächsdatenerfassungsanlage	PersR 88, 28; PersV 91, 35; ZBR 88, 72; NWVBl. 88, 20
47.	26. 2. 1987	CL 22/85	Vertretungsbefugnis gem. § 8 Abs. 1 Satz 2 LPVG, Rechtsschutzbedürfnis	–
48.	26. 2. 1987	CL 29/85	Mitbestimmung des Personalrats bei Neuregelung der Pflichtstundenentlastung für Lehrer	PersR 88, 112; ZBR 88, 71
49.	26. 2. 1987	CL 53/86	Mitbstimmung des Personalrats bei Teildienststellenbildung	PersV 89, 31
50.	9. 3. 1987	CL 47/86	Gegenstandswert in personalvertretungsrechtlichen Beschlußverfahren	PersV 89, 34; ZBR 87, 255; NWVBl. 87, 16; RiA 87, 167
51.	9. 3. 1987	CL 50/86	Gegenstandswert in personalvertretungsrechtlichen Beschlußverfahren	–
52.	4. 5. 1987	CL 17/85	Zulässigkeit einer vorläufigen Regelung, Rechtsschutzbedürfnis	–
53.	4. 5. 1987	CL 20/85	Mitbestimmungspflicht bei Alkoholverbot	PersR 88, 104
54.	4. 5. 1987	CL 25/85	Mitbestimmung des Personalrats bei Höhergruppierung	–

Entscheidungen des OVG Münster ab 1985

Lfd. Nr.	Entschei- dung v.	AZ	Stichwort	Fundstelle
55.	22. 6. 1987	CL 21/86	Zustimmung zur Versetzung eines Lehrers, zuständiger Personalrat	–
56.	22. 6. 1987	CL 28/85	Mitbestimmung des Personalrats bei Arbeitsplatzgestaltung	–
57.	14. 9. 1987	CL 54/86	Auflösung des Arbeitsverhältnisses eines Mitgliedes der Jugendvertretung, § 9 BPersVG	NWVBl. 88, 178; PersV 89, 169
58.	14. 9. 1987	CL 61/86	Auflösung des Arbeitsverhältnisses eines Mitgliedes der Jugendvertretung, § 9 BPersVG	–
59.	16. 9. 1987	CL 35/87	Feststellung der Unzulässigkeit einer Eilmaßnahme im Wege der einstweiligen Verfügung	–
60.	16. 9. 1987	CL 38/87	Feststellung der Unzulässigkeit einer Eilmaßnahme im Wege der einstweiligen Verfügung	–
61.	21. 9. 1987	CL 3/86	Mitbestimmung des Personalrats bei Festlegung von Grundsätzen für die Anordnung einer Rufbereitschaft	PersV 89, 35
62.	21. 9. 1987	CL 4/86	Einführung einer ADV-unterstützten Mengen- und Zeiterfassung	PersV 91, 303; NWVBl. 88, 116
63.	21. 9. 1987	CL 24/85	Mitbestimmung des Personalrats bei Einstellung von Lektoren an den wissenschaftlichen Hochschulen	–
64.	9. 11. 1987	CL 24/86	Mitbestimmung des Personalrats bei Privatisierung	PersV 90, 27
65.	9. 11. 1987	CL 27/85	Mitbestimmung des Personalrats bei Privatisierung, hier: Vergabe von Reinigungsarbeiten an Fremdfirmen	PersR 88, 245; PersV 88, 272; 310 ff.
66.	9. 11. 1987	CL 32/86	Mitbestimmung des Personalrats bei Privatisierung, hier: Übertragung eines Betriebes u. Unterhaltung eines städtischen Freibades auf einen Sportverein	PersR 88; 247; ZTR 88, 232; PersV 88, 272, 313

Lfd. Nr.	Entschei- dung v.	AZ	Stichwort	Fundstelle
67.	9. 11. 1987	CL 4/87	Mitbestimmung des Personalrats bei Privatisierung, hier: einer städtischen Sportanlage	PersR 88, 302; ZBR 89, 92; PersV 88, 272, 315
68.	9. 11. 1987	CL 11/87	Mitbestimmung des Personalrats bei Privatisierung, hier: Vergabe an Außengutachter	ZBR 89, 93; PersV 88, 272, 316
			1988	
69.	8. 3. 1988	CL 26/86	Initiativrecht des Personalrats	–
70.	8. 3. 1988	CL 44/86	Initiativrecht des Personalrats	OVGE 40, 38
71.	8. 3. 1988	CL 6/87	Initiativrecht des Personalrats	–
72.	8. 3. 1988	CL 19/87	Initiativrecht des Personalrats	PersR 88, 329; PersV 88, 359; NWVBl. 88, 305
73.	15. 3. 1988	CL 31/86	Mitbestimmungspflicht bei Lehrerdatei	PersR 89, 144 (LS); CR 89, 319; ZTR 88, 359; NWVBl. 90, 355; RDV 89, 87
74.	15. 3. 1988	CL 8/87	Terminal für Beihilfeauskunftsverfahren	PersR 89, 28 (LS); ZBR 89, 28; RDV 89, 85; ZTR 88, 359; PersV 90, 28; DÖD 89, 73; CR 89, 320
75.	15. 3. 1988	CL 44/87	Mitbestimmung des Personalrats bei vorläufiger Abordnung von Lehrern	PersR 89, 28 (LS); ZBR 89, 27; PersV 90, 31; RdJB 88, 361
76.	24. 5. 1988	CL 28/86	Befristeter Aushilfsvertrag mit einer Fernsehredakteurin	–
77.	24. 5. 1988	CL 40/86	Mitbestimmung des Personalrats bei Änderung der Intervallreinigung	PersV 91, 305
78.	24. 5. 1988	CL 64/86	Mitbestimmung des Personalrats bei Hinzuziehung eines Lehrers als Fachberater	NWVBl. 88, 374

Entscheidungen des OVG Münster ab 1985

Lfd. Nr.	Entscheidung v.	AZ	Stichwort	Fundstelle
79.	31. 5. 1988	CL 11/86	Ablehnungsrecht des Personalrats bei Erhöhung der Essenspreise	PersV 91, 37
80.	31. 5. 1988	CL 16/86	Inhalt und Grenzen der Rechte und Pflichten des Leiters einer Personalversammlung; Antragsbefugnis von Gewerkschaften	PersV 90, 33; ZBR 88, 393; ZTR 89, 40 (LS)
81.	31. 5. 1988	CL 20/86	Vorlagepflicht von Unterlagen, hier: Programm bei computermäßiger Umsetzung des Lehrereinstellungsverfahrens	PersV 90, 35; ZBR 88, 36; ZTR 89, 40 (LS)
82.	31. 5. 1988	CL 33/86	Rechtzeitige Unterrichtung des Personalrats im Rahmen des Mitbestimmungsverfahrens	PersV 90, 178
83.	7. 6. 1988	CL 10/86	Mitbestimmung des Personalrats bei Anschaffung und Inbetriebnahme eines BTX-Gerätes	–
84.	21. 6. 1988	CL 1/86	Freistellung von Personalratsmitgliedern	–
85.	21. 6. 1988	CL 2/86	Unwirksamkeit der Wahl des Personalratvorsitzenden	ZBR 88, 357; ZTR 88, 471; NWVBl. 89, 53; PersV 88, 537; OVGE 40, 97
86.	21. 6. 1988	CL 17/87	Freistellung eines Ersatzmitgliedes eines Personalrats	PersV 90, 78
87.	21. 6. 1988	CL 57/87	Freistellung von Personalratsmitgliedern, hier: Gruppenprinzip	PersV 89, 170; ZBR 89, 88; ZTR 88, 472
88.	11. 10. 1988	CL 23/86	Zustimmungsfiktion, hier: Hemmung der Frist	PersR 89, 144 (LS); ZTR 89, 124; PersV 90, 79; ZBR 89, 214
89.	11. 10. 1988	CL 38/86	Beitragserhebung durch Personalrat	PersV 89, 387; ZBR 89, 183; ZTR 89, 125
90.	8. 11. 1988	CL 43/86	Richtlinien über die persönliche Auswahl bei Versetzungen	PersR 89, 330; ZBR 89, 286; RdJB 89, 353
91.	29. 11. 1988	CL 14/88	Wahlanfechtung; hier: Bestimmung der Regelstärke	–

Lfd. Nr.	Entschei- dung v.	AZ	Stichwort	Fundstelle
92.	29. 11. 1988	CL 64/87	Wahlanfechtung; hier: Zahl der Gruppenvertreter	ZBR 90, 159; ZTR 89, 325; PersV 90, 80
93.	6. 12. 1988	CL 22/86	Mitbestimmung des Personalrats bei Laufbahnwechsel	PersV 90, 84; ZBR 90, 268
94.	6. 12. 1988	CL 42/86	Auflösung des Arbeitsverhältnisses eines Mitglieds der Hauptjugendvertretung	–
95.	6. 12. 1988	CL 1/88	Anfechtung der Wahl zum Bezirkspersonalrat wg. unzulässiger Teilnahme	ZBR 89, 347; PersV 90, 82; NWVBl. 89, 372
96.	6. 12. 1988	CL 21/87	Anfechtung der Wahl, hier: Nichtwählbarkeit von Dienststellenleitern zu Stufenvertretungen	ZBR 90, 156; PersV 90, 83

1989

Lfd. Nr.	Entschei- dung v.	AZ	Stichwort	Fundstelle
97.	24. 1. 1989	CL 55/86	Erstattung der Schulungskosten	ZBR 89, 348; PersV 92, 169
98.	31. 1. 1989	CL 2/87	Mitbestimmung des Personalrats bei Inkraftsetzung eines neuen Geschäftsverteilungsplanes	PersV 90, 85
99.	31. 1. 1989	CL 5/87	Reisekostenvergütung für Personalratsmitglied einer Stufenvertretung	PersV 90, 85; ZBR 89, 318; PersR 89, 161
100.	31. 1. 1989	CL 9/87	Mitbestimmung des Personalrats bei Zulageregelungen für Kraftfahrer	PersV 90, 87; ZTR 89, 411
101.	23. 2. 1989	12 A 2470/86	Umfang des Informationsanspruches (§ 65 LPVG)	ZBR 90, 152; Beamtenbund Nr. 50
102.	23. 3. 1989	CL 18/88	Gerichtsgebühren im Beschlußverfahren	PersV 90, 92; ZBR 90, 161; NWVBl. 89, 291
103.	8. 3. 1989	CL 23/87	Mitbestimmung des Personalrats bei Erhöhung der Verpflegungssätze in Sozialeinrichtungen	PersV 90, 93; PersR 89, 234
104.	8. 3. 1989	CL 30/87	Zulassung von Beschäftigten zu Angestelltenlehrgängen	–
105.	8. 3. 1989	CL 37/87	Antragsänderung im Beschlußverfahren, Privatisierung	PersV 92, 172; ZBR 90, 157; PersR 89, 277

Entscheidungen des OVG Münster ab 1985

Lfd. Nr.	Entschei-dung v.	AZ	Stichwort	Fundstelle
106.	13. 3. 1989	CL 8/89	Teilnahme an Schulungsver-anstaltungen, einstweilige Verfügung	–
107.	17. 5. 1989	CL 20/87	Bereitstellung einer Büro-kraft	–
108.	21. 6. 1989	CL 3/88	Mitbestimmung des Per-sonalrats bei Einrichtung von Erziehungsgeldkassen	ZBR 90, 30; PersV 93, 28
109.	21. 6. 1989	CL 55/87	Mitbestimmung des Per-sonalrats bei Anordnung von Nachtarbeit für die Dauer eines Gastspiels an einem Theater, Beginn und Ende der täglichen Arbeitszeit	PersV 92, 175; PersR 91, 216
110.	30. 8. 1989	CL 45/86	Geschäftsführung des Per-sonalrats: Beschlußausset-zung inhaltlich korrigiert durch BVerwG 29. 1. 1992 – 6 P 17/89	PersR 90, 116 (LS); ZTR 90, 169
111.	30. 8. 1989	CL 59/86	Mitbestimmung des Per-sonalrats bei Regelung des Ausgleichs von Mehrarbeit	–
112.	4. 9. 1989	CL 36/89	Festlegung des Zeitpunktes der Personalversammlung, Hinzuziehung sachkundiger Personen zur Personalver-sammlung	PersR 90, 343 (LS); ZBR 90, 30; PersV 93, 28; NWVBl. 90, 269
113.	6. 9. 1989	CL 32/89	Unzulässigkeit einer vorläu-figen Regelung	–
114.	6. 9. 1989	CL 34/87	Unzulässigkeit einer vorläu-figen Regelung (Über-stunden)	–
115.	6. 9. 1989	CL 55/88	Wahlanfechtung	PersR 90, 343 (LS); ZBR 90, 331; PersV 93, 31; NWVBl. 90, 206
115a.	20. 9. 1989	CL 53/87	Arbeitsorganisation	NWVBl. 90, 234
116.	25. 10. 1989	CL 63/89	Mitbestimmung des Per-sonalrats bei Änderung von Geschäftsverteilungsplänen	ZTR 90, 257; PersV 91, 38; NWVBl. 90, 204

Lfd. Nr.	Entschei- dung v.	AZ	Stichwort	Fundstelle
117.	25. 10. 1989	CL 1/87	Mitbestimmung des Personalrats bei Einrichtung eines zentralen Schreibdienstes, Maßnahme zur Hebung der Arbeitsleistung	PersR 90, 344 (LS); PersV 91, 171; NWVBl. 90, 205
118.	13. 12. 1989	CL 18/87	Maßnahmen zur Hebung der Arbeitsleistung, hier: Einsparung von Nachtposten	–
119.	13. 12. 1989	CL 46/87	Teilnahme des Personalrats an Vorstellungs- u. Eignungsgesprächen	PersV 91, 172; ZTR 90, 297; EStT NW 90, 432
120.	13. 12. 1989	CL 52/87	Mitbestimmung des Personalrats bei der Einführung neuer Technologien	–
121.	13. 12. 1989	CL 12/88	Aufhebung der Entscheidung einer Einigungsstelle	–
122.	13. 12. 1989	CL 76/88	Mitbestimmung des Personalrats bei der Einführung neuer Technologien, hier: Druckdatenbank	–
123.	20. 12. 1989	CL 28/87	Einigungsstelle	PersV 91, 177; PersR 90, 344 (LS); ZBR 92, 124; ZTR 90, 534
124.	20. 12. 1989	CL 20/89	Anwendung des Personalvertretungsrechts auf Kreishandwerkerschaften	PersV 91, 175; GewArch 90, 215; NWVBl. 90, 268
125.	20. 12. 1989	CL 53/87	Mitbestimmung des Peronalrats bei Zuweisung zusätzlicher Aufgaben	PersV 91, 174; NWVBl. 90, 268; GewArch 90, 215
			1990	
126.	25. 1. 1990	CL 37/89	Beschwerde gegen Festsetzung des Gegenstandswertes	–
127.	14. 2. 1990	CL 14/87	Mitbestimmung des Personalrats bei Einstellung, Zustimmungsverweigerung	PersR 91, 235 (LS)
128.	14. 2. 1990	CL 42/87	Mitbestimmung des Personalrats bei Übernahme ins Angestelltenverhältnis	PersR 90, 235 PersV 91, 179; ZBR 92, 123; ZTR 90, 533
129.	14. 2. 1990	CL 56/87	Mitbestimmung bei Auszahlung der Bezüge	PersV 91, 308; ZTR 90, 446; PersR 91, 63 (LS)

Entscheidungen des OVG Münster ab 1985

Lfd. Nr.	Entschei-dung v.	AZ	Stichwort	Fundstelle
130.	14. 2. 1990	CL 10/88	Wissenschaftliche Mitarbeiter	PersR 91, 234; ZTR 90, 534; PersV 91, 181 (LS)
131.	29. 3. 1990	CL 15/87	Mitbestimmung des Personalrats bei Anordnung von Überstunden	PersV 91, 309; PersR 91, 217 (LS)
132.	29. 3. 1990	CL 8/88	Mitbestimmung des Personalrats bei Urlaubsplänen	PersR 91, 64 (LS)
133.	29. 3. 1990	CL 69/88	Wahlanfechtung, Wahlvorschlag	PersV 91, 312; PersR 91, 315 (LS); NWVBl. 91, 89
134.	29. 3. 1990	CL 34/89	Mitbestimmung des Personalrats bei Arbeitszeitregelung in Krankenhäusern	PersV 91, 313; ZTR 90, 490; PersR 90, 186
135.	5. 4. 1990	CL 54/87	Mitbestimmung des Personalrats bei Honorarkräften für eine Musikschule	PersV 91, 314 (LS); PersR 90, 335; ZBR 91, 124; ZTR 90, 445
136.	5. 4. 1990	CL 58/87	Mitbestimmung des Personalrats bei der Anordnung von Überstunden	PersV 91, 316; ZTR 90, 490; PersR 90, 269
137.	5. 4. 1990	CL 2/88	Mitbestimmung des Personalrats bei der Anordnung von Überstunden	PersR 91, 219 (LS); ZBR 91, 286
138.	5. 4. 1990	CL 65/88	Freistellung des Personalratsvorsitzenden; hier: Beachtung der stärksten Liste	–
139.	26. 4. 1990	CL 68/89	Beschwerde gegen die Festsetzung des Gegenstandswertes	–
140.	3. 5. 1990	CL 21/90	Mitbestimmung des Personalrats; hier: Antrag auf Erlaß einer einstweiligen Verfügung	–
141.	9. 5. 1990	CL 23/90	Durchführung einer Personalratswahl, hier: Antrag auf Erlaß einer einstweiligen Verfügung	–
142.	7. 6. 1990	CL 5/88	Mitbestimmung des Personalrats bei Versetzungen, hier: Stellungnahme an das verfassungsmäßig zuständige Organ	PersR 90, 380; NWVBl. 91, 53

Lfd. Nr.	Entschei- dung v.	AZ	Stichwort	Fundstelle
143.	7. 6. 1990	CL 50/88	Auflösung eines Arbeitsver- hältnisses nach § 9 Abs. 2 BPersVG	–
144.	7. 6. 1990	CL 56/88	Fachzeitschrift für Personal- rat	NWVBl. 90, 424; ZTR 91, 41 (LS)
145.	7. 6. 1990	CL 86/88	Zuständigkeit zwischen Personalrat und Gesamtper- sonalrat	PersR 91, 94 (LS); PersV 93, 476
146.	5. 7. 1990	CL 17/88	Beurteilungsrichtlinien	–
147.	5. 7. 1990	CL 20/88	Anhörung des Personalrats bei der Vorbereitung von Stellenplanentwürfen	PersR 91, 219; PersV 91, 219; NWVBl. 91, 54
148.	5. 7. 1990	CL 47/88	Änderung eines Organisa- tionsplanes	–
149.	5. 7. 1990	CL 57/88	Bestellung und Abberufung von Ausbildern	–
150.	17. 7. 1990	CL 71/89	Festsetzung des Gegen- standswertes	–
151.	4. 10. 1990	CL 13/88	Mitbestimmung des Per- sonalrats bei Arbeitsbe- wertungen	–
152.	4. 10. 1990	CL 42/88	Gemeinschaftliche Bespre- chungen gem. § 63 LPVG	PersR 91, 95 (LS); NWVBl. 91, 18; ZTR 91, 133; PersV 95, 40
153.	4. 10. 1990	CL 31/89	Mitbestimmung des Per- sonalrats bei der Erweiterung von Publikumssprechzeiten	–
154.	26. 10. 1990	CL 69/90	Wahlanfechtung; hier: Vor- lage der entstandenen Wahl- vorgänge an das Gericht	PersR 91, 221 (LS); NWVBl. 91, 171
155.	6. 12. 1990	CL 21/88	Mitbestimmung des Per- sonalrats bei der Einführung neuer Technologien, hier: ADV	RiA 91, 301; CR 91, 551; PersR 91, 173 (LS); NWVBl. 91, 306; NVwZ 91, 698
156.	6. 12. 1990	CL 24/88	Anspruch auf Information, § 65 Abs. 1 Satz 1 LPVG	PersR 91, 298 (LS); NWVBl. 91, 270; ZTR 91, 262; DB 91, 262
157.	6. 12. 1990	CL 45/89	Auflösung eines Arbeitsver- hältnisses nach § 9 BPersVG	–

Entscheidungen des OVG Münster ab 1985

Lfd. Nr.	Entschei-dung v.	AZ	Stichwort	Fundstelle
158.	13. 12. 1990	CL 61/88	Einsichtsrecht des Personal-rats in Personaldaten	NVwZ 91, 697; PersR 91, 175; RiA 92, 97; CR 91, 552; DÖD 91, 211; RDV 92, 241
159.	13. 12. 1990	CL 71/90	Freistellung von Personal-ratsmitgliedern	–
159a.	17. 1. 1991	CL 91/90	Personenbeziehbare Daten	–
			1991	
160.	1. 3. 1991	CL 16/88	Übernahme von Anwalts-kosten	–
161.	1. 3. 1991	CL 35/88	Privatisierung	–
162.	1. 3. 1991	CL 38/88	Privatisierung, hier: städti-sches Übernachtungsheim für Nichtseßhafte	NWVBl. 91, 419; PersR 92, 79
163.	11. 3. 1991	CL 28/88	Beteiligteneigenschaften; Dienststellenleiter in medi-zinischen Einrichtungen	–
164.	11. 3. 1991	CL 34/88	Ausgleich von Mehrarbeit, An-waltskosten	PersR 91, 346
165.	11. 3. 1991	CL 39/88	Zulässigkeit einer vorläufi-gen Regelung, Rechtsschutz-bedürfnis	–
166.	11. 3. 1991	CL 70/88	Kostenerstattung bei Teil-nahme an Schulungsver-anstaltungen	PersR 91, 299
167.	18. 3. 1991	CL 75/88	Mitbestimmung bei Privati-sierung von Sportanlagen	DÖV 91, 1079; ZBR 92, 187; PersR 91, 348; NWVBl. 92, 22; EStT NW 91, 693
168.	18. 3. 1991	CL 78/88	Gebot der vertrauensvollen Zusammenarbeit, Einfluß-nahme von Ratsmitgliedern auf Beschlußvorlage des Dienststellenleiters	NWVBZ 91, 418
169.	21. 3. 1991	12 A 642/90 PVL	Fehlerhafte Unterrichtung des Personalrats	PersR 91, 301
170.	15. 4. 1991	1 A 78/91	Freistellung von Personal-ratsmitgliedern	PersR 91, 372

Lfd. Nr.	Entschei- dung v.	AZ	Stichwort	Fundstelle
171.	15. 4. 1991	CL 66/90	Freistellung von Personal- ratsmitgliedern	PersR 92, 336 (LS)
172.	15. 4. 1991	CL 111/90	Freistellung von Personal- ratsmitgliedern	–
173.	13. 5. 1991	CL 58/88	Inkompatibilität von Per- sonalratsmandat und Mit- gliedschaft im Fachbereich einer Hochschule	NWVBl. 92, 60; PersV 93, 34
174.	13. 5. 1991	CL 85/88	Begriff des Informations- und Kommunikationsnetzes	PersR 92, 157; PersV 93, 37
175.	13. 5. 1991	CL 15/89	Auswahlverfahren nach § 65 Abs. 2 LPVG	PersR 92, 65, 66; PersV 93, 38; ZTR 92, 39
176.	15. 7. 1991	1 A 1755/ 91 PVL	Freistellung von Personal- ratsmitgliedern	–
177.	15. 7. 1991	CL 114/90	Freistellung unter Beachtung der stärksten Liste, Antrag auf Erlaß einer einstweiligen Verfügung	–
178.	25. 7. 1991	1 E 374/ 91 PVL	Gegenstandswert, Beschluß- verfahren	PersR 92, 224
179.	5. 8. 1991	CL 52/88	Initiativrecht des Personal- rats bei ABM und Einstel- lungen	PersR 92, 67
180.	5. 8. 1991	CL 80/88	Initiativrecht des Personal- rats, Zulässigkeit der inhalt- lichen Beschränkung von Beteiligungsrechten der Leh- rerpersonalräte	PersV 93, 40
181.	5. 8. 1991	CL 24/89	Initiativrecht des Personal- rats	–
182.	5. 8. 1991	CL 53/89	Abmahnung im Sinne von § 74 Satz 1 LPVG	PersR 92, 67; PersV 93, 43; NWVBl. 92, 135
183.	15. 8. 1991	1 A 2669/91	Beteiligungsrechte des Per- sonalrats bei Organisations- untersuchungen, einstweilige Verfügung	–
184.	14. 10. 1991	CL 48/88	Mitbestimmung des Per- sonalrats bei Anordnung von Bereitschaftsdienst im Krankentransport	–

Entscheidungen des OVG Münster ab 1985

Lfd. Nr.	Entschei- dung v.	AZ	Stichwort	Fundstelle
185.	14. 10. 1991	CL 81/88	Dienststellenleiter im Sinne des § 8 LPVG, hier: Leiter des Schulverwaltungs- amtes	NWVBl. 92, 209; ZBR 92, 189 (LS)
186.	14. 10. 1991	CL 14/89	Geschäftsführer des Per- sonalrats	PersR 92, 160
187.	14. 10. 1991	CL 57/90	Mitbestimmung des Per- sonalrats beim Einsatz eines Pförtners	PersR 92, 158; ZTR 92, 263
188.	14. 10. 1991	CL 107/90 1 B 1690/ 91 PVL	Mitbestimmung des Per- sonalrats bei Privatisierung, hier: Aufgabenwahrnehmung bisher durch kreiseigene Meßtrupps; einstweilige Verfügung	PersR 92, 68; ZTR 92, 175; PersV 92, 90; NWVBl. 92, 95
189.	4. 11. 1991	1 A 973/ 91 PVL	Fristversäumnis, Wiederein- setzung in den vorigen Stand	PersV 93, 44
190.	4. 11. 1991	1 A 2062/91	Durchführung einer Dienst- vereinbarung	–
191.	4. 11. 1991	CL 77/88	Mitbestimmung des Pe- sonalrats bei der Inbetrieb- nahme einer Gesprächs- datenerfassungsanlage	PersR 92, 410; ZTR 92, 347 (LS)
191 a.	4. 11. 1991	CL 89/88	Hebung der Arbeitsleistung	–
192.	18. 11. 1991	1 B 2034/ 91 PVL	Freistellung von Personal- ratsmitgliedern; einstweilige Verfügung (1 B 1300/91)	–
193.	16. 12. 1991	CL 1/89	Mitbestimmung des Per- sonalrats bei der Umsetz- ung eines Beamten	PersR 92, 318; ZTR 92, 304
194.	16. 12. 1991	CL 67/90	Wahlanfechtung	–
			1992	
195.	29. 1. 1992	1 A 2505/ 91 PVL	Teilnahme an Organisa- tionsuntersuchung, einstweilige Verfügung	–
196.	2. 12. 1992	1 A 2669/ 91 PVL	Teilnahme an Organisa- tionsuntersuchung, einstweilige Verfügung	–
197.	1. 3. 1992	CL 16/88	Rechtsanwaltskosten im Beschlußverfahren	–
198.	11. 3. 1992	1 A 621/ 91 PVL	Begriff der Abmahnung (Rechtsschutzbedürfnis)	–

Lfd. Nr.	Entschei- dung v.	AZ	Stichwort	Fundstelle
199.	11. 3. 1992	CL 60/88	Kostenerstattung bei Weiter- bildungsmaßnahmen	–
200.	11. 3. 1992	CL 43/88 CL 38/89	Mitbestimmung des Per- sonalrats hinsichtlich der Anmietung und Inbetrieb- nahme von Fotokopier- geräten	NWVBl. 92, 427; ZBR 93, 33; RiA 93, 46; PersR 93, 33; CR 93, 375
200a.	11. 3. 1992	CL 62/89	Eingruppierung	PersR 93, 144 (LS); RiA 93, 205
201.	25. 3. 1992	CL 67/88	Freistellung von Personal- ratsmitgliedern	–
202.	25. 3. 1992	CL 83/88	Einsichtnahme des Per- sonalrats in Lohn- und Gehaltslisten	RiA 92, 263; PersR 93, 129; NWVBl. 92, 428
203.	1. 4. 1992	CL 7/89	Mitbestimmung des Per- sonalrats bei Personal- wohnungen	ZBR 93, 281; PersR 93, 240
204.	15. 4. 1992	CL 4/89	Mitbestimmung des Per- sonalrats bei der Anordnung von Überstunden	ZBR 93, 31; PersR 92, 518; Quelle 93, Nr. 3, 26
205.	10. 6. 1992	CL 69/89	Verfassungsmäßig zu- ständiges oberstes Organ im Sinne des § 69 Abs. 6 LPVG	–
206.	10. 6. 1992	CL 16/89	Mitbestimmung des Per- sonalrats bei Umsetzung	PersR 93, 316
207.	17. 6. 1992	CL 35/90 CL 36/90 CL 37/90 CL 39/90 CL 41/90 CL 42/90	Mitbestimmung bei Per- sonaldatenverarbeitung	PersR 93, 80; NWVBl. 93, 139
208.	24. 6. 1992	CL 21/89	Zulässigkeit einer vor- läufigen Regelung	–
209.	24. 6. 1992	CL 51/90	Zulässigkeit einer vor- läufigen Regelung	NWVBl. 93, 141; ZBR 93, 96; RiA 93, 152
210.	24. 6. 1992	CL 39/89	Mitbestimmung des Per- sonalrats bei der Schaffung neuer Aufenthalts- u. Um- kleideräume für Beschäftigte zur Verhütung von Gesund- heitsgefahren	–
211.	24. 6. 1992	1 A 3685/ 91 PVL	Freistellung von Personal- ratsmitgliedern	–

Entscheidungen des OVG Münster ab 1985

Lfd. Nr.	Entschei- dung v.	AZ	Stichwort	Fundstelle
212.	8. 7. 1992	1 E 568/ 92 PVL	Kostenerstattung gem. § 40 LPVG, Festsetzung des Gegenstandswertes	–
213.	29. 7. 1992	CL 92/90	Mitbestimmung des Personalrats bei automatisierter Bearbeitung personenbezogener Daten der Beschäftigten	–
214.	7. 10. 1992	CL 62/90	Mitbestimmung des Personalrats bei Privatisierung, hier: Sportanlage	–
214a.	7. 10. 1992	CL 5/90	Wahlrecht bei selbständiger Entscheidung über Personalangelegenheiten	–
215.	4. 11. 1992	CL 41/89	Mitbestimmung des Personalrats bei Privatisierung, hier: Pflege einer Sportanlage	PersR 93, 177; ZBR 93, 130; NWVBl. 93, 142; EStT NW 93, 379
216.	4. 11. 1992	CL 52/89	Mitbestimmung des Personalrats bei Überstunden, hier: Erfordernisse des Betriebsablaufs	–
217.	4. 11. 1992	1 A 1426/ 91 PVL	Einladung politischer Mandatsträger als sachkundige Personen zur Sitzung des Personalrats	NWVBl. 93, 223
218.	11. 11. 1992	CL 48/90	Mitwirkung des Personalrats bei einer Bestellung zum Vorarbeiter	ZBR 93, 155 (LS)
219.	11. 11. 1992	CL 79/90	Mitbestimmung des Personalrats bei wesentlicher Änderung eines Arbeitsvertrages	ZTR 93, 348
220.	25. 11. 1992	CL 40/90	Mitbestimmung des Personalrats bei automatisierter Verarbeitung personenbezogener Daten der Beschäftigten	PersR 93, 365; NWVBl. 93, 273
221.	16. 12. 1992	1 A 2670/ 91 PVB	Keine Mitbestimmung bei Rufbereitschaft	ZTR 93, 216
1993				
222.	20. 1. 1993	CL 42/89	Mitbestimmung des Personalrats bei einer Organisationsmaßnahme, Hebung der Arbeitsleistung	ZBR 93, 336; PersR 93, 520; PersV 95, 457

Lfd. Nr.	Entschei- dung v.	AZ	Stichwort	Fundstelle
223.	20. 1. 1993	CL 58/90	Mitbestimmung des Personalrats bei automatisierter Verarbeitung personenbezogener Daten der Beschäftigten	–
224.	28. 1. 1993	1 E 1399/ 92 PVL	Kostenerstattung gemäß § 42 Abs. 5 LPVG, hier: Beschwerde gegen Festsetzung des Gegenstandswertes	–
225.	10. 2. 1993	CL 1/90	Kostentragung für die Herstellung eines vom Personalrat herausgegebenen Informationsblattes	PersV 95, 461
226.	10. 2. 1993	CL 11/90	Mitbestimmung des Peronalrats bei der Übertragung einer höherwertigen Tätigkeit	PersR 94, 43; ZTR 93, 305
227.	10. 2. 1993	CL 47/89	Mitbestimmung des Personalrats bei der Inbetriebnahme eines Telefaxgerätes	ZBR 93, 287 E; PersR 93, 367; PersV 95, 459; NWVBl. 93, 396; ZfPR 94, 58
228.	15. 2. 1993	6 A 1810/90	Erneute Mitbestimmung des Personalrats bei Verzögerung einer Maßnahme, hier: Versetzung	PersR 93, 369
229.	4. 3. 1993	CL 25/89	Anhörung des Betroffenen im Rahmen des Mitbestimmungsverfahrens, Selbstinformationsrecht des Personalrats	PersR 93, 400; ZTR 93, 390; PersV 94, 235
230.	4. 3. 1993	CL 33/89	Erforderlichkeit der Freistellung zur Schulung durch Dienststellenleiter, Prüfungsrecht der Dienststelle	ZTR 93, 436; PersV 95, 463
231.	24. 3. 1993	CL 99/90	Beginn der Mitbestimmung bei Einstellungen, Einstellungsangebot	–
232.	24. 3. 1993	1 A 1632/91	Beginn der Mitbestimmung bei Einstellungen, Einstellungsangebot	–
233.	19. 4. 1993	CL 85/90	Vorläufige Maßnahme § 66 Abs. 8	–
233 a.	19. 4. 1993	CL 59/89	Billigungsfiktion	RiA 95, 46

Entscheidungen des OVG Münster ab 1985

Lfd. Nr.	Entschei- dung v.	AZ	Stichwort	Fundstelle
234.	9. 4. 1993	CL 59/89	Zustimmungsverfahren, Fiktion der Zustimmung bei ordnungsgemäßer Unterrichtung	ZTR 93, 436; ZBR 93, 320 E; PersR 94, 44; PersV 95, 493
235.	26. 4. 1993	1 E 257/ 93 PVL	Erstattung von Reisekosten, hier: Beschwerde gegen Festsetzung des Gegen- standswertes	–
235a.	29. 4. 1993	1 B 484/ 93.PVL	Gegenstand des Beschlußver- fahrens	PersV 96, 372
236.	8. 6. 1993	1 B 520/ 93 PVL	Asbestsanierung als Maß- nahme gem. § 72 Abs. 4 Nr. 7	–
237.	17. 6. 1993	CL 55/89	Mitbestimmung bei auto- matisierter Verarbeitung personenbezogener Daten der Beschäftigten	–
238.	17. 6. 1993	CL 61/89	Mitbestimmung bei auto- matisierter Verarbeitung personenbezogener Daten der Beschäftigten	–
239.	17. 6. 1993	CL 64/89	Mitbestimmung bei automa- tisierter Datenverarbeitung	–
240.	17. 6. 1993	CL 38/90	Verpflichtung der Dienst- stelle zur Nachholung des Mitbestimmungsverfahrens	PersR 94, 83
241.	29. 7. 1993	CL 92/90	Mitbestimmungspflichtigkeit beim Umgang mit Schul- daten	ZBR 93, 383 E; PersV 95, 495
242.	26. 8. 1993	1 A 21/ 91 PVL	Durchführung von Per- sonalversammlungen, Anmietung von Räumen	PersR 94, 43; PersV 95, 497
243.	16. 9. 1993	1 A 3986/ 92 PVL	Zuständigkeit für die end- gültige Entscheidung im Rahmen des Mitwirkungs- verfahrens (Gemeindedirektor als verfassungsmäßig zustän- diges Organ bei § 73 Nr. 1)	–
244.	23. 9. 1993	1 A 557/ 91 PVL	Einstellung im Wege der Eilmaßnahme gem. § 66 Abs. 8, LPVG NW, hier: Hochschulen	PersR 93, 567; ZTR 94, 173
245.	23. 9. 1993	CL 61/90	Einverständnis der aufneh- menden Dienststelle bei Ver- setzung eines Arbeitnehmers	ZTR 94, 172; PersV 95, 499

Lfd. Nr.	Entscheidung v.	AZ	Stichwort	Fundstelle
246.	28. 10. 1993	1 A 3546/ 92 PVL	Mitbestimmung bei Zuweisung von Ersatzarbeitsräumen wegen Asbestsanierung	PersR 94, 425
247.	28. 10. 1993	CL 93/90	Maßnahme zur Hebung der Arbeitsleistung, neue Aufgabenverteilung	ZBR 94, 132 E; ZTR 94, 217; PersV 96, 374
248.	3. 11. 1993	1 B 2321/ 93 PVL	Abberufung der in den Verwaltungsrat einer Rundfunkanstalt entsandten Mitglieder durch den Personalrat, hier: WDR	PersR 94, 175; ZTR 94, 173; PersV 95, 500
249.	3. 11. 1993	1 B 2121/ 93 PVL	Zulässigkeit der Verfahrensart unterliegt nicht der Überprüfung durch die Rechtsmittelinstanz	–
250.	18. 11. 1993	CL 49/90	Wesentliche Änderung des Arbeitsvertrages gem. § 72 Abs. 1 Satz 1 Nr. 4; hier: Abänderung der Arbeitszeitdauer	ZTR 94, 261; PersV 95, 503
251.	2. 12. 1993	CL 31/90	Personalrat bei verselbständigter Teildienststelle, Befugnis zur Anrufung der Einigungsstelle	PersR 94, 428; NWVBl. 94, 266
252.	2. 12. 1993	1 A 6/ 91 PVL	Gesetz- und Tarifvorbehalt, hier: Änderung des Tätigkeitsmerkmals für Kameraassistenten durch Tarifvertrag	–
253.	2. 12. 1993	1 A 1387/ 92 PVL	Erledigungserklärung im personalvertretungsrechtlichen Beschlußverfahren	PersR 94, 426; PersV 95, 505
254.	2. 12. 1993	1 A 2714/ 92 PVL	Ausschreibung eines Beförderungsdienstpostens für Beamte	PersV 96, 376
255.	16. 12. 1993	CL 103/90	Privatisierung, hier: Reinigung einer öffentlichen Grünanlage	ZTR 94, 261; PersV 96, 380
256.	16. 12. 1993	1 B 2477/ 93 PVL	Unterschreitung des Freistellungssatzes nach § 42 Abs. 4 Satz 1, stärkste vertretene Liste nach § 42 Abs. 3 Satz 2	ZTR 94, 217; PersV 96, 377
257.	16. 12. 1993	CL 107/90	Privatisierung, hier: Meßtrupps der Katasterbehörde	ZBR 94, 190 E; ZTR 94, 261; PersV 96, 399

Entscheidungen des OVG Münster ab 1985

Lfd. Nr.	Entschei- dung v.	AZ	Stichwort	Fundstelle
			1994	
258.	20. 1. 1994	1 A 3122/ 93 PVL	Verteilung der Personalrats- sitze auf Gruppen, Verstoß durch Wahlvorstand	ZBR 94, 190 E; PersV 96, 402
259.	20. 1. 1994	1 A 3698/ 93 PVL	Wahlanfechtung, Fehler im Wahlausschreiben, Nachbes- serung von Wahlvorschlägen	ZBR 94, 190 E; PersR 94, 232; PersV 96, 405
260.	18. 2. 1994	1 B 3366/ 93 PVL	Beschwerde gegen Ableh- nung des Antrages auf Erlaß einer einstweiligen Verfügung	ZBR 94, 191 E; PersV 96, 407
261.	24. 2. 1994	CL 44/90	Teilumsetzung	ZTR 94, 348; PersV 96, 409
262.	24. 2. 1994	1 A 35/ 91 PVL	Teilnahme an Personalver- sammlung von Kreistags-Mitgliedern	ZTR 94, 349; PersR 95, 24; ZfPR 95, 51; PersV 96, 410
263.	4. 3. 1994	1 A 2443/ 91 PVL	Großraumbüro für Durch- führung der laufenden Ge- schäfte des Personalrats	ZTR 94, 34, 291 E; PersR 94, 566; ZfPR 95, 51; PersV 96, 412
263 a.	4. 3. 1994	1 A 3467/ 91.PVL	Mitbestimmung bei Arbeits- zeit	–
264.	4. 3. 1994	1 A 3468/ 91 PVL	Mitbestimmung bei Umset- zung Beachtlichkeit der Zustim- mungsverweigerung	PersR 94, 334; PersV 96, 521
265.	11. 3. 1994	1 A 1423/ 91 PVL	Informationsschrift des Per- sonalrats, Kostentragungs- pflicht der Dienststelle	PersR 94, 429; ZBR 95, 251 (LS)
266.	25. 3. 1994	CL 52/90	Mitbestimmung bei Um- setzung	PersR 95, 25
267.	26. 4. 1994	1 A 4139/ 92 PVL	Rechtsschutzbedürfnis, An- ordnung von Überstunden	PersR 94, 529; PersV 96, 525
268.	26. 4. 1994	1 A 1683/ 91 PVL	Mitbestimmung bei der An- ordnung von Überstunden	–
269.	6. 5. 1994	1 E 57/ 94 PVL	Mitbestimmung und Unter- richtung, hier: Festsetzung des Gegenstandswertes	–

Lfd. Nr.	Entschei- dung v.	AZ	Stichwort	Fundstelle
270.	1. 7. 1994	CL 64/90	Dienststellenleiter der medizinischen Einrichtungen einer Hochschule – entgegen BVerwG v. 2. 7. 1993 – 6 P 23.91 – u. 11. 1. 1995 – 6 P 15.94 (PersR 95, 183)	ZBR 94, 388 E; PersV 94, 547
271.	1. 7. 1994	1 A 2167/ 92 PVL	Mitbestimmung bei Ein- stellung eines externen Be- werbers Beachtlichkeit der Zustim- mungsverweigerung	PersR 94, 567; ZTR 95, 139 (LS); ZfPR 95, 51
272.	1. 7. 1994	1 A 1502/ 91 PVL	Leitung einer Personalver- sammlung	–
273.	1. 7. 1994	1 A 2269/ 91 PVL	Mitbestimmung bei Ver- setzung	–
274.	29. 7. 1994	1 A 1300/ 91 PVL	Fehlendes Einvernehmen zwischen Gruppenvertretern über Freistellungsvolumen	ZTR 95, 89
275.	29. 7. 1994	1 A 581/ 91 PVL	Mitbestimmung bei Schul- und Stellendatei; Maßnahme i.S.d. § 66 Abs. 2 Satz 1	ZBR 95, 32; ZTR 95, 88 (LS); ZfPR 95, 14 ff.
276.	29. 7. 1994	1 A 979/ 91 PVL	Zuständigkeit für endgültige Entscheidung nach Empfeh- lung der Einigungsstelle	ZBR 95, 32 (LS) ZTR 95, 89
277.	29. 7. 1994	1 A 1300/ 91 PVL	Beschlußfassung über volle oder teilweise Freistellung gem. § 42 Abs. 3 Satz 2	ZBR 95, 32 (LS)
278.	26. 8. 1994	1 A 3684/ 91 PVL	Reisekosten für Personalrat, Rechtskraft des Beschlusses für Dauer der Amtsperiode	ZBR 95, 32 (LS); ZTR 95, 88 (LS)
279.	26. 8. 1994	CL 94/90	Mitbestimmung bei Dienst- wohnungen Umwandlung einer Dienst- in eine Mietwohnung	PersR 95, 26; ZfPR 95, 51
279 a.	26. 8. 1994	CL 98/90	Neue Arbeitsmethoden	–
280.	2. 9. 1994	1 A 1889/ 91 PVL	Beschlußfähigkeit der Einigungsstelle	ZTR 95, 139; ZBR 95, 89
281.	2. 9. 1994	1 A 1824/ 91 PVL	Auflösungsantrag, Erledigungserklärung	ZTR 95, 140 (LS); ZBR 95, 89
282.	2. 9. 1994	1 A 3511/ 91 PVL	Mitbestimmung bei Instal- lation eines Bildschirmarbeits- platzes im Dienstzimmer des Dienststellenleiters	ZBR 95, 83

Entscheidungen des OVG Münster ab 1985

Lfd. Nr.	Entschei- dung v.	AZ	Stichwort	Fundstelle
283.	6. 9. 1994	1 B 1548/ 94 PVB	Einstweilige Verfügung	PersR 94, 571
284.	14. 10. 1994	1 A 622/ 91 PVL	Zulässigkeit einer vor- läufigen Regelung, Rechts- schutzbedürfnis	ZBR 95, 329 (LS)
285.	14. 10. 1994	1 A 2213/ 91 PVL	Beteiligung der Schwerbe- hindertenvertretung bei dienstlicher Beurteilung von Beamten	ZBR 95, 81
286.	14. 10. 1994	1 A 1917/ 91 PVL	Mitwirkung bei einer Stellen- ausschreibung	ZBR 95, 320 (LS)
286 a.	11. 11. 1994	1 A 1006/ 92.PVL	Beteiligungslücke im Schul- bereich	NWVBl. 95, 221
287.	11. 11. 1994	1 A 1409/ 94 PVL	Freistellung	–
288.	11. 11. 1994	1 A 806/ 94 PVL	Status des wissenschaftlichen Mitarbeiters (§ 40 FHG, § 60 UG, § 110 LPVG)	–
289.	2. 12. 1994	1 A 3686/ 91 PVL	Gewährung von Leistungs- zuschlägen an Arbeiter	PersR 95, 382; ZBR 95, 251 (LS); ZTR 95, 325
289 a.	2. 12. 1994	1 A 717/ 91.PVL	Mehrarbeit	ZTR 96, 44 (LS)
290.	9. 12. 1994	1 A 2005/ 92 PVL	Mitbestimmung bei Ände- rung von Arbeitsverträgen	PersR 95, 304; ZTR 95, 328
291.	9. 12. 1994	1 A 2178/ 92 PVL	Mitbestimmungspflichtigkeit eines Organisationserlasses	–
			1995	
292.	20. 1. 1995	1 A 3620/ 91 PVL	Stadtdirektor als Beisitzer einer Einigungsstelle	ZBR 95, 251 (LS); ZTR 95, 329 (LS)
293.	20. 1. 1995	1 B 2082/ 94 PVL	Freistellung Einstweilige Verfügung	–
293 a.	27. 1. 1995	1 A 2340/ 91.PVL	Privatisierung	PersR 96, 200
294.	27. 1. 1995	1 A 3556/ 92 PVL	Bestehen oder Nichtbestehen sowie Auslegung und Durch- führung von Dienstverein- barungen	PersR 95, 383; ZTR 95, 327
295.	27. 1. 1995	1 A 766/ 93 PVL	Rechtsschutzinteresse/ Billigungsfiktion	ZTR 95, 232; PersR 95, 256

Lfd. Nr.	Entschei- dung v.	AZ	Stichwort	Fundstelle
296.	27. 1. 1995	1 A 2872/ 92 PVL	Mitbestimmung bei der Ersatzbeschaffung von Dienstfahrzeugen	–
297.	24. 2. 1995	1 A 103/ 92 PVL	Behinderungs- und Benach- teiligungsverbot / Jugend- und Auszubildendenvertretung	–
298.	24. 2. 1995	1 A 302/ 92 PVL	Mitwirkung bei Stellenaus- schreibungen	–
299.	24. 2. 1995	1 A 3725/ 91 PVL	Dienststellenleiter der medi- zinischen Einrichtungen einer Hochschule; Bestellung von Betriebsärzten	ZBR 95, 320 (LS)
300.	6. 3. 1995	1 A 705/ 93 PVL	Auflösung des Arbeitsver- hältnisses mit einem (ehemaligen) Jugendvertreter (§ 9 Abs. 2 BPersVG)	–
301.	8. 5. 1995	1 A 144/ 92 PVL	Nachholung des Mitbestim- mungsverfahrens	PersR 95, 305; ZfPR 95, 164 (LS)
302.	8. 5. 1995	1 A 295/ 93 PVL	Nachwirkung einer Dienst- vereinbarung über Kassenfehl- beträge und Kassiererprämien	PersR 96, 67
302 a.	8. 5. 1995	1 A 146/92	Teilnahme von Gewerkschafts- beauftragten an Personalrats- sitzungen	PersR 96, 202; ZfPR 95, 204 (LS)
303.	12. 6. 1995	1 A 2179/ 92 PVL	Beteiligung des Personalrats bei Abmahnungen	PersR 96, 72
304.	12. 6. 1995	1 A 1050/ 92.PVL	Mitwirkung bei der Vergabe von Begutachtungsaufträgen	PersR 96, 69
305.	28. 8. 1995	1 A 3709/ 91.PVL	Auswahlrichtlinie	PersR 96, 159; ZfPR 96, 164 (LS)
306.	18. 9. 1995	1 A 1833/ 91.PVL	Personalvertretungsrecht- liches Beschlußverfahren; Unterstützungspflicht der Dienststelle gegenüber Wahlvorstand	ZBR 96, 99 (LS)
307.	18. 9. 1995	1 A 1471/ 92.PVL	Mitwirkung bei einer Stellenausschreibung	PersR 96, 363; ZfPR 97, 17 (LS); ZBR 96, 99 (LS)
308.	18. 9. 1995	1 A 4061/ 92.PVL	Verwirkung im Beschluß- verfahren	PersR 97, 23; ZfPR 96, 59 (LS); RiA 97, 141
309.	18. 9. 1995	1 A 82/ 95.PVL	Anwendung des Höchst- zahlverfahrens bei Freistel- lungen	ZTR 96, 135 (LS)

Entscheidungen des OVG Münster ab 1985

Lfd. Nr.	Entschei- dung v.	AZ	Stichwort	Fundstelle
310.	20. 11. 1995	1 A 15/ 92.PVL	Beurteilungsrichtlinien	PersR 96, 364; ZfPR 96, 164 (LS)
311.	20. 11. 1995	1 A 4692/ 94.PVL	Mitwirkung bei Stellenaus- schreibungen	–
312.	9. 12. 1995	1 A 2005/ 92.PVL	Mitbestimmung bei Ver- längerung von Teilzeit- beschäftigung	–
313.	11. 12. 1995	1 A 2608/ 93.PVL	Anwaltskosten des Per- sonalrates	ZBR 96, 158 (LS); ZfPR 96, 164 (LS); ZTR 96, 231 (LS)

1996

Lfd. Nr.	Entschei- dung v.	AZ	Stichwort	Fundstelle
314.	29. 1. 1996	1 A 3072/ 92.PVL	Mitbestimmung bei Ruf- bereitschaft	ZTR 96, 424
315.	29. 1. 1996	1 A 3815/ 92.PVL	Nebenabreden	PersR 96, 160; ZBR 96, 523; ZTR 96, 523 (LS)
316.	29. 1. 1996	1 A 3920/ 92.PVL	Umsetzung der Arbeitszeit- verkürzung, Anordnung von Überstunden	PersR 96, 244
317.	26. 2. 1996	1 A 4265/ 92.PVL	Mitbestimmung bei Beför- derung	ZBR 96, 404; ZfPR 96, 156
318.	6. 3. 1996	1 A 2846/ 94.PVL	Bestellung von freiberuflich tätigen Betriebsärzten	NWVBl 96, 351
319.	21. 3. 1996	1 B 2539/95. 1 B 2540/ 95.PVL 1 B 2541/ 95.PVL	Mitbestimmung bei Aus- wahlrichtlinien; einstw. Ver- fügung	–
320.	20. 4. 1996	1 A 407/ 93.PVL	Maßnahmen zur Hebung der Arbeitsleistung	PersR 97, 77; ZfPR 98, 199 (LS)
321.	22. 5. 1996	1 A 3651/ 92.PVL	Mitbestimmung bei Umset- zungen	–
322.	22. 5. 1996	1 A 536/ 93.PVL	Mitbestimmung bei In- betriebnahme einer neuen Fernsprechanlage	–
323.	22. 5. 1996	1 A 1864/ 93.PVL	Unterrichtung und Vorlage von Unterlagen	PersV 98, 517; ZBR 96, 350 (LS)
324.	12. 6. 1996	1 A 3742/ 94.PVL	Mitbestimmung bei Ein- stellung, Mitwirkung bei Stellenausschreibung	PersR 97, 78

Entscheidungen des OVG Münster ab 1985

Lfd. Nr.	Entschei- dung v.	AZ	Stichwort	Fundstelle
325.	13. 8. 1996	1 A 91/ 95.PVL	Sachkundige Mitarbeiter der Dienststelle auf der Personalratssitzung	PersR 97, 173; ZfPR 97, 199 (LS)
326.	30. 10. 1996	1 A 1429/ 93.PVL	Mitbestimmung bei Über- tragung eines Sachgebietes	–
327.	30. 10. 1996	1 A 2348/ 93.PVL	Mitbestimmung bei probe- weiser Einführung neuer Arbeitszeitmodelle u. eines elektr. Zeiterfassungssystemes	PersR 97, 212; ZfPR 98, 121; RDV 97, 181
328.	13. 11. 1996	1 A 378/ 93.PVL	Darlehensgewährung zu Sonderzinskonditionen	PersR 97, 535; ZTR 97, 238 (LS)
		1997		
329.	29. 1. 1997	1 A 3150/ 93.PVL	Einstellung; Zustimmungs- verweigerung	PersR 98, 72; ZfPR 98, 122 (L); NWVBl 97, 351; RiA 97, 254; ZTR 97, 335
330.	29. 1. 1997	1 A 3151/ 93.PVL	Beachtlichkeit der Zustim- mungsverweigerung, befristete Einstellung	PersR 97, 368; ZfPR 98, 117
331.	29. 1. 1997	1 A 4826/ 96.PVL	Wahlanfechtung, Listenwahl	PersR 98, 163; ZfPR 97, 90 (LS)
332.	5. 2. 1997	1 A 3104/ 93.PVL	Beförderung, Übertragung einer höher zu bewertenden Tätigkeit	PersR 98, 33; ZTR 97, 480 ZfPR 97, 196 (LS)
333.	5. 2. 1997	1 A 3978/ 95.PVL	Höhe der Erstattung von Schulungskosten	PersR 97, 313; PersV 98, 483; ZBR 97, 335; ZTR 97, 335; ZfPR 98, 200 (LS)
334.	19. 2. 1997	1 A 432/ 94.PVL	Mitbestimmung bei Priva- tisierung	PersR 97, 370; ZfPR 98, 16 (LS)
335.	19. 2. 1997	1 B 2237/ 96.PVL	Freistellung	–
336.	6. 3. 1997	1 A 3910/ 93.PVL	Mitbestimmung bei Priva- tisierung als vorl. Regelung	PersR 97, 454; PersV 99, 180
337.	6. 3. 1997	1 A 1094/ 94.PVL	Mitbestimmung bei der Zuweisung eines Platzes im Personalwohnheim	PersR 97, 456
338.	20. 3. 1997	1 A 3677/ 93.PVL	Mitbestimmung bei Ein- stellungen	–

Entscheidungen des OVG Münster ab 1985

Lfd. Nr.	Entscheidung v.	AZ	Stichwort	Fundstelle
339.	20. 3. 1997	1 A 3775/ 94.PVL	Mitbestimmung bei der Anordnung v. Überstunden	PersR 97, 253; PersV 98, 561; ZfPR 98, 164 (LS)
340.	20. 3. 1997	1 A 1555/ 94.PVL	Maßnahme z. Hebung d. Arbeitsleistung	–
341.	17. 4. 1997	1 A 2306/ 94.PVL	Antragserfordernis bei Mitbestimmung	–
342.	15. 5. 1997	1 A 5987/ 94.PVL	Wahlanfechtung, Darlegung v. Wahlfinanzen	–
343.	15. 5. 1997	1 A 649/ 97.PVL	Freistellung	–
344.	15. 5. 1997	1 A 650/ 97.PVL	Freistellung, einstw. Verfügung	–
345.	12. 6. 1997	1 A 4174/ 94.PVL	Vorl. Regelung bei Versetzung	PersR 98, 34; ZfPR 27, 196 (LS)
346.	12. 6. 1997	1 A 4592/ 94.PVL	Begriff der Maßnahme	–
347.	12. 6. 1997	1 A 6325/ 96.PVL	Inanspruchnahme v. Freistellungen, Teilfreistellungen	PersR 98, 199; ZfPR 97, 158
348.	4. 8. 1997	1 B 2954/ 96.PVL	Freistellung, einstw. Verfügung	–
349.	11. 9. 1997	1 A 650/ 95.PVL	Vorlagepflicht einer Stellenbesetzungsliste	PersR 98, 250; PersV 98, 480
350.	11. 9. 1997	1 A 778/ 97.PVL	Umfang d. Nachprüfung i. Wahlanfechtungsverf.	PersR 98, 293; ZfPR 99, 23 (LS); PersV 99, 220
351.	11. 9. 1997	1 A 1027/ 97.PVL	Außerordentl. Kündigung eines Vertrauensmannes d. Schwerbehind.	PersR 98, 250
352.	20. 11. 1997	1 A 2731/ 95.PVL	Mitbestimmung b. d. Parkraumbewirtschaftung	PersR 98, 383; ZfPR 98, 91 (LS)
353.	20. 11. 1997	1 A 3125/ 95.PVL	Einführung verlängerter Öffnungszeiten, gleitende Arbeitszeit	PersR 98, 336; PersV 98, 555; ZfPR 97, 91 (LS)
354.	2. 12. 1997	1 B 2189/ 97.PVL	Organisationsmaßnahme	PersV 98, 523; ZTR 98, 141 (LS)
			1998	
355.	22. 1. 1998	1 A 1440/ 96.PVL	Antragsabhängige Mitbestimmung	PersR 98, 422
356.	22. 1. 1998	1 A 4257/ 97.PVL	Wahlanfechtung	ZTR 98, 336

Lfd. Nr.	Entschei- dung v.	AZ	Stichwort	Fundstelle
357.	5. 2. 1998	1 A 4363/ 95.PVL	Arbeitszeitänderung, An- ordnung von Überstunden	PersR 98, 526; PersV 98, 550; ZfPR 97, 162 (LS)
358.	5. 2. 1998	1 A 4363/ 95.PVL	Mitbestimmung b. Über- stundenverringerung	–
359.	18. 2. 1998	1 A 5728/ 95.PVL	Anhörung bei Anordnung einer amtsärztl. Untersuchung	PersR 98, 479
360.	6. 3. 1998	1 A 127/ 98.PVL	Beschlußverfahren, Beteili- gung eines einzelnen Be- schäftigten	PersR 98, 527; ZTR 98, 430; ZfPR 98, 163 (LS)
361.	27. 3. 1998	1 A 5806/ 95.PVL	Mitbestimmung bei Er- höhung d. Kantinenpreise	PersR 99, 73
362.	27. 3. 1998	1 A 7537/ 95.PVL	Mitbestimmung bei Be- förderung	PersR 99, 170; ZfPR 97, 163
363.	27. 3. 1998	1 A 1/ 96.PVL	Mitbestimmung bei Ver- setzung	PersR 98, 528; ZfPR 99, 130 (L)
364.	6. 5. 1998	1 A 4540/ 97.PVL	Wahlanfechtung, persönliche Stimmabgabe nach schriftl. Stimmabgabe	ZfPR 2000, 7; ZTR 98, 526 (LS)
365.	20. 5. 1998	1 A 3642/ 96.PVL	Mitbestimmung b. Ab- ordnung eines Lehrers	PersR 99, 74
366.	20. 5. 1998	1 A 3522/ 96.PVL	Mitbestimmung b. Be- urteilungsrichtlinien	PersR 99, 171; ZfPR 99, 130 (LS)
367.	27. 5. 1998	1 B 963/ 98.PVL	Mitbestimmung b. EDV- mäßiger Verarbeitung von Bewerberlisten	PersR 98, 529
368.	26. 6. 1998	1 A 3874/ 95.PVL	Mitbestimmung b. Per- sonalfragebogen	PersR 99, 306
369.	26. 6. 1998	1 A 123/ 96.PVL	Informationsschrift d. Per- sonalrates an Hochschulen	PersR 98, 479
370.	26. 6. 1998	1 A 315/ 98.PVL	Wahlanfechtung, Begrün- dungsfrist	–
371.	7. 8. 1998	1 A 777/ 97.PVL	Wahlanfechtung, Grundsatz der freien Wahl	–
372.	7. 8. 1998	1 A 6489/ 96.PVL	Reihenfolge der Freistel- lungen	PersR 99, 307
373.	26. 8. 1998	1 A 805/ 98.PVL	Weiterbeschäftigung v. JAV- Mitgliedern	PersR 99, 134; PersV 99, 309
374.	13. 11. 1998	1 A 2740/ 97.PVL	Mitbestimmung b. Asbest- sanierung, § 104 BPersVG	–

Entscheidungen des OVG Münster ab 1985

Lfd. Nr.	Entscheidung v.	AZ	Stichwort	Fundstelle
			1999	
375.	29. 1. 1999	1 A 6324/96.PVL	Beachtlichkeit d. Zustimmungsverweigerung, Mitbestimmung b. Einstellungen	PersR 99, 538
376.	29. 1. 1999	1 A 2617/97.PVL	Mitbestimmung b. Umsetzung	PersR 99, 311; PersV 99, 555; ZfPR 99, 201 (LS)
377.	29. 1. 1999	1 A 2762/97.PVL	Beteiligung b. Arbeitsschutz	PersR 99, 360; PersV 99, 360
378.	10. 2. 1999	1 A 411/97.PVL	Einführung v. Schulgirokonten	PersR 99, 314
379.	10. 2. 1999	1 A 800/97.PVL	Mitbestimmung bei Höhergruppierung, gemeinsame Beschlußfassung	PersR 99, 316; PersV 99, 363; ZfPR 2000, 79 (LS)
380.	10. 2. 1999	1 A 3656/97.PVL	Wahlanfechtung, Nichtigkeit einer Wahl, Berichtigung	PersR 99, 313; ZfPR 2000, 11
381.	10. 3. 1999	1 A 903/97.PVL	Zustimmungsverweigerung wg. fehlender Ausschreibung bei Umsetzung	PersV 99, 504
382.	10. 3. 1999	1 A 1083/97.PVL	Zustimmungsverweigerung wg. Absehen von Stellenausschreibung	PersR 2000, 78
383.	10. 3. 1999	1 A 1190/97.PVL	Mitwirkung b. Auftrag z. Überprüfung d. Organisation o. Wirtschaftlichkeit einer Teildienststelle	PersR 99, 362; PersV 99, 507
384.	10. 3. 1999	1 A 1953/97.PVL	Mitwirkung b. Auftrag z. Überprüfung d. Organisation o. Wirtschaftlichkeit einer Teildienststelle	PersR 99, 501
385.	25. 3. 1999	1 A 4469/98.PVL	Mitbestimmung b. Privatisierung, Reinigungsarbeiten	PersR 2000, 81; PersV 99, 561
386.	25. 3. 1999	1 A 4469/98.PVL	Mitbestimmung b. Grundsatzbeschluß zur Privatisierung	–
387.	25. 3. 1999	1 A 4470/98.PVL	Mitbestimmung b. Umsetzung einer Reinigungskraft	PersR 2000, 80; PersV 99, 558
388.	25. 3. 1999	1 A 4787/98.PVL	Weiterbeschäftigung eines JAV-Mitgliedes	PersV 99, 568
389.	9. 9. 1999	1 A 648/97.PVL	Kündigung einer entwidmeten Dienstwohnung	PersR 2000, 115

Lfd. Nr.	Entschei- dung v.	AZ	Stichwort	Fundstelle
390.	9. 9. 1999	1 A 4938/ 97.PVL	Beteiligung b. Asbestsanierung	PersR 2000, 24
391.	29. 9. 1999	1 A 1083/ 98.PVL	Personalkommission	PersR 2000, 455
392.	27. 10. 1999	1 A 3216/ 97.PVL	Erneute Zuweisung e. Arbeitsplatzes, vorläufige Regelung	PersR 2000, 168
393.	27. 10. 1999	1 A 5100/ 97.PVL	Unterrichtung, Maßnahmen z. Verhütung v. Dienst- u. Arb.-Unfällen	PersR 2000, 169
394.	27. 10. 1999	1 A 5193/ 97.PVL	Mitbestimmung b. Einstel- lung, Eingliederung	PersR 2000, 117
395.	27. 10. 1999	1 A 5223/ 97.PVL	Unterrichtung, Regelung der Ordnung i. d. Dienst- stelle	PersR 2000, 112
396.	24. 11. 1999	1 A 3563/ 97.PVL	Beachtlichkeit d. Zustim- mungsverweigerung b. Einstellung	PersR 2000, 288
397.	24. 11. 1999	1 A 3563/ 97.PVL	Mitbestimmung b. Einstellung/ Zustimmungsverweigerung	PersR 2000, 288
398.	15. 12. 1999	1 A 5101/ 97.PVL	Mitbestimmung b. d. Be- stellung eines Sicherheits- beauftragten	PersR 2000, 375
399.	15. 12. 1999	1 A 4461/ 97.PVL	Beschlußverfahren, Fest- stellungsantrag	–
400.	15. 12. 1999	1 A 4258/ 97.PVL	Verwirkung Antragsrecht	PersV 2000, 471; PersR 2000, 517
401.	15. 12. 1999	1 A 5174/ 97.PVL	Wahlberechtigung/Wählbarkeit	PersR 2000, 429

2000

402.	20. 1. 2000	1 A 128/ 98.PVL	Antragsabhängige Mit- bestimmung u. Art. 5 Abs. 3 GG	PersR 2000, 456
403.	20. 1. 2000	1 A 207/ 98.PVL	Personalwohnheim	PersR 2000, 461
404.	20. 1. 2000	1 A 2193/ 98.PVL	Privatisierung	PersR 2000, 460
405.	3. 2. 2000	1 A 426/ 98.PVL	Arztbesuch-Formular	PersR 2000, 518
406.	3. 2. 2000	1 A 4968/ 98.PVL	Einführung v. Schulbudgets	–

Entscheidungen des OVG Münster ab 1985

Lfd. Nr.	Entschei- dung v.	AZ	Stichwort	Fundstelle
407.	3. 2. 2000	1 A 5029/ 98.PVL	Jalousie-Benutzung	PersR 2001, 25
408.	17. 2. 2000	1 A 199/ 98.PVL	Elektronische Schließanlage	PersR 2001, 30
409.	17. 2. 2000	1 A 329/ 98.PVL	Mitbestimmung b. EDV- gestützter Haushaltsüber- wachung	PersR 2001, 27
410.	17. 2. 2000	1 A 697/ 98.PVL	Mitbestimmung b. Urlaubs- sperre	PersR 2001, 29
411.	1. 3. 2000	1 A 307/ 98.PVL	Mitbestimmung b. EDV- System	–
412.	22. 3. 2000	1 A 956/ 98.PVL	Zustimmungsverweigerung	–
413.	22. 3. 2000	1 A 4302/ 98.PVL	Beteiligung bei Assessment- Center-Verf.	–
414.	18. 10. 2000	1 A 4961/ 98.PVL	Mitbestimmungsverfahren	PersR 2001, 158
415.	18. 10. 2000	1 A 5334/ 98.PVL	Mitwirkung bei Stellenaus- schreibung	PersR 2001, 163
416.	29. 10. 2000	1 A 4383/ 98.PVL	Verwirkung	PersR 2001, 304
417.	8. 11. 2000	1 A 5943/ 98.PVL	Kostentragung/ Sachverständiger	PersR 2001, 211
418.	29. 11. 2000	1 A 2014/ 98.PVL	Verwirkung	PersR 2001, 305
419.	29. 11. 2000	1 A 5863/ 98.PVL	Anwaltskosten	PersR 2001, 214
420.	29. 11. 2000	1 A 4383/ 98.PVL	Anwaltskosten	PersR 2001, 303
			2001	
421.	24. 1. 2001	1 A 1538/ 99.PVL	Überlassung von Unterlagen	PersR 2001, 391
422.	19. 2. 2001	1 B 1591/ 00.PVL	Teilfreistellung	PersR 2001, 470
423.	5. 4. 2001	1 A 5330/ 98.PVL	Verhaltensrichtlinien bei Unfällen	PersR 2001, 525
424.	5. 4. 2001	1 A 3033/ 99.PVL	Verhalten bei Hausalarm	PersR 2001, 527
425.	31. 5. 2001	1 A 2277/ 99.PVL	Arbeitsplatzgestaltung	PersR 2002, 215

Entscheidungen des OVG Münster ab 1985

Lfd. Nr.	Entschei- dung v.	AZ	Stichwort	Fundstelle
426.	21. 6. 2001	1 A 280/ 99.PVL	Gestellungsvertrag	PersR 2002, 122
427.	21. 6. 2001	1 A 5600/ 99.PVL	Zustimmungsverweigerung	PersR 2001, 527
428.	25. 10. 2001	1 A 599/ 98.PVL	Mitbestimmung bei Probe- zeiten für Bühnenangestellte	PersR 2002, 218
429.	25. 10. 2001	1 A 408/ 01.PVL	Auflösung der Jugend- und Auszubildendenvertretung	PersR 2002, 256
			2002	
430.	6. 2. 2002	1 A 3279/ 00.PVL	Geschäftsverteilung	PersR 2002, 406
431.	6. 2. 2002	1 A 144/ 00.PVL	Personalunterkünfte	PersR 2002, 478
432.	28. 2. 2002	1 A 146/ 00.PVL	Parkplatzbenutzung	PersR 2002, 350
433.	28. 2. 2002	1 A 149/ 00.PVL	Nebentätigkeit	PersR 2002, 481
434.	6. 8. 2002	1 E 141/ 02.PVL	Zuständigkeit des VG – Schwerbehindertenvertretung	PersR 2003, 83
435.	20. 9. 2002	1 A 1061/ 01.PVL	Prämienzahlung	PersV 2003, 178
436.	30. 10. 2002	1 A 1149/ 00.PVL	Stellungnahme des Personal- rates	–
437.	18. 12. 2002	1 A 600/ 98.PVL	Künstlerische Tätigkeit	PersR 2003, 199
			2003	
438.	14. 1. 2003	1 B 1907/ 02.PVL	Einstweilige Verfügung	PersR 2003, 243
439.	30. 1. 2003	1 A 1148/ 00.PVL	Zuständigkeit des Gesamt- personalrates	–
440.	17. 2. 2003	1 B 2544/ 02.PVL	Einstweilige Verfügung	PersR 2003, 199
441.	12. 3. 2003	1 A 1798/ 00.PVL	Privatisierung	PersR 2003, 364
442.	12. 3. 2003	1 A 5764/ 00.PVL	Kleiderordnung	PersR 2002, 323
443.	30. 7. 2003	1 A 1038/ 01.PVL	Ärzte im Praktikum	–

Stichwortverzeichnis

Die fett gedruckten Zahlen beziehen sich auf die jeweiligen Paragraphen des LPVG, die mager gedruckten Zahlen auf die jeweiligen Randnummern.

Stichwortverzeichnis

Stichwortverzeichnis

Tipps und Anregungen

Herbert Deppisch / Robert Jung / Erhard Schleitzer

Tipps für neu und wieder gewählte Personalratsmitglieder

Rechtliches Wissen und soziale Kompetenz
2003. 181 Seiten, kartoniert

Der kompakte Leitfaden für Personalratsmitglieder
bietet eine Kombination von Praxistipps, rechtlichen
Hinweisen und Handlungshilfen, kurzum: alles, was
ein Personalrat heute wissen muss. Handlich, ver-
ständlich und übersichtlich werden unter anderem
folgende Themen behandelt:

- Erwartungen an den Personalrat
- Einarbeitung in Rechtsgrundlagen
- Organisation des Personalrats
- Zusammenarbeit, Mitbestimmung
  und Gewerkschaft

Das Buch gibt Sicherheit im Umgang mit Dienststellen-
leitungen und Kollegen und hilft bei der Bewältigung
alter und neuer Aufgaben. Es gibt viele wertvolle Hinweise und Tipps für die tägliche Arbeit, hilft beim Umgang mit Konfliktsituationen und zeigt Handlungs-
und Durchsetzungsmöglichkeiten auf.

Besuchen Sie uns im Internet: www.bund-verlag.de

Bund-Verlag

Tarifverträge transparent

Wolfgang Hamer

Bundes-Angestelltentarifvertrag

Basiskommentar
3., überarbeitete und ergänzte Auflage
2003. 450 Seiten, kartoniert

In dritter Auflage erläutert der bewährte Basiskommentar ausführlich die Regelungen des BAT und
des BAT-O. Er enthält die aktuellen Textfassungen.
Die Rechtsprechung wird bis Mitte 2002 berücksichtigt. Der Basiskommentar macht die Tarifverträge
transparent und verdeutlicht durch zahlreiche
Querverweise den Zusammenhang der Regelungen.
Ein ausführliches Stichwortverzeichnis erleichtert die
Orientierung.

Besuchen Sie uns im Internet: www.bund-verlag.de

Bund-Verlag

Alle wichtigen Tarifverträge

Klaus Krasemann

Taschenbuch für Angestellte im öffentlichen Dienst

21. aktualisierte Auflage
2003. 1.034 Seiten, kartoniert

Die Textsammlung ist ein Standardwerk, das aus der täglichen Praxis nicht mehr wegzudenken ist. Sie wendet sich an alle Angestellten im öffentlichen Dienst, gewerkschaftliche Vertrauensleute, Betriebs- und Personalräte sowie die Beschäftigten der Organisations- und Personalämter. Das Werk berücksichtigt die Änderungen wichtiger arbeitsrechtlicher Vorschriften sowie die Tarifrunde 2002/2003

Die Textsammlung enthält neben dem BAT/BAT-O und den Tätigkeitsmerkmalen (Eingruppierungsvorschriften) alle wichtigen Tarifverträge für Angestellte und Auszubildende im öffentlichen Dienst (z.B. Zulagentarifverträge, Tarifvertrag Urlaubsgeld, Altersteilzeit). Daneben sind 16 Gesetze, die für die arbeitsrechtliche Praxis von großer Relevanz sind, abgedruckt.

Courier-Verlag
im Programm der Bund-Verlagsgruppe

Praxishandbuch Eingruppierungsrecht

Klaus Krasemann

Das Eingruppierungsrecht des BAT / BAT-O

Praxishandbuch zur Tätigkeitsbewertung
7., aktualisierte Auflage
2001. 631 Seiten, kartoniert

Die 7. Auflage des anerkannten Standardwerks enthält unter anderem folgende Schwerpunkte: der Grundsatz der Tarifautomatik, der Aufbau der Wertfaktoren, Struktur und Aufbau der Tätigkeitsmerkmale, Auslegung von Eingruppierungsnormen, Fragen der Rückgruppierung und des Bewährungsaufstiegs, Bewertungsverfahren, Beteiligung der Personalvertretung sowie die Eingruppierungsfeststellungsklage.

Das Handbuch ist für eine Vielzahl von Bewertern, Personalrats- und Betriebsratsmitgliedern sowie Rechtsanwälten zum unverzichtbaren Rüstzeug in Eingruppierungsfragen geworden.

Besuchen Sie uns im Internet: www.bund-verlag.de

Courier-Verlag
im Programm der Bund-Verlagsgruppe